Un hijo americano

UN HIJO AMERICANO

MARCO RUBIO

Sentinel

SENTINEL
Publicado por Penguin Group

Penguin Group (USA) Inc., 375 Hudson Street, New York, New York 10014, U.S.A. • Penguin Group (Canada), 90 Eglinton Avenue East, Suite 700, Toronto, Ontario, Canadá M4P 2Y3 (una empresa de Pearson Penguin Canada Inc.) • Penguin Books Ltd, 80 Strand, Londres WC2R 0RL, Inglaterra Penguin Ireland, 25 St. Stephen's Green, Dublin 2, Irlanda (una empresa de Penguin Books Ltd) • Penguin Books Australia Ltd, 250 Camberwell Road, Camberwell, Victoria 3124, Australia (una empresa de Pearson Australia Group Pty Ltd) • Penguin Books India Pvt Ltd, 11 Community Centre, Panchsheel Park, Nueva Delhi—110 017, India • Penguin Group (NZ), 67 Apollo Drive, Rosedale, Auckland 0632, Nueva Zelanda (una empresa de Pearson New Zealand Ltd) • Penguin Books (South Africa) (Pty) Ltd, 24 Sturdee Avenue, Rosebank, Johannesburgo 2196, Sudáfrica

Penguin Books Ltd, Oficinas Registradas: 80 Strand, Londres WC2R 0RL, Inglaterra

Publicado por vez primera en 2012 por Sentinel, miembro de Penguin Group (USA) Inc.

10 9 8 7 6 5 4 3 2 1

ISBN 9780451416131

Impreso en los Estados Unidos de América
Tipografía Minion Pro
Diseño de Daniel Lagin

*A la memoria de mi padre y de mi abuelo. Desearía
que estuvieran aquí y pudieran leer este libro*

Índice

Un hijo americano

CAPÍTULO 1

---

2 de noviembre de 2010

—USTED GANÓ LA ELECCIÓN.

Exactamente a las ocho de la noche hora del este de los Estados Unidos, Brendan Farrington, reportero de la Associated Press (Prensa Asociada), me miró y pronunció esas palabras.

Segundos más tarde, el informe de la AP apareció simultáneamente en varias pantallas de televisión. Fox News también anunció el resultado, confirmando el consenso general de que yo sería el nuevo senador por la Florida. Después de tantos años de presenciar elecciones, me pareció casi un sueño ver mi nombre con las palabras *projected winner* (probable ganador) bajo mi retrato. Pero ahí estaban, justo frente a mí: *Projected Winner: Marco Rubio.*

Los minutos siguientes fueron como un torbellino: estreché algunas manos, besé a mi esposa Jeanette y rápidamente me llevaron a otra sala para atender llamadas telefónicas. La conclusión de ese día —de los dos años de mi vida anteriores a esa noche— fue una avalancha de felicitaciones, apretones de mano y abrazos. En medio del jolgorio, sentí que me halaban la chaqueta; era Daniella, mi hija de ocho años.

—¿Ganaste, papi? —me preguntó.

—Sí, gané —le respondí.

—Nadie me lo dijo —se lamentó ella cuando me incliné para tomarla en mis brazos.

Después de que pasó todo, mi familia me dijo que esa noche yo parecía otro. El hombre que subió dando grandes pasos hasta la tarima, el que saludó sonriente desde el podio, lucía alerta y locuaz. Pero ese hombre, el extrovertido hombre público, no era el mismo que ellos veían en su casa todos los días: no vivía en esa casa.

A lo largo de los dos últimos años, el esposo, padre y hermano que ellos conocían se había vuelto una figura lejana en sus vidas, un candidato cansado y distraído que solo venía a casa para aliviar un poco las presiones de una campaña agotadora. Aquellos perfectos desconocidos cuyos votos aspiraba a ganar, los que me estrechaban la mano y me contaban sus vidas, me habían absorbido por completo. Mi familia aceptaba lo que yo dejaba, que no era mucho. En la intimidad de la vida familiar, permanecía en silencio, encerrado en mí mismo, y evadía todo intento de hablar sobre la campaña, aunque mi mente rara vez estuviera concentrada en algo diferente.

Durante toda la campaña, en los días buenos y en los malos, muchas veces me había imaginado esta noche de la elección. Lo veía todo: la gente, el lugar, los sonidos, la mezcla de sentimientos de orgullo, alivio y euforia. Incluso las veces en que no creía que ganaría —como en el largo camino de vuelta a casa después de un evento en el cual habíamos recaudado unos cuantos cientos de dólares o cuando otra encuesta me dejaba treinta puntos por debajo del gobernador actual, que era de mi propio partido y también aspiraba al mismo cargo—, para darme ánimos, yo imaginaba esa noche. Inmerso en el placer de escuchar hip hop, con los audífonos del iPod puestos, cerraba los ojos y podía verla. Y ahora, finalmente, esa noche era tan vívida en la realidad como lo había sido en mi imaginación.

Estábamos en Coral Gables, en el Hotel Biltmore. Yo me crié a menos de dos millas de este edificio histórico de estilo mediterráneo que, enclavado en medio de enormes árboles banianos y ondulantes campos de golf, también ahora me queda cerca de casa.

Hubo un tiempo en que la piscina del Biltmore fue la más grande del mundo. A lo largo de su pintoresca y prolongada historia, este hotel construido en 1926, que en esa época fue la estructura más grande de toda la Florida, ha contado entre sus huéspedes a miembros de la realeza y estrellas de cine, a políticos y también a mafiosos. Allí fue asesinado un famoso gánster.

Con mis amigos de la escuela secundaria, algunas noches llegamos riendo a las glorietas de los campos de golf, escondite perfecto para tomar cerveza cuando éramos todavía menores de edad. Ya siendo abogado, me reunía en la cafetería del primer piso con mis clientes para desayunar y almorzar. Como comisionado municipal y legislador del estado, había asistido a docenas de eventos para recaudar fondos y otras reuniones políticas en sus suites y salones de baile. Y en noviembre de 2006, como *speaker* o presidente entrante de la Cámara de la Florida, fue allí donde esperé los resultados de esa elección. Jeanette y yo nos casamos a dos cuadras del Biltmore y pasamos nuestra noche de bodas en una habitación del séptimo piso de ese hotel. No existe en el mundo otro lugar en el que habría preferido vivir la que esperaba sería la celebración de mi victoria.

Tenía motivos para sentirme seguro. Las encuestas públicas más recientes confirmaban que llevaba la delantera y nuestras propias encuestas eran igualmente alentadoras o incluso mejores. La votación por correo y la votación anticipada de los electores republicanos me habían proporcionado una buena ventaja inicial. Pero a medida que el día avanzaba, no había conseguido desechar la inquietante sensación de que esta contienda podía ser más reñida de lo que esperaba y de que podría acabar en el lado equivocado de una histórica derrota.

En el patio del ala oeste del hotel, los trabajadores instalaron una tarima alta con un podio en el centro y una hilera de banderas americanas y del Estado de la Florida al frente de la misma. Durante toda la tarde y la noche, familiares y amigos, partidarios y espectadores, se habían ido congregando en el patio. Detrás de ellos había otra tarima más estrecha para las cámaras de televisión y la gente de los medios de comunicación del país y del mundo, con vista libre al podio desde el cual pronunciaría mi discurso.

En el primer piso del hotel, debajo del salón de baile, el personal de la campaña se había concentrado en una improvisada sala de operaciones y no apartaba su mirada de las pantallas de computadoras, televisores y teléfonos, en medio de una charla nerviosa acerca del tiempo y el número de votantes en tal o cual condado.

Alrededor de las seis y media de la tarde, mi sobrino de veinticuatro años, Orlando, o Landy como lo llamamos, nos había recogido en una furgoneta alquilada para llevarnos al Biltmore. Tan pronto llegamos, me escoltaron rápidamente hasta la sala de operaciones donde mis asesores todavía estaban sentados frente a sus computadoras portátiles y, sin soltar sus teléfonos, esperaban las cifras finales de la votación. En medio de la sala había muchos televisores sintonizados en los canales que por cadenas y cable pronto empezarían a reportar los resultados de la elección. La mayoría de los sitios de votación de la Florida cierra a las siete en punto hora del este, excepto los del Panhandle, territorio localizado en la zona horaria del centro. Allí se cierran una hora más tarde y, hasta entonces, los medios de comunicación se abstienen de anunciar probables ganadores.

Poco antes de las ocho, Brendan Farrington recibió una llamada telefónica. Supe que era importante por la expresión de su cara. Más de un año atrás, Brendan me había acompañado en una campaña en todo el Panhandle. El primer día de esa campaña, a mitad de camino, una de sus fuentes lo llamó para decirle que yo estaba a punto de retirarme de la contienda electoral por el Senado.

La verdad era que estaba casi convencido de que debía retirarme e incluso lo había conversado con varias personas en cuya discreción confiaba. Para entonces iba muy a la zaga del gobernador Crist en cuanto a apoyo popular y recaudación de fondos. Aun si lograba cerrar un poco la brecha de las encuestas, él ya habría recaudado más que fondos suficientes para sepultarme con publicidad negativa, y yo ni siquiera tendría cómo responderle. Temía que él llegara a empañar tanto mi reputación que después de las primarias se me dificultara conseguir trabajo y nunca más pudiera tener un cargo electivo.

Me sentía atrapado. Tenía una obligación para con mis partidarios, quienes habían creído en mí cuando nadie más había creído, y no quería defraudarlos. Por apoyarme, algunos de ellos habían arriesgado mucho al oponerse a un gobernador republicano en pleno ejercicio. Al igual que varios de mis más reconocidos partidarios, yo también había sido objeto de amenazas sutiles y no tan sutiles de que nuestro futuro peligraba si continuábamos adelante. Familiares y amigos insistían en que no retirara mi candidatura; pero había otras personas que pensaban, como yo, que no sería posible ganar y estaban de acuerdo en que debía considerar seriamente mi retirada. Me invadió una sensación de impotencia, nunca antes experimentada, por cambiar mi situación; una sensación de que no bastarían mi confianza, mi trabajo, mis convicciones y mi determinación para superar los retos que afrontaba.

Llevaba algún tiempo debatiéndome en este dilema y ya estaba casi a punto de tomar la difícil decisión de tragarme mi orgullo, descartar los motivos que me habían impulsado a participar en la contienda electoral y retirarme.

Pero cuando Brendan acabó de hablar y me preguntó si su fuente estaba en lo cierto, enfurecí.

Estaba seguro de que la llamada había sido de alguien de la campaña del gobernador Crist que había decidido revelar esa información confidencial para obligarme a actuar. Otra vez estaban tratando de forzarme a abandonar la contienda y eso no me gustó. Miré a Brendan y con una firme resolución que en realidad no sentía, negué categóricamente que fuera a abandonar la campaña electoral en ese momento o en el futuro. Di un paso al frente y punto. Ya no había retroceso posible y la única salida era seguir adelante.

La noche de la elección empecé a inquietarme al ver que Brendan recibió otra llamada, miraba su reloj y fruncía el ceño. ¿Sería que la AP iba a informar que los últimos sitios de votación escrutados indicaban una contienda mucho más reñida de lo que había pronosticado la votación? O, peor, ¿informaría que el gobernador Crist estaba a punto de alcanzar una de las mayores victorias en la historia política de la Florida?

Pero no fue así. Dos minutos después, Brendan me miró y me dio la noticia. Estaban anunciando que yo había ganado la elección.

Y eso fue todo.

La primera llamada que recibí fue del presidente George W. Bush quien me dijo, riendo, que había ganado a pesar de la ayuda de su hermano Jeb. Luego recibí las llamadas de mis adversarios admitiendo la derrota. Primero llamó el congresista Kendrick Meek, con quien siempre compartí una relación respetuosa y llegué a admirar profundamente durante la campaña. Cuando Crist decidió postularse como independiente, condenó la campaña de Meek al fracaso y este lo sabía; sin embargo, continuó trabajando duro, luchando por sus convicciones y sus seguidores. Muchas veces Jeanette y yo nos preguntamos de dónde sacaba fuerzas para seguir. Aun después de haberme convertido en favorito, hubo días en los que yo materialmente no tenía la energía para presidir un mitin más, pronunciar un discurso más, ni asistir a una recaudación de fondos más. Todas las encuestas de opinión mostraban a Meek en tercer lugar, pero él tuvo la fortaleza y el carácter para perseverar hasta el fin.

La siguiente llamada que recibí fue del gobernador Crist. Era un secreto a voces que la nuestra había sido una contienda implacable y que a menudo algunos ataques del gobernador me habían enfurecido. Consideraba que había habido momentos en los que él había llevado las cosas al plano personal y eso me había ofendido; pero, inesperadamente, lo que experimenté en ese momento fue empatía.

Mientras nosotros celebrábamos el triunfo, él y su equipo sufrían una profunda decepción. Recordé que apenas cuatro años atrás él había sido elegido gobernador y seguramente había experimentado el mismo júbilo que yo sentía ahora. Y a pesar de lo embriagadora que resulta la experiencia de una victoria electoral, tuve la sensatez suficiente para recordar que en política la suerte puede cambiar rápidamente y otro día podría ser yo el que estuviera haciendo esa llamada. La tentación de celebrar la derrota de mi adversario de pronto me pareció tonta y arrogante.

Ya habíamos acordado que Crist y Meek se dirigirían a sus partidarios antes de que yo hiciera lo mismo con los míos. Las cadenas de televisión suspenderían sus comentarios tan pronto nosotros apareciéramos en la tarima, y después de una prolongada y ardua campaña, ellos merecían ser escuchados con atención. Así que aproveché ese tiempo para organizar un poco los puntos que quería mencionar en mi discurso. En los últimos días de la campaña había sido incapaz de sentarme a escribir un discurso en caso de que ganara. Me preocupaba dejarme llevar por el deseo de ganar cuando todavía podía perder la elección. Si eso llegaba a ocurrir, habría perdido un tiempo valioso trabajando en un discurso que jamás pronunciaría. También pensaba que si yo ganaba, mis partidarios estarían tan felices con la victoria que mi discurso poco importaría. Y si perdía, nadie le pondría mucha atención.

Poco después de las nueve, me llamaron a la tarima. Jeanette y los niños se me unieron en el pasillo y llegamos a una zona aledaña a la pasarela que llevaba a la tarima. Saqué mi billetera y busqué una nota que Jeanette me había escrito en los días más duros de la campaña para alentarme.

A Jeanette no le gusta la política, no deseaba ser la esposa de un senador. La vida que deseaba era la que no había podido tener en su niñez;

quería un padre para sus hijos que cada noche dejara el trabajo en la oficina, cenara en casa y compartiera las responsabilidades de llevar un hogar. Mi carrera política la había privado de la vida familiar estable y previsible que anhelaba, y yo nunca había podido lograr un punto de equilibrio entre mi carrera y mi vida personal. Las veces que pensé que podía perder, lo único que me consolaba era la perspectiva de brindarle a mi familia la atención que merecía. Ahora, mientras releía la nota de Jeanette, admití que mi elección significaba que esa vida normal seguiría eludiéndonos. Eso no era justo con ella, yo lo sabía, y en ese momento, mientras me alistaba para pronunciar mi primer discurso como senador electo por la Florida, fui plenamente consciente de la gran deuda que tengo con ella.

El ex gobernador Jeb Bush finalizó su presentación y nos dieron la señal para avanzar por un pasillo acordonado hasta la tarima. Justo antes de llegar, alcancé a ver un grupo de gente de un centro local para personas de la tercera edad. Yo no conocía personalmente a ninguna de esas personas, pero sí conocía sus historias. Eran exiliados cubanos de la misma generación de mis padres y abuelos, que habían llegado a este país una década o más antes de que yo naciera. Los jóvenes tendemos a olvidar que nuestros padres también fueron jóvenes y que en sus vidas tuvieron sueños; sueños no muy distintos de los nuestros.

Estos exiliados habían dejado sus hogares para venir a un lugar extraño donde la mayoría nunca podría hacer realidad sus sueños, que perdieron en un accidente de la historia. Casi todos pensaron que algún día volverían a casa, pero jamás volvieron; así que aceptaron su pérdida y se dedicaron a darle sentido a su sacrificio. Sus hijos y nietos jamás padecerían lo que ellos habían padecido porque harían las cosas que sus padres no pudieron hacer y vivirían sus propios sueños en un país que creía en ellos.

Mi éxito y el éxito de cualquier persona de mi generación se convierte en algo profundamente personal para esas personas porque confirma que sus vidas tuvieron un significado. Y, a medida que todos ellos se acercan al final del camino, se hacen a sí mismos la pregunta que todos nos hacemos al final: ¿De qué sirvió todo? ¿Fuimos útiles? Y sus hijos, una generación que fue el objeto de su sacrificio, son la respuesta. Sí, servimos. Nuestros hijos son nuestra huella en el mundo.

Entender esto me tomó años, años de tocar puertas y visitar centros para personas de la tercera edad y de escuchar las historias de toda una generación de exiliados; historias de pérdidas y de mucho trabajo, pero también de esperanza y de fe en el resultado de su sacrificio. Sí, los conocía. Sabía lo que habían dado y lo que habían logrado. Sabía que los miembros de mi generación somos los beneficiarios de ese sacrificio y conocía perfectamente la forma en que la tragedia del exilio —el escepticismo, la culpa, la sensación de pérdida— había moldeado sus vidas y la mía. Sabía que su amor nacido de la gratitud por este país que los había recibido y alentado sus aspiraciones, y la pérdida que los había traído hasta acá, habían hecho que se mantuvieran alerta a cualquier cosa que consideraran una amenaza para los Estados Unidos y la promesa de libertad que los había rescatado.

Esa es la cultura que moldeó mi juventud y la comunidad que me eligió para ser miembro de la Comisión Municipal de West Miami y de la Asamblea Legislativa Estatal. La política impregna todos los aspectos de la vida de la comunidad cubano-americana en Miami. Es imposible ser apolítico en una comunidad de exiliados. Su pasión me envolvió desde el comienzo de mi vida, una vida que habría sido muy diferente sin la influencia de esa comunidad.

Mi familia y yo subimos juntos a la tarima. Yo subí primero, y Jeanette y los niños detrás de mí. Organicé las notas que había garabateado y miré hacia la tarima donde se encontraban los miembros de la prensa. Me habían dicho que esperara la asistencia de más de doscientos periodistas, y ahora podía ver las cámaras. A esa tarima no le cabía un alfiler. Y en ese momento comprendí que estaba a punto de dirigirme a la audiencia más grande que jamás había tenido en toda mi vida.

Durante gran parte del discurso sentí a los niños inquietos detrás de mí. Por el rabillo del ojo vi que Jeanette cargaba a Dominick, nuestro hijo de dos años, que se retorcía tratando de zafarse, frustrado con todo este espectáculo. En algún momento me alcanzó, y casi inconscientemente le di un empujoncito de vuelta hacia su madre mientras continuaba mi discurso. Ese pequeño gesto fue una metáfora de nuestra vida. En el centro de los acontecimientos yo estaba en lo mío mientras Jeanette hacía lo imposible para que todo fuera posible, lidiando en segundo plano con la realidad de cuatro niños pequeños mientras yo acaparaba la atención y los aplausos.

Hablé menos de veinte minutos. El discurso fue bien recibido por mis partidarios pero yo no quedé satisfecho. Sentía que mis ideas habían salido deshilvanadas, en desorden, y lamentaba no haber dicho algunas palabras en español para las personas que estaban escuchando la transmisión en ese idioma. No supe cómo expresar lo que quería decir. Sabía que deseaba que la gente supiera que yo había participado en la contienda electoral porque creo que nuestro país avanza rápidamente en una dirección equivocada, una dirección que lo degradará si no se corrige, y creo que nuestro partido ha contribuido a este desastre. Decidí entrar a la contienda electoral porque no veía ningún candidato que pudiera hacer algo al respecto, y no me retiré porque pensé que si ganaba mi oponente, este respaldaría las políticas que nos fijaron este curso desastroso.

Pero para mí la campaña se convirtió en mucho más que eso; en mucho más que solo política. Descubrí mucho acerca de mí mismo, de las personas que amo y que me aman, de la comunidad en la que crecí, de mi país y de mis creencias religiosas. Mientras me esforzaba por manifestar mi gratitud esa noche, no encontré las palabras ni tuve el tiempo para transmitir los sentimientos que inundaban mi corazón y mi mente.

La campaña me puso a prueba y me enseñó cosas sobre mí mismo que debería haber aprendido antes, pero para las que no estaba listo. Aprendí sobre mis debilidades e inseguridades, mi falta de atención a los detalles importantes, mi impaciencia con las personas cuya opinión no compartía; defectos de mi personalidad que habían sido evidentes para todos y que yo no conocía. Aprendí mucho acerca de la gente que me ama y de su gran generosidad para expresarlo. Vi con mucha más claridad que nunca antes, que todo lo que he obtenido en la vida viene del apoyo y el sacrificio de otras personas: de mis padres, mi comunidad, mi esposa y mis hijos, y del privilegio de ser americano. Encontré nuevamente al Dios verdadero y viviente, que se vale de todo lo que deseamos y de todo lo que tememos para llevarnos hacia Él. Un discurso no alcanza para dar las gracias como es debido por el amor que me brindaron todos los que me hicieron lo que soy y lo que espero llegar a ser. Aunque un poco tarde, este libro es mi intento de rendirles un homenaje.

No estaba seguro de lo que debíamos hacer una vez que terminé el discurso, así que le pregunté a Jeanette: "¿Qué hacemos ahora?". En ese momento preciso se dispararon los cañones lanzadores de confeti. Los papelillos empezaron a caer desde el cielo en tal cantidad que no podía ver a la gente, pero los niños estaban encantados. Es curiosa la forma en que trabaja la mente: en lo único que atiné a pensar fue en el tiempo que tomaría limpiar todo eso.

Miré a mi izquierda y vi a mi madre subiendo los escalones de la tarima. Ese día cumplía ochenta años. Mi elección la llenó de felicidad el día de su cumpleaños y sentí que la gratitud me embargaba. Alguna vez ella había soñado con ser actriz, pero pasó su vida laboral siendo una empleada de limpieza. En la celebración faltaba mi padre, que había perdido una breve batalla contra el cáncer de pulmón menos de dos meses antes. No vivió lo suficiente para verme hecho senador, pero murió seguro de que saldría elegido. Él había querido tener negocios propios, pero en lugar de eso se conformó con trabajar como barman. Mis padres renunciaron a sus aspiraciones sin resentimiento alguno, con tal de poder mantener un hogar cómodo y seguro para sus hijos. Ellos no pudieron darnos todo lo que queríamos, pero se aseguraron de que jamás nos faltara lo que necesitábamos. Fuimos unos hijos privilegiados: confiados, felices y amados.

Mi abuelo materno, cuya dignidad, coraje y sabiduría habían sido mi inspiración desde niño, también había partido. Para él y mi padre habría significado muchísimo estar ahí. Para mí también. Pero esa noche yo sentí la presencia de los dos, igual que la siento al vivir esta vida privilegiada que ellos hicieron posible.

Sus vidas también fueron historias de pérdida, de esperanza y de amor. Esas historias y el preludio de la mía, empiezan en una pequeña isla del Caribe, a poco más de doscientas millas de donde yo me encontraba esa noche como senador electo de los Estados Unidos de América con deudas por pagar.

CAPÍTULO 2

El narrador

PEDRO VÍCTOR GARCÍA, MI ABUELO MATERNO, NACIÓ EN
Cuba en la provincia de Villa Clara, el 31 de noviembre de 1899, el
mismo año y mes en que se marcharon las fuerzas españolas de la isla.
Gran parte del país estaba en ruinas, y un gobierno militar estadounidense
gobernaba provisionalmente.

Mis bisabuelos habían emigrado de España. Eran los dueños de tierras
que ellos mismos cultivaban en la pequeña comunidad rural de Jicotea, al
norte de la provincia. Mi bisabuela, Ramona García, era una mujer bajita:
pero lo que le faltaba en estatura le sobraba en personalidad. Era la ma-
triarca absoluta de su hogar, que albergaba diecisiete hijos de su relación
con mi bisabuelo, Carlos Pérez, y por lo menos otros tres de una relación
anterior. De ella se sabe que fue una madre amorosa pero severa, que exigía de sus hijos formalidad y respeto. Por razones que nadie de la familia
recuerda, no se casó con mi bisabuelo sino hasta poco antes de que él fa-
lleciera.

Carlos Pérez fue un hombre callado y sencillo; un gran trabajador que
dejó la crianza de sus hijos en las manos capaces de su mujer mientras él
se ocupaba de que a la familia no le faltara nada. Al marcharse los españoles de Cuba, el capital estadounidense dominaba la agricultura. El gobierno provisional estadounidense controlaba la moneda y más del 25 por
ciento de las mejores tierras de cultivo estaban en manos de monopolios

estadounidenses que las habían adquirido de agricultores que no contaban con los recursos para mantenerlas. Carlos se negó a vender, y cultivaba su propia tierra.

Los cubanos tuvieron su primera elección oficial un año después de haber nacido mi abuelo. Los resultados de esas elecciones derrotaron a los partidarios de la anexión a los Estados Unidos; como consecuencia, el ejército estadounidense se retiró de Cuba en 1902 y el presidente de la nueva república cubana fue investido de su cargo. Por fin, Cuba era independiente y el pueblo cubano estaba ansioso de aprovechar al máximo su libertad tan duramente ganada.

En la nueva Cuba, mis bisabuelos gozaban de una modesta prosperidad. Nunca se volvieron ricos, pero lograron mantener una decorosa autosuficiencia basada en el trabajo de toda la familia. Tan pronto alcanzaban la capacidad física para hacerlo, los hermanos de mi abuelo trabajaban junto a su padre en el campo, en lugar de ir a la escuela. La mayor parte de la población rural de la época era analfabeta.

Mi abuelo fue el único de sus hermanos y hermanas que recibió educación. De pequeño contrajo poliomielitis y una de sus piernas sufrió una lesión permanente. Su discapacidad le impedía trabajar en el campo, y al no tener nada productivo que hacer en casa, mis bisabuelos decidieron enviarlo a la escuela.

Para él fue una experiencia enriquecedora pues le encantaba leer, especialmente sobre historia, y eso le despertó un amor por el conocimiento que conservaría hasta el fin de sus días. Los conocimientos adquiridos lo prepararon para ganarse la vida con su intelecto más que con sus manos y escapar así al duro trabajo físico que era el destino común de los niños de su medio. También hicieron que se le despertaran aspiraciones sociales y profesionales, además de nutrir sus creencias políticas y su patriotismo. A ellos les debe su forma de ver la historia y vivir la vida.

Mi abuelo formó parte de la primera generación de cubanos libres y fue profundamente influenciado por los escritos de José Martí, estadista, poeta y periodista cubano que dio su vida por la causa de la independencia cubana. Usualmente, mi abuelo se expresaba en voz baja y de manera pausada, pero si hablaba de Martí subía el tono de la voz casi una octava. Llegó a su mayoría de edad al mismo tiempo que la república, y sus principios quedaron arraigados en su alma. Los ideales de una independencia política e intelectual moldearon algo más que su filosofía política. Se convirtieron en la esencia de su personalidad obstinada e individualista que se abriría paso en el mundo. Una vez que sus padres contrajeron matrimonio y que su padre murió, alguien le aconsejó adoptar el apellido de su padre para tener derecho a una parte de la herencia, pero rehusó hacerlo y conservó el apellido de soltera de su madre. Muchos años después me convertiría en discípulo suyo y él me inculcaría sus ideales y su amor por el conocimiento, así como su dignidad.

Mi abuelo se convirtió en telegrafista y obtuvo varias promociones en la industria de los ferrocarriles. Era un joven inteligente y ambicioso, con un buen ingreso fijo y un futuro brillante. Realizaba frecuentes viajes de negocios y en uno de ellos conoció a mi abuela, Dominga Rodríguez, en un festival de la ciudad de Cabaiguán. Ella era una de siete hijos del hogar formado por Nicolás Rodríguez y Beatriz Chiroldes. Se había criado en la pobreza y su educación había terminado en el sexto grado. A pesar de las diferencias entre ellos, se enamoraron y en abril de 1920 se casaron, cuando mi abuelo tenía veintiún años y ella estaba a punto de cumplir diecisiete. Un año más tarde nació su primera hija, mi tía Olga.

Los dos gozaban de estabilidad económica y tenían una casa grande, sirvientes y niñeras. Elda, su segunda hija, nació en 1922 y Orlanda, la tercera, en 1924. Ocho meses más tarde sobrevino una tragedia, Orlanda murió de meningitis; y dos años después, nació Irma, la cuarta de sus hijas.

Para la época en que nació Dolores, la quinta hija, su suerte había cambiado. Primero, la compañía ferroviaria destituyó de su cargo a mi abuelo en favor de alguien con mejores contactos, y poco después fue despedido. Los empleos para personas con impedimentos físicos eran escasos, y su sexta hija, Oriales, mi madre, nació el 2 de noviembre de 1930, cuando ya la situación se había vuelto crítica.

Mi abuelo trabajaba en lo que pudiera conseguir. Perdieron la casa y se mudaron a un lugar pequeñito, de un cuarto, que mi abuela mantenía impecable y ordenado. "Que seamos pobres", le decía a sus hijas, "no significa que tengamos que vivir en una pocilga". Mi abuela confeccionaba los vestidos de sus hijas, les enseñó a colaborar en los quehaceres domésticos y pasaba los vestidos y zapatos de cada niña a la que le seguía. Todos aprendieron a sobrellevar su infortunio con dignidad.

Mi abuelo debía caminar con bastón y a menudo perdía el equilibrio. Llegaba a casa con las rodillas raspadas por las caídas que sufría en sus largas caminatas hacia y desde sus diferentes empleos. Mi madre ayudaba a mi abuela a curarle las heridas con hierbas y otros remedios naturales. Para entonces ella era la benjamina de la familia, muy apegada a sus padres, y el trabajo duro que mi abuelo hacía por ellas la afligía terriblemente. Pero nadie de la familia se fue jamás a la cama con hambre. Mi abuelo se aseguró de ello, sin importarle lo que tuviera que soportar.

Finalmente consiguió trabajo en una fábrica de tabaco. No era un empleo sofisticado, pero le permitía hacer lo que más le gustaba: leer y aprender. Su responsabilidad era mantener a los trabajadores con la mente ocupada para que no los desesperara el monótono trabajo de enrollar cigarros. Cada mañana empezaba por leerles los periódicos como si fuera el locutor de un noticiero radial. Cuando terminaba con los periódicos, les leía novelas, teniendo buen cuidado de acentuar con su voz y ademanes el drama que se desarrollaba en las historias. El salario no era bueno, pero su labor no le exigía mucho físicamente, y él la disfrutaba. Se convirtió en un narrador excelente y aprovechó su educación para compartirle sus conocimientos a su iletrada audiencia. Creo que se sentía orgulloso de ello y nunca perdió la capacidad ni el deseo de emplear sus habilidades en entretener y educar a otras personas.

Me imagino que cuando perdió su empleo en la industria de los ferrocarriles se debió sentir desesperado, aunque nunca quiso admitirlo. Siempre fue un hombre muy orgulloso. ¡Qué terrible sensación de fracaso habrá experimentado al haber perdido todo: su profesión, su nivel social y económico y sus aspiraciones! Vivir con el temor de no poder alimentar, alojar y vestir a su familia; ver desaparecer sus sueños de la noche a la mañana para nunca más volver. En esa época, la educación era considerada un privilegio en Cuba; tenerla y perder todas las oportunidades de hacer buen uso de ella seguramente le partía el alma. No sé si yo sería capaz de recuperarme de algo así, o de soportarlo, con la gran dignidad que tenía mi abuelo.

La experiencia le enseñó que en la vida a uno le pueden arrebatar cualquier cosa, y él nunca perdió su realismo espartano. Con el tiempo, perdería su país y también sufriría las consecuencias de ello con dignidad, aunque al hablar de eso mostrara enojo y otras emociones que normalmente refrenaba. Jamás les alzó la voz a sus hijos o nietos a menos de que la conversación tocara el país que había amado y perdido.

Mi abuela y él tuvieron otras dos hijas, mis tías Adria y Magdalena. Ahora ya eran una familia de nueve viviendo en una casa que tenía un solo cuarto con suelo de tierra. Mi abuela asumió casi todas las responsabilidades de la crianza de sus hijas mientras mi abuelo pasaba días fuera de casa en busca de algún trabajo que les llevara comida a la mesa.

Mi madre recuerda cuánta humillación soportaron. Sus padres le daban muñecas que eran botellas de Coca-Cola vestidas con harapos, y otras niñas que sí tenían "muñecas de verdad", se burlaban de ella por eso. Mamá acostumbraba a sentarse cerca de la ventana de la casa de unos vecinos para escuchar las notas del piano que tocaba la hija de ellos, y soñaba con tomar clases de piano. Una tarde que la madre de la niña la descubrió, la insultó y la echó de ahí.

Tan pronto mi madre y sus hermanas tuvieron edad suficiente, salieron a trabajar fuera de casa y todas les entregaban sus salarios a mi abuela, que usaba el dinero para comprar comida y cubrir otras necesidades. Tres de las chicas mayores consiguieron trabajo en un hogar en La Habana en el que unas monjas recogían niños abandonados. Pronto se dieron cuenta de que las perspectivas de trabajo eran mucho mejores en la capital del país y convencieron a mis abuelos de que se mudaran. En 1940 empacaron sus escasas pertenencias, le dijeron adiós a Cabaiguán y la familia se mudó a La Habana.

Se instalaron en un solar, que es un complejo de vivienda para gente de bajos recursos, y que típicamente consiste en un patio descubierto rodeado por un edificio grande. En los apartamentos del edificio, que son muy pequeños y no tienen baño privado, viven varias familias. Nadie sabe cómo ni cuándo aprendió el oficio mi abuelo, pero empezó a reparar zapatos junto al solar.

Mi madre consiguió trabajo como cajera en una tienda llamada La Casa de los Uno, Dos y Tres Centavos. Igual que sus hermanas, le entregaba a su madre lo que ganaba, sin guardar nada para ella. El trabajo era humilde y poco gratificante, pero su vida cambiaría para siempre una mañana que un joven con una historia todavía más triste que la suya entró a La Casa de los Uno, Dos y Tres Centavos.

CAPÍTULO 3

———

Un muchacho de la calle

MI ABUELO PATERNO, ANTONIO RUBIO, ERA DE LA PRO-vincia de Pinar del Río, en el extremo occidental de la isla. Tenía catorce años cuando perdió a sus padres, Dionisio Rubio y Concepción Pazos, en una tragedia cuyos detalles se perdieron en el tiempo. Cuando su hermana mayor, Pura, se mudó a La Habana para trabajar en un orfanato, lo dejó al cuidado de unos parientes. Poco después Antonio se escapó, deambuló solo por la isla y pasó algunas noches en una canoa abandonada. Finalmente llegó a La Habana y se reunió con su hermana.

Tuvo algunos empleos esporádicos en la capital, donde conoció a mi abuela Eloísa Reina y se casó con ella. Mi abuela había nacido y se había criado en La Habana y tenía seis hermanos. No conozco prácticamente nada más de la historia de su familia salvo que su padre, Rafael, nació en España.

Mis abuelos paternos no tuvieron su primer hijo hasta 1920, cuando mi abuelo tenía poco más de treinta años y mi abuela casi treinta. Mi tía Georgina me contó que el bebé murió al nacer, pero mi padre nunca habló de eso. Su hermano Antonio (Papo), era el mayor de los seis hermanos sobrevivientes, seguido por Emilio, Eloísa (Nena) y Concepción (Concha). Luego nació mi padre, el 29 de octubre de 1926, y le siguieron Georgina y Alberto.

La familia vivía en La Habana en una casa de la calle Tenerife. Cuando mi padre era pequeño usualmente había seis hijos en casa. La hermana de mi abuelo nunca se casó ni tuvo hijos propios, así que mis abuelos permitían que Nena pasara buena parte del tiempo con ella. Mis abuelos tenían un negocio de servicio de comida en el que vendían el desayuno y la cena a los trabajadores de una fábrica de tabaco cercana. Mi abuela preparaba las comidas y mi abuelo las entregaba.

A mi abuelo le encantaba bromear y tomarle el pelo a la familia, y mi padre heredó su carácter simpático y sus claros ojos azules. A mi abuela, que sufrió de tuberculosis gran parte de su vida, se le recuerda como una persona más conservadora y reservada. Su personalidad era la más fuerte de los dos y ella era quien imponía la disciplina en la casa.

La familia vivía con sencillez pero cómodamente en una casa que, para los estándares de la época en Cuba, era grande y sus hijos estaban bien cuidados y contentos. Mi padre solo compartía recuerdos muy generales de su infancia; la mayoría era de juegos en casa con sus hermanos y de vacaciones pasadas donde sus parientes. La cena de Navidad casi siempre era en su casa; mi abuela asaba un cerdo que había sido sacrificado y colgado desde la noche anterior para que se secara, y servía el tradicional lechón cubano. Su hermano Felo siempre aparecía con una gallina de guinea que ella preparaba en fricasé. Mi padre quería mucho a Felo y se deleitaba con todas las extravagancias de su tío.

Los buenos tiempos tuvieron un final abrupto cuando la fábrica de tabaco cerró sus puertas y el servicio de comida perdió a su único cliente. La familia se vio obligada a dejar su casa y mudarse donde unos parientes. Por último, se mudaron a una pensión en su antiguo barrio para vivir juntos (¡los nueve!) en una sola habitación.

Mi abuelo trabajaría el resto de su vida vendiendo café y galletas en las esquinas de La Habana y trabajando en lo que lograra conseguir para mantener a su familia. Mi padre tenía apenas ocho años cuando tuvo que abandonar la escuela para ponerse a trabajar. Como hasta ahí llegó su educación formal, aprendió a leer y escribir por sí solo, un testamento de su inteligencia natural y gran disciplina.

Hubo tiempos difíciles en los que la familia tuvo muy poco para comer. Cuando tenía nueve años, mi tía Georgina se fue a trabajar de empleada de limpieza para una familia española que le dejaba llevar las sobras a casa. Pero fueron muchas las noches que tuvieron que irse a la cama con hambre, sin haber comido casi nada. Ninguno de los chicos se quejó nunca.

"Cuando creces con hambre", recordaría ella, "aprendes a no pedir". Ese recuerdo de no tener suficiente para comer en las noches tal vez sea la razón por la cual mi padre, en lugar de castigarnos, siempre se levantaba de la mesa y nos traía cualquier otra cosa cuando rehusábamos comer lo que mi madre hubiera preparado. Nunca permitió que nos fuéramos a la cama con hambre, aunque eso significara malcriarnos.

La salud de mi abuela empezó a deteriorarse rápidamente por el desgaste físico como resultado de haber dado a luz a ocho hijos y la tensión emocional causada por la pobreza. En 1935, el día que cumplía cuarenta y dos años, una neumonía segó su vida; a mi padre le faltaban cuatro días para cumplir nueve años. La velaron en el salón comunitario de la pensión y la sepultaron en un pequeño osario que mi abuelo había adquirido en el Cementerio Colón de La Habana.

Al cuidado de mi abuelo quedaron siete niños desolados; el mayor, de dieciséis años acabados de cumplir y el menor, de cuatro. Profundamente deprimido por la muerte de su esposa, mi abuelo jamás volvió a ser el de antes. Trabajaba en las calles todo el día, dejando a los chicos que se las arreglaran solos. Nena se mudó del todo para casa de su tía, y los demás se quedaron con su padre en un solo cuarto de la pensión.

Mi padre consiguió su primer trabajo fijo en una bodega que quedaba cerca de la pensión, donde a menudo veía al dueño, un español, jugar dominó con sus clientes. Un día fue a la bodega y se encontró una billetera en el suelo y preguntó a los jugadores si alguno la había perdido; uno de ellos lo acusó de habérsela robado, pero el dueño de la bodega salió en su defensa y reprendió al que lo acusaba. "En lugar de gritarle", le dijo a su cliente, "tendrías que recompensarlo". Avergonzado, el hombre le ofreció una pequeña recompensa a mi padre, pero él no la aceptó. Impresionado por su carácter, el español le dijo que trabajara para él limpiando las mesas de la pequeña cafetería de la bodega. Mi padre tenía apenas nueve años, y a partir de ahí se ganaría su propio sustento durante los próximos setenta años. El trabajo en la bodega no duró mucho pues el dueño lo despidió cuando lo atrapó comiéndose una barra de chocolate sin pedir permiso.

Pocos años después de muerta su esposa, mi abuelo entabló una relación con una mujer llamada Dolores Cardin, que tenía casa propia y vivía con sus hijos. Mi abuelo se mudó a vivir con ellos. Mi padre y sus hermanos, Papo y Emilio, se quedaron en la pensión. Mi abuelo y Dolores tuvieron un hijo y permanecieron juntos hasta que murió mi abuelo.

Mi padre rara vez hablaba de Dolores con nosotros. Las pocas veces que la mencionó lo hizo con naturalidad pero sin atribuirle mucha importancia al papel que jugó en su vida. Sabemos por mi madre y mi tía que ella fue muy dura con él y sus hermanos, como la malvada madrastra de un cuento de hadas. Se ocupaba solo de sus propios hijos sin molestarse por los hijos de mi abuelo, huérfanos de madre, a quienes hacía sentir como parias en la casa de su padre. Cinco años después de muerta mi abuela, mi padre vivía solo. Apenas tenía catorce años.

Él nunca le guardó rencor a su padre por haberse unido a Dolores y, según dice mi tía, jamás la criticó. Visitaba a su padre y ocasionalmente pasaba la noche en su casa. Como es natural, seguramente se preguntaría por qué su padre no había insistido en mantener a sus hijos con él. ¿Qué otra cosa podría pensar un chico de catorce años abandonado por su padre, sino que no era amado ni deseado?

Mi padre fue un hombre modesto y alegre. Nunca mostró amargura ni rencores. Desde niño aprendió a ocultar sus emociones y a afrontar las adversidades. Algunas personas que guardan recuerdos dolorosos en silencio, parecen distantes y duras. Mi padre era todo lo opuesto, era amable, considerado y amistoso con casi todas las personas que conocía.

Jamás vi las heridas tan profundas que escondía. Su dolor no era evidente en las cosas que decía, sino en las que callaba. Pero su comportamiento a menudo dejaba entrever las inseguridades ocultas bajo su estoicismo. Si llegaba a sentir que se estaban burlando de él, se podía ofender fácilmente.

Yo me enteré de mucho de lo que sé de su niñez por mi tía y mi madre. Un poco antes de su octogésimo cumpleaños compartió algunas historias de su infancia con mi hermana Verónica, historias que según mi madre jamás había compartido con ella.

Papá se mantuvo en buenos términos con su propio padre durante su adolescencia, pero jamás volvió a vivir con él. Vivió en las calles y se crió en las calles, igual que su padre; se convirtió en un adulto sin un buen ejemplo de lo que debería ser un hombre, y eventualmente se convirtió en el padre que nunca tuvo. Cuando tenía diecinueve años, su padre contrajo neumonía y falleció, y él se quedó realmente solo.

Trabajó como vendedor ambulante y buscó oportunidades para salir adelante. En 1947, con veintiún años de edad, se lanzó a la aventura y se unió a una conspiración para derrocar al dictador dominicano Rafael Trujillo, conocida como la expedición de Cayo Confites. La armada de Cuba detuvo a mil doscientos hombres antes de que llegaran a República Dominicana. Un joven estudiante de derecho, Fidel Castro, también se había unido a la conspiración, pero no creo que mi padre lo hubiera conocido.

Cuando se calmó la conmoción causada por esa fallida expedición, encontró trabajo como guardia de seguridad en una cafetería. Vivía en un almacén en la parte trasera de la cafetería con otros jóvenes compañeros de trabajo, y todos dormían sobre guacales de madera.

Ese año, la tienda vecina a la cafetería llamada La Casa de los Uno, Dos y Tres Centavos adquirió la cafetería. Los nuevos dueños le permitieron a mi padre continuar trabajando con ellos y seguir durmiendo en el almacén. En esa tienda mi padre conoció a una de las cajeras, Oriales García, mi madre, y empezaron a salir. Mi madre se jactaba con sus hermanas de que su nuevo enamorado se parecía a Tyrone Power, el famoso artista de cine. Menos de un año después de haberse conocido, se casaron el 28 de abril de 1949, en una breve ceremonia civil a la que asistieron algunos amigos cercanos y la familia de mi madre. Mi padre tenía veintidós años y mi madre, dieciocho.

Mis abuelos recibieron a mi padre como a un hijo más, y por primera vez desde la muerte de su madre, él volvió a experimentar la felicidad de una vida familiar amorosa. Los recién casados se mudaron a un pequeño apartamento propio y siguieron trabajando en la tienda donde se habían conocido. Un año más tarde nació mi hermano mayor, Mario Víctor Rubio.

Mi padre trabajaba duro para mantener a su familia con su exiguo salario de guardia de seguridad. Trataba desesperadamente de mejorar la situación, pero esos eran tiempos difíciles en Cuba y las oportunidades para un muchacho de la calle escaseaban. Tomó un curso por correspondencia para aprender a reparar televisores y radios, pero le costaba trabajo porque no sabía leer muy bien. Según dicen, tenía una voz maravillosa para el canto, y le gustaba mucho cantar tango. Consiguió una audición en un popular programa de talentos que había en la radio, pero los nervios lo traicionaron. Al tercer intento infructuoso de alcanzar una nota alta, lo sacaron. Mi madre, a la que también le encantaba actuar y soñaba con ser actriz, participó en varios concursos de talento y ganó uno de ellos. Pero las aspiraciones personales de los dos cedieron ante el problema inmediato de mantener a un hijo.

Sin educación y sin contactos, sus perspectivas de escapar de una vida de pobreza no eran muy buenas. Y empeoraron aun más después de que mi papá se lesionó una pierna cuando se cayó en un hueco jugando un partido de béisbol con unos amigos. La lesión le dañó un nervio y lo dejó cojeando por el resto de su vida.

Dolores, una de las hermanas de mi madre, a quien llamaban Lola, había emigrado a los Estados Unidos y decía que allí había empleos en abundancia. El 27 de mayo de 1956, siete años después de haberse casado, mis padres se fueron de Cuba con su hijo rumbo a los Estados Unidos. En esa época traer a alguien a los Estados Unidos costaba unos $500. Cada miembro de una familia que llegaba pagaba para traer a otro, y pronto mis abuelos y la mayor parte de su familia habían emigrado, y lo hicieron en el momento oportuno. Ese mismo año, Fidel Castro llegó a las montañas de la Sierra Maestra, desde donde empezaría su revolución contra la dictadura de Fulgencio Batista.

Mientras Cuba se hundía en la violencia de la revolución que con el tiempo reemplazaría la corrupta dictadura de Batista con la dictadura co-munista de Castro, los Estados Unidos disfrutaban de un período de cre-cimiento y prosperidad sin precedentes. Mi familia se instaló primero en Nueva York, donde mi padre realizó todos los pequeños trabajos diurnos que pudo encontrar. Pero el invierno de Nueva York fue demasiado para mi madre y al año siguiente se mudaron a Miami, donde ambos consiguieron trabajo fijo en una planta productora de sillas de aluminio para jardines. Mi madre todavía tiene la cicatriz de un accidente que sufrió en esa planta, en el que una máquina le arrancó de raíz la uña del pulgar.

Tenían poco dinero, pero muchas ganas de mejorar su situación y la confianza de que estaban en el sitio indicado para lograrlo. La vida en los Estados Unidos no era fácil, pero era mejor que cualquier otra alternativa.

A finales de la década de 1950, mi padre tomó un curso para hacerse *bar boy*, asistente de barman, y fue contratado por el Roney Plaza Hotel, en Miami Beach. Pero su verdadero sueño era ser el dueño de su propio ne-gocio. Entre 1958 y 1965 abrió una serie de pequeños negocios, entre ellos una venta de verduras, una lavandería en seco, una tienda de descuento y un pequeño supermercado. Mi madre sostiene que mi padre nunca fue un buen comerciante, según ella era demasiado generoso y a menudo regalaba artículos a clientes que no tenían con qué pagarlos. Todos los negocios fracasaron y en algún momento, en una fecha que ya nunca sabré, él decidió renunciar a su sueño y mantener a su familia de la mejor forma posible, trabajando al servicio de otros.

Trabajó muy duro en el hotel y en 1959 lo ascendieron a barman. Pero tanto mi padre como mi madre estaban descorazonados por el fracaso de los negocios y extrañaban a Cuba. Mi abuelo tampoco había soportado el frío de Nueva York y su intento de establecer un negocio de reparación de calzado en Miami había fracasado. Así que, después de la caída de Batista, regresó a Cuba y empezó a trabajar en un ministerio del gobierno encargado de emitir las patentes de matrícula. Se había propuesto quedarse allá el resto de su vida aunque su esposa e hijas todavía se encontraban en los Estados Unidos. La vida del inmigrante rara vez es exitosa de inmediato. Usualmente, al principio está llena de privaciones, trabajo servil, sacrificio, mezquindad y añoranza por el país y la familia que se dejó atrás. La experiencia de mis padres no fue distinta y, como muchos cubanos americanos, ellos también creyeron que un día volverían a casa.

Mi hermana Bárbara nació a principios del verano de 1959. A finales de ese año, mis padres empezaron a considerar su regreso definitivo a Cuba. Al comienzo de la revolución no se pensaba que Cuba se integraría al bloque socialista. En una visita a los Estados Unidos en abril de 1959, Fidel Castro manifestó su fe en la democracia y negó ser comunista. Llevaba una medalla de la Virgen María, y en ese entonces era un héroe para muchos cubanos de la clase trabajadora.

En el verano de 1960, mi padre y mi hermano Mario tomaron un ferri a Cuba para llevar el auto de mi padre, que quería mostrárselo a su familia. Mi madre y Bárbara volaron a La Habana para encontrarse con ellos allá; querían ver la nueva Cuba y saber si podrían vivir de nuevo en la isla. Pero en esa visita empezaron a vislumbrar el rumbo que tomaría la revolución de Castro.

Las críticas del gobierno cubano a los Estados Unidos habían empezado a afectar seriamente las relaciones entre ambos países. Castro aseguraba no ser comunista, pero estaba nacionalizando compañías petroleras y bienes raíces propiedad de los Estados Unidos y Gran Bretaña. También nacionalizó ingenios azucareros que pertenecían a americanos, y empezó a recibir ayuda económica y militar de los soviéticos. Cuando mi familia llegó a Cuba, Emilio, el hermano de mi padre, le advirtió que no regresara a la isla definitivamente, y le contó que el régimen estaba encarcelando a millares de disidentes, había cerrado periódicos de la oposición y controlaba todas las estaciones de radio y televisión. Era mejor que se quedaran en los Estados Unidos por lo menos un año más, le dijo.

Mi padre aceptó el consejo de mi tío y jamás regresó a Cuba ni volvió a ver a sus hermanos Emilio y Antonio, tampoco a su hermana Concha. Pero mi madre sí volvería una última vez.

En marzo de 1961, mi madre volvió a La Habana para cuidar de mi abuelo, que había dado un traspié al subir a un autobús y se había partido su pierna buena. Se quedó con él casi un mes mientras este se recuperaba. En esa visita le quedó muy claro que las cosas en Cuba iban de mal en peor. Toda la familia opinaba que mi abuelo debía regresar a Miami. Ella le suplicó que volviera y finalmente él accedió regresar.

Para entonces, Cuba había cambiado radicalmente y se habían restringido los privilegios para poder viajar. Cuando mi madre fue a abordar su vuelo de regreso a Miami, pasó el peor susto de su vida. Le dijeron que por haber nacido en los Estados Unidos, a mi hermana Bárbara, que entonces tenía solamente dos años, se le permitiría salir. Pero que ella y mi hermano Mario no podrían regresar a Miami. Le ordenaron abandonar el aeropuerto y dar por hecho que en lo sucesivo Cuba sería su hogar. Aunque asustada, se negó a acatar esa orden y siguió yendo todos los días al aeropuerto, alegando que su esposo estaba en Miami y que ella no podía quedarse en Cuba sin él. Finalmente uno de los guardias se apiadó de ella y le dijo que volviera al día siguiente y se asegurara de ponerse en la fila que él atendía. Así lo hizo, el guardia la dejó pasar y pudo abordar el vuelo a Miami. La experiencia la atemorizó tanto que nunca más quiso volver a la isla.

La invasión de Bahía de Cochinos, apoyada por la CIA, tuvo lugar un mes después. En diciembre, Castro se declaró marxista leninista y los Estados Unidos rompieron relaciones diplomáticas con el gobierno cubano. A principios de 1962, los Estados Unidos impusieron un embargo económico a Cuba y para octubre de ese año ya había empezado la Crisis de los Misiles. Siempre le he estado profundamente agradecido a mi tío Emilio por haber aconsejado a mis padres cuando lo hizo. De no haberlo hecho, quizás mi vida habría sido muy diferente.

Una vez descartada la posibilidad de regresar a Cuba, mis padres se dedicaron a salir adelante en los Estados Unidos. Mi padre continuó trabajando como barman en el Roney Plaza y eventualmente llegó a ser el barman principal del hotel. Pero ellos dos siempre andaban buscando un lugar donde la grama fuera más verde y cada vez que las perspectivas de avanzar económicamente parecían inciertas, se inquietaban. En el verano de 1964 se trasladaron con la familia a Los Ángeles, en busca de mejores oportunidades en esa ciudad que estaba creciendo tan rápidamente. Se instalaron en un apartamentico lúgubre en el que mi hermano dormía en un sillón reclinable, pero mi padre solo pudo conseguir trabajos ocasionales. Pocas semanas después, probaron suerte en Las Vegas, pero allí solo consiguió un trabajo como mozo de bar. Finalizaba el verano cuando la familia volvió a Miami y mi padre pudo recuperar su empleo en el Hotel Roney Plaza.

Mi padre era un hombre muy generoso que se sacrificó toda la vida, no solo por nosotros, sino por cualquiera que necesitara su ayuda. Mi tía Georgina me contó lo que hizo por uno de sus compañeros que había sido despedido por ingerir licor en su trabajo. El hombre lo fue a ver al hotel y le contó que le habían ofrecido un nuevo empleo pero que no podía aceptarlo porque no tenía un par de zapatos adecuados para ir a trabajar. Papá no quiso darle dinero porque sospechó que lo usaría para comprar licor, así que le pidió que se encontraran a su salida del trabajo en el hotel; y allí mismo se quitó sus zapatos y se los dio. Caminar hasta la casa descalzo debió ser muy incómodo para él, pues debía usar un aparato ortopédico en la pierna, que seguramente le estorbaba. Rara vez lo vimos caminar descalzo ni siquiera en la casa; y solamente tenía dos pares de zapatos, uno para el trabajo y otro para la casa.

No recuerdo jamás haberlo visto comprarse algo para él. Durante veinte años condujo un Chevrolet Impala rojo, modelo 72. Usó el mismo reloj Seiko hasta el día de su muerte, aunque ya había perdido el enchapado en oro hacía mucho tiempo. Cada prenda de vestir que tenía se la había comprado mi madre o se la habían regalado. Mi padre no era perfecto, pero yo nunca en mi vida he conocido otra persona más desprendida que él.

La vida en los Estados Unidos estaba cambiando. El movimiento por los derechos civiles estaba en su apogeo y estaba teniendo lugar la guerra en Vietnam. La poca popularidad de la guerra, particularmente entre los jóvenes, contribuyó a la agitación social que le dio a esa década una reputación radicalista. Los cambios que exigían los activistas de la generación de los *baby boomers*, que se resistían a ser una réplica exacta de la generación que los precedió, afectarían los valores de cada una de las instituciones de los Estados Unidos; la educación, el estilo de vida, las leyes, las relaciones entre ambos géneros y el entretenimiento.

La asimilación de una cultura jamás ha sido un proceso fácil para un inmigrante, pero debe de haber sido todavía más intimidante cuando de la noche a la mañana las costumbres en los Estados Unidos empezaron a dar un vuelco. Mis padres eran conservadores por naturaleza, y también en su pensamiento político. Este país era su refugio. Jamás se imaginaron que los Estados Unidos se verían asediados por tantos disturbios, así como tampoco creyeron que eventualmente el régimen castrista haría imposible para ellos volver a vivir en Cuba. Pero les inculcaron a sus hijos el respeto a su nuevo país, y los valores conservadores que tan importantes eran para ellos.

Mis padres compraron su primera casa en Miami en 1966. Ya todas las hermanas de mi madre se encontraban viviendo en los Estados Unidos, y mis abuelos maternos vivían en un edificio de apartamentos relativamente cerca de toda la familia. Pero en 1967, mi abuela sufrió un infarto fulminante mientras dormía. A sus sesenta y cuatro años de edad era aún la figura matriarcal de la familia García. Su muerte súbita dejó desolados a mi abuelo y mi madre, y para mi padre fue también un golpe terrible. Mi abuela siempre lo había tratado como a un hijo y él la quiso como a una madre.

En las noticias de 1968 predominaba el descontento político y social de la nación, pero después de una década de mucho trabajo, mis padres habían alcanzado una relativa estabilidad. Mario, mi hermano, era *quarterback* del equipo de fútbol americano de la escuela secundaria local. Mi hermana Bárbara estaba matriculada en clases de ballet y para mi madre ella era como una muñeca. Cuando Mario salió de la escuela secundaria, se alistó en el ejército. Fue Boina Verde del 7o. Grupo de Fuerzas Especiales estacionado en Ft. Bragg. Mis padres no podían pagarle la universidad, pero cuando terminó su servicio en 1971, aprovechó la Ley del G.I. para completar su educación.

Para el inicio de la nueva década, mis padres tenían mucho que agradecer. A pesar del fracaso en los negocios, mi padre, con mucho esfuerzo, había logrado suficiente estabilidad económica para que mi madre, que trabajaba como cajera en el Crown Hotel, empezara a considerar quedarse en casa. Mi padre tenía cuarenta y cinco años y mi madre cuarenta y uno, edad a la cual ya esperaban que mi hermano, que estaba a punto de casarse, les diera nietos. Y en octubre de 1970, se enteraron de que un nuevo miembro de la familia Rubio venía en camino. Pero no era la esposa de mi hermano quien estaba esperando.

Nací el 28 de mayo de 1971, y mi hermana menor, Verónica, nació al año siguiente. Papá y mamá volvieron a ser padres, pero en un país distinto y al que ahora llamaban su hogar.

Mis padres habían vivido casi dos décadas en los Estados Unidos. Era claro que Cuba se había convertido en un estado completamente totalitario que probablemente permanecería así por un tiempo. Ellos habían sufrido muchos desengaños y su vida nunca sería fácil. Y, sin embargo, lentos pero seguros, habían podido construir para nuestra familia una vida mejor que la de su niñez o la que habrían podido tener en Cuba. Tres de sus hijos son americanos de nacimiento, Mario se nacionalizó cuando salió del ejército. Así que, en 1975, ellos dos también se convirtieron en ciudadanos de los Estados Unidos.

CAPÍTULO 4

Mis primeros años

MIS PRIMEROS RECUERDOS SON DE LA CASA DE MI FAMI-lia en Coral Gate. Recuerdo que mi hermana y yo jugábamos en unos columpios de aluminio que mi padre había montado para nosotros en el patio trasero y en una especie de módulo de pasamanos o *monkey bar* curvo, que papá instaló más tarde. Además, teníamos un gran porche con espacio suficiente para que yo anduviera en mi triciclo.

La terraza interior, situada en la parte trasera de la casa, también funcionaba de cuarto de juegos. Mi padre instaló un sistema de seguridad en la puerta para que mi madre pudiera dejarnos jugando allí, sin temor de que saliéramos afuera mientras ella se ocupaba de sus quehaceres. Papá también convirtió nuestro garaje en dormitorio para mi abuelo, que viviría con nosotros prácticamente el resto de su vida y cuya llegada a Coral Gate marcó el inicio de una de las relaciones más influyentes en mi vida.

Vivíamos calle abajo de la Iglesia Católica St. Raymond, donde todos los sábados asistía a misa con mi mamá. Todavía recuerdo sus quejas porque a mí se me caía el reclinatorio en su espinilla y le salían moretones. De niño, tenía la costumbre de representar aquellas cosas que me hubieran causado alguna impresión, y cuando volvía del cine o cualquier otro lugar, representaba las experiencias que había vivido. A veces, cuando volvía de misa con mi mamá, me envolvía en una sábana y, fingiendo ser sacerdote, recreaba el servicio de ese día.

Bárbara, mi hermana mayor, todavía vivía en casa. Estudiaba en la escuela secundaria y trabajaba en el que fue su primer empleo. Todo en ella me fascinaba, me parecía tan madura e inteligente, que yo me levantaba temprano solamente para desayunar junto a ella. Bárbara siempre tomaba lo mismo, *café con leche* —café cubano mezclado con leche caliente— y una tostada cuadrada que mi madre le ponía encima de la taza. Parecía un birrete de graduación. Mi hermana trabajaba en una tienda de camisetas en la "Miracle Mile" de Coral Gables. Una noche me desperté y a los pies de la cama encontré una camiseta con el tiburón de la película *Jaws* serigrafiado en el frente. Era mi camiseta favorita.

Cuando cumplí cuatro años, mis padres empezaron a preocuparse por mis piernas. Tenía las rodillas viradas hacia dentro. Me llevaron a un ortopédico que recetó el uso de aparatos ortopédicos. Todas las mañanas mi madre batallaba para atármelos a las piernas, pues como los aparatos eran incómodos y restringían mis movimientos, yo los odiaba. Le rogaba que no me los pusiera. Pero cuando eso fallaba, comenzaba a resistirme físicamente pateando con todas mis fuerzas.

Finalmente, a ella se le ocurrió un truco para que yo cooperara, y cada vez que me negaba a usar los aparatos, sonaba el teléfono. Mi madre lo respondía y me pasaba el auricular. Era Don Shula, el director técnico de los Miami Dolphins. "Marco", me decía, "Tienes que usar tus aparatos si vas a jugar para mí algún día", y yo me los dejaba poner enseguida. Años más tarde caería en cuenta del acento cubano de ese entrenador Shula, y también de que la voz del teléfono era la de mi padre, que encontraba el tiempo para llamar desde su trabajo y hacerse pasar por uno de los héroes de mi niñez.

Felizmente, después de haber usado los aparatos durante todo un año sin mucho progreso a pesar de tanto esfuerzo, mis padres me llevaron donde otro doctor que me suspendió el uso de los aparatos y les explicó que cuando creciera un poco más, el defecto se corregiría solo, y así fue.

Mis primeros recuerdos de Navidad también son de nuestros años en la casa de Coral Gate. Hubo una Nochebuena en particular que nunca olvidaré. Verónica y yo nos habíamos ido a la cama y por alguna razón me desperté y fui hasta la sala, donde descubrí a mi padre y al novio y futuro esposo de mi hermana, Orlando, armando una bicicleta. Cualquiera habría pensado que sorprendí a dos ladrones. Después de un frenético intento de cubrir la evidencia, mi padre y Orlando me explicaron que ambos habían tenido que usar el baño y justo en ese momento Santa Claus había entrado a dejar nuestros regalos. Todo eso me pareció muy factible y volví a la cama feliz de pensar que además de haber dado con nuestra casa, Santa hubiera sido tan generoso.

Esos son casi todos mis recuerdos de nuestra época en Coral Gate. De mis primeros años de vida solo quedan unas cuantas fotos instantáneas por ahí, pero los recuerdo con mucho cariño por ese profundo sentimiento de bienestar que siempre experimenté a lo largo de mi niñez. Siempre he creído que tuve mucha suerte y una vida feliz, llena de posibilidades ilimitadas. Seguridad, comodidad, confianza y felicidad fueron los regalos de mis padres para Verónica y para mí. Todo su tiempo y energía ellos los dedicaban a nosotros con el fin de proporcionarnos lo que necesitábamos y para que estuviéramos contentos.

Mis padres no pudieron dedicarles a mis hermanos mayores, sobre todo a Mario, el tiempo y la atención que habrían deseado. Eran muy jóvenes cuando Mario nació. Mi abuela Dominga cuidaba de él, lo recogía en la escuela y le preparaba la cena mientras ellos trabajaban. Generalmente llegaban tarde del trabajo, a veces justo antes de que Mario se fuera a la cama, y aunque mi padre a menudo trabajaba los fines de semana y días festivos, rara vez tenían dinero para llevarlo de vacaciones o comprarle regalos. Nada de eso fue por descuido y tampoco por falta de amor. Mis padres querían a Mario y a Bárbara y pasaban con ellos todo el tiempo que les quedaba libre. Pero siempre se sintieron culpables por no haber contado con más tiempo para dedicarles a sus hijos mayores, y eso motivó su casi obsesiva determinación de prodigar una mayor atención a los menores.

La nuestra fue una niñez privilegiada. Ahora lo sé, aunque creo que desde entonces lo supe. Éramos el eje de la vida de nuestros padres, cuya única preocupación era nuestra felicidad. Los fines de semana y días festivos mi padre casi nunca trabajaba para quedarse con nosotros en la casa. Durante nuestros primeros años, él ganaba lo suficiente para que mi madre nos pudiera cuidar todo el tiempo y para comprarnos juguetes y llevarnos de vacaciones de vez en cuando. Mis padres aplazaban la compra de cualquier cosa para ellos, salvo necesidades básicas, con tal de que nosotros pudiéramos disfrutar al máximo. Nunca tuvieron pasatiempos propios. Rara vez nos obligaron a hacer algo que no quisiéramos, y nos protegieron con mucho celo de cualquier cosa que empañara sus vidas.

Para un niño es una bendición saber que es tan amado. En casa no había mucho dinero mientras crecimos, pero Verónica y yo tuvimos todo lo necesario y muchas cosas de las que simplemente nos antojábamos. Ese sentimiento de estabilidad y seguridad le da a un niño la confianza necesaria para convertirse en un adulto capaz. No ha habido un día en el que no me haya sentido seguro de ser amado o una situación por modesta u oscura que esta fuera, en la que no haya tenido la certeza de que puedo hacer de mi vida lo que yo quiera que sea.

Pero ese amor también puede malcriar a un niño. Si mientras crece todo gira a su alrededor y se acostumbra a ser el objeto de una atención desmedida, es muy probable que de adulto, como me pasó a mí, deba aprender a supeditar sus propios deseos a las necesidades de los demás; una cualidad indispensable para alcanzar la madurez y la felicidad duradera. Cuando yo nací, mi hermano Mario ya se había ido de casa y cuando nos mudamos a Las Vegas en 1979, Bárbara se quedó en Miami. Crecí en un hogar pequeño, solo éramos Verónica y yo, nuestros padres y mi abuelo. Jamás nos impusieron las concesiones recíprocas, la deferencia y la abnegación que son habituales en la coexistencia pacífica de una familia grande. Tuvimos que aprender esas cosas ya siendo adultos, y no ha sido fácil.

Cuando Verónica y yo teníamos cinco y seis años, mis padres nos llevaban los domingos por la mañana a la International House of Pancakes, que quedaba cerca. Los *pancakes* nos encantaban, y yo era un ávido coleccionista de los pequeños magnetos de cascos de fútbol americano de la NFL que por esa época se vendían en el restaurante. Apenas ordenábamos, empezaba a quejarme de cuánto se demoraban en traernos la comida. "Me muero de hambre, papi. ¿Dónde está la comida? ¿Por qué tarda tanto?". Y mi padre, en lugar de corregirme e instarme a tener paciencia, también acababa por agitarse y molestar a la camarera reclamando nuestro pedido. Hasta el día de hoy, sigo siendo impaciente, y cuando me dejo ganar por esa debilidad en un restaurante o cualquier otro sitio público, mi esposa me recuerda que me estoy portando como aquel niño de seis años en la International House of Pancakes.

Poco antes de mi quinto cumpleaños, el gerente del hotel donde mi padre trabajaba como barman, le planteó una oportunidad interesante: encargarse de la administración del Toledo Plaza, un complejo de apartamentos ubicado en un vecindario cubano de clase trabajadora, cerca del aeropuerto. El cargo incluía un apartamento libre de alquiler, un salario equiparable a lo que mi padre ganaba en el Roney Plaza y la promesa de seguir trabajando allí los fines de semana como barman, y obtener así un ingreso extra. Aceptó.

Mis padres vendieron nuestra casa de Coral Gate y nos instalamos en tres apartamentos del primer piso del Toledo Plaza. Ellos trabajaban en el primero de los apartamentos, donde quedaba la oficina de administración del edificio y una especie de almacén. Verónica y yo pasábamos mucho tiempo en el almacén, jugando a las escondidas entre los muebles y equipos que allí se guardaban. Mi padre derribó paredes entre los otros dos apartamentos para convertirlos en uno, y ese era nuestro hogar. El cuarto de juegos, mi dormitorio y el de mi hermana mayor, estaban en un apartamento, y la sala, la cocina, el dormitorio de Verónica y el de mis padres, estaban en el otro. Los tres apartamentos tenían puertas de vidrio corredizas que se abrían al patio central del complejo, un espacio con césped que se convirtió en nuestro patio trasero.

En el patio había dos palmeras altas separadas por unas cuantas yardas. Mi padre sujetó con pernos los extremos de un tubo de metal a cada palmera, y después taladró huecos en el tubo para meter unos ganchos de los cuales colgó un par de columpios. Para mí, ese patio era el paraíso: servía de cancha de fútbol americano cuando me convertía en Bob Griese y lidereaba a los Miami Dolphins en otra victoria, o de Ciudad Gótica cuando combatía el crimen en mi caracterización de Batman.

En el Toledo Plaza nos dimos la gran vida. Yo cursaba primer grado en la Henry Flagler Elementary y tenía muchos amigos. Mi padre trabajaba donde vivíamos. Nos llevaba a la escuela todas las mañanas y nos recogía en las tardes. Mamá ayudaba en la oficina pero siempre estaba en casa. Como mi padre administraba el edificio, teníamos absoluta libertad de movimientos y la aprovechábamos al máximo. En ese tiempo fui presa de la primera de mis dos eternas pasiones: el fútbol americano y la política.

Era un gran fanático del fútbol americano. Todavía lo soy, pero ahora veo el deporte de forma más comedida y madura que de chico, cuando era lo más importante en mi vida. Amaba a los Dolphins. Amaba a Don Shula, que había sido contratado como director técnico de los Dolphins el año antes de que yo naciera, y casi inmediatamente dio un vuelco total a las vicisitudes del equipo. Me encantaba la manera heroica e inteligente de jugar del gran Bob Griese, que fue mariscal de los Dolphins durante toda la década del setenta, lideró al equipo en una temporada invicta y tres *Super Bowls* consecutivos, y ganó dos de ellos. Y más tarde sería un gran fanático de Dan Marino, cuyas deslumbrantes actuaciones aliviarían la pena que el retiro de Bob Griese me había causado. Mi padre me llevó a mi primer juego de los Dolphins en 1977. El equipo derrotó a los Seattle Seahawks en ese partido y yo enloquecí de alegría.

Mi obsesión por el fútbol americano surgió de la admiración por mi hermano. Nunca viví con Mario, pero él siempre estuvo presente en nuestras vidas como una leyenda a través de los relatos de mi padre sobre sus hazañas en Miami High.

En 1960, Mario jugaba fútbol americano en el equipo titular de su escuela secundaria y alcanzó algún renombre por ser el primer cubano americano en jugar como *quarterback* de los Miami Stingarees. En ese tiempo, Miami High era un permanente generador de talentos futbolísticos. Sus juegos en el Orange Bowl a menudo arrastraban multitudes de más de veinte mil fanáticos. El interés de mi padre en el juego empezó cuando su hijo era el mariscal estrella de Miami High. En los juegos de Mario, se sentaba orgullosamente en la gradería, y dejaba escapar una sonrisa radiante cada vez que el narrador del partido describía alguna jugada de Mario Rubio. Después de cada juego se encontraba con Mario en el estacionamiento del estadio para entregarle el sándwich cubano que le había llevado, y sonreía viendo a su hijo, el joven y buen mozo *quarterback*, en medio de una rueda de chicas que lo miraban con adoración, disputándose su atención.

En mi familia, todos nos volvimos fanáticos del fútbol americano, excepto mi abuelo, siempre individualista, que calificaba al juego de chabacano y sin sentido, y me decía que si alguien lo atajara como se hace en el fútbol americano, dejaría de jugar y le daría un puñetazo en la nariz al agresor. A él le encantaba el béisbol, y lo había jugado de niño a pesar de su discapacidad física. La elegante simetría del béisbol, insistía, le daba sentido y belleza.

Crecí escuchando las historias de mi padre acerca de las proezas de mi hermano en la cancha de fútbol americano. Mantenía en mi alcoba una fotografía de él con el uniforme de su equipo y me imaginaba a mí mismo como mariscal liderando a Miami High; otro Rubio al mando, y digno sucesor de mi famoso hermano Mario.

La vida era maravillosa. Pero de repente todo cambió. Los dueños del Toledo Plaza vendieron el edificio y, una mañana, los representantes de los nuevos dueños se aparecieron sin previo aviso. Cambiaron las cerraduras de la oficina, informaron a mi padre que ya no se requerían sus servicios y le dieron siete días para desocupar nuestro apartamento. Prácticamente de la noche a la mañana, mis padres perdieron sustento y hogar. Mi padre había renunciado a su trabajo de barman en el Roney Plaza y no teníamos a dónde ir, pues habíamos vendido nuestra casa.

Ahora que soy padre y proveedor puedo entender lo que esto representaría para mis padres. Aunque la interrupción de nuestra vida feliz en el Toledo Plaza nos afectó un poco, Verónica y yo vivíamos totalmente ajenos a los temores que sin duda asaltaron a mis padres en ese momento, y ellos se cuidaban mucho de no traicionar el más leve indicio de ansiedad delante de nosotros. Jamás vimos una mirada de inquietud en sus rostros ni escuchamos una sola palabra de preocupación en sus conversaciones. El incidente no pasó de ser una molestia menor en nuestra vida despreocupada. El único recuerdo claro que tengo de esa experiencia es del día en que el camión de mudanzas llegó a recoger nuestras cosas.

Mis padres estaban preocupados, por supuesto. Estoy seguro de que desconsolados al ver que todo cambió de un momento a otro. Pero el asunto se resolvió bastante rápido. Mi padre consiguió un nuevo trabajo como administrador de un edificio de apartamentos en Hialeah y nos fuimos a vivir a un par de millas del Toledo Plaza en una pequeña casa alquilada. Cuando se sintió lo suficientemente seguro en su nuevo trabajo como para comprar otra casa, lo hizo exactamente frente al patio trasero de mi tía Adria, con lo que mi primo Manny, apenas dos años mayor que yo, se convirtió en mi nuevo vecino.

La casa tenía un patio grande que me recordaba al del Toledo Plaza y una habitación extra, así que mi abuelo, para quien no habíamos tenido lugar allá y por eso había estado viviendo con mi tía, volvió a mudarse con nosotros. Mi nueva escuela, Kensington Park, quedaba al frente y allí estudiaba también mi primo.

Poco después de mudarnos, sufrí un severo ataque de dolores estomacales. No era la primera vez que me daban. Cuando todavía vivíamos en el Toledo Plaza, Bárbara y Orlando me habían llevado al cine y yo me comí una caja grande de Cracker Jacks. En cuestión de horas quedé doblado en dos, presa de un dolor insoportable. Esa noche mi padre me llevó a Emergencias; él y mi madre atribuyeron todo el episodio a las Cracker Jacks y me prohibieron volver a comerlos. Esta vez, sin embargo, no había Cracker Jacks de por medio. El dolor apareció de improviso, y la única manera de encontrar alivio fue enroscándome en posición fetal. Una vez más nos fuimos al hospital. En el siguiente ataque, los dolores fueron aun más severos y nada me aliviaba. El médico de turno, que no pudo diagnosticar ni remediar mi situación, sugirió que estaba fingiendo el malestar. Sin mediar palabra, mi padre me tomó en sus brazos para retirarme de la camilla y sacarme de allí, y condujo directamente al Variety's Children Hospital en Dade County.

Horas más tarde, el médico que me examinó en ese hospital les comunicó a mis padres que me aquejaba una invaginación intestinal, trastorno grave pero curable que, tratado oportunamente, es de pronóstico excelente, pero si no se trata puede causar graves complicaciones e incluso la muerte. Solo con cirugía podía corregirse definitivamente el problema. Tendrían que abrirme el abdomen y extirpar el segmento afectado. Una vez operado, me alimentarían por un tubo durante tres días y la recuperación completa tomaría de una semana a diez días. Mientras el doctor explicaba el procedimiento, Bárbara empezó a llorar. No recuerdo la reacción de mi madre, pero sí me acuerdo de la de mi padre. Él me dijo que dejaría de fumar a cambio de que Dios me protegiera en la cirugía. Después supe que había vuelto al otro hospital y había buscado al doctor que decía que yo estaba fingiendo el dolor para hacerle saber su incompetencia.

Al día siguiente me operaron. Los primeros días después de la cirugía estuve algo incómodo, pero me dejaron salir del hospital en menos de dos semanas y volví a la escuela ese mismo mes.

Durante unos meses todo estuvo bien o tan bien como podría esperarse, hasta que mi padre perdió su trabajo de administrador del edificio de apartamentos en Hialeah. Los propietarios habían contratado una compañía administradora que mantendría el lugar a menor costo. Papá empezó a trabajar con el esposo de mi tía Adria, tío Manolito, que tenía un pequeño negocio de pintar casas. Habría preferido volver a trabajar como barman de nuevo, pero en 1978 la industria del turismo en Miami Beach había decaído y los hoteles no estaban contratando. Aunque agradecía el trabajo que Manolito le había ofrecido, mi padre sabía que esa no era una solución a largo plazo para nuestros problemas.

La ciudad de Miami atravesaba un período difícil de su historia. En 1978 hubo un rápido y significativo incremento en los crímenes y otros delitos violentos. En un principio, la repentina explosión de violencia desconcertó a la policía y a otros funcionarios municipales, que no tenían idea de qué la causaba. Pero a finales de esa década la razón era clara. Los traficantes de cocaína habían empezado a utilizar a Miami como centro primario de distribución de su lucrativo negocio, el cual se convirtió rápidamente en una fuente importante de actividad económica en la ciudad. A medida que las bandas rivales y los traficantes empezaron a competir por territorio y negocios, se volvió más común que zanjaran sus disputas con violencia.

El aumento del crimen no nos afectó directamente, pero sí se convirtió en otra preocupación que vino a sumarse al creciente temor de mis padres de que el cambio en las circunstancias podría despojarlos de su estabilidad tan duramente ganada. La escena social de Miami, que giraba en torno a las discotecas en lo que se consideraba un estilo de vida decadente para la juventud, se volvió una preocupación más. Ellos opinaban que su problema era algo más serio que un tropiezo temporal en tiempos económicos difíciles y pensaron que su más preciada aspiración estaba siendo amenazada. Les preocupaba que mi madre tuviera que volver a trabajar y que de nuevo mi padre trabajara los fines de semana y días festivos, porque así no tendrían ni el tiempo ni los recursos para poder asegurarnos una niñez mejor que la que habían podido dar a mis hermanos mayores.

El miedo jamás había paralizado a mis padres. Ellos actuaban con decisión, incluso precipitadamente, cada vez que veían amenazadas sus aspiraciones. Un cuarto de siglo antes, habían reaccionado al estancamiento de la economía y la creciente violencia e inestabilidad que reinaban en Cuba, abandonando a su familia y el único mundo que conocían para seguir a Dolores, la hermana de mi madre, a Miami. Creían que la migración sería el único camino que les permitiría dar a su hijo una oportunidad decente en la vida.

Ahora, había llegado a la conclusión de que Miami ya no prometía una vida mejor para sus hijos y que tendrían que dejar su hogar una vez más. Buscaron un lugar con mejores oportunidades de trabajo, mejor nivel de vida y costos más asequibles, así como un ambiente más sano para los niños, empacaron sus pertenencias y siguieron a mi tía Lola a Las Vegas.

CAPÍTULO 5

Una vida nueva

A LAS PERSONAS QUE BUSCAN CRIAR A SUS HIJOS EN UN ambiente sano, el primer lugar que les viene a la cabeza no es precisamente Las Vegas. Sin embargo, en muchos aspectos resultaría ser la comunidad propicia para la vida en familia que mis padres deseaban. En ese tiempo era una ciudad más pequeña, de 160.000 habitantes, cuya área metropolitana albergaba alrededor de medio millón de personas. Hoy en día, la población del área metropolitana de Las Vegas casi se ha cuadruplicado. Con la perniciosa reputación que entrañaba su apodo de Sin City, Las Vegas era la capital establecida de la industria del juego. Pero aunque tenía los medios de esparcimiento y el desenfreno de cualquier ciudad grande fuera de la zona hotelera, a finales de la década del setenta Las Vegas era pequeña comparada con Miami.

A principios de los años setenta, mi tía Lola y su esposo Armando se habían mudado con sus hijos a Las Vegas. Armando trabajaba en el Sands Hotel como mesero en el servicio de habitaciones y ganaba un buen salario. Lola había comentado a menudo con los parientes de Miami sobre la calidad de vida que disfrutaban en esa ciudad, y otras dos de las hermanas de mi madre, mis tías Irma y Elda, también se habían ido a vivir allá.

Con el tiempo, Las Vegas ofrecería la seguridad y los valores comunitarios que mis padres buscaban, pero el inicio de nuestra vida allí no fue muy alentador. En el otoño de 1978, mis padres tomaron la decisión de mudarse y, en enero, mi padre se fue a Las Vegas para buscar trabajo y casa. Prometió volver pronto a recogernos, pero pasaron casi cinco meses antes de que pudiera cumplir su promesa.

A diferencia de Miami, en Las Vegas los hoteles florecían y abundaba el trabajo, pero en un medio sumamente sindicalizado donde los no afiliados que buscaban empleos para comenzar, no eran bienvenidos. Mi padre tenía cincuenta y dos años, veinte años de experiencia como barman y excelentes referencias, pero los hoteles estaban contratando bármanes jóvenes y promoviendo empleados que habían trabajado en cargos inferiores.

Papá se quedó en una habitación en casa de mis tíos Irma y Enrique y buscó trabajo día tras día, sin éxito. Hacia finales de enero, angustiado, ya pensaba en volver a Miami cuando Enrique le pasó el dato de una posible oportunidad en un hotel nuevo.

Enrique trabajaba en el departamento de mantenimiento del California Hotel, cuyos propietarios estaban a punto de abrir un hotel temático del Viejo Oeste, Sam's Town, en un suburbio de Las Vegas llamado Sunrise Manor. Mi padre presentó una solicitud y le ofrecieron el puesto de *bar back*, asistente de barman, con la promesa de tenerlo en cuenta para el de barman en un futuro. Lo tomó. Con dos hijos pequeños y una esposa aguardándolo en Miami, no estaba en situación de rechazar ningún trabajo, ni siquiera uno cuya paga no fuera suficiente para llevarnos consigo.

De ser jefe de bármanes en Miami Beach pasó a ser asistente de un barman de veintiún años recién salido de la escuela. Le tocaba llevar los suministros del almacén al bar, limpiar los vasos, botar las botellas vacías y trapear el piso detrás del bar. Cuando ordenaban un trago que el barman no sabía preparar, este le pedía a mi padre que lo preparara. A veces compartía las propinas con mi padre, otras veces no. Una experiencia humillante para un hombre tan orgulloso como él. Afortunadamente, pocos meses después le ofrecieron otro puesto mejor de barman en el departamento de servicio de habitaciones del hotel.

La ausencia de mi padre fue difícil para mí, sobre todo cuando veía a mis amigos disfrutando el tiempo que pasaban con los suyos. Lo extrañé muchísimo. En ese tiempo anterior a los celulares, *e-mail* y Skype, las llamadas de larga distancia eran muy costosas, así que él solo podía permitirse una breve llamada semanal, los domingos. Verónica y yo le escribimos cartas unas cuantas veces y le enviamos fotos. Ahora me doy cuenta de lo afortunado que fui al tener unos padres que nunca se divorciaron y, salvo esa separación temporal, que fueron una presencia constante en mi vida. A pesar de la tristeza que experimenté en ese momento, mi experiencia me parece trivial comparada con el sentimiento de pérdida que sufren los hijos de padres muertos, divorciados o que no se interesan por ellos. La separación de mi padre no fue tan prolongada ni inquietante como la experiencia de hijos que tienen a sus padres luchando en el extranjero. Cuando encuentro niños en esas circunstancias, recuerdo lo doloroso que fue para mí estar separado de mi padre y cuánto me costó entender esa separación.

Papá volvió a casa a finales de mayo de 1979, justo a tiempo para mi octavo cumpleaños, el cual celebramos con un viaje sorpresa al Kennedy Space Center. Más tarde, ese mismo verano, nos despedimos y partimos rumbo a Las Vegas. Mi hermana Bárbara decidió quedarse en Miami. Tenía diecinueve años, trabajaba y llevaba cuatro años saliendo con Orlando, su futuro esposo. Su decisión les provocó un disgusto terrible a mis padres, especialmente a mi madre. Antes de que naciéramos Verónica y yo, cuando Bárbara estaba creciendo, mi padre trabajaba hasta tarde en las noches y mi hermano era un adolescente socialmente activo que rara vez estaba en casa. Bárbara y mi madre se quedaban solas con mucha frecuencia y se volvieron muy unidas. La idea de dejar a Bárbara aterraba a mi madre. Así que su decisión provocó un terrible altercado entre ellas. Si Orlando la amaba de veras, aducía mi madre, se casaría enseguida con ella o nos seguiría a Las Vegas. Pero algo más que Orlando retenía a mi hermana en Miami. Todos sus amigos vivían allí. Ese era su hogar. Y por dolorosa que resultara la separación, ella no cambiaría de parecer.

Para mis padres, sin embargo, no había vuelta atrás. A principios de junio, con un traje marrón y una corbata, abordé un avión junto a Verónica y mis padres y volamos al Oeste a una vida nueva en la fascinante ciudad de Las Vegas.

Mis primeras impresiones del lugar se las robó su impactante entorno físico: las montañas de un marrón rojizo tostado por el sol que rodeaban el Vegas Valley, parecían una escenografía pintada en cartón; la ráfaga de aire caliente que nos golpeó al salir del aeropuerto era completamente opuesta al apacible y húmedo calor de Miami. Para mí, todo era extraño e intrigante.

Igualmente extrañas resultaron ser las complicadas relaciones entre las hermanas de mi madre, que salieron a relucir muy pronto después de nuestra llegada. Nuestros dos primeros meses en Las Vegas los pasamos casi completos en casa de mis tíos Irma y Enrique.

Irma era la cuarta de las hermanas de mi madre, y en su niñez había sido la más generosa y protectora. Mi madre recordaba que Irma siempre asumía la culpa y el castigo por el mal comportamiento de sus hermanas. En algunas ocasiones en que mi madre o cualquiera de sus hermanas se habían visto al alcance del cinturón de mi abuela, Irma se había interpuesto y recibido los golpes dirigidos a ellas.

Pero la compasión de Irma era una faceta de su muy susceptible naturaleza que al menor agravio, deliberado o no, se sentía herida. Mi tía Lola había convencido a mis padres de venir a vivir en Las Vegas, y su hija Michelle era de una edad más cercana a la nuestra; así que nos pusimos felices cuando mi padre nos dijo que había comprado una casa a tres cuadras de la casa de Lola. A Irma esto no le agradó.

Nuestra nueva casa en 3104 East Lava Street estaba situada en la esquina de una calle sin salida, en un vecindario de clase trabajadora en el Norte de Las Vegas. La casa era de un piso y tenía tres dormitorios, dos baños, una entrada semicircular y un garaje. En medio del jardín del frente había un solo árbol. Unas puertas corredizas se abrían a una terraza cubierta y había un pequeño patio trasero cerrado por una cerca de madera. En mi imaginación infantil, la cerca era la empalizada de un fuerte del Viejo Oeste; la entrada semicircular, una pista olímpica de patinaje en ruedas, y la calle poco transitada, una cancha de fútbol americano en la cual el poste de la luz marcaba la línea de la meta y las aceras eran los laterales.

Justo al frente de nosotros vivían los cinco niños de la familia Thiriot, y pronto hicimos buenas migas con ellos. Su padre trabajaba en el tribunal de menores de Clark County, pero su madre permanecía en casa. La familia Thiriot asistía al cercano templo mormón, y se habían hecho amigos de la familia de Lola. Eran una familia muy unida y alegre, y siempre hacían todo juntos. Ellos representaban la vida de respeto y estabilidad que mis padres deseaban para nuestra familia.

Verónica y yo comenzamos en serio nuestra nueva vida en septiembre de 1979, cuando ingresamos a segundo y tercer grado respectivamente, en la C.C. Ronnow Elementary School. Nuestra nueva escuela quedaba a pocas cuadras de casa, así que todos los días nos íbamos caminando a la escuela con los niños de la familia Thiriot y otros niños del vecindario mientras mi madre nos seguía unos pasos más atrás. En Miami, nuestros compañeros de escuela habían sido hijos e hijas de exiliados, como nosotros, pero el alumnado de C.C. Ronnow era étnicamente variado. Verónica y yo asistíamos a la escuela con niños blancos no hispanos, como los de la familia Thiriot, con estudiantes afroamericanos que venían en autobús desde un vecindario a varias millas de distancia y también con niños de origen mexicano. Para nosotros eso no era lo común, pero pronto nos adaptamos y empezamos a disfrutarlo.

En las tardes, cuando terminábamos las tareas, salíamos a jugar con los Thiriot y nuestros juegos eran el tipo de actividades inocentes que mis padres esperaban nos ocuparían en este nuevo entorno. A veces fingíamos ser colonizadores que defendían un fuerte en la frontera de algún ataque de los indios. Otras, que nuestro vecindario era un país que habíamos bautizado con el nombre de Ingraham por la calle que se cruzaba con la nuestra. Los cuatro niños mayores de la familia Thiriot eran soldados del ejército de Ingraham, Verónica era nuestra reina, y el menor de los Thiriot, todavía en pañales, era el heredero al trono.

Mis padres, pero sobre todo mi madre, atribuyeron lo sano del vecindario a la influencia de la Iglesia Mormona, cuyo templo patrocinaba a un grupo de Lobatos de los Scouts, así como salidas de padres e hijos a hacer camping y otras actividades familiares.

La Iglesia Mormona anima a sus feligreses a reclutar personas para que se conviertan a su fe y, apenas llegamos al vecindario, Lola empezó a hablarnos de su iglesia con el fin de convertirnos y, Moses, su hijo mayor, a explicarme las enseñanzas de la iglesia.

Me habían bautizado en la Iglesia Católica y de pequeño acompañaba a mi madre a misa con alguna regularidad; pero durante algún tiempo, el nuestro no había sido un hogar muy católico. Para la época en que entré a la escuela, la misa semanal ya no era parte de la rutina familiar, y yo no había recibido aún los sacramentos de la Iglesia Católica que correspondían a los niños de mi edad.

No creo que mi madre realmente entendiera alguna vez la teología mormona. Pero con su profundo deseo de formar parte de una comunidad con valores cabales y familias generosas y unidas, se volvió una conversa entusiasta. Mi madre, Verónica y yo fuimos bautizados en la Iglesia de los Santos de los Últimos Días y empezamos a asistir a los servicios del domingo en el templo situado al lado de mi escuela.

Los servicios dominicales duraban toda la mañana. Empezaban a las nueve en punto con una asamblea general de toda la congregación donde cantábamos himnos. Nuestro obispo decía un sermón y cuando él terminaba, los feligreses eran invitados a dar testimonio delante de toda la asamblea. Después de los testimonios, los niños asistíamos a la escuela dominical y los hombres y mujeres se dividían en reuniones separadas. Mi madre asistía a las reuniones de la Relief Society, un grupo oficial de voluntarias del templo. Usualmente regresábamos a casa poco después de mediodía.

Los servicios dominicales me gustaban: usaba mis mejores ropas y allí me encontraba con amigos de la escuela que iban a ese templo. Pero una vez que el fútbol americano comenzó a obsesionarme, me quejaría de tener que pasar la mañana entera en el templo porque la transmisión televisada de los juegos de la NFL de la costa este ya había empezado cuando llegábamos a casa. Por lo demás, disfrutaba el estilo de vida que promovía nuestro templo, y me hice miembro del grupo de Lobatos de los Scouts que auspiciaba. Iba con mis amigos a ver a sus padres jugar baloncesto en la cancha interior que el templo había construido. Asistía a desfiles de todo un día en los que niños se vestían como los primeros pioneros del templo para representar su travesía al Oeste. Fui con mi tío Armando a un camping de padres e hijos en una propiedad que Howard Hughes había legado al templo. Mi padre, a quien le avergonzaba su pierna y el aparato ortopédico que debía usar, no me acompañó.

La verdad es que mi padre nunca adoptó el mormonismo. Era poco religioso y más bien escéptico respecto a las enseñanzas de la iglesia. Lo vi rezar solamente una vez. A los padres mormones se les considera jefes espirituales de sus hogares, y una noche poco después de habernos unido a la iglesia, mi madre le pidió a mi padre que dirigiera la oración en familia. Alcanzó a decir solo unas palabras dando gracias a Dios por sus hijos y su familia, pero se le quebró la voz y no pudo seguir. Se levantó de la mesa tratando de recuperar su compostura, pero a Verónica y a mí nos impactaron sus lágrimas. Jamás lo habíamos visto llorar, y solamente volveríamos a verlo llorar en otra ocasión. Mi madre trató de explicarnos por qué él se había puesto así de repente. Nos contó que la niñez de mi padre había sido muy triste. Su madre había muerto siendo él muy pequeño. Su padre se volvió a casar y su madrastra lo maltrataba. En Cuba, mi padre no había tenido una vida de familia feliz, agregó, y esa noche había llorado de agradecimiento por la bendición de tener una ahora.

Para mi padre y mi madre, pero especialmente mi padre, algunas de las reglas de la iglesia eran difíciles de acatar. El código de salud de los Santos de los Últimos Días, llamado "Palabra de Sabiduría", prohibía el tabaco. Papá comenzó a fumar desde sus trece años cuando trabajaba en las calles de La Habana. Trató sin éxito de dejarlo varias veces y, con el tiempo, el cáncer de pulmón y el enfisema le quitarían la vida. La iglesia también prohibía estrictamente el consumo de alcohol. Jamás vi a mis padres consumir más que una cerveza o una copa de vino, y en casa nunca tuvimos licores. Pero mi padre era barman, y aunque la iglesia no objetaba que uno de sus miembros trabajara como tal, sí consideraba que el licor era un veneno, así que ganarse el sustento sirviéndolo le podría causar remordimiento. Pero yo sí que objetaba, y además de reprenderlo por comercializar la pecaminosa sustancia, lo insté a buscarse otro trabajo. Mi padre ignoró esa falta de tacto de mi parte. A mis padres les encantaba el café cubano, alimento básico en cualquier hogar cubano que se respete, y nunca pudieron dejarlo para acatar la prohibición de la iglesia de consumir cafeína, pero sí nos convencieron de no tomar Coca-Cola.

Esas prohibiciones, y sus dudas acerca de la teología mormona, fueron los motivos por los cuales mi padre permaneció algo apartado de la vida de nuestra iglesia. Sin embargo, por deferencia a mi madre, no se opuso a que fuéramos miembros de la misma e hizo cuanto estuvo a su alcance para apoyar nuestro crecimiento espiritual en la nueva religión. En el verano de 1980, llevó a toda la familia a unas vacaciones en Utah, donde visitamos importantes sitios de la Iglesia SUD en Provo y Salt Lake City. Aunque fuimos al famoso Templo Mormón de Salt Lake City, no entramos en él. Para ingresar a un templo mormón, uno debe haber sido miembro de la Iglesia Mormona por lo menos un año y ser digno de ese privilegio por medio de una "recomendación para el templo" otorgada por su obispo y el líder eclesiástico local, después de entrevistas con cada uno de ellos en las que se confirme su adhesión a las enseñanzas de la iglesia. Nosotros fuimos miembros de la Iglesia Mormona solamente durante tres años, y la posición de mi padre hacia el mormonismo nos disuadió de solicitar las entrevistas.

A diferencia de mis padres, yo me sumergí en la teología de la Iglesia SUD y la interioricé profundamente a pesar de mis ocho años de edad. Aunque en la escuela nunca obtuve notas dignas de admiración, era un lector voraz y estudié los textos de la iglesia y otras fuentes de información para aprender todo lo que pudiera acerca de sus enseñanzas.

En términos generales, la Iglesia Mormona nos proporcionó la sólida estructura moral que mi madre había deseado para nosotros, así como un círculo de amigos integrado por familias estables y temerosas de Dios. Al dejar la iglesia pocos años más tarde, instigados más que nada por mí, le expresamos nuestro agradecimiento por su considerable contribución a nuestra felicidad durante aquel tiempo.

En el otoño empecé a jugar fútbol americano de Pop Warner para los Caesar Palace Gladiators y fui mariscal ese primer año. El año siguiente jugué en la línea defensiva para la International Brotherhood of Electrical Workers Sooners. El cambio de posición no me hizo feliz, y a mi padre mucho menos: sospechaba que los entrenadores estaban favoreciendo a sus propios hijos al asignar las posiciones. Pero la verdad es que yo no era un buen *quarterback* y nunca lo sería. Cuando terminó la temporada de fútbol americano ese año, busqué nuevos pasatiempos en qué entretenerme. Verónica era la estudiante estrella de la casa. Yo, el lector ávido con aptitudes de autodidacta. Sacaba libros de la biblioteca de la escuela y devoraba revistas y periódicos buscando información sobre agricultura, religión, las fuerzas armadas y otros temas que de una u otra manera caían bajo mi entusiasta escrutinio. Después de la boda del príncipe Carlos y lady Diana, me interesé muchísimo por la realeza y realicé un estudio de las grandes monarquías europeas. Nunca fui muy competente en matemáticas y ciencias, y mis notas en la escuela iban de mediocres a malas. Pero la comprensión de la lectura, el vocabulario y el conocimiento de historia y política, fueron las destrezas que me salvaron de toda una vida de rendimiento por debajo del nivel exigido. En la Navidad de 1982, mis padres me regalaron el que todavía hoy considero el mejor regalo que he recibido: un juego completo de la enciclopedia *World Book*. Todavía lo conservo.

Además de mi *World Book*, las suscripciones a periódicos y los viajes a la biblioteca, en casa contaba con una invaluable guía de investigación viviente que alentó mi erudición de aficionado. Mi abuelo amaba la historia y la política tanto como yo y, además, era mucho más versado en ellas, así que se convirtió en mi tutor, compañero e íntimo amigo, y ejercería una de las influencias más determinantes en mi vida. De no ser por el ánimo que siempre me dio, mi vida habría sido muy diferente de lo que es hoy.

CAPÍTULO 6

Papá

MIS PRIMOS LE DECÍAN ABUELO PERO, POR IMITAR A nuestros padres, Verónica y yo le decíamos papá. Vivía con nosotros todo el tiempo salvo durante los meses de invierno, cuando en Las Vegas hacía demasiado frío para él y debía regresar a Miami a quedarse con la familia de mi tía Adria. Todas las mañanas se levantaba temprano y se ponía un traje, a no ser que el día fuera demasiado caluroso: en ese caso, usaba una guayabera cubana. Tres veces al día, después del desayuno, el almuerzo y la cena, salía a nuestra pequeña terraza, se acomodaba en una silla de aluminio y allí se fumaba uno de sus tres tabacos diarios. Yo me sentaba a sus pies, a veces horas enteras.

No tenía un gran apetito, era bastante delgado y más alto de lo que parecía con su bastón. Su cabello escaseaba en la parte de arriba de la cabeza, pero lo tenía espeso a los lados y en la parte posterior tenía un gran chichón producto de una pedrada que su hermano le dio cuando niño. Tenía los ojos rasgados, lo que le daba un aire levemente asiático, patrimonio étnico que invocaba falsa y ocasionalmente. A pesar de su postura encorvada y frágil contextura, tenía un aire muy digno y muy señorial en su vestir y sus modales, en lo que parecía ser un esfuerzo consciente por parecer una persona cultivada y de éxito.

Papá estaba orgulloso de su educación, pero vivía resentido de que su ascenso contra viento y marea hasta la próspera clase media de Cuba se hubiera perdido a consecuencia de otros. Seguidor de la historia de grandes hombres, creía que los Estados Unidos estaba destinado a ser el defensor del progreso de los hombres, la única potencia capaz de evitar que la tiranía dominara al mundo. Veneraba a Franklin Roosevelt y Harry Truman. Había detestado el comunismo incluso antes de que Castro llegara al poder. Acusaba a John F. Kennedy de haber traicionado a los exiliados cubanos que habían luchado en Bahía de Cochinos, pero amaba a Bobby Kennedy porque había conspirado para asesinar a Castro. Y, aunque latino, era partidario acérrimo de la expedición militar con que los británicos pretendieron recuperar las Islas Malvinas. Me dijo que él pensaba que la propia Margaret Thatcher debió haber ordenado la invasión de Argentina.

En sus últimos años tuvo pocos pasatiempos. Le gustaba jugar bingo en los casinos y fumar sus tabacos. Era un lector voraz y jamás cejó en sus esfuerzos por tratar de dominar el inglés. Y conversaba con nosotros, especialmente conmigo.

Nuestra relación fue más profunda que la de cualquier vínculo familiar normal. Creo que nos respetábamos mutuamente como compañeros autodidactas. Él, hijo de labriegos, cuyo amor por periódicos y libros de historia lo habían llevado a superar la baja posición social en la cual había nacido. Yo, su nieto, cuyo afán de adquirir conocimientos no era patente en la escuela, pero sí obvia para su abuelo.

Los veranos de mi niñez en Las Vegas eran tranquilos. Hacia el mediodía, iba a una piscina pública. En las tardes, Verónica y yo veíamos repeticiones de comedias, y cuando la temperatura bajaba un poco, salíamos a jugar al aire libre con los amigos del vecindario hasta que oscurecía. Pero en las mañanas, le dedicaba dos horas o más a estar con papá. Antes de comenzar a responder mis preguntas sobre el tema que me preocupara ese día, me hacía leerle un ejemplar del *Diario de las Américas*, el periódico en español publicado en Miami que nuestros parientes nos enviaban por correo. Ya él se había leído todo el periódico, pero insistía en que yo se lo leyera para que aprendiera a hablar su lengua materna correctamente.

Con un gesto de la cabeza me indicaba que ya le había leído suficiente y estaba listo para hablarme largo y tendido sobre el tema que se me ocurriera plantearle. Por lo general, mis preguntas se relacionaban con cualquier aspiración descabellada que tuviera en el momento. Cuando le dije que quería ser agricultor, me relató su niñez en la finca de su familia: las cosechas que cultivaban; el cuidado y la alimentación de los animales que tenían; la naturaleza dura de ese trabajo y el magro sustento que proveía; las herramientas y técnicas que ellos habían empleado para superar los retos del tiempo, el clima y el suelo.

Cuando le conté que la vida militar me interesaba, me hizo un análisis de la forma en que los soldados americanos habían ayudado a liberar a Cuba de los españoles y a Europa de los nazis. Me habló de la historia de los conflictos. Me explicó sus causas, las políticas que las habían generado, que habían influenciado su curso y las que habían tomado forma cuando concluyeron. Me relató las acciones y los motivos de las figuras centrales de cada guerra. Me describió batallas que fueron decisivas, y elogió las virtudes de los líderes militares que las habían ganado. Sus favoritos eran los Generales Patton y MacArthur.

Cuando le aseguré que un día yo lideraría un ejército de exiliados para derrocar a Fidel Castro y convertirme en el presidente de una Cuba libre, me relató la vida de José Martí, así como los actos heroicos de los mambises, los soldados que ganaron la independencia de Cuba. Me habló de las virtudes y los defectos de algunos líderes cubanos después de la independencia del país, como Carlos Prío Socarrás, Ramón Grau y Eduardo Chibás.

Papá parecía saber algo de casi todo, o al menos de todo lo que me interesaba. Era un narrador talentoso que había perfeccionado su arte en los tiempos en que fue lector en la fábrica de tabaco. Sus relatos, emocionantes y convincentes, eran ricos en imágenes y anécdotas reveladoras, y me mantenían cautivado.

Mi interés por la política surgió por la época en que nos mudamos a Las Vegas, y para 1980 únicamente lo superaba mi pasión por el fútbol americano. Ese año, dos hechos habían acaparado mi atención: El reto por parte del senador Edward Kennedy al presidente Carter por la nominación presidencial y la crisis de los rehenes de Irán. Yo era partidario de Kennedy. Con mucha atención seguí el desarrollo de la convención demócrata que tuvo lugar en Nueva York y me apabulló el resultado del conteo, para mí insoportablemente lento, que dio la nominación al presidente Carter. El discurso de Kennedy aceptando su derrota me resultó inspirador.

Mi abuelo no admiraba a ninguno de los dos. Su hombre era Ronald Reagan. Despreciaba profundamente al presidente Carter por la crisis de los rehenes de Irán, humillación que papá asumió como algo personal. Los

Estados Unidos deben ser un país fuerte, predicaba constantemente, o el mundo se sumirá en la oscuridad; y un país fuerte requiere un líder fuerte. Pensaba que el mundo no respetaba ni temía a Carter. Es débil, solía decir, y otros países se aprovecharon de esa debilidad. Por eso los soviéticos habían invadido Afganistán y los iraníes habían capturado nuestra embajada. Atribuía el fracasado intento de rescatar a los rehenes a los recortes hechos en el presupuesto de defensa de los Estados Unidos ordenados por Carter. Ronald Reagan recuperaría nuestra fortaleza, decía. Se enfrentaría al comunismo. Nuestros aliados lo seguirían y nuestros enemigos lo respetarían.

Cuando Reagan fue elegido e Irán liberó a los rehenes el mismo día de su toma de posesión, papá se aseguró de señalarme que eso confirmaba todo lo que había venido diciéndome. Reagan apenas acababa de posesionarse y nuestros enemigos ya capitulaban ante él. La elección de Reagan y la lealtad de mi abuelo hacia él constituyeron para mí una influencia políticamente decisiva. Desde entonces he sido republicano. Más que ayudarme a desarrollar una identidad política, mi abuelo me inculcó la importancia de tener convicción y ser un líder fuerte. Me instó a estudiar y aprender, pero, más importante que eso, a hacer algo útil con los conocimientos que adquiriera.

Cuando estaba en 5o. grado escribí un ensayo sobre el presidente Reagan elogiándolo por restablecer la moral de las fuerzas armadas de los Estados Unidos, que se encontraban en decadencia en los años anteriores a su presidencia. Recientemente lo encontré en una maleta roja que fue de mi abuelo y que aún contiene algunas pertenencias suyas.

Fue partidario acérrimo del presidente Reagan por el resto de su vida. Le encantaba la retórica antisoviética y prodemocrática, y defendió incondicionalmente sus políticas más controversiales. Recuerdo en particular su apoyo sin rodeos a Reagan cuando este desarrolló el misil MX, y apoyaba a los contras en Nicaragua y al gobierno de El Salvador.

Las conversaciones de mi abuelo no siempre eran sobre historia o eventos de actualidad. Tampoco eran escrupulosamente objetivas. No era un admirador de nuestra nueva iglesia. Nunca fue un hombre religioso, aunque sé que creía en Dios y reconocía abiertamente su existencia. Pero jamás lo vi asistir a un servicio religioso, salvo en la única ocasión que accedió a acompañarnos al servicio dominical en la Iglesia Mormona. Cuando volvimos a casa, después de que almorzamos, salió a fumar su tabaco en la terraza y yo lo seguí. Le pregunté qué pensaba del servicio y me dijo que jamás volvería porque no había visto ni un afroamericano entre los fieles. Era una observación muy cierta, aunque algo injusta. Los mormones habían cambiado recientemente las reglas de la iglesia para permitir que afroamericanos pudieran ser sacerdotes de la Iglesia SUD. Así que la iglesia había cambiado, y el hecho de que ningún afroamericano fuera miembro de nuestra congregación se debía, creía yo, a la misma razón por la cual no había ninguno que fuera miembro de la parroquia católica local. En nuestro vecindario no había afroamericanos mormones ni católicos. Pero esto no cambió el modo de pensar de mi abuelo y, fiel a su palabra, mantuvo su distancia de nuestra iglesia.

Podía ser muy agudo al criticar a personas cuyo comportamiento desaprobaba, incluso aquellas cercanas a él. Con frecuencia criticaba a algunos de mis primos de Miami porque consideraba que no tenían metas y tampoco aspiraciones. En cierta ocasión, cuando el Culinary Workers Union declaró una huelga en el lugar donde trabajaba mi padre, que siendo miembro del sindicato estaba obligado a unirse a la huelga, mi abuelo le dijo que ojalá Reagan los despidiera a todos como había despedido a los controladores de tráfico aéreo cuando se fueron a huelga.

Por razones que nunca compartió conmigo, no le gustaban los niños de la familia Thiriot. Cuando ellos llamaban a casa y preguntaban por mí, colgaba el teléfono. Si llamaban a la puerta, les decía que no estaba en casa. Algunos de mis comportamientos le producían frustración. No toleraba mi pasión por el fútbol americano y le molestaba mi negativa a jugar béisbol. Le encantaban Tommy Lasorda y los Dodgers de Los Ángeles, y se sentía herido cuando yo no quería ver los juegos con él.

Tenía sus peculiaridades. Le gustaba llamar a mi hermana por un sobrenombre inventado por él, en el que cambiaba las sílabas de su nombre de lugar, *Canirove*. Constantemente tamborileaba con los nudillos en la mesa o en el brazo de la silla, con un patrón rítmico específico e invariable, un tic que ahora tengo yo. Sostenía que en parte era chino, y no lo era. Se jactaba de estar directamente emparentado con José Martí, con quien guardaba un leve parecido, pero que no figura en ningún registro conocido como antepasado nuestro. En sus últimos años sostenía que había nacido siendo ciudadano americano hacia finales del siglo, en Tampa, Florida, donde Martí había vivido en el exilio durante un tiempo. En el cuarto de juegos de la casa, que también era su dormitorio, teníamos una vieja máquina para levantar pesas que yo usaba en mis entrenamientos de fútbol, y él se quejaba frecuentemente de que ese artefacto desperdiciaba electricidad. Cuando le expliqué que no usaba electricidad, simplemente me ignoró.

A mi padre le encantaba tomarle el pelo a mi abuelo por pequeñas cosas, por sus peculiaridades y por algunas de sus opiniones. Buena parte de esa amistosa tomadera de pelo era solo eso, y nunca le molestó a mi abuelo. Es posible que a veces lo fastidiara un poco, pero tampoco lo demostraba. Usualmente, solo respondía: "Okey, Mario. Lo que tú digas, Mario". Mi madre era la que se enojaba con mi padre por eso. Ella pensaba que su tomadera de pelo era irrespetuosa y lo reprendía.

Mi padre probablemente compartía los puntos de vista políticos de mi abuelo, pero, hasta donde sé, cuando yo era niño rara vez tocaba esos temas con él ni con ninguna otra persona. El tema que lo absorbía era el de ganarse el sustento y criar a sus hijos, y poco interés mostraba por otras cosas. Compartía la antipatía de la familia por el comunismo y un disgusto visceral por las ideas de redistribución de riqueza. Como mi abuelo, creía que esos sistemas solo habían llevado a afianzar el poder del régimen en Cuba, a expensas de los que no tenían poder, que perdieron sus empleos y oportunidades porque sus empleadores huyeron de un régimen que confiscaba sus bienes.

Mi padre y mi abuelo eran diferentes en muchos aspectos. Sus personalidades eran distintas y ninguno de los dos era dado a efusivas expresiones de afecto. Pero se querían el uno al otro. Mi abuelo admiraba el compromiso de mi padre para con su familia, lo duro que había trabajado para proporcionarnos un hogar decente y con cuánto cuidado nos protegía. Para mi padre, que fue un joven desplazado de un hogar infeliz, mis abuelos maternos fueron su primera experiencia de unos padres amorosos, después de fallecida su propia madre. Ellos lo acogieron en su familia y lo trataron como a un hijo.

Mi padre consideraba a papá como su padre. Papá vivió con nosotros o cerca a nosotros la mayor parte de su vida en los Estados Unidos. Mi padre jamás se quejó por tener que mantenerlo. En cada casa que tuvo, hubo una habitación para mi abuelo. Mi padre jamás consideró comprar una casa en la cual no pudiera alojar a mi abuelo. La segunda y última vez que vi llorar a mi padre, fue cuando papá murió.

Mi abuelo fue mi mentor y el amigo más allegado que tuve en mi niñez. Sentado a sus pies, adquirí conocimientos, escuché consejos y traté de ganarme su respeto. Todavía trato. Él siempre me instaba a que estudiara mucho y asistiera a la universidad. Quería que Verónica y yo tuviéramos una vida plena cuando creciéramos. Quería que tuviéramos no solo trabajo, sino una carrera destacada que diera un propósito a nuestras vidas y el estatus social que siempre deseó para sí mismo. Me regañaba por mi mal rendimiento en la escuela, pero nunca permitió que creyera que sería incapaz de alcanzar el éxito. Yo sabía que lo alcanzaría, y él me ayudó a prepararme para eso. Sus sueños fueron nuestro legado.

Mi abuelo me enseñó muchas cosas, pero ninguna más importante que la convicción de que no puedo desperdiciar las oportunidades que mis padres procuraron para nosotros con su sacrificio y que este país pone a nuestro alcance. Siempre creí, incluso en mis tiempos de indisciplina y desaplicación en la escuela, que llegaría el momento en que tendría que tomar las cosas en serio y hacer algo importante con mi vida, y que yo estaría listo para ello. Papá me enseñó a creerlo así. Y eso, más que el caudal de conocimientos que compartió conmigo, más que las epopeyas de la historia que tan gráficamente evocó para mí, más que sus opiniones y sus pasiones y sus excentricidades, eso es lo que realmente tuvo un impacto en mí.

CAPÍTULO 7

Crecer en Las Vegas

PARA LA ÉPOCA EN QUE ENTRÉ A SEXTO GRADO YA ME había acostumbrado a vivir en una comunidad étnicamente variada, muy distinta al enclave cubano en el que había vivido en Miami. Las Vegas ya no era una ciudad de aspecto extraño en medio del desierto. Era mi hogar. Me sentía cómodo y contento allí. No tenía motivos para sentirme de otra manera.

En nuestro vecindario eran mayoría los blancos. Junto con nuestros vecinos mexicanos, éramos de las pocas familias hispanas que vivían allí. Pero yo iba a la escuela, jugaba fútbol americano y tenía amigos afroamericanos y mexicanos americanos. En Miami había sentido que formaba parte de una mayoría. Ahora, en Las Vegas, era una minoría de otra minoría. Sin embargo, muy pocas veces me sentí fuera de lugar en la comunidad que, en términos generales, nos acogió cálidamente. Era un chico de Las Vegas y estaba contento de serlo, aun después de tener que enfrentar por primera vez los prejuicios raciales.

En el verano de 1981 un chico del vecindario, mayor que yo, se disgustó conmigo por motivos que no recuerdo. Se llamaba Bruce. Un buen día llegó y empezó a patear y romper la cerca de madera de nuestro patio trasero. Mi madre escuchó el ruido y salió a confrontarlo. Bruce le dijo que nosotros éramos basura, y que ella debía llevarnos de nuevo en su bote al sitio de donde habíamos salido. Yo no tenía ni idea de qué estaba hablando. Mi madre no sabía nadar. Le tenía terror al agua y, hasta donde yo sabía, jamás en su vida se había subido a un barco. Más tarde, mis padres me explicaron que él se refería a los inmigrantes del Mariel, que habían llegado el año anterior a los Estados Unidos cuando Castro había vaciado cárceles y hospitales mentales enviando a sus inquilinos a Miami, al igual que numerosos y genuinos refugiados políticos.

Después, mis padres me explicaron que no debía culpar a Bruce por su comportamiento. Seguramente él había visto por televisión junto a su familia las noticias del Mariel y había escuchado a sus padres hacer comentarios racistas sobre los cubanos, los cuales nos había repetido a nosotros. Mi madre me dijo que debería sentir pena por Bruce ya que él tenía problemas que yo no tenía y que era culpa de sus padres que se comportara de esa manera. Los padres de Bruce trabajaban en el casino de un hotel, y a menudo se quedaban jugando hasta tarde en la noche, y dejaban a Bruce que se las arreglara solo. Pocas semanas después del incidente, Bruce llegó a nuestra puerta y pidió algo de comer. Mi padre lo llevó a un Burger King y lo invitó a cenar.

El sistema de educación pública de Las Vegas es muy diferente al de otras ciudades. En la escuela primaria los alumnos estudiaban desde kindergarten hasta quinto grado. En la escuela secundaria o junior high school, los alumnos estudiaban séptimo y octavo. El sexto grado se consideraba un puente entre la escuela primaria y la secundaria, y los alumnos de sexto iban por un año a un "centro de sexto grado": una escuela aparte donde se nos preparaba para la escuela secundaria. En 1982, me matriculé en Quannah McCall, un centro de sexto grado en un vecindario que era en su mayoría negro. A los estudiantes afroamericanos los llevaban en autobús a la escuela primaria de mi vecindario. Ahora, a mí me llevarían en autobús a mi nueva escuela al vecindario de ellos. Me pareció justo, y la novedad de la experiencia tuvo más que ver con la distinción de estar en sexto grado, que con el nuevo vecindario donde estaba situado el centro.

Ese año empecé mi tercera temporada con una liga de fútbol americano Pop Warner. Todavía quería ser *quarterback*, pero mi padre y yo sabíamos que no me permitirían jugar en esa posición si me quedaba con los Sooners. Mi papá pidió que me permitieran jugar en otro equipo, y me uní a los Cavaliers, patrocinados por la Young Electric Sign Company. Poco después de empezar la temporada, se convenció de que a los hijos de los entrenadores les daban más tiempo de juego que a los demás. Él no conocía lo suficiente de fútbol americano como para ser entrenador, pero ofreció sus servicios como jefe de utilería del equipo con la esperanza de que con su nuevo rol, los entrenadores se animaran a darme más tiempo de juego en la posición de *quarterback*.

Los chicos con quienes jugaba en los Cavaliers eran de un vecindario distinto al de mis compañeros del equipo Sooners. Yo era uno de los pocos del equipo que no era afroamericano. Sin embargo, parecía encajar mejor con los Cavaliers. Los padres de mis compañeros de equipo eran más amistosos con mi padre que los padres de mi antiguo equipo; y él parecía sentirse más cómodo con ellos. ¿Por qué? No lo sé. Mi padre era mayor que la mayoría de los demás padres, y quizás su edad o su acento habían creado una barrera social con los padres del otro equipo. Cuando jugaba con los Sooners, a menudo los padres se reunían informalmente en sus casas después de un juego. Pero a nosotros nunca nos invitaron. Después de los juegos de los Cavaliers, los padres se quedaban en la cancha un rato tomando cerveza y bromeando y convidaban a mi padre a unirse a ellos. Él se quedaba, y poco después estuvo a cargo de la recolección de fondos para dar premios en efectivo a jugadores que anotaran *touchdowns* o hicieran las mejores atrapadas y derribos.

Los Cavaliers tenían una ventaja. Eran más fuertes y agresivos que los jugadores de los Sooners. En un principio, la agresividad de su juego y su actitud me desconcertaron, pero muy pronto me adapté. A mitad de la temporada, ya tenía la misma actitud y la misma concentración en el juego.

Llegué a jugar de *quarterback*; compartía esa posición con un chico llamado Larry Cook. Larry era mejor atleta y mejor jugador. Cuando yo salía a la cancha, él se cambiaba a corredor. A mí me correspondía entregarle el balón y dejar que él corriera, lo que hacía muy bien. A mi padre le caía muy bien Larry. Una vez prometió invitarlo a comer hamburguesas en Burger King por cada *touchdown* que anotara, y se quedó estupefacto al ver que Larry devoraba dos hamburguesas de una sentada.

Larry y yo nos hicimos amigos. La mayoría de los amigos que hice en mi escuela nueva eran negros. A fin de encajar en mi nuevo círculo social, empecé a escuchar música R&B. Veía Soul Train los sábados en la mañana y me volví fanático de Michael Jackson. Hacia el final del sexto grado, había empezado a disfrutar un nuevo tipo de música, el rap, que desde entonces he seguido escuchando. A mis amigos blancos les gustaba el rock duro: Van Halen, Ozzie Osbourne y otros. Esa música a mí ya no me llamaba la atención, y a ellos no les gustaban mis preferidos: Afrika Bambaataa y Grand Master Flash.

También descubrí algo que antes del sexto grado desconocía: la violencia de las pandillas callejeras. Las bandas de Los Ángeles se estaban expandiendo a otras ciudades, y la guerra entre los Bloods y los Crips, dos pandillas con una reputación terrible, empezó a afectar el vecindario de mis amigos. Ellos estaban a salvo en la escuela, pero era evidente que los angustiaba la situación en su barrio. Tenían que cuidarse de no usar ropa roja o azul, los colores de las pandillas, para no parecer miembros de alguna y convertirse en víctimas de la violencia. Algunos amigos míos tenían hermanos que se habían unido a algunas de las bandas y habían resultado heridos en una pelea o encarcelados. Todas las tardes yo tomaba el autobús de regreso a mi vecindario pacífico mientras mis amigos iban de vuelta al suyo cada vez más violento.

Cuando cumplí doce años, hicimos una fiesta en la piscina. Mi tío Aurelio, esposo de Elda, nos había regalado una piscina de esas que se instalan sobre el césped, que ya no usaba su familia, y mi padre la había vuelto a armar en nuestro patio trasero. Invité amigos del vecindario y de mi antigua escuela, así como algunos de mis compañeros negros de sexto grado y de los Cavaliers. Todos la pasaron muy bien. Pero después me enteré de que varios amigos que eran miembros de una misma familia, ya no les permitirían volver a nuestra casa. Me dijeron que sus padres los dejaban jugar con nosotros afuera, pero les habían prohibido volver a entrar a nuestra casa porque habíamos recibido chicos negros allí, y no querían que sus hijos hicieran amistad con ellos. Quedé perplejo y molesto.

Esta fue una época de mi vida rica en experiencias: nueva escuela, nuevo equipo de fútbol americano, nuevos amigos, nueva música y nuevos intereses. Pronto tuve nueva iglesia también. Me había mantenido en contacto con un amigo de la escuela primaria que era católico, aunque no muy devoto, y su identidad religiosa picó mi curiosidad acerca de mi antigua religión. Así que, a principios de 1983, empecé un nuevo proyecto de investigación. Busqué información sobre la Iglesia Católica en mi World Book. Saqué de la biblioteca de la escuela algunos libros sobre el catolicismo. Acosé a mi madre para que me hablara de su educación religiosa. En 1983, en Semana Santa, que es cuando se realizan los rituales más sagrados de la liturgia católica y se transmite una misa papal por televisión, me decidí. Quería ser católico otra vez.

Nuestro compromiso con la Iglesia Mormona no había llegado más allá de asistir a los servicios dominicales y las funciones sociales. Mi padre nunca se sintió cómodo allí, y mi madre se había unido a la Iglesia Mormona más que todo por considerarla un lugar seguro y acogedor en el que sus hijos seríamos felices. Así que mis padres no se opusieron cuando propuse que volviéramos a la Iglesia Católica, y en la primavera de 1983, Verónica y yo nos matriculamos en el CCD o Confraternity of Christian Doctrine, un programa de instrucción religiosa de la Iglesia Católica.

Mi tía Lola se disgustó, y toda su familia también. Creo que ellos sospechaban que mi tía Irma, que criticaba abiertamente a los mormones, nos había convencido de volver al catolicismo. Pero en realidad había sido una decisión mía. Dejamos la Iglesia Mormona con un profundo sentimiento de admiración por el lugar que había sido nuestro primer hogar espiritual en Las Vegas y que con tanta generosidad nos había acogido. Ese sentimiento aún perdura en mí.

He repetido muchas veces que nuestros padres no nos podían dar todo lo que queríamos, pero se aseguraron de que siempre tuviéramos todo lo que necesitábamos. Y cuando podían darnos más, lo hacían. Cuando Verónica y yo tuvimos edad suficiente para quedarnos solos en casa o bajo la supervisión de mi abuelo únicamente, mi madre empezó a trabajar de nuevo. Consiguió empleo como mucama, en el piso del casino del Imperial Palace Hotel. A mi padre le iba bien en su trabajo de barman en el Sam's Town. Entre los salarios de los dos y las propinas de mi padre, ellos ganaban buen dinero. No lo suficiente para mantener un estilo de vida extravagante, por supuesto, pero sí para permitirse algunos lujos. Varias veces nos llevaron de vacaciones a Miami para visitar a la familia. Teníamos casi todos los juguetes y juegos que deseábamos y participábamos de las actividades sociales que nos gustaban. Cuando pedí a mis padres que nos permitieran asistir a la escuela católica local en lugar de a la escuela secundaria pública, ellos accedieron. El costo de la enseñanza en St. Christopher Catholic School era una carga económica para mis padres pero, como siempre, querían vernos felices.

Allí, sin embargo, fui infeliz desde el principio. Teníamos que usar uniformes, lo que no me gustaba. Las tareas eran mucho más exigentes, lo que en realidad tampoco me gustaba. Pero el peor de mis problemas con la escuela era su ubicación directamente al frente de J.D. Smith, la escuela secundaria a la que me correspondía haber asistido, y en la que todos los días veía a mis amigos de sexto grado y del equipo de fútbol americano.

Después de una semana de estar en St. Christopher, les exigí a mis padres que me sacaran de la escuela católica y me matricularan en J.D. Smith. Inventé toda clase de excusas falsas. Les dije que los profesores eran crueles y que no les caíamos bien a los otros chicos. Nuestro sacerdote les aconsejó ignorarme. Y pienso que mis caprichos no debieron influenciar su criterio. Era un niño y debía obedecerlos. Pero yo les hice la vida imposible en la casa y, después de una semana, mis padres cedieron. Hoy en día me avergüenzo de solo pensar que me comporté de manera tan egoísta.

A veces podía ser un chico terriblemente exigente. Ahora eso me apena y lamento que mis padres hubieran cedido tantas veces. Sé que lo hacían por amor, y en el momento me hacían feliz, que era lo que más deseaban. Pero a la larga no me hicieron ningún favor. Aunque ya tengo hijos, todavía puedo ser egoísta cuando de tiempo y atención se trata. Pero ahora, Jeanette no consiente mi mal comportamiento como lo habrían hecho mis padres. Si estoy eludiendo mi responsabilidad más importante, ella me lo indica al instante. Creo que si no me hubiera casado con Jeanette, me habría vuelto una persona insoportable.

Ese año mi temporada de fútbol americano fue breve. En el verano, los Cavaliers y mi antiguo equipo, los Sooners, decidieron unirse. La integración de los jugadores más talentosos de dos de los mejores equipos de la zona, produjo un equipo ideal de la liga Pop Warner. Estaba desesperado por formar parte de ese equipo, cuyo director iba a ser el *coach* Atkins, mi antiguo entrenador. Pasé varias semanas preocupado pensando que no me seleccionaría porque cuando él no me permitió jugar como *quarterback*, yo dejé los Sooners. Cuando a mediados de julio me llamó para decirme que formaría parte del equipo, me puse muy contento.

Fue un gran año para el equipo. Para mí, no tanto. Una semana después de jugar el mejor partido que hubiera jugado jamás en la liga Pop Warner, se me partió la pierna en un entrenamiento. Perdí el resto de la temporada, incluso el partido con el que ganamos el campeonato de la ciudad.

Habíamos planeado pasar las últimas dos semanas de 1983 en Miami, y mi hermana Bárbara nos compró boletos para el último juego de la temporada regular de los Dolphins contra los New York Jets. Mi alegría al ver que los Dolphins derrotaron a los Jets, terminando la temporada regular con un récord de 12-14, no tuvo nombre. Estaba seguro de que ganarían el Super Bowl. En aquel juego, mi padre me compró una de esas manos de espuma que decían "*We are Number 1*". Todavía la conservo.

Esa Navidad celebramos una Nochebuena cubana tradicional con Bárbara y Orlando en su nueva casa, situada en un sitio campestre de Dade County. La casa era pequeña, pero tenía un acre de tierra. Orlando proviene de una familia cubana "guajira", término cubano para las personas que viven en el campo. Esa mañana, él y su familia sacrificaron un cerdo y lo asaron durante todo el día sobre un hoyo relleno de carbón y cubierto con hojas de palma. A las nueve en punto de la noche, cortaron y sirvieron el cerdo con frijoles negros, arroz blanco y yuca, tal y como se hace en una fiesta navideña tradicional en los campos de Cuba.

Esa Navidad es el recuerdo más dulce de mi niñez. Hacía mucho tiempo que no veía a mis padres tan felices. Mi papá se transportó a su niñez, cuando aún vivía su mamá. A mi madre la embargó la emoción de pasar con Bárbara su primera Navidad después de cinco años. Y mi abuelo seguía tan cercano a nuestra herencia rural cubana como lo había estado de niño. Solamente Verónica guarda un recuerdo desagradable de esa Navidad. Mi hermanita se horrorizó al ver que mataron y descuartizaron un cerdo, y le aterró ver a Orlando cortarle una de las orejas y perseguirla con ella por toda la casa.

Nuestra Navidad en Miami volvió a despertar mi afecto por la ciudad y por la cultura cubana, tan generalizada allí. Pero regresé a las familiares y placenteras actividades de mi vida en Las Vegas, con pocos motivos para desear que viviéramos en cualquier otra parte.

Ese año comencé a interesarme por las chicas y empecé a cuidar mi apariencia. Era popular en la escuela y mi vida social iba en ascenso. Todo eso afectó mi rendimiento escolar, por supuesto, pero me las arreglé para salir adelante en la escuela haciendo el mínimo esfuerzo posible. La estaba pasando fenomenal. Y de pronto todo cambió.

En abril de 1984, el Culinary Workers Union comenzó una huelga. Esa noche fui con mi padre a la sede del sindicato donde se habían reunido varios cientos de trabajadores. La huelga se convirtió en mi nueva obsesión. Los huelguistas levantaron su campamento en un terreno baldío frente a Sam's Town y se turnaban para desfilar en piquetes. Yo ayudé a escribir los letreros. Cuando la administración del hotel envió a uno de sus guardias de seguridad a filmar los piquetes en un video, le puse un letrero frente a la cámara para bloquearle la vista.

No comprendía en su totalidad los problemas que se discutían pero, en términos generales, sabía que los trabajadores solamente pedían un trato más justo. Ellos trabajaban duro para que los hoteles fueran rentables y tenían derecho a mejores salarios y prestaciones sociales. Me entusiasmaba formar parte de la causa y que uniéramos fuerzas con los huelguistas de muchos hoteles. En el punto álgido de la huelga, parecía que todos los chicos de mi escuela tenían alguno de sus padres participando en el paro. Me convertí en un activista y sindicalista comprometido. Podía pasar tiempo con mi padre. Todo esto me pareció muy divertido.

Inicialmente, la estrechez económica fue moderada para mis padres. Habían apartado algún dinero previendo que estallara la huelga, y el sindicato pagaba a los huelguistas pequeñas sumas provenientes de un fondo para huelgas. Pero no era mucho y debíamos vivir frugalmente. No podíamos ir a cines o restaurantes ni a la pista de patinaje. Recuerdo haber ido con mi padre a la sede del sindicato a recoger excedentes de queso y mantequilla de maní que entregaba el gobierno. Todos suponían que la huelga sería de pocos días o semanas hasta que la administración entrara en razón y se llegara a un acuerdo. Pero a medida que corrían las semanas, empecé a ver que la preocupación asomaba en el rostro de mi padre. No obstante, yo seguía felizmente comprometido con la causa.

Mi padre era mayor que casi todos los huelguistas. Recuerdo verlo andar en un jeep con un compañero suyo más joven que él. Dando botes por las colinas que rodeaban nuestro campamento en el desierto y con una expresión tan seria en la cara, lucía muy viejo y fuera de lugar. Eventualmente, nuestros pequeños ahorros se agotaron y los cheques del sindicato dejaron de llegar. Mis padres tuvieron que recurrir al modesto fondo para la universidad que habían empezado a reunir para nosotros. Muchos de los hoteles llegaron a un acuerdo con sus trabajadores, pero Sam's Town no lo hizo. Cada día había menos gente en el campamento y la línea del piquete se adelgazaba en la medida en que los huelguistas se iban rindiendo. Cuando cruzaban nuestras líneas para volver al trabajo, los llamábamos rompehuelgas.

El entusiasmo y la euforia de los primeros días dieron paso al enfado y la amargura. Un día, la confrontación entre huelguistas y trabajadores que volvían a sus puestos de trabajo se tornó violenta, y mi padre dejó de llevarme al campamento. Poco después, me contó que él volvería al trabajo. Lo llamé rompehuelgas. Eso lo hirió y me avergüenzo de haberlo hecho. Él no tenía otra salida.

Volvió al trabajo por un salario más bajo y menos prestaciones. Todos los turnos buenos habían sido tomados por los bármanes contratados durante la huelga, y sus propinas se redujeron. Hasta el día de hoy, Sam's Town es un hotel sin trabajadores miembros de sindicatos.

Mi abuelo generalmente regresaba a Miami después del Día de Acción de Gracias y volvía a principios de la primavera. Ese año no volvió sino hasta finales de mayo. Me había hecho una falta terrible, y cuando fuimos a recogerlo al aeropuerto me di cuenta enseguida de que algo malo pasaba. Él siempre viajaba solo, pero esta vez mi tío Manolito lo había acompañado. Necesitó una silla de ruedas para ir del avión a la salida del aeropuerto. Se veía mucho más viejo y cansado.

Papá había sufrido de cáncer de la vejiga durante años. Ese invierno la enfermedad había avanzado significativamente. A Verónica y a mí nunca nos habían dicho que estaba enfermo, y tampoco a él. Sus hijas no le habían querido contar el diagnóstico por temor a que se deprimiera y decayera rápidamente. Pero él sabía que algo andaba mal, y a pesar de la debilidad que experimentaba y de las protestas de sus hijas en Miami, insistió en volver a Las Vegas. Quería estar en la casa de su hija Oria, con su yerno Mario y con Verónica y conmigo, sus nietos favoritos.

Papá se quejaba de dolor en la espalda y muchas veces le pedía a mi madre o a Verónica o a mí que le frotáramos Ben Gay en la espalda. Ya no fumaba tantos tabacos ni se sentaba en la terraza con tanta frecuencia como antes. Mis padres nos dijeron que estaba enfermo pero que se mejoraría, y en otros aspectos lucía normal para mí. Todavía le encantaba que me sentara con él a conversar. Continuaba detestando el fútbol americano y quería ver los juegos de los Dodgers. Ronald Reagan seguía siendo su héroe.

Yo estaba ansioso de empezar las prácticas Pop Warner ese verano. A medida que se acercaba el octavo grado, muchos de mis compañeros de juego habían llegado a la pubertad y las diferencias físicas entre nosotros hacían imposible mantener el viejo equipo. El núcleo del equipo había pasado a una clase de mayor peso, y a mí me mandaron a un nuevo equipo. Eso no me molestó. Por el contrario, me sentí muy bien con el cambio. Por primera vez desde que había empezado a jugar fútbol americano sería uno de los chicos más grandes del equipo. Estaba seguro de que yo serviría más como *linebacker* que lo que había servido brevemente la temporada anterior, antes de que se me partiera la pierna. Esperaba con entusiasmo el comienzo de la temporada.

Una mañana de ese agosto, justo cuando me estaba despertando, oí un golpe sordo junto a la puerta de mi dormitorio. Escuché gritar a mi madre y salté de la cama para ver qué había pasado. Encontré a Papá en el suelo en medio del pasillo, donde se había caído de camino al baño.

Lo ayudamos a levantarse y volver a la cama. Se veía claramente que sentía un dolor insoportable. Llamamos a los paramédicos y ellos lo llevaron al hospital en una ambulancia. Me fui con él para servirle de intérprete. Apenas llegamos al hospital lo pasaron a la sala de rayos X. Mientras los técnicos lo acomodaban en la mejor posición posible para tomar la radiografía, dio un penetrante grito de dolor tan desgarrador, que me aterrorizó.

Poco después empezaron a llegar mis familiares y, en cuestión de una hora, un médico nos informó que a Papá se le había partido la cadera, lo que no me pareció muy grave. A mí se me había quebrado la pierna hacía poco, y ya estaba bien. Pensé que le pondrían un yeso, lo mandarían a la casa con nosotros y en unas cuantas semanas habría vuelto a la normalidad. Mis padres me explicaron que papá debería permanecer en el hospital porque su cadera necesitaba cirugía para poder repararla. Aun así, no me preocupé demasiado. Empecé a hacer planes para su rehabilitación. Lo pondría en un régimen de suplementos alimenticios y lo ayudaría a hacer ejercicios todos los días en mi máquina de levantar pesas que según él desperdiciaba electricidad.

Papá pasó su primera noche en el hospital sin problemas. A la mañana siguiente, de camino al trabajo, mis padres nos dejaron a Verónica y a mí en el hospital. Les preocupaba que por la barrera del idioma él se sintiera frustrado, y querían que estuviéramos ahí para servirle de intérpretes. Pasamos solos con él buena parte del día. Nos propusimos hablarle de cosas de las que normalmente hablaríamos con él. Vimos televisión juntos. Recuerdo ver el episodio de Brady Bunch en el que los padres de la familia ponen un aparato telefónico de monedas en la cocina para disuadir a sus hijos de pasar tanto tiempo hablando por teléfono. Tratamos de hacerle sentir que todo estaba tan normal como las circunstancias lo permitían. Ya avanzada la tarde, él empezó a cambiar. Se quejó de que había hormigas en el cielorraso y telarañas alrededor de su propio cuerpo. Pensaba que los aspersores del hospital eran cucarachas. Creímos que se estaba haciendo el gracioso y nos reímos de él.

Irma y Enrique llegaron después del trabajo, como a las seis de la tarde. Trajeron un termo de café cubano. Papá le pidió a Irma un traguito. Apenas ella se lo dio, él empezó a tener dificultad para respirar. Llamamos a una enfermera que, después de consultar con un doctor, lo canalizó para administrarle un medicamento por vía intravenosa. Ahora sé que se trataba de morfina y que el personal del hospital estaba tratando de que no sintiera ningún dolor ya que estaba muy cerca de la muerte. No lo iban a operar de la cadera, como yo pensaba.

Empezó a perder la consciencia. Supe que algo andaba mal y le agarré la mano y le dije que lo quería mucho. Le juré que me esforzaría en los estudios. Que haría algo de mi vida para que se sintiera orgulloso de mí. Me apretó la mano para que supiera que me había oído. Exhaló su último aliento menos de veinticuatro horas después.

Lo sepultaron en Miami junto a mi abuela Dominga, en una parcela doble que papá había adquirido para ellos dos antes de que yo naciera. No pudimos viajar a Miami al sepelio por las dificultades económicas que aún experimentábamos debido a la huelga. Pero asistimos a un funeral en una funeraria de Las Vegas donde habían embalsamado su cuerpo. Cuando me acerqué al ataúd, me desconcertó ver que se veía muy diferente. Jamás había visto a una persona muerta. Mi madre lloraba y lo llamó por su nombre muchas veces. No podía dejar de tocarlo ni de sollozar. Ya al final, cuando todo el mundo se levantó para irse, mi padre, que toda la noche había evitado acercarse al ataúd, fue a despedirse de él. Entonces perdió el control y se echó a llorar inconsolablemente y le pidió perdón a mi abuelo por todas las veces que le tomaba el pelo.

De momento, no cumplí la promesa que le hice a mi abuelo en su lecho de muerte, en realidad me demoré para hacerlo. Su muerte produjo en mí un efecto devastador y extenuante. Me sentía muy triste y dejé de ocuparme de cosas que habían sido importantes para mí hasta ese momento. Abandoné Pop Warner. Desapareció el poco interés que había mostrado en el estudio. Asistía a clases, pero no participaba y tampoco hacía mis tareas. Suspendí los exámenes y no me importó. No quería hacer nada fuera de socializar con mis amigos, flirtear con las chicas y ver los partidos de los Miami Dolphins.

Ahora que papá no estaba, Verónica y yo nos quedábamos solos en casa cuando mis padres estaban en el trabajo. Yo deambulaba por el vecindario o andaba en mi bicicleta o visitaba las casas de mis amigos, y dejaba sola a Verónica. Se suponía que haríamos nuestra primera comunión en la Navidad de ese año, después de habernos preparado durante el otoño en las clases dominicales de catecismo. Me negué a asistir a ellas porque eran a la misma hora de los juegos de la NFL que transmitían los domingos. Mis padres convencieron al sacerdote de nuestra parroquia de que nos instruyera de forma individual los miércoles por la noche. Mi reacción a la muerte de papá fue volverme más egoísta, más irresponsable, más malcriado. Me avergüenzo de eso y creo que él también se habría avergonzado de mí. Cuando miro atrás, yo era un niño que se debatía en medio de un profundo dolor, y mis padres, que también lloraban la muerte de papá, quizás no se dieron cuenta de lo angustiado que estaba.

Mis padres veían cada vez más alarmados mi comportamiento. Cada vez pasaba más tiempo con amigos que no conocían, provenientes de familias de las que tampoco sabían nada. Todas los exámenes de la escuela los suspendía. Y mis padres también empezaron a tener dudas sobre Las Vegas. Ellos querían que fuéramos a la universidad, pero la mayoría de mis primos comenzaron a trabajar en hoteles en cuanto terminaron la escuela secundaria. Era difícil convencerlos de que era necesario ir a la universidad cuando podían ganarse $40.000 en su primer año de trabajo. Mis padres no querían esa vida para nosotros. Esa había sido su vida, la que les había tocado para que nosotros tuviéramos una mejor. Las Vegas ya no parecía ser un entorno tan sano para nosotros.

Mi hermana Bárbara había conocido a su esposo en la escuela secundaria. Yo entraría muy pronto también en la escuela secundaria, y ya estaba pensando mucho en las chicas. Les preocupaba que entablara una relación seria con una chica y ya no quisiera dejar Las Vegas, así como Bárbara se había negado a irse de Miami. Nuestra familia quedaría dividida para siempre. Justo antes del Día de Acción de Gracias de 1984, mis padres decidieron regresar a Miami.

Al principio me gustó la idea. Estaría más cerca de los Dolphins y podría asistir a sus juegos. En mi nueva escuela podría volver a jugar fútbol americano y convertirme en un jugador tan destacado como mi hermano. Pero en la primavera ya había cambiado de parecer. Me había vuelto muy popular en la escuela. Tenía muchos amigos nuevos y me gustaban dos chicas. Así que empecé otra campaña para que mis padres cambiaran de idea. Afortunadamente, esta vez me ignoraron. Ya habían vendido la casa. Yo iba a perder el octavo grado y tendría que repetirlo si nos quedábamos en Las Vegas. No iría a la escuela con mis amigos. De modo que volveríamos a Miami y punto.

Ese verano, casi seis años después del día en que llegamos a Las Vegas, mi madre, Verónica y yo volamos a Miami mientras mi padre y mi tío Manolo atravesaban el país en un camión que, cargado con todas nuestras pertenencias y nuestros dos perros, Max y Marie, remolcaba nuestro Chevy Impala modelo 73. Mis padres volvían a una ciudad y una cultura que amaban y conocían muy bien. Después de mi fallido intento de convencerlos de quedarnos en Las Vegas, otra vez me entusiasmé con la mudanza a Miami, la ciudad donde jugaban mis Dolphins; llena de gente como nosotros; la emocionante ciudad que veía en Miami Vice. Pero yo era un chico del Oeste, que tenía catorce años, acostumbrado a vivir en una ciudad del desierto, entre gente de distintas procedencias y etnias. Tendría que aprender a hacer de Miami mi hogar otra vez.

CAPÍTULO 8

De vuelta en Miami

LO QUE MÁS RECUERDO DEL PRIMER DÍA DE MI REGRESO A Miami es la tormenta eléctrica. Jamás había visto tanta lluvia cayendo y tan rápidamente. Mi tía Adria nos recogió en el aeropuerto, y cuando íbamos por el Dolphin Expressway hacia la casa de Bárbara, el granizo empezó a golpear el parabrisas. Llovió todo el día siguiente y el día después también. Los veranos de Miami siguen un patrón simple. El sol y el calor de la mañana dan paso a las lluvias y tormentas eléctricas de la tarde. Ya no estaba en el desierto.

Nos quedamos con Bárbara hasta que mi padre se reencontró con nosotros el día antes del 4 de julio. Adria nos había conseguido una casa en West Miami. Mis padres ya habían firmado el contrato de compra, y lo formalizaron apenas llegó mi papá. Tenía tres dormitorios y atrás había un pequeño *family room* o terraza. Su mayor atractivo era el garaje, que había sido convertido en un pequeño apartamento. Se lo alquilaron a Encarnación, una señora cubana de ochenta años, y a su marido, que era aún más viejo que ella. Me gustaba la idea de tener inquilinos ancianos en casa porque me recordaba nuestra vida con papá.

Por el lugar donde vivíamos, me correspondía asistir al noveno grado en West Miami Junior High School, pero mi mayor ilusión era estudiar en Miami Senior High School y jugar fútbol americano allí, como lo había hecho mi hermano. Miami High es una escuela emblemática, ubicada en

Little Havana. Fue una de las primeras que se construyeron en Miami y su diseño es imponente. Me matriculé allí en los cursos de verano, con el fin de prepararme para el noveno grado. Al traspasar por primera vez el arco de la entrada de la escuela, me imaginé, emocionado, a mi hermano pasando por allí quince años antes. Pero pocos minutos bastaron para darme cuenta de que era distinta a cualquiera de las otras escuelas a las que yo había asistido, y me pareció poco probable que fuera a encajar allí.

Todos los alumnos eran hispanos. No eran solamente chicos americanos de ascendencia hispana, sino que, deliberadamente, asumían una pose hispana en sus modales y su forma de hablar. Definitivamente no era la cultura hispana a la que me había acostumbrado mientras crecía entre chicos mexicanos en Las Vegas. Y aunque los de acá sabían hablar inglés, entre ellos hablaban español y con un acento que no era familiar para mí. No sonaba como el español con acento cubano que nuestros padres y abuelos hablaban; este era un acento propio, un acento de Miami, y también usaban su propio argot. Estaban vestidos de una manera que no había visto jamás.

Yo hablaba muy bien el español. Pero lo hablaba exclusivamente en casa: jamás había hablado español con mis amigos en la escuela, ni siquiera con los amigos mexicanos americanos con los que había crecido en Las Vegas. En Miami High se burlaron de mi acento *americano*. Fui vestido informalmente, con lo mismo que usaba en Las Vegas; camiseta, jeans y zapatos Reebok. Me llamaron gringo, algo que nadie me había llamado jamás. De hecho, por ser hispanos, en Las Vegas todos suponían que nosotros éramos mexicanos. Fue un choque cultural tremendo. Duró un día. Esa tarde, cuando volví a la casa, les dije a mis padres que Miami High no era ni parecido a lo que ellos me habían descrito, y que no volvería allí.

Mi papá pintó casas con mi tío Manolito hasta que Bárbara le consiguió un empleo como barman en un hotel nuevo, el Mayfair House, en Coconut Grove. Nuestra nueva casa no tenía aire acondicionado. Mi papá instaló unos cuantos abanicos de techo y nos dijo que por el momento tendríamos que conformarnos con eso. Pasé un verano terrible en el insoportable calor de Miami.

Lo único bueno de estar de regreso en Miami era la cercanía con mis queridos Dolphins. Todas las mañanas durante ese primer verano caminaba tres cuadras hasta una bodega y compraba el *Miami Herald* para leer la sección de deportes. Después regresaba en la tarde a comprar el *Miami*

News. Más tarde veía los tres segmentos locales de noticias sobre los deportes.

Quería asistir a todos los juegos de los Dolphins en casa y necesitaba dinero para los boletos. Bárbara y Orlando tenían varios perros samoyedo, una hermosa raza de pelo blanco, largo, y muy difícil de mantener limpio. Me pagaban $10 a la semana por cada perro que bañaba, y con esos ingresos compré mis boletos para los ocho juegos de la temporada regular en casa, en 1985.

West Miami Junior High no tenía equipo de fútbol americano, así que tuve que buscar un equipo Pop Warner. Me uní a los Tamiami Colts, que jugaban en el Tamiami Park. Eran un gran equipo. Los entrenadores habían reclutado a los mejores jugadores de varios parques y habían armado un equipo que esa temporada terminó invicto y ganó el campeonato de la ciudad. Yo jugaba como apoyador exterior. No era una posición estelar, pero me divertía. Ganar es divertido.

Los Colts fueron mi única actividad social ese año. West Miami Junior High no me gustaba mucho más que lo que me había gustado Miami High. El choque cultural había sido exactamente igual en ambas escuelas. En esta también casi todos los alumnos eran hispanos. Hablaban entre ellos en español, con el mismo acento peculiar, y su vestimenta era distinta a la mía. Verónica se adaptó rápidamente a nuestras nuevas circunstancias. Yo no. Me fui sintiendo un poco más cómodo ya avanzado el año, pero las pocas amistades que hice acababan cuando sonaba la campana al final de la jornada escolar. Cuando terminó la temporada de fútbol americano ya no tuve prácticamente nada que hacer después de clases. Pasaba las tardes como un ermitaño y estaba solo la mayor parte del tiempo. Añoraba a mis amigos de Las Vegas y me preguntaba qué estarían haciendo.

Finalizado mi noveno grado, me sentí feliz. Esperaba que me fuera mejor en South Miami High, y supe que sería así desde mi primer día en esa escuela. Entré al South Miami Cobras, el segundo equipo de la escuela. La mitad de mis compañeros de equipo eran afroamericanos y, en esa época, yo me sentía más cómodo entre ellos que entre mis compañeros cubanos. Había una tensión evidente entre los jugadores negros y los hispanos, algo que no había experimentado en Las Vegas. Acá no socializaban fuera de la cancha, e incluso en la cancha formaban grupos aparte.

Tristemente, mi primera temporada de fútbol americano en Miami tuvo un abrupto final antes de empezar. Me disloqué un hombro durante una práctica de pretemporada y me tomó ocho semanas curarme. El dolor de esa lesión todavía me molesta de vez en cuando.

Incluso sin fútbol americano, me pareció más fácil hacer amistades en South Miami que en West Miami Junior High. Acá alternaba más que todo con mis compañeros de equipo afroamericanos. Pasábamos la mayor parte del tiempo sentados por ahí, *"cracking"*, bromeando unos a costa de otros. Usualmente, eso se convertía en una competencia entre dos estudiantes, quienes intercambiaban insultos hasta que la audiencia elegía al ganador por aclamación. Mi padre siempre andaba tomándole el pelo a la gente. Esa práctica se me había contagiado, y por eso era bueno en lo del *cracking*. Estaba contento de haber encontrado finalmente un círculo social en Miami. Por primera vez desde que nos mudamos de regreso, me sentía en casa.

Desde el punto de vista social y geográfico, Miami es una ciudad donde la segregación es muy marcada. Cuando terminaba la jornada escolar, mis amigos negros regresaban a sus casas en "the Creek", un vecindario de South Miami, y yo regresaba a mi casa en West Miami. Después de la escuela, volvía a ser el mismo solitario del año anterior.

El fútbol americano me rescató una vez más. Me presenté a una prueba para el equipo titular durante el entrenamiento de primavera en 1987. Me fue bien, pero quedó claro que no sería jugador titular del equipo. El *safety* titular, Dakari Lester, era un estudiante de cuarto año y candidato a jugar en la primera división del fútbol universitario. Otis Collier, el entrenador de la defensiva secundaria, fue franco conmigo. Me dijo que no debía esperar tener mucho tiempo de juego en mi tercer año. Pero que si aprovechaba la oportunidad de aprender de Dakari e iba al gimnasio a desarrollar músculo y fuerza, podría ser titular en mi cuarto año.

Mi entrenamiento de primavera fue bueno. Hice algunas intercepciones y las duras tacleadas que nuestros entrenadores querían vernos hacer. Me gané el respeto de los demás jugadores. Cuando interrumpimos por el verano, yo no veía la hora de volver a la cancha de juego en mi tercer año.

Pero no pudo ser. Durante el entrenamiento, cinco días antes del primer partido, me fracturé un dedo tratando de hacer una intercepción. La primera semana después de mi lesión pasé mucho tiempo con nuestra masajista y las estudiantes que se ofrecían a asistirla. Me di cuenta de que una de sus asistentes era más amable y más atenta conmigo que las demás.

Para mediados de septiembre, ya estábamos saliendo. Lo que en términos prácticos significaba que nos tomábamos de la mano en el pasillo entre una clase y otra, almorzábamos juntos en la cafetería y andábamos juntos con el mismo grupo de amigos después de los partidos de fútbol americano. Era el tipo de romance inocente que los chicos de ahora parecen saltarse o empezar mucho antes de lo que deberían.

Tenía una novia, muchos amigos en la escuela y jugaba en el equipo titular de fútbol americano de mi escuela. Por fin me había acostumbrado a la vida en Miami y me sentía contento de que hubiéramos regresado. Pero en octubre, la suerte de mi familia cambió súbitamente para mal. Un día que llegué de la escuela a casa, supe por la expresión de la cara de mi madre que algo terrible había sucedido. Era la expresión de una persona a la que le han dicho que ella misma o un ser amado se está muriendo. Y eso fue exactamente lo que sentí cuando me dijo que esa mañana a Orlando lo habían arrestado, acusado de algún delito relacionado con las drogas.

La noticia me dejó anonadado. Como mis padres, jamás habría sospechado que Orlando estuviera implicado en una organización criminal. Su arresto, juicio y encarcelamiento arrojarían un manto de sombra sobre la felicidad de nuestra familia, pero Bárbara y mis padres sobrellevaron el asunto. Décadas después, mi madre y mi hermana se verían forzadas a revivir aquella tragedia. Los problemas de mi familia no empañaron mi entusiasmo por la próxima temporada de fútbol americano. Estaba ansioso por comenzar. En mi tercer año no tuve mucho tiempo de juego, salvo en los partidos que ganamos por amplio margen. El equipo tuvo una gran temporada. En nuestro último partido de la temporada regular, el entrenador Collier me sacó a jugar a inicios del cuarto tiempo. Me di cuenta de que el *tight end*, el último hombre de la línea ofensiva, solo corría dos rutas cuando se iba por nuestra izquierda: o se iba por fuera, o se metía por la brecha, una jugada que nuestra ofensiva había ensayado en las prácticas. En uno de los últimos ataques del partido vi que el *quarterback* contrario retrocedió para hacer el pase y miró a su derecha. Me fui directamente al sitio donde esperaba que él lanzaría el balón al *tight end*. Justo cuando este atrapaba el pase, clavé mi máscara contra su pecho, y lo derribé. Escuché el rugido de aprobación de la gente. Y entonces me di cuenta de que yo había lanzado el balón al aire y nuestro *cornerback* lo había interceptado. Mis compañeros de equipo me cayeron encima cuando salí de la cancha. El entrenador Collier quedó tan impresionado con mi actuación que convenció a Sam Miller, nuestro director técnico, de que me diera una oportunidad como titular. El viernes siguiente ganamos nuestro primer partido de la liguilla. Pero a la semana siguiente perdimos el partido de semifinales del estado. Fue un partido cerrado, en el que la ventaja en el marcador cambió varias veces de dueño con varios cambios de dirección y una jugada increíble de último minuto que dio la victoria a nuestros rivales. Yo no salí ni un momento de la banca, pero hasta el día de hoy sigo soñando con ese partido.

Ese año me matriculé en la escuela de verano para mejorar mis destrezas en matemáticas y mis perspectivas de entrar a una universidad. South Miami no ofrecía cursos de verano, de modo que tomé unas clases de álgebra en Coral Gables High. Ese verano comencé en serio mi entrenamiento con pesas, trabajando todos los días en el gimnasio de South Miami tan pronto terminaba las clases de álgebra del día. En menos de dos meses gané 10 libras de músculo, una transformación notable que impresionaría a mis entrenadores. También impresionó a las chicas de Coral Gables High.

Por primera vez en mi vida más de una chica mostraba interés en mí. Empecé a tener dudas sobre comprometerme en una relación y a imaginar cómo sería pasar mi último año de secundaria saliendo con varias chicas a la vez. Pero me sentí culpable. Durante todo el verano experimenté altibajos entre el aprecio que sentía por la chica que era mi novia y la posibilidad de herir sus sentimientos por querer salir con otras chicas.

Mi último año empezó viento en popa. Jugaba como regular: era el *free safety,* o profundo libre, en el equipo que representaba a mi escuela. De ermitaño, pasé a ser muy popular, especialmente entre las chicas. La relación con mi novia no sobrevivió a la primera semana de clases.

Los Cobra empezaron muy bien esa temporada, ganamos nuestros cuatro primeros partidos y nos convertimos en uno de los equipos de mejor clasificación en la Florida. Pero después todo se vino abajo. En nuestro primer partido traté de derribar al *tight end* y solo conseguí rebotar mientras él corría otras treinta yardas. Ahí acabó mi carrera como titular. Perdimos un montón de partidos y nos sacaron de las eliminatorias. Faltaban los tipos que se habían graduado el año anterior. Y en los vestidores tuvimos problemas que afectaron nuestro juego.

Alrededor del 25 por ciento del alumnado de South Miami High era afroamericano. Los demás casi todos éramos chicos hispanos. Yo había sido el único titular de la defensa de los Cobra que no era afroamericano y uno de los tres titulares del equipo que era blanco. Siempre había considerado que las competencias deportivas eran una meritocracia casi perfecta y creía que nuestros entrenadores tomaban decisiones sobre los jugadores basados estrictamente en el desempeño de los mismos. Pero algunos de mis compañeros de equipo hispanos no estaban de acuerdo, pensaban que el técnico Miller, que era afroamericano, favorecía injustamente a los jugadores negros, y fue así como algunos jugadores y estudiantes hispanos trataron de atribuir a preferencias raciales el hecho de que me hubiera mandado a la banca. Eso era absurdo.

A mí me habían reemplazado con un chico más alto, más fuerte y más rápido, que hacía más jugadas que yo. Eso era todo. Nuestra defensa requería que el *free safety* hiciera algunas cosas muy difíciles. El sistema estaba diseñado para candidatos a la División I del fútbol universitario, como Dakari Lester. Yo podía ser un *free safety* tradicional que se queda en el centro de la cancha, trata de adivinar qué va a hacer el *quarterback* y sale disparado tras el balón. No me mandaron a la banca porque fuera hispano. Me mandaron a la banca porque no era lo suficientemente fuerte para hacer todo lo que nuestro sistema defensivo requería de mí.

En South Miami había una verdadera tensión racial. Pocos años antes, el programa de fútbol americano y la escuela se habían visto conmocionados por una violenta disputa racial después de un juego perdido, que fue reseñada en los periódicos.

Por desmentir los rumores de que mi situación en el equipo se debía a prejuicios raciales y por mantener mi amistad con mis compañeros de equipo negros, fui objeto del desprecio de algunos de mis condiscípulos cubanos.

A pesar de mis dificultades con las tensiones raciales y mi decepcionante temporada de fútbol americano, mi último año de secundaria resultó ser la época más divertida de mi vida. Salí con varias chicas. Sin el fútbol americano, y sin un compromiso serio de estudio, el tiempo que ahora me sobraba lo pasaba con amigos en la playa, vagabundeando por Coconut Grove y en fiestas familiares. Además de las amistades que ya tenía, hice otras nuevas dentro del círculo social de Verónica.

Cuando competí en King Cobra, el concurso anual de talentos masculinos, puse mi popularidad a prueba. Tenía buena voz para el canto. Muchos de los concursantes sincronizaban el movimiento de los labios con una grabación para interpretar sus canciones, pero yo realmente canté la mía, "Still", de Lionel Richie. Por divertirme, decidí fanfarronear un poco. Me pavoneé por todo el escenario, sonreí con suficiencia, lancé el micrófono al aire y cuando acabé mi canción abandoné la tarima sin decir palabra. Mis amigos lo tomaron como un chiste. Los jueces no. Me adjudicaron el penúltimo puesto. El último se lo dieron a un chico que hizo la mímica del dueto de "Endless Love": se había maquillado la mitad de la cara como Diana Ross y la otra mitad la había dejado sin maquillaje, y cambiaba de perfil según cantaba. Los jueces pensaron que me había portado como un imbécil. Y tenían razón. Si fuera juez de un concurso como ése hoy en día y un chico hiciera lo que hice yo, le daría el último lugar.

En el salón de clases me la pasaba molestando. Nuestro profesor estaba tan desesperado por mantenerme fuera de su salón, que me prometió darme una nota C- menos si no venía a clase y amenazó con darme una F si volvía a aparecerme. Terminé el último año con un promedio de 2.1. No me había aplicado, pero tampoco había suspendido. Me permitieron participar en la ceremonia de graduación con los de mi clase, pero tuve que tomar un curso de ciencias sociales en la escuela de verano para poder graduarme oficialmente.

A pesar de lo que me divertí con mi fanfarronería, nunca dejé de pensar en mi futuro. Quería ir a la universidad, salir de Miami y jugar fútbol americano, e hice apenas lo justo para no arruinar mis posibilidades. Mi abuelo y mis padres me habían convencido de que tendría que ir a la universidad si quería triunfar en la vida. Por mi parte, sabía que si me quedaba en Miami, no jugaría fútbol universitario y probablemente tampoco tomaría en serio mis estudios.

Dos escuelas me ofrecieron la oportunidad de jugar fútbol americano. Wagner College, en Staten Island, Nueva York, y Tarkio College en el noroeste de Missouri. Elegí Tarkio por dos razones: me ofrecieron la mejor ayuda económica —estudios, alojamiento y alimentación— y me pondrían a prueba como receptor. Estaba cansado de ser un *defensive back* demasiado bajito, y pensaba que mis habilidades serían más adecuadas en la ofensiva. Orlando fue declarado culpable y condenado durante la primavera de mi último año de la escuela secundaria. Los recuerdos más impactantes que guardo de esa época son los de mi hermana y mis padres en los años difíciles después de la condena. Una noche, Bárbara me invitó a su casa para comer pizza y ver una película. No quise ir. Disfrutaba entonces de mi último año de secundaria con una vida social muy activa, y las reuniones de pizza y película ya no me atraían. Bárbara se sentía sola y yo le saqué el cuerpo. Pocas semanas más tarde ella tuvo que venirse a vivir con nosotros. Una noche que llegué tarde a casa después de una fiesta, encontré a mi hermana embarazada durmiendo con Landy en el sofá de la sala. Con el tiempo, mis padres les pidieron a sus inquilinos que desocuparan el apartamento del garaje para que Bárbara pudiera mudarse allí con sus hijos cuando naciera el bebé. La imagen de ella esa noche que la encontré dormida en nuestra sala me ha acompañado toda la vida; la hermana mayor que siempre había admirado, reducida a mudarse a casa de sus padres, durmiendo con su hijo en un sofá plegable.

Evoco ese tiempo, lleno de admiración por Bárbara y mis padres. Admiro la tenacidad con que ella luchó cuando su mundo se viró al revés; cuánto tuvo que trabajar y cómo se dedicó a sus hijos. Y siempre me pareció admirable la fidelidad con que ella se aferró a su matrimonio.

En un momento de su vida en el que debían estar pensando en retirarse y finalmente tener tiempo para disfrutar, cuando la menor de sus hijos ya casi era adulta, mis padres acogieron de vuelta a su hija mayor y a sus dos hijos. Ayudaron a Bárbara a criar esos niños desde la infancia hasta que fueron adultos. Creo que Danny, el menor de ellos, se apegó más a mi padre que yo mismo a papá. Mientras Bárbara estaba en el trabajo, mis padres los alimentaban, les cambiaban los pañales, los llevaban al doctor cuando se enfermaban, los recogían en la escuela y los llevaban a la práctica de béisbol. Mis padres pasaban de los sesenta y setenta años cuando empezaron a criar otros dos hijos y jamás se quejaron.

En esas tristes circunstancias llegó el momento de irme de la casa. Debía reportarme a la práctica de fútbol americano a principios de agosto. Iba a vivir muy lejos de la comodidad y el amor de mi familia, en el desconocido Medio Oeste, un lugar que me parecería más extraño que Las Vegas al principio. No esperaba volver antes de las vacaciones de Navidad. No tenía dinero, así que debía limitar el contacto con mi familia a una breve llamada cada domingo pasadas las siete de la noche, cuando las tarifas eran más baratas.

El día de la partida me sentía más preocupado que entusiasmado. Mis padres, Verónica y unos amigos me acompañaron hasta la sala de abordaje donde nos despedimos. Me sentí solo apenas despegó el avión. Solo y sin amigos, era la primera vez que me separaba de mis padres y su protección.

CAPÍTULO 9

Sorpresas en la universidad

CUANDO SALÍA DEL AEROPUERTO DE KANSAS CITY, LO primero que se me ocurrió fue que las historias de lo apartado que quedaba Tarkio eran exageradas. Sin embargo, una hora más tarde, lo único que veía era el cielo nocturno lleno de estrellas. Jamás había visto tantas. No había ninguna huella de civilización.

Después de dos horas y media en auto desde Kansas City, llegué a Tarkio College a la medianoche. Me acompañaron hasta mi habitación en el dormitorio y me advirtieron que antes de las ocho y media debía presentarme a la primera práctica. Me subí a la litera superior, cerré los ojos y me dormí preguntándome qué estarían haciendo esa noche mis amigos en Miami.

Las prácticas en Tarkio eran fáciles comparadas con las de South Miami. En South Miami, al entrenador Collier le encantaba hacer lo que llamaba el "ejercicio de la hamburguesa". Dos jugadores se acostaban bocarriba, uno de ellos tenía el balón, el otro era el defensa. El entenador silbaba y ambos jugadores se levantaban rápidamente y corrían uno hacia otro a toda velocidad. Siendo un estudiante de tercer año de 140 libras, muchas veces me enfrentaba a jugadores que pesaban treinta libras más que yo. Para ese ejercicio de la hamburguesa siempre me esforzaba al máximo, pero es imposible superar las leyes de la física. Los oponentes, más grandes y veloces que yo, siempre me llevaban ventaja.

En Tarkio no practicábamos ejercicios de hamburguesa. Ni hacíamos *sprints*, carreras cortas, de 12 minutos en el calor de noventa y tantos grados y la humedad sofocante de un verano de Miami. Sin embargo, en Tarkio los jugadores eran un poco más grandes, especialmente los linieros, pero también eran más lentos que los de South Miami.

Tarkio tenía un equipo titular y un segundo equipo de fútbol americano. El equipo titular jugaba los sábados; el segundo equipo, los domingos. A principios de la temporada estaba en el equipo titular y después fui receptor titular del segundo equipo. A mitad de temporada, tres *defensive backs* titulares se lesionaron en un mismo partido. El técnico me pasó a jugar como *defensive back* hasta que los titulares se recuperaran. Esa semana jugué como *cornerback*, o esquinero, en las prácticas.

En el siguiente partido del segundo equipo de la escuela, jugué como *cornerback* titular. Fue uno de los mejores partidos que haya jugado jamás en la secundaria o en la universidad. Empecé a tener más prácticas con el equipo titular como *cornerback*, y cuando el *cornerback* regular del equipo titular tuvo que salir del siguiente partido por una concusión, yo lo reemplacé.

Mi tarea era atajar al receptor estrella de los contrarios, un veloz jugador que había sido seleccionado para el equipo de estrellas de la conferencia y que nos había vapuleado durante todo el partido. Un buen coordinador de ofensiva siempre optará por poner a prueba a un suplente, sobre todo si se trata de un novato que está en su primer año de universidad. Yo sabía que se me vendrían encima enseguida. Hice caso omiso de mi responsabilidad y me fui hacia atrás, calculando que iban a hacer un pase largo al receptor estrella de ellos. Y esa fue la jugada que hicieron.

Él de todos modos se las arregló para atrapar el pase y lograr el *touchdown*. Pero mis entrenadores habían quedado impresionados y al día siguiente, cuando repasamos la película, se sorprendieron al ver que yo había estado en la posición perfecta, corriendo codo a codo con uno de los receptores más rápidos de la liga. Tuve la suerte de que no hicieran una ruta diagonal o una finta hacia la banda, pues me habrían hecho quedar como si no supiera lo que estaba haciendo. El equipo terminó la temporada con un récord parejo. Ganamos cinco juegos y perdimos cinco. Me sentía bien conmigo mismo. Empecé a aceptar el hecho de que no tenía un talento como para la NFL, pero por primera vez en mi vida había sido un colaborador importante en un equipo de fútbol americano.

Sin embargo, el profesorado de Tarkio me dio una ingrata sorpresa. A diferencia de los profesores de secundaria, no pasaban lista para verificar la asistencia a clase. Debíamos tomar notas mientras los profesores dictaban sus clases y nuestras calificaciones dependían de los exámenes semestrales. Estaba terriblemente mal preparado. No sabía tomar notas y tampoco tenía idea de cómo estudiar para un examen universitario. En la secundaria, simplemente me había limitado a memorizar partes de mis libros de texto para presentarme en los exámenes de muchas preguntas. En Tarkio, los exámenes eran ensayos. Tampoco había invertido mucho tiempo tratando de superar mis deficiencias y, en consecuencia, las notas de mi primer semestre fueron pésimas. Mi GPA (*grade point average*) o promedio académico, fue un punto por debajo de 2.0. Si hubiera querido practicar algún deporte de segundo semestre, como baloncesto o béisbol, me habrían rechazado por mi bajo rendimiento académico.

No podía culpar de mis notas a mi vida social. Con menos de quinientos estudiantes, la actividad social realmente era poca. Hacíamos torneos de videojuegos en los dormitorios y los fines de semana armábamos fiestas cerveceras en un complejo de apartamentos fuera del campus, en el que vivían muchos estudiantes de último año. Si queríamos ir al cine o comer una hamburguesa en McDonalds, debíamos ir en automóvil hasta St. Joseph, Missouri o Davenport, Iowa.

Los habitantes de Tarkio son las personas más amables que he conocido jamás. Me tomó tiempo acostumbrarme a ello. En Miami, las personas saludaban a los demás solamente si los conocían, pero en el noroeste de Missouri, hasta los extraños lo saludaban a uno. Traté de hacerlo así en Miami, cuando volví a casa la primera vez. Caminando por una acera, saludé a una docena o más de personas. Unas cuantas me devolvieron el saludo, probablemente porque pensaron que me conocían y no me recordaban; las demás me miraron como si estuviera loco.

La gente y el fútbol americano me gustaban, pero casi todo lo demás de Tarkio me molestaba. Extrañaba a mis amigos de Miami y mi vida social. Me esforcé por adaptarme a la vida en un pueblecito que no tenía ni una sala de cine y cuyo único restaurante era un Pizza Hut. Quería volver a casa, así que decidí ir a Miami para el Día de Acción de Gracias y sorprender a mis padres. También sorprendí a mis amigos en el *pep rally* antes de un juego de fútbol americano de South Miami. Todo el mundo me recibió con afecto. El entrenador Miller parecía estar contento de verme, y el entrenador Collier me felicitó por estar en forma y haber entrado al equipo titular. Actuó como si mi éxito confirmara el potencial que él había visto en mí aunque los demás no lo hubieran hecho. Su evidente orgullo significó mucho para mí en ese entonces y todavía significa mucho.

También conocí al nuevo miembro de la familia, mi sobrino Danny. Mi madre me hizo un recuento de lo solitaria y difícil que había sido la vida de Bárbara desde que Orlando no estaba. Tres años atrás, cuando nació Landy, la habitación de Bárbara en el hospital se había llenado de flores, globos y amigos. Cuando dio a luz a Danny, las únicas flores de su habitación las habían llevado mis padres, sus únicos visitantes.

Cuando volví para mi segundo semestre en Tarkio, descubrí que la escuela estaba pasando por una mala situación económica. En una serie de informes periodísticos se analizaba el estado de las finanzas de Tarkio, lo que desató rumores de quiebra y cierre inminente. Me alarmé. Si Tarkio cerraba, algunos de mis créditos no serían transferibles a una escuela de la Florida. Si solamente podía mantener sus puertas abiertas otros dos años y me quedaba ahí, una cuarta parte de mis créditos no se podrían transferir. Más inquietante aun era la perspectiva de que Tarkio recortara su presupuesto para deportes. Puesto que el fútbol americano era su deporte más costoso, lo más probable era que la escuela terminara cuanto antes con el programa. Además de mis preocupaciones por el precario futuro de Tarkio, también empezó a inquietarme el valor que podría tener un título de una pequeña escuela prácticamente desconocida.

Empecé a explorar las posibilidades de pasarme a otra escuela. Quería seguir jugando fútbol americano, así que contacté al técnico de Wagner College, que me había reclutado. Pero Wagner no sería la respuesta. La diferencia entre la ayuda monetaria que podían ofrecerme y lo que costaban mis estudios era más de lo que yo podía pagar. Por un tiempo, traté de convencerme de que mi mejor opción sería permanecer en Tarkio y esperar que la escuela y su programa de fútbol americano sobrevivieran unos años más. En Tarkio jugaba frente a un público mucho menos numeroso que el de mis juegos de secundaria. Pero, ¿en qué otro lugar podría ser jugador titular y posiblemente una de las estrellas de toda la liga? Además, un título es un título, aun si se obtiene en una escuela casi desconocida. Me estaba inclinando a quedarme cuando un nuevo dilema cambiaría mi situación inmediata y el futuro que había imaginado para mí.

El cuello me había molestado durante toda la temporada de fútbol americano de mi primer año universitario. Después de cada partido, a menudo me despertaba con un terrible dolor que me causaba un adormecimiento en la mano y el brazo derechos. Llegó el fin de la temporada y también del dolor, pero el adormecimiento persistía. El brazo derecho me estaba dando problemas para hacer pesas porque estaba mucho más débil que el izquierdo. Finalmente, el entrenador de preparación física me dijo que no me permitiría volver a hacer pesas hasta que el médico del equipo me hubiera examinado y autorizado a volver.

Después de un examen rápido, el doctor dijo que necesitaría una serie de pruebas de diagnóstico para determinar el problema. Mi descripción del dolor sugería la posibilidad de una lesión en un nervio, y no se me permitiría jugar ni entrenar hasta que se supiera con seguridad que ese no era el caso. Cuando intenté obtener más información, me dijo que si encontraban daño neural en el cuello, un golpe más podría dejarme impedido permanentemente.

Era todo lo que necesitaba escuchar. De niño, soñaba que algún día jugaría en la NFL. Pero lo cierto es que jamás tuve la talla ni la velocidad. Ese sueño había terminado. Acepté lo que era y lo que no podría ser. Tomé una decisión realista, de adulto. Tenía que pasarme a una escuela que me preparara para hacer algo importante con mi vida que no fuera jugar fútbol americano. Pero no quería volver a Miami, allí me distraería demasiado. Y con lo mal que me había ido en el primer semestre en Tarkio, no podía permitirme distracción alguna. Quería ir a la Universidad de la Florida (University of Florida), pero no tenía las notas para ser admitido. Escuché que un par de chicos un año menor que yo de South Miami High irían al Santa Fe Community College en Gainesville, y me pareció que allí encajaría. Decidí asistir a Santa Fe un año, mejorar mi GPA y, al año siguiente, solicitar admisión en la Universidad de la Florida.

Pasé el verano en Miami trabajando como mensajero para un servicio de *courier* que prestaba muchos servicios a bufetes de la ciudad. Conducía un Pontiac Firebird azul modelo 1983 que mi padre le compró a su hermana para que yo pudiera entregar los paquetes a firmas de abogados situadas entre Brickell Avenue y el *downtown* de Miami. Ahorré dinero para la universidad y despilfarré un poquito en los fines de semana. Logré meterme en algunos problemas ese verano cuando me junté con unos amigos una noche en un parque para compartir unas cervezas. Hicimos demasiado ruido y los vecinos llamaron a la policía, que nos citó a juicio por estar en un parque público tan tarde en la noche. Afortunadamente, las acusaciones fueron retiradas antes de que tuviéramos que comparecer ante el juez y, a finales de agosto, empaqué todo en el Firebird y me fui a Gainesville.

Llegué a vivir en un apartamento de un dormitorio en Gainesville, a solo dos millas de la Universidad de la Florida, con un amigo de la secundaria, Alex Sarmiento. Su novia estudiaba en la UF y casualmente era una de las mejores amigas de Verónica. Tan pronto desempacamos y nos orientamos, empezamos a investigar cómo era la movida de las fiestas en Gainesville. Las mejores fiestas eran las de las fraternidades de la universidad, que dominaban la vida social estudiantil de UF. Como ni Alex ni yo estudiábamos allí, obviamente no podíamos pertenecer a ninguna fraternidad. Tampoco habría tenido el dinero para afiliarme. Sumando mis becas, préstamos, ahorros del verano y $20 que ocasionalmente me enviaban mis padres, apenas me alcanzaría para pagar mis estudios, los libros y mis gastos de manutención.

Gainesville es una ciudad divertida, especialmente los fines de semana en los que hay partidos de fútbol americano. La pasé muy bien allí. Pero estaba decidido a mejorar académicamente. Pasaba la mayor parte de los fines de semana estudiando en mi apartamento. Las reglas de admisión de la Universidad de la Florida se habían vuelto más selectivas y mis notas tendrían que ser muy buenas para compensar mi pésimo desempeño en Tarkio. Me puse a estudiar de lleno y ese semestre saqué en Santa Fe las mejores notas de toda mi vida.

Cuando volví de las vacaciones de Navidad para el inicio del nuevo semestre, las dificultades económicas casi me obligan a dejar la escuela. Mis ahorros se habían agotado y los préstamos y becas que recibía no bastaban para cubrir todos mis gastos de manutención. Mis padres no podían ayudarme, así que me preparé para irme a trabajar a Miami y ahorrar el dinero suficiente para volver a la escuela en otoño.

Llamé a mis padres y les expliqué mi problema y mi plan. Después recé. Le pedí a Dios fuerzas para aceptar Su voluntad y cualquier otra prueba que me esperara. Cuando acabé de rezar, bajé a recoger mi correo. En nuestro buzón encontré un sobre dirigido a mí. Contenía un cheque por una cantidad suficiente para cubrir el déficit de mis finanzas. Era una beca pequeña que había solicitado y olvidado. Llamé a mi madre otra vez y le conté lo sucedido. Ambos alabamos a Dios.

Mis notas del segundo semestre fueron aun mejores que las del anterior. No me comporté como un ermitaño, y mi vida en Gainesville tampoco fue una perenne esclavitud académica. Pero pasaba la mayor parte del tiempo dedicado al estudio y aprendiendo a ser un buen estudiante. A principios de ese verano, la Universidad de la Florida respondió a mi solicitud de admisión. Me llegó un sobre muy liviano, por lo que supuse que me habían rechazado. Pero no. El sobre contenía una carta de una sola página en la que me felicitaban porque mi solicitud había sido aceptada para admisión en el otoño de 1991.

Mis clases de ciencias políticas y la invasión de Irak a Kuwait en la primavera de 1991, más la respuesta de los Estados Unidos a la invasión con la Operación Tormenta del Desierto, reavivaron mi interés en la política. Siempre le había prestado atención, pero después de que mi abuelo murió mi interés había sido intermitente. Ese verano, telefoneé a la oficina de nuestra congresista local Ileana Ros-Lehtinen y pregunté qué oportunidades había de hacer pasantías allí. Me invitaron a presentarme a una entrevista y me ofrecieron una pasantía de verano.

La pasantía incluía el tipo de trabajo aburrido —contestar teléfonos, copiar documentos, clasificar y responder el correo de electores— que algunas personas encuentran poco gratificante. Pero fue una oportunidad de empezar a crear una red de conexiones y una hoja de vida, cuyos dividendos recibiría más tarde. En esa oficina conocí a varias personas que más adelante me abrirían las puertas a otras oportunidades políticas. Aprendí los aspectos prácticos del servicio a los electores y por qué es una función esencial para cualquier congresista. Hoy en día utilizo los métodos del servicio a los electores que aprendí en la oficina de Ileana, me sirven de guía para el trabajo en mi oficina del Senado. Ese verano tomé una clase de matemáticas en el Miami Dade Community College. Pero mi horario me dejaba bastante tiempo libre para hacer vida social y eso lo aproveché al máximo. Pasé mucho tiempo con Javier, un amigo de la secundaria, y su novia Jenny. Una noche en casa de Jenny, conocí a su mejor amiga, Jeanette Dousdebes, una trigueña preciosa de diecisiete años.

La había visto antes en una o dos reuniones con otros amigos, pero nunca habíamos hablado. Esa noche, Javier pasó mucho tiempo hablando con Jenny y sus padres en otro lugar de la casa, y Jeanette y yo nos quedamos solos en la sala. En realidad no recuerdo de qué hablamos. Solamente recuerdo que hablamos mucho tiempo. Esa noche supe que me interesaba, pero no tenía ni idea de que ella sentía lo mismo por mí.

Unos días después, Javier me contó que Jeanette le había hablado a Jenny de mí en términos muy favorables. No había dicho que yo le gustara y tampoco que estuviera interesada en encontrarse de nuevo conmigo, pero lo que me dijo Javier bastó para que empezara a planear otra oportunidad de verla. Convencí a Javier de organizar una ida a cine con un grupo de amigos. Le dije que se asegurara de invitar a Jeanette. Tendría que ser un grupo pequeño para que yo no tuviera que competir mucho por la atención de Jeanette, pero no tan pequeño como para que ella sintiera que le habían puesto una trampa.

Fuimos a ver la película de Robin Hood, protagonizada por Kevin Costner. Me las arreglé para sentarme junto a ella. No recuerdo qué le dije, pero Jeanette jura que hablé tanto que casi no pudo ver la película. La canción de la película era de Bryan Adams. Todavía hoy, donde quiera que escucho esa canción, recuerdo la noche que empecé a enamorarme de Jeanette.

A pesar de mi locuacidad, el informe de Jenny al día siguiente fue alentador. Jeanette estaba interesada en mí. Saqué el valor para invitarla a salir, y aceptó. Nuestra primera cita fue en un restaurante mexicano, El Torito, y seguimos saliendo hasta el final del verano. Se acercaba la mitad de agosto y debía prepararme para volver a Gainesville. Nuestro romance de verano había sido divertido, pero no sabíamos si sobreviviría a la separación. Pasaríamos tiempo alternando con otras parejas, separados por una distancia de trescientas cincuenta millas. Ambos nos veríamos tentados a salir con otras personas. Sin embargo, decidimos darnos una oportunidad para ver qué pasaba. Tal vez la ausencia nos haría encariñarnos más. Tal vez no.

Me sentí mal casi desde el momento en que llegué a la Universidad de la Florida. No me interesaba salir con amigos ni conocer otra gente. No disfrutaba ni de las fiestas ni de ninguna otra actividad social. Extrañaba a Jeanette todo el tiempo. Traté de sacármela de la cabeza, pero solamente conseguía pensar más en ella.

Mi pobreza crónica no me permitía el lujo de hacer frecuentes y costosas llamadas telefónicas de larga distancia. Así que le escribí a Jeanette muchas cartas muy largas, en las que compartía con ella hasta los más insignificantes detalles de mi vida diaria, con la esperanza de que una completa crónica de mi existencia asegurara de alguna manera su afecto por mí. A mediados de octubre, no pude más. Salté al auto un jueves en la tarde después de clases y conduje cinco horas seguidas hasta la puerta de la casa de Jeanette. Cuando llegué estaba cenando con su familia, pero no me pareció sorprendida ni disgustada por mi repentina llegada. Ese fin de semana pasamos juntos todo el tiempo que pudimos. Volví a Miami varias veces más ese semestre para verla. La primera vez en Halloween, apenas un par de semanas después de mi visita sorpresa.

El desinterés por la vida social en Gainesville me dejó mucho tiempo para concentrarme en mis estudios. Los fines de semana no salía y estudiaba. Solamente podía pensar en el tiempo que me faltaba para ver de nuevo a Jeanette. Alguna vez me había preocupado de no ser capaz de alcanzar el alto nivel académico de la Universidad de la Florida. Pero al final del semestre, para cuando volví a casa en las vacaciones de Navidad, ya estaba seguro de que lo lograría. Mis notas fueron excelentes. Y las del segundo semestre, mejores aun.

Adquirida mi confianza académica, empecé a considerar mi futuro. Decidí que quería estudiar leyes, y empecé a buscar una carrera que me permitiera hacerlo. Pero un profesor me dio un excelente consejo al decirme que lo más inteligente sería no escoger una carrera que fuera considerada como una buena preparación para estudiar derecho, sino una que versara sobre el tema que más me interesara. Al asistir a clases que me gustaran, sacaría mejores notas que si asistía a clases que no me gustaban. Como UF no ofrecía fútbol americano, me decidí por ciencias políticas. Disfrutaba las clases y saqué notas sobresalientes en todas. No permitía que nada, excepto Jeanette, interfiriera en mis estudios. Mis visitas a Miami los fines de semana se volvieron más frecuentes. Y no veía la hora de que llegara el verano para poder verla todos los días.

Ese verano tomé una clase de matemáticas en la Universidad Internacional de la Florida (Florida International University) para compensar los créditos de Tarkio que UF no me había aceptado. También trabajé en mi primera campaña política. Llamé a la oficina de la campaña del senador del estado, Lincoln Díaz-Balart, que había postulado su candidatura al Congreso, y me ofrecí como voluntario. Me dijeron que me presentara en la oficina de la campaña en Hialeah y el mismo día empecé a trabajar. Ese verano fue un completo aprendizaje de la política de Miami. Conocí personas que más adelante en el tiempo serían una ayuda invaluable para mí y aprendí a administrar una campaña dentro de la comunidad de exiliados en Miami, todo lo cual me sería muy útil una década después. El resto del tiempo lo pasaba con Jeanette.

Nuestra relación se volvió muy seria. Ya había salido con Jeanette mucho más tiempo del que había salido con ninguna otra chica. Terminado el verano, al comenzar mi último año en UF, ya los dos nos sentíamos mucho más unidos y más tranquilos con respecto a nuestra necesaria separación. Aún detestaba que estuviéramos separados, pero se acercaba el final. Para mayo ya estaría en casa, y para siempre, creía yo.

Nuestros tiempos de separación fueron el presagio de nuestra vida futura juntos: yo siempre fuera de casa durante largos períodos, en pos de mis aspiraciones, y Jeanette siempre en casa a cargo de nuestras responsabilidades más importantes. Mi mente siempre estaría concentrada en contiendas y oportunidades futuras. Ella siempre tendría que atender las exigencias del presente. Si Jeanette hubiera sabido entonces que nuestra separación cuando yo estudiaba en UF establecería el patrón de nuestro futuro, dudo que habría seguido en la relación. Sus padres se divorciaron cuando ella tenía seis años. Su madre se había vuelto a casar y a divorciar. Jeanette anhelaba tener una vida familiar estable, un esposo que además de ser una presencia constante en su vida fuera su compañero para asumir en igual proporción las responsabilidades del matrimonio y la paternidad. Ella no llegaría a tener esa clase de vida. Pero tendría un esposo que la ama profundamente y no puede imaginarse la vida sin ella.

Justo antes de mi regreso a Gainesville, los noticieros locales empezaron a anunciar que se avecinaba un huracán. Después de vivir siete años en el área de Miami, me había acostumbrado a los avisos de huracanes y, también, a que los pronósticos de destrucción resultaran demasiado alarmistas cuando las tormentas frecuentemente cambiaban súbitamente de dirección. La gente de Miami, si acaso les prestaba atención, tomaba esos avisos con calma. Tanto, que se había vuelto común celebrar con fiestas el desastre natural que nos estuviera amenazando más recientemente, el cual seguramente probaría ser menos aterrador de lo anunciado. Así que, como de costumbre, no presté atención al nuevo aviso.

Pero los informes se volvieron más graves y urgentes. Teníamos cuarenta y ocho horas para prepararnos. La tormenta se acercaba y sería devastadora; ya nada podía cambiar su curso. Mis tíos Lola y Armando se encontraban de visita. Ellos nos ayudaron a preparar la casa para el huracán, aunque nuestros preparativos resultaron inadecuados para la magnitud de la destrucción que la tormenta ocasionaría. Todos nos preparamos y esperamos.

El huracán Andrew tocó tierra más tarde, esa noche. Jamás había visto nada igual. Miré hacia la calle y vi cuando la tormenta arrancaba de raíz los árboles y hacía volar las tejas de los techos. Apenas empezó la tormenta, nos quedamos sin energía eléctrica. Los vientos de Andrew aullaban en nuestro ático y estábamos seguros de que la tormenta arrancaría el techo de la casa.

Pero no fue así. Lentamente, los vientos amainaron y los nubarrones aclararon. En la mañana temprano ya había pasado la tormenta y nuestra casa se había salvado. La mayor parte de nuestro vecindario no sufrió daños graves. Las casas eran más viejas y habían sido construidas sin escatimar esfuerzos y con materiales más resistentes que las casas modernas, hechas con productos más baratos y utilizando otro método de construcción.

Me preocupaba Jeanette y traté de conducir hasta su casa para asegurarme de que estuviera bien. Pero era imposible transitar por las calles. Árboles inmensos que tenían decenas de años y habían sido arrancados de raíz, bloqueaban el tráfico. Los cables eléctricos, algunos de ellos todavía con carga, también estaban desparramados en medio de las calles. Salí del auto y caminé, evitando cuidadosamente los obstáculos hasta que llegué a casa de mi novia. Jeanette estaba bien, pero su vecindario lucía peor que el mío.

La energía no se restableció en mi casa ni en la de Jeanette hasta tres semanas después de la tormenta. Pero yo me salvé de eso porque regresé a Gainesville para iniciar mi último año en UF. Sin embargo, pocas semanas después regresé a Miami para ayudar en la campaña de Díaz-Balart el día de la elección. Lincoln ganó y serviría en el Congreso dieciocho años más, hasta enero de 2010.

Seguí la campaña presidencial ese año muy de cerca y con gran interés. Me había ofrecido como voluntario para los trabajos del campus en pro de la reelección del presidente Bush, pero no recibí ninguna llamada de que me necesitaran. Una fría mañana de otoño, temprano, iba en mi bicicleta para el campus cuando ocho hombres corrieron hacia mí en la intersección donde todos esperábamos el cambio de luz del semáforo. Después de unos segundos me di cuenta de que se trataba del gobernador y próximo presidente, Bill Clinton, y el destacamento del Servicio Secreto que lo acompañaba mientras trotaba. Más tarde, esa misma mañana asistí a su mitin en el campus. Tenía curiosidad por ver cómo se manifestaba y cómo era un mitin demócrata. No recuerdo que me impresionara mucho.

Mientras estudiaba las escuelas de leyes en las que podía solicitar admisión, flirteé brevemente con la idea de estudiar en universidades lejos de la Florida, como Georgetown o New York University. Pero los costos eran prohibitivos. Me iba a graduar entre los diez mejores de mi clase, pero eso no bastaba para ganarme una beca que pagara todos mis estudios. Me quedaría en Miami y viviría cerca de Jeanette. No podía pedirle que soportara otros tres años de relaciones a larga distancia y me preocupaba perderla si no volvía a casa.

Presenté mi solicitud en dos escuelas de Miami. La primera, St. Thomas University, me aceptó rápidamente y me ofreció una beca que cubriría la mitad de mis estudios. Mis preferencias, sin embargo, se inclinaban hacia la escuela de leyes de la Universidad de Miami, más prestigiosa que St. Thomas. Pero tenía motivos para temer que la de Miami no me aceptara. La escuela se preciaba de su relevancia a nivel nacional. Reclutaba estudiantes de todo el país, lo que hacía más difícil aun que alguien de la Florida, especialmente de Miami, fuera admitido aunque tuviera buenas notas. También era muy costosa. Si me graduaba de allí, saldría con una enorme deuda a causa de los préstamos estudiantiles. Pero sabía que si me aceptaban, no dudaría en endeudarme hasta el cuello. Me esforcé muchísimo llenando mi solicitud. En el ensayo que escribí, expresé mi intención de usar mi título de leyes algún día para ayudar a construir un nuevo sistema legal y político para una Cuba libre. Lincoln e Ileana escribieron cartas de recomendación para mí. Y fui aceptado.

Ese verano fue tranquilo; un tiempo de transición. El único acontecimiento importante del año fue que Verónica ganó una plaza en el grupo de porristas de los Miami Dolphins. Yo había seguido apasionadamente a los Dolphins toda mi vida. Había jugado fútbol americano en la escuela secundaria y en la universidad. Había soñado con jugar en la NFL. Y la única persona de nuestra familia que pisaría una cancha de fútbol de la NFL sería mi hermana. Sin embargo, no sentía envidia. Cada porrista recibía dos boletos de temporada para los juegos de los Dolphins en casa y Verónica me dio los suyos.

CAPÍTULO 10

La escuela de leyes

E L PRIMER AÑO DE LEYES ES EL EQUIVALENTE INTELEC-
tual a un año de entrenamiento de los *marines* o infantes de marina.
No está diseñado para impartir nueva información a los estudiantes sino
más bien para enseñarles una nueva manera de pensar. Antes de la escuela
de leyes, si alguien te muestra una silla, reconocerías que es una silla. Después del primer año en la escuela de leyes, deberías ser capaz de presentar
un argumento verosímil, ojalá convincente, de por qué es una escalera de
mano con espaldar para evitar que uno se caiga hacia adelante.

Siempre había sido un lector infatigable, pero jamás había leído tanto
como leí ese año. Por primera vez en mi vida me sentí físicamente agotado
por el esfuerzo mental. Poco tiempo me quedaba para nada más. Vivía
con mis padres a pocas cuadras de la escuela. No tenía que prepararme
la cena, ni hacer mercado ni lavar mi ropa. Veía a Jeanette todos los días.
Y leía.

Me impuse una meta ambiciosa. Quería ganar el Law Review, premio
reservado para aquellos que hayan sacado las mejores notas en su primer
año. Las notas en la escuela de leyes son determinadas únicamente por los
resultados de los exámenes finales. Los exámenes son en forma de ensayo, y
a diferencia de los de pregrado, las conclusiones de uno son menos importantes que el razonamiento. En mi primer semestre de la escuela de leyes
no me di cuenta de esa diferencia. Me preparé para los exámenes como lo

hacía en Gainesville y, aunque obtuve buenas notas, no estuvieron ni cerca de las mejores de mi clase.

Después del primer semestre, me preparé estudiando exámenes que mis profesores habían hecho en el pasado. Los profesores de la escuela de leyes tienen el hábito de hacer las mismas preguntas año tras año. Esa primavera estaba mejor preparado para los exámenes y mis puntajes subieron de manera espectacular. Ya era demasiado tarde para obtener el *Law Review*, pero me impuse otra meta. Quería graduarme con honores.

Me habían dicho que si sobrevivía el primer año, el resto de la escuela de leyes sería comparativamente fácil. Ese año fue la experiencia académica más intensa de mi vida, y un cambio notable después de los altibajos de mi pasado como estudiante. Me alegró haberlo dejado atrás. Mi segundo año y también el tercero, fueron mucho menos intensos, y permitían cursos electivos y actividades extracurriculares.

En el verano entre el primer y el segundo año, conseguí trabajo como pasante de un abogado especializado en lesiones personales que trabajaba solo y tenía su oficina en un edificio propiedad de un pequeño bufete. Unas semanas después empecé a trabajar para otro abogado que también trabajaba solo, con oficina en el mismo edificio. No fue una experiencia muy didáctica. Ambos abogados pasaban buena parte de su tiempo entablando demandas por lesiones personales contra compañías de seguros. La mayor parte de mi trabajo consistía en escribir cartas de reclamación. Pero gané suficiente para pasar el verano y ahorrar algún dinero para mis gastos personales.

Los estudios me absorbieron y eso afectó mi relación con Jeanette. En febrero de 1995, me dijo que nos separáramos por un tiempo. En nuestros tres años de noviazgo habíamos peleado unas cuantas veces. Incluso habíamos terminado otras tantas, pero nos habíamos reconciliado rápidamente. Esta vez había algo diferente. Ella ya no estaba convencida de que nuestra relación fuera algo más que la rutina en la que habíamos caído y quería saber si realmente existía un compromiso mutuo.

Ahora sé que yo había causado nuestro distanciamiento. Durante tres años nuestra relación había girado alrededor de mi vida. Mi escuela, mi horario, mis planes para el futuro fueron el centro de gravedad de cada decisión que habíamos tomado. Todo eso la había ido contrariando, naturalmente, y ahora ya estaba realmente molesta.

Inicialmente supuse que esta separación sería uno más de nuestros breves rompimientos, pero después de unas semanas me di cuenta de que era más grave. Ella parecía realmente interesada en explorar la vida sin mí. No parecía enojada. No había sido grosera conmigo. Solo tenía el aire de alguien que está listo para seguir adelante con su vida.

Semanas después de haber tratado infructuosamente de reparar la ruptura tuve una brillante idea. Le mostraría cuánto mejor estaba sin ella. Los tres primeros meses abandoné la rutina habitual de mis días —clases en la mañana y estudio en las tardes— y me sumergí en la vida nocturna de Miami. Me fui de clubes y me gustó.

Era una época emocionante en la vida nocturna del sur de la Florida, especialmente en South Beach, de la cual me volví asiduo, en compañía de algunos amigos. Llegamos a conocer bien a todos los porteros de todos los clubes y nunca teníamos que hacer fila. El pico de la temporada social de South Beach va de principios de marzo a finales de abril. No creo haberme perdido muchas noches de la temporada de 1995. A menudo estaba exhausto cuando el fin de semana apenas comenzaba.

La estaba pasando divinamente, pero sabía que se trataba de un arrebato temporal. Pronto caería el telón y empezaría el resto de mi vida, mi vida real. Tal vez estaba siendo el alma de las fiestas, pero lo hacía como si fuera a perderlo todo.

En mayo, Jeanette empezó a llamarme de nuevo. Quería que nos juntáramos otra vez. Ahora, era yo quien me oponía. Me advirtió varias veces que si no nos reconciliábamos ahora, ya no lo haríamos. La ruptura sería permanente. Le dije que romper había sido idea suya y que tendría que asumir las consecuencias. Me mostré rencoroso, orgulloso y bravucón, y fui un imbécil.

Una noche, hacia el final de la temporada de South Beach, mis amigos y yo planeamos asistir a una de nuestras actividades favoritas allí, una "fiesta de espuma". En esas fiestas la espuma caía a mares desde el cielorraso del lugar donde nos encontráramos y uno acababa bailando sumergido en ella hasta la cintura. Jeanette me dijo que si salía esa noche, ese sería el punto de no retorno. Habríamos terminado para siempre. De todas maneras, salí. Ella se lo buscó, me dije a mí mismo. Si nos reconciliamos de nuevo será en mis términos y no en los de ella.

Esa vez, cerca de la medianoche, miré hacia arriba y vi que la espuma empezaba a caer desde el cielorraso. Era algo digno de verse. En ese instante sonó mi buscapersonas. Era el número de Jeanette. Sabía que estaba llamando para saber si yo había salido. Si devolvía la llamada y le decía dónde estaba, hasta ahí llegaría nuestra relación. Si no devolvía la llamada, tendría que decírselo al día siguiente. Caminé con la espuma hasta la cintura hasta un sitio tranquilo dónde pensar. Mientras me debatía, miré mis zapatos. Estaban perfectamente blancos. Eran negros cuando llegué. De alguna manera la espuma había blanqueado el color de mis baratos zapatos de cuero obviamente sintético.

Tal vez porque lo tomé como una señal de que la vida que estaba llevando era falsa e insostenible o solamente porque me vi a mí mismo usando zapatos blancos, algo imperdonable en la moda de South Beach, salí del club y busqué la cabina telefónica más cercana. Llamé a Jeanette y le conté lo que había hecho. Ella me dio otra oportunidad. Vete a casa enseguida o no vuelvas a buscarme jamás. Algo me dijo que estaba frente a una decisión importante en mi vida, tal vez la más importante. Detuve un taxi y me fui a casa. Fue la mejor decisión que he tomado jamás.

A pesar de mis escapadas nocturnas, me las arreglé para sacar buenas notas. Iba camino de graduarme con honores. Ese verano hice una práctica en la oficina del fiscal local. Todos los lunes por la mañana iba a la corte y buscaba una sala donde había una larga fila de personas que esperaban ser seleccionadas para servir como miembros de un jurado. Después me presentaba al fiscal principal y le ofrecía asistirlo en el caso. Ese verano trabajé en varios casos de delitos graves, entre ellos un juicio por homicidio en segundo grado en el cual el fiscal me permitió interrogar a uno de los detectives. En las pausas de los juicios me iba a observar los casos de pena de muerte que se juzgaban arriba, en una de las salas principales.

Me intrigaban todos los aspectos de un juicio: la selección del jurado, la presentación del caso, la presentación de pruebas y testimonios para respaldar la veracidad de cada una de las afirmaciones de los alegatos de apertura y la presentación de un resumen convincente en los alegatos de cierre. Años más tarde, emplearía en campañas y debates políticos la organización y técnicas del alegato de un caso ante un jurado. Presento mi hipótesis a la audiencia y después la respaldo con hechos y cifras. Cierro resumiendo mi argumento de una manera que espero sea memorable y provoque emociones. Cuando terminé mi pasantía, estaba seguro de que quería ser fiscal.

Me encantaba la acción en los tribunales y el drama de los casos penales. Parecía el trabajo indicado para mí.

Los republicanos de la Florida se preparaban ese otoño para la elección presidencial de 1996. En noviembre, el GOP de la Florida sería el anfitrión de "Presidency 3", una convención estatal del partido que culminaría en una encuesta de opinión informal sobre preferencias presidenciales. Los principales candidatos republicanos estaban invirtiendo mucho tiempo y recursos en prepararse para el evento y reclutando voluntarios locales como delegados. David Rivera, un joven operador político que había conocido en la campaña de Díaz-Balart, me reclutó para la campaña de Dole. A pesar de su juventud, David llevaba adelante una exitosa carrera en la política de Miami-Dade. Se había visto involucrado en una pelea de facciones por el control del comité ejecutivo republicano de la localidad y las mismas facciones en guerra usarían la encuesta de opinión informal para librar la batalla por intermedio de un tercero. David se había valido de sus conexiones en Washington para que se le encargara de organizar la operación P3 de Dole. Sus rivales se unieron a las campañas de Lamar Alexander y Phil Gramm. En la encuesta informal ganó Dole, con lo que reafirmó su posición de puntero republicano, y nosotros seguimos trabajando para su campaña.

Ese otoño dediqué tanto tiempo a mi trabajo en la campaña de Dole como a mis clases en la escuela de leyes. A principios de enero, la campaña fletó un vuelo charter para llevara a algunos de nosotros hasta Concord, Nuevo Hampshire, donde fuimos de puerta en puerta, entregando naranjas de la Florida a los votantes y pidiendo su apoyo al senador Dole. No estoy seguro de cuántos votantes logramos convencer, pero el viaje fue bueno y nos divertimos bastante. Algunos de los voluntarios más jóvenes compraron unas botellas de vodka en una licorería local. En el vuelo a casa, unos diez de nosotros celebramos nuestra incursión en la política de Nuevo Hampshire con una competencia de tragos de vodka. Fui uno de los pocos que quedó en pie cuando terminó el concurso.

A la mitad del vuelo empecé a sentir náuseas. Sabía que debía llegar a uno de los baños lo antes posible. Como pude, me levanté para ir hasta el frente del avión, empuñando una bolsa para el mareo, pero me di cuenta de que no alcanzaría a llegar al baño. Iba a vomitar delante de algunos de los republicanos más prominentes de la Florida. A mi derecha estaba sentada la congresista Ileana Ros-Lehtinen, y a mi izquierda un operador político bastante conocido que había sido voluntario en la campaña. Vomitaría encima de una congresista o sobre un compañero voluntario. Escogí a este último. Traté de vomitar dentro de la bolsa la mayor parte, pero una buena cantidad cayó en la chaqueta de él. Corrí hasta el baño, me limpié lo mejor que pude y me quedé allí encerrado el resto del vuelo.

Estaba muy avergonzado y convencido de que, gracias a mi inmadurez, mi breve carrera en la política republicana acababa de llegar a un abrupto y humillante final. Cuando una azafata golpeó en la puerta del baño para avisarme que el avión no aterrizaría hasta que no volviera a mi puesto, me negué a hacerlo. Ella insistió y finalmente reuní todo el coraje que pude y volví a mi asiento destilando vergüenza, literal y metafóricamente.

El año 1996 sería uno de grandes cambios en mi vida. Me graduaría en primavera, y después de pasar el examen de ingreso al colegio de abogados, me dedicaría al derecho, preferiblemente como fiscal de la fiscalía del estado. En primavera, me entrevistaron para el empleo de fiscal. Si todo salía de acuerdo a mis planes, esa Navidad le pediría a Jeanette que se casara conmigo. Cuando el senador Dole consiguió la nominación, David me ofreció el trabajo de coordinador de la campaña de Dole en el sur de la Florida. Me interesaba aceptarlo, pero también había obtenido el empleo de fiscal. Expliqué mi dilema en la fiscalía y ellos accedieron a que empezara después de la elecciones en noviembre.

No había asistido a mi graduación en la Universidad de la Florida. No tenía intenciones de perderme la de la escuela de leyes de la Universidad de Miami. Un buen día de mayo, mis padres me vieron orgullosos recibir mi diploma. Toda mi vida ellos habían trabajado hasta el agotamiento con tal de darme las mejores oportunidades. A lo largo de todos esos años de tanto esfuerzo y sacrificio ininterrumpido, habían tomado casi todas sus decisiones con miras a mi exitoso futuro. Ahora yo tenía un título de *Juris Doctor*, mi primer título en derecho. Era lo más lejos que alguien de mi familia, en toda la historia de la familia, había llegado.

Al día siguiente visité la tumba de papá. Recordé que sostuve su mano cuando estaba a punto de morir. Recordé que mientras le juraba que me esforzaría por llegar a ser alguien, él me había apretado la mano. Doce años después de su muerte, finalmente había cumplido mi promesa. Fue la primera vez que experimenté un sentimiento que luego se repetiría en años venideros: que mis padres y mi abuelo seguían viviendo a través de mí. Me habían legado sus sueños; sueños que alguna vez habían atesorado. Y con cada uno de mis logros, yo les daba significado a sus vidas. Era la prueba de que su vida, su amor y su sacrificio no habían sido en vano. Sus vidas sí habían importado. Sentí la presencia de mi abuelo cuando me alejaba de su tumba, y todavía la siento.

CAPÍTULO 11

El inicio del resto de mi vida

E N EL VERANO SIGUIENTE A MI GRADUACIÓN ORGANICÉ la operación de la campaña de Dole en el sur de la Florida y estudié para el examen de entrada al colegio de abogados. Mi empleo en la fiscalía del estado estaba supeditado a que pasara ese examen la primera vez que lo presentara. Me matriculé en un curso de repaso y estudié en cada momento libre que tuve. Presenté el examen en agosto, confiado en que me había ido bien. Más de un 80 por ciento de las personas que presentan ese examen lo pasan en el primer intento. Sin embargo, mientras esperaba los resultados, tuve rachas ocasionales de pánico en las que se me ocurría que me estaba engañando a mí mismo y en realidad había fracasado.

Más adelante en ese mes, Jeanette y yo volamos a San Diego para la Convención Nacional Republicana, en la cual la campaña me había pedido trabajar como secretario de organización. Anteriormente, en las convenciones donde realmente se decidía la nominación, el secretario de organización realmente tenía autoridad. Pero en la era moderna, ahora que las convenciones son coronaciones más que competencias, el cargo simplemente implica asegurarse de que la gente vitoree en el momento indicado y mantenga levantados los letreros correctos. Pero de todos modos, para un novato en estos asuntos, la convención podía ser emocionante y, por un breve instante, el centro del universo político.

Cuando llegué a la casa la semana siguiente, abrí la oficina de la campaña en Miami en Little Havana, en un local de un edificio donde hasta pocos meses atrás habían estado los estudios de Radio Mambí, la estación principal del exilio cubano anticastrista en Miami. El manejo de una campaña de alto perfil en Miami ha llevado al fin de su carrera a más de un aspirante político de esta ciudad. Lograr un equilibrio entre las distintas facciones políticas y complacer el ego de los políticos republicanos locales es un trabajo complicado que ya había excedido las habilidades de muchos activistas políticos que me habían precedido. A mis detractores, que no habían podido evitar que yo ocupara ese cargo, ahora les encantaba la perspectiva de que las rivalidades y los antagonismos de la política de Miami llevaran mi carrera en ciernes a un abrupto final. Sin embargo, una vez más, mi ingenuidad evitó que percibiera sus malos deseos y la probabilidad de no poder con ese trabajo.

Las posibilidades del senador Dole eran muy pocas. Al inicio de la temporada muchos lo apoyamos porque era el candidato con más probabilidades de ganar la nominación. Pero ya para el otoño era cada vez más difícil despertar algún entusiasmo por la campaña. Era un trabajo tan frustrante como complicado, pero en términos generales, fue una experiencia valiosa. Entré a formar parte de un círculo cerrado de jóvenes activistas novatos, que permanecieron leales a la campaña del senador Dole y trabajaron obstinadamente por su elección. Todos seguiríamos estrechamente asociados durante los próximos quince años.

David Rivera presidiría el Comité de Reglas de la Cámara de la Florida cuando yo fui presidente de la Cámara, y ahora está en Washington como miembro de la delegación de la Florida en la Cámara de Representantes. Alina García sería mi primera asistente jurídica en la asamblea legislativa, antes de trabajar para David en el mismo cargo pero en Washington. También es la madrina de Dominick, el menor de mi hijos. Mónica Rodríguez fue otra de mis primeras asistentes legislativas. Su esposo, Len Collins, fue parlamentario mío cuando fui presidente de la Cámara y es asesor jurídico de mi oficina en el Senado. Carlos López-Cantera sirvió conmigo en la Cámara de la Florida, donde se convirtió en un importante presidente de comité y más tarde en Líder de la Mayoría. Nelson Díaz fue mi asesor jurídico en Tallahassee antes de pasar a la escuela de leyes y emprender una exitosa carrera haciendo *lobby*. José Mallea trabajó para el jefe de gabinete del presidente Bush, Andy Card, y después como jefe de gabinete del alcalde de Miami, antes de gerenciar mi campaña para el Senado.

Para finales de septiembre ya todo el mundo sabía que el senador Dole perdería, y fuera de nuestro pequeño pero dedicado grupo y unos cuantos voluntarios leales, fue difícil conseguir a alguien al que le preocupara y mucho menos quisiera trabajar en una campaña que estaba perdiendo. Finalmente, nunca estuve ni cerca de tener que alejar figuras prominentes de la política republicana de Miami. Ninguno de ellos quería nada con la campaña.

Sin embargo, le dediqué muchas horas. Llegaba a la oficina temprano en la mañana y a menudo permanecía allí hasta la medianoche o más. La mayoría de los días en tareas rutinarias pero importantes, como crear bancos telefónicos, organizar encuentros para la agitación de pancartas y atender los pequeños problemas que se presentaran cada día. En unas cuantas ocasiones representé a la campaña en eventos públicos. Una de esas la recordaré toda mi vida.

Un representante de una emisora local de radio en español llamó a la oficina y pidió que alguien, en nombre de Dole, participara en un debate al aire con un demócrata. Llamé a todos los legisladores que hablaban español que pude encontrar. No había ni uno disponible o dispuesto a participar, de manera que tuve que hacerlo yo mismo. No salió bien.

No estaba bien preparado. Mi oponente era un avezado operador demócrata que había hecho este tipo de cosas muchas veces. Conocía todos los puntos vulnerables del senador Dole y neutralizó fácilmente los pocos puntos obvios que le critiqué al presidente Clinton. Me despachó rápidamente. Varios republicanos llamaron a la oficina de la campaña y a la del partido en el estado para quejarse de mi actuación y exigir que nunca más se me permitiera representar a la campaña en un foro público. Fue una lección valiosa, pero dolorosa. Me prometí que jamás volvería a presentarme a una entrevista, discurso o debate sin antes haber hecho todo lo necesario para asegurarme de ser la persona mejor preparada de todas las presentes.

A pesar de la debacle del debate radial, hubo reseñas positivas de mi trabajo en la campaña. Los republicanos locales tuvieron en cuenta mi dedicación aunque fuera una causa perdida. Por primera vez la gente empezó a comentar que mi tenacidad y mis esfuerzos serían atributos valiosos en una carrera política, si se me ocurriera emprenderla.

Jeanette, sin embargo, no consideraba que mi capacidad de concentrarme en una campaña política excluyendo todo lo demás fuera una virtud. Ella se quejaba, y con razón, de que el trabajo me había absorbido completamente. Incluso cuando no estaba trabajando, cuando pasaba unas cuantas horas con ella algún fin de semana, la campaña era lo único de lo que podía hablar y en lo que podía pensar. "Parece que me estuvieras engañando", me dijo. Y era cierto. Aunque el objeto de mi obsesión no era otra chica. Era la política, y ésa no sería la última vez que la haría sentir que la política tenía prioridad sobre nuestra relación. Yo perseguía mis aspiraciones y dejaba que ella me persiguiera a mí.

El senador Dole perdió la elección, y aunque esperábamos ese resultado, de todas maneras me afligió. Pero la experiencia fue valiosa. Nunca antes me había encargado de la organización de nada más complejo que un juego de fútbol americano improvisado para un fin de semana. Manejé una campaña dirigida a las bases locales y aprendí las tácticas y destrezas necesarias para hacerlo con éxito en el futuro. Además, había impactado a destacados políticos republicanos de Miami-Dade, entre ellos a Al Cárdenas.

Al era socio de una firma de abogados en Miami, Tew Cárdenas. Llevaba mucho tiempo militando en la política de Miami-Dade. Se había postulado sin éxito para el Congreso a finales de los setenta contra el legendario Claude Pepper, y había sido vicepresidente del partido en el estado. Después de la elección, me ofreció trabajo como asociado en Tew Cárdenas.

El empleo en la firma de Al ofrecía un salario anual inicial de $57.000. El empleo en la fiscalía pagaba menos de $30.000 al año. Quería ser fiscal. Quería ganar experiencia en los tribunales. Me entusiasmaba la emoción de juzgar casos, y poco me interesaba el uso de la tierra y las leyes de planeación urbana en las que Al trabajaba. Pero tenía que pagar los préstamos estudiantiles. Quería casarme. Y quería ayudar a mantener a mi familia para que mi padre por fin se pudiera retirar.

Llevaba años acabando mis oraciones de la noche con la misma petición. Pedía que mis padres vivieran lo suficiente para verme triunfar, y que mi éxito les permitiera disfrutar sus últimos años con comodidad. Me asaltaba el temor de que uno de ellos o ambos cayeran enfermos y murieran sin haber recibido en la tierra una recompensa por todos los sacrificios que habían hecho por nosotros. Mi padre tenía setenta y un años de edad. Todavía trabajaba las noches y fines de semana como barman de banquetes, igual que veinte años atrás. Las noches en que llegaba tarde a casa de alguna boda o bar-mitzvah en el Mayfair House, y yo estaba todavía despierto, lo sentía subir los escalones de la entrada de la casa agotado y cojeando mientras buscaba la llave de la puerta principal. Ese recuerdo me ha acompañado toda la vida.

En esa época, un salario de $57.000 me pareció una gran cantidad de dinero. Era más de lo que mi padre había ganado jamás y más que suficiente, creía yo, para cubrir los pagos de mis préstamos estudiantiles y ayudar a pagar las cuentas de nuestro hogar. También me permitiría casarme pronto. Acepté la oferta de Al y, a finales de noviembre de 1996, empecé a trabajar como abogado asociado en el bufete Tew Cárdenas.

Mi decisión le permitió a mi padre retirarse de su empleo como barman, algo por lo que siempre he estado profundamente agradecido. Mi papá no tenía pasatiempos. No pescaba, no jugaba golf, ni tenía ningún otro tipo de interés como otros señores de su edad que se retiran. Sabíamos que no se sentiría feliz retirado a menos de que tuviera algo útil que hacer, así que le buscamos trabajo como guardia de cruce escolar con el Departamento de Policía de Miami-Dade. Le encantaba, y en menos de un año fue ascendido temporalmente a supervisor. Sin embargo, la promoción no duró mucho. La falta de educación hacía que sus informes diarios parecieran hechos por un niño. Muchas veces lo vi sentado en la mesa de la cocina mirando los formularios que debía llenar sin entenderlos, confundido, y sin saber por dónde empezar. De vez en cuando me pedía ayuda para que revisara su trabajo igual que un hijo le pide ayuda a un padre. Hacía lo mejor que podía, pero en su manera de escribir era evidente que su lectura y escritura eran muy rudimentarias, especialmente en inglés.

En la firma, trabajé básicamente para Al. La mayoría de nuestra labor tenía que ver con casos de planeación urbana, pero también ayudé en su trabajo relacionado con el gobierno. Pasé buena parte de mi primer año aprendiendo a persuadir a las autoridades locales de planeación urbana de que aceptaran las solicitudes de nuestros clientes y, al mismo tiempo, preservando la opción de apelar a las cortes en caso de que la solicitud fuera denegada. Además de ese trabajo, ayudé en unos cuantos casos de la Miami Dade School Board, cuyos litigios de construcción manejaba la firma.

Estando en la escuela de leyes había querido ser litigante, pues pensaba que así pasaría mucho tiempo en los tribunales, presentando alegatos ante jueces y jurados. En realidad la vida de un litigante, especialmente la de un litigante comercial, es bastante más rutinaria. Implica muchas horas de investigación y redacción, pero muy pocas en los tribunales. El tiempo en los tribunales rara vez se confía a un asociado joven. No disfruté particularmente este trabajo, pero sí apreciaba otras ventajas de trabajar en Tew Cárdenas. Gozaba de una gran camaradería con los demás asociados, y trabajar con Al me mantenía activo en la política de Miami. Él siempre participaba en las contiendas electorales locales importantes, y a menudo me pedía que lo ayudara.

También otras cosas ocupaban mi atención. Iba a cumplir veintisiete años. Jeanette y yo habíamos salido durante seis años, y se suponía que nos casaríamos cuando yo terminara en la escuela de leyes. Jeanette jamás me presionó para que nos casáramos. Por el contrario, yo hablaba más de eso que ella. La idea del matrimonio parecía asustarla un poco. Los dos que había visto de cerca —el de sus padres y el segundo de su madre— habían acabado en divorcio. Pero yo no tenía reservas acerca de la institución del matrimonio en general ni del matrimonio con Jeanette en particular. Supe que me casaría con ella casi desde el momento en que empezamos a salir.

No soy romántico por naturaleza y tampoco muy detallista. Pero quise hacer de mi propuesta de matrimonio una ocasión inolvidable para ambos. Deseaba mostrarle a Jeanette que, a pesar de todos mis defectos, yo era capaz de estar a la altura de las circunstancias para decirle cuánto la amaba. De todas las ciudades, Nueva York era la favorita de Jeanette, había soñado con vivir allí. Yo no la conocía, y lo que me venía a la mente siempre que me la imaginaba era su famoso Empire State Building. Decidí que ése sería el lugar ideal para proponerle matrimonio a Jeanette Dousdebes el Día de San Valentín de 1997.

Le dije que quería llevarla por un día a una ciudad de clima frío. Ella descubrió nuestro destino solo al llegar a la sala de abordaje. Ya en el aeropuerto LaGuardia, le pedí al conductor del taxi que nos llevara al Empire State Building. Era una mañana fría y ventosa, y Jeanette se mostró reacia a la idea de subir a admirar el panorama desde una terraza donde estaríamos a merced de los elementos. Le dije que de niño, King Kong había sido mi película favorita y que no podía irme de Nueva York sin visitar el edificio donde tuvo lugar la escena más famosa de esa película.

Ella no se había equivocado en cuanto al clima. Hacía mucho frío y supe que solo tendría un par de minutos para pedirle matrimonio antes de que ella insistiera en volver adentro. Así que me metí la mano al bolsillo, saqué el anillo y le pedí que se casara conmigo.

Creo que Jeanette había sospechado que Nueva York sería nuestro destino secreto, pero por su cara de asombro supe que ahora sí la había sorprendido. Ella no se esperaba la propuesta, pero me aceptó sin dudarlo. Entramos para telefonear a su mamá. El resto del día disfrutamos de los placeres y sitios famosos de la gran ciudad. Vi que se miraba el anillo a menudo. Su temor al matrimonio resurgiría unas cuantas veces en los meses siguientes, pero no ese día. Ese día todo fue maravilloso.

Adriana, la hermana de Jeanette, había sido porrista de los Miami Dolphins durante varios años. En la primavera de 1997, poco después de nuestro compromiso, Jeanette decidió que quería presentarse a una prueba para ser porrista. La apoyé. Deseaba que ella fuera feliz y que se sintiera realizada, aunque debo confesar que la posibilidad de boletos gratis para asistir a los juegos en casa también tuvo que ver en el asunto.

El ingreso a la escuadra de porristas se había vuelto más competitivo de lo que era en años anteriores. El año anterior los Dolphins habían traído una de las porristas veteranas de los Dallas Cowboys para actualizar la escuadra de Miami y volverla más glamorosa. Jeanette sobrevivió a todas las eliminaciones y la citaron para la prueba final. La noche anterior no durmió, practicando con Adriana para la final. Hecho un manojo de nervios, la esperé en su casa, y me puse feliz cuando regresó de su prueba y me dijo que la habían aceptado.

La paga no era tan buena, solo una pequeña suma por juego y una tarifa más generosa por apariciones públicas. El tiempo que demandaba era considerable: las chicas debían practicar todas las noches entre semana y llegar temprano al estadio los días que había juego.

Ese año fui a todos los juegos en casa y después de cada uno me burlé de ella por haber alcanzado a escuchar algunos de los intercambios de palabras entre jugadores. Un domingo la nombraron "porrista del juego", y su fotografía apareció muy destacada en el programa del equipo y en la pantalla Jumbotron durante el juego. Les conté a todos los que estaban a mi alrededor que ella era mi novia. Cuando tengamos hijos, pensé para mis adentros, podré decirles que por lo menos uno de sus padres pisó una cancha de la NFL.

Me iba bien en Tew Cárdenas. Pero cuando recuerdo mis años allá, veo claro que aunque mi tiempo era de la firma, mi corazón pertenecía a la política. En 1997, Al se involucró mucho en dos elecciones locales, Miami y Hialeah, y quiso que lo ayudara. Era tradición en la firma que los abogados permanecieran el día entero en su escritorio. En lo que respecta a los socios mayoritarios, si uno no estaba en la oficina, no estaba trabajando, y si no trabajaba, no facturaba horas. A los otros socios no les agradaba que trabajáramos en las campañas y algunos me dijeron que tendría que decidir pronto lo que deseaba ser, abogado o político. Les dije lo que querían escuchar. Quería ser un buen abogado. Si algún día decidía entrar a la política seriamente, no sería por ahora. Pero eso no era del todo cierto. El derecho me gustaba pero la política me encantaba. Y ya estaba buscando la manera de hacer lo que amaba.

Ese verano recibí la propuesta de servir en el West Miami Code Enforcement Board. Se lo conté a Al, que trató de disuadirme. Llevaba años luchando con las exigencias de la política y el ejercicio del derecho, y sabía lo difícil que era para un abogado mantener un equilibrio, especialmente en los primeros años de su ejercicio. Pero esa junta no comprometía mucho tiempo, pensé, y no le restaría horas ni atención a mi trabajo en la firma. Veía ese cargo como uno más que agregar a mi hoja de vida mientras me establecía como abogado. Al, en cambio, lo veía como el primer paso de mi perdición hacia una carrera política y no jurídica. No me alentó, pero tampoco me lo prohibió, y yo acepté el cargo.

Al tenía razón en algo. Servir en la junta avivaría mis inmensas ganas de seguir la carrera política. La profesión me había fascinado desde que, sentado a los pies de mi abuelo, lo escuchaba hablar de política y políticos. Nunca vi la política y el servicio público como un asunto de puro interés personal y corrupto, que es la percepción más popular. Siempre los consideré una forma honorable de destacarse, así como una oportunidad de promover causas en las que uno cree y oponerse a aquellas con las que no está de acuerdo.

Hacia noviembre de ese año, después de unos meses de servicio en el Code Enforcement Board, empecé a planear el principio de mi carrera política. Decidí que el mejor lugar para empezar sería mi propia ciudad de West Miami, donde podría postularme para su comisión municipal. West

Miami es una ciudad pequeña, y confiaba en que mi campaña y mi servicio en la comisión no interferirían en mi trabajo en la firma de Tew Cárdenas. Pensé que sería un compromiso manejable que me permitiría ejercer la abogacía hasta que alcanzara una estabilidad económica, a la vez que me iba haciendo conocer en la política local en caso de que más adelante compitiera por algún otro cargo público.

Sabía que no podría ganar sin la bendición de Rebeca Sosa, la popular alcaldesa de West Miami. Pocos meses antes, Liliana Ros, republicana y miembro del comité, me la había presentado y le había dicho que yo quería participar en la política de West Miami. Esa presentación había llevado a mi nombramiento en el Code Enforcement Board. Fui a ver a Rebeca a su casa, a principios de diciembre, y la encontré instalando luces de Navidad. Le dije que me gustaría hablar sobre las elecciones municipales que se acercaban y ella me invitó a una taza de café cubano.

No sabía qué pensar. Suponía que ella mantendría una estrecha relación con los comisionados municipales y me preocupaba que considerara presuntuosas mis intenciones. Pero para mi sorpresa y alivio, me explicó que estaba descontenta con uno de los dos comisionados en ejercicio que buscaban ser reelegidos y me ofreció todo su apoyo.

Para poder comprometerme oficialmente con la contienda, tendría que obtener el permiso de dos personas, Al Cárdenas y Jeanette. A ninguno de los dos les había dado a conocer mis intenciones y no me entusiasmaba mucho la idea de hacerlo en ese momento. La conversación con Jeanette resultó más fácil de lo esperado. Ella siempre había supuesto que la política eventualmente jugaría un papel importante en nuestras vidas. Mi revelación había llegado más pronto de lo que esperaba, dijo, pero si yo lo quería, por ella no habría problema.

Venderle la idea a Al sería más difícil. Esperaba que en lugar de decirme que él no quería que lo hiciera, adujera que los otros socios se opondrían. Decidí salirle al paso a ese argumento y fui directamente al socio mayoritario de la firma, Tom Tew. Le expliqué que la comisión solo se reunía cuatro horas al mes y no interferiría en mis casos. Tampoco anticipaba ningún conflicto de intereses entre el trabajo de la comisión municipal y los intereses de nuestros clientes. No sería un compromiso mayor que el de formar parte de una junta de condominio, le aseguré. No le entusiasmó la idea, pero tampoco se opuso. Él mismo había trabajado un litigio concerniente a las elecciones para la alcaldía de Miami en 1997 y, creo yo, también lo había picado un poco el gusanillo de la política.

Me reuní con Al después y, como esperaba, dijo que a los otros socios no les gustaría. Al avisarle que ya contaba con el permiso de Tom, nada pudo decir para que desistiera. Sabía que a él le preocupaba que en pocos meses, cuando se convirtiera en presidente del Partido Republicano en el estado, sus socios se quejarían de que pasaba mucho tiempo en la política a expensas de la firma; y ahora, para completar, no contaría conmigo cuando se ausentara. Pero de todas maneras me permitió hacerlo y se lo agradecí mucho.

Me postulé para mi primer cargo político en 1998 y con un poco de suerte, gané. También me casé con la mujer que amaba, que eventualmente tendría motivos para preguntarse si los grandes acontecimientos de mi carrera política y los de nuestra vida en común, coincidirían alguna vez.

CAPÍTULO 12

Primera campaña

L A CAMPAÑA EMPEZÓ CON EL INICIO DEL NUEVO AÑO Y LA
elección estaba programada para principios de abril, tenía tres meses
para presentarme a los votantes y persuadirlos de que me apoyaran. West
Miami tiene apenas cinco mil residentes y, en una elección muy concurrida,
solo votan poco más de ochocientos. Se puede llegar a ellos caminando las
calles de sus vecindarios y golpeando a sus puertas.

En mis épocas de voluntario para Lincoln Díaz-Balart en 1992, y para
el senador Dole en 1996, había aprendido bien la mecánica de este tipo de
campañas. Necesitaba buenas listas de lugares para visitar y de votantes,
organizadas como las rutas de mensajería para entregar el correo.

Necesitaba un mensaje, algo que decir a los votantes cuando abrieran
la puerta, que dejara una buena impresión. Y necesitaba dejarles información con mi nombre, fotografía y cargo al que aspiraba, para que el día de
la elección se acordaran de que me habían conocido y les había parecido
un buen tipo.

Empecé a golpear puertas en la primera semana de enero. Calculé que
me tomaría doce semanas visitar cada hogar y hablar personalmente con
un votante. Rara vez caminaba solo. Rebeca Sosa me había presentado a
Gerardo Ramos, un activista local, que usualmente me acompañaba. Re-
becca también iba conmigo a menudo y ella misma me presentaba a los

votantes. Era inmensamente popular en West Miami, y su apoyo me daba credibilidad de manera instantánea.

En mis caminatas, tuve otro acompañante frecuente, mi padre, que tenía un talento innato para esto. Afable y servicial, impresionaba a los votantes, especialmente a los votantes ancianos, y West Miami tenía una gran población de ancianos. Muchos de ellos eran reacios a abrirle la puerta a un extraño, especialmente si era joven. Pero un amistoso cubano americano de setenta y dos años que pedía hablarles de su hijo, el aspirante a político, los desarmaba y hacía que nos recibieran bien. Con una experiencia de décadas de amistosa interacción con las personas que atendía en el bar esperando ganarse una buena propina por su afabilidad, mi padre sabía cómo conquistar a la gente.

Su mayor alegría era poder ayudar a sus hijos. Gozaba haciendo campaña y trabajando para un propósito tan querido para él como el éxito de un hijo suyo. Y yo disfrutaba el gratificante sentimiento de hacerlo sentir orgulloso de mí, tal como veinte años atrás mi hermano lo había hecho sentir jugando fútbol americano.

Era particularmente bueno para ayudar a partidarios que no conducían o por cualquier otro motivo no podían desplazarse para ir a votar el día de las elecciones. Le dábamos sus nombres, él los visitaba de nuevo y les ayudaba a llenar una solicitud de voto por correo. Muchos de los votantes que ayudó vivían solos porque ya sus hijos se habían ido para empezar sus propias familias. Los que no conducían pasaban casi todo el tiempo en sus casas, y únicamente salían cuando debían ir al médico. Eran personas que se sentían solas.

Le ofrecían café y empezaban a hablar de cosas personales. Hablaban de hijos y nietos. Compartían recuerdos de sus vidas en Cuba y de sus años de lucha en los Estados Unidos esforzándose por darles un mejor futuro a sus familias. Siempre les dejaba su número telefónico y cuando recibían por correo sus formularios, muchos de ellos lo llamaban para que los ayudara a llenarlos.

En esa campaña me marcaron profundamente las visitas domiciliarias que realicé. Había crecido en un hogar cubano americano, pero solo tras esta experiencia tomé consciencia de la comunidad que me rodeaba y de mi lugar en ella. Creo que realmente me di cuenta de dónde venía y quién era yo solo después de pasar cientos de horas con la gente que me consideraba uno de los suyos.

Para maximizar el número de electores contactados visitábamos a los más jóvenes entre seis de la tarde y ocho de la noche. Me saludaban en la puerta, escuchaban lo que tenía que decirles y me despachaban. Cansados después de un largo día de trabajo, debían preparar la cena y ayudar a sus hijos con las tareas. A veces los encontraba llegando del trabajo o de hacer algún mandado y solo me permitían hablar unos minutos.

Con los votantes mayores era diferente. Conocí muchos viudos y viudas, pero también parejas casadas. A menudo los encontraba con sus nietos que venían de la guardería o la escuela, y rondaban por toda la casa mientras sus padres llegaban del trabajo. Los abuelos eran reacios a abrirme las puertas. Podría ser un joven maleante o un farsante que se aprovechara de adultos mayores para atraparlos en elaboradas patrañas. Los primeros minutos de la conversación casi siempre transcurría a través de una puerta cerrada con llave. Pero eran más las veces que finalmente me invitaban a entrar a su casa para hablarles de mi candidatura frente a la consabida tacita de café cubano.

El café se prepara en una cafetera de metal de manufactura italiana. Las primeras gotas filtradas se vierten en un medidor que se ha llenado parcialmente con azúcar para hacer una sustancia de consistencia espesa como la de un jarabe, a la que se le dice "espumita". La espumita se vierte en la cafetera una vez que está el café, para endulzarlo y dejarle una capa de espuma de un tono marrón claro. Mientras se hacía el café, ellos aireaban sus quejas y me preguntaban qué pensaba al respecto. ¿Creía que el costo de la vida estaba muy alto? ¿Por qué se incrementaban las primas de los seguros de sus autos si nunca habían tenido un accidente y también las primas de los seguros de sus propiedades, si jamás había hecho una reclamación? ¿Por qué se habían duplicado los precios de la gasolina? ¿Creía que en West Miami el crimen se estaba volviendo un problema muy grande?

Servido el café, mis anfitriones dejaban de lado la campaña y empezaban a hablar de cosas más personales. Siempre mirábamos las fotos de sus hijos ya adultos y ausentes, el día de su graduación de secundaria, diez años atrás; y luego, las de sus nietos el día del bautizo, el de la graduación y el de su ingreso a las fuerzas armadas.

Me contaban la historia de su vida. Era una historia de pérdidas. A menudo parecían evocarla para ellos mismos tanto como para mí, como si buscaran reafirmar su significado e importancia.

Me recordaban que habían vivido en Cuba cuando tenían mi edad, y que alguna vez habían planeado ser médicos o abogados o comerciantes. Pero entonces les había tocado irse. Habían llegado a Miami o Nueva York, esperando volver a Cuba en pocos meses o años. Cuba había caído antes en manos de dictadores, pero nunca por más de unos meses. Ellos esperarían lo que fuera necesario. Tomaban cualquier trabajo que les dieran en fábricas; como conserjes en hoteles o edificios de apartamentos; o cargando camiones. Después ya empezaban a buscar otras formas de ganar algo más de dinero. Solamente estarían en los Estados Unidos poco tiempo, ¿por qué no aprovecharlo? Así que montaban un pequeño negocio suplementario. Vendían repuestos para autos, que llevaban en el baúl de sus autos. Alquilaban el frente de una tienda y ahí ponían su negocio. Compraban brochas y pintaban casas. O los promovían en el trabajo. Se convertían en supervisores en una fábrica o en conserjes de un hotel en Miami Beach. En Cuba nada había cambiado todavía, y sin embargo, ellos aún pensaban que el régimen se acabaría.

Pero no se acabó y los años pasaron volando. Así que ahorraron dinero y se compraron una casa. Los hijos ya estaban creciendo y hablaban más inglés que español. Luego los hijos se fueron y llegaron los nietos. Ahora, ellos aún estaban aquí, algunos ya solos, preparándose para dejar este mundo y sabiendo que morirían sin haber vuelto a su hogar.

En las casas donde los visitaba, ellos habían hecho sus vidas; vidas diferentes a las que alguna vez habían soñado. También se habían dando cuenta de que nunca harían las cosas que habían querido hacer cuando jóvenes. Aquí habían abandonado sus sueños y dedicado sus vidas a la felicidad de sus hijos. Aquí vivían a través de los logros de sus hijos. Aquí, en cada pared y cada estante, había diplomas y certificados, y otras muestras de logros y éxitos que ellos veneraban, a menudo de manera desproporcionada con su significado real en el mundo. Todos los padres se sienten orgullosos de sus hijos, pero esto era más que orgullo. Ellos habían vivido por una razón. Ellos habían dejado una huella.

También escuché quejas y me transmitieron la angustia por un hijo adulto que no quería hacer nada de su vida; dolor por el reciente divorcio de un hijo o una hija; soledad por la separación de sus seres queridos que habían muerto o marchado y por la vida atareada de sus hijos que cada vez les prestan menos atención.

En el momento de marcharme, mientras me acompañaban hasta la puerta, muchos comentaban que les agradaba ver una cara nueva en la política. Les gustaba que hubiera gente joven interesada en postularse para cargos electivos. El deseo de cambio es común en la política americana. Somos un pueblo a menudo descontento, que tiene motivos para estarlo. Pero yo sentía que ellos querían expresar algo más que eso. Muchos me dijeron que yo les recordaba a su hijo, Carlos, o su nieto, Ernesto, o a cualquier otro hijo o nieto, y al decírmelo, querían que supiera que las aspiraciones mías también confirmaban su sacrificio.

Ellos lo habían perdido todo: juventud, cultura, país. Tuvieron que conformarse con cosas que nunca quisieron. Habían construido una nueva vida, a menudo buena, pero distinta a la que alguna vez soñaron. Ahora, en sus últimos años, querían conocer el significado de todo aquello. ¿Quiénes eran ellos? ¿Qué habían hecho? ¿Qué dejarían tras de sí? ¿Qué importancia tenía?

¿Quién era yo en realidad para ellos? ¿Alguien físicamente parecido a un hijo o un nieto? No. Yo representaba para ellos la generación de sus hijos y nietos. Mi éxito, y el éxito de cualquier cubano americano de mi generación, era la respuesta que estaban buscando. Nuestras vidas, logros y contribuciones eran un tributo perdurable a las de ellos. Incluso de chico yo había captado que la inversión emocional de mi familia en mi felicidad y mi éxito era tan grande como la de su tiempo, trabajo y abnegación. Pero solo hasta entonces caí en la cuenta de que esa misma inversión emocional de toda una generación de exiliados cubanos estaba presente en mi propio éxito.

En las calles de la pequeña ciudad de West Miami, a lo largo de los primeros meses de 1998, descubrí quién yo era. Era el heredero de dos generaciones de sueños que no se habían cumplido. Era el final de su historia.

Recolecté unos $10.000 para la campaña, suficiente para pagar un par de envíos de correo directos, algunos avisos de campaña y unos volantes para el día de las elecciones. No hicimos ninguna encuesta y no sabía si ganaría o perdería. No deseaba perder mi primera contienda, pero traté de prepararme emocionalmente por si eso ocurría. En últimas, no fue una elección reñida. Otro candidato y yo, que apoyados por Rebeca, terminamos con mucha ventaja sobre los otros dos candidatos a los puestos en cuestión, lo hicimos mucho mejor que nuestros dos contrincantes. El secretario municipal anunció los resultados junto al ayuntamiento. Celebré la victoria en el patio de un centro comunitario cercano con mi familia, algunos amigos de la campaña de Dole y mis partidarios. En algún momento de la reunión, vi a mi madre sentada en una silla con la cabeza agachada, llorando. Mi madre es una persona emotiva. No cuesta ningún trabajo hacerla llorar. Pero mi primera victoria política conmovió a mis padres más profundamente que nada de lo que yo había logrado antes. Ellos nunca me habían alentado a que fuera abogado o político. Querían que yo soñara y viviera mis propios sueños, lo que ellos no pudieron hacer jamás.

Esa noche fue el inicio de mi carrera política. Pero también sucedió algo más importante. Esa noche me di cuenta de que lo que yo hiciera con la oportunidad que acababa de recibir, se reflejaría en mis padres también. Ellos querían que yo triunfara. Necesitaban que yo triunfara. Porque en mi triunfo encontrarían el sentido de su sacrificio. Mis sueños eran los suyos, y mi triunfo también.

CAPÍTULO 13

Un hombre casado

LA MAÑANA DESPUÉS DE LA ELECCIÓN ME FUI A TRABAJAR
bien temprano. Quería demostrar a los socios de la firma que seguía
comprometido con mi trabajo y no permitiría que mis nuevas responsabilidades cívicas me distrajeran. Cuando llegué, me llamaron a la oficina
del gerente. Allí me esperaban tres socios mayoritarios, Al entre ellos, y
fueron directo al grano. En lo que a ellos concernía, mi elección no había
cambiado nada. Yo era un empleado de la firma y esperaban que trabajara
igual número de horas que los demás empleados de mi nivel. Les respondí
como correspondía y les agradecí su apoyo. Pero abandoné la reunión algo
sorprendido, pensando que el recordatorio había sido una reacción exagerada, sobre todo al haber escogido ese momento, la mañana después de
la elección. Me pareció un poco extraño. Nunca volví a sentir por la firma
lo mismo que antes de esa reunión.

Mi investidura del cargo tuvo lugar una semana más tarde en la pequeña oficina de la comisión en el segundo piso del ayuntamiento, seguida
de una breve celebración con familiares y amigos. Me acostumbré fácilmente a mis responsabilidades en la comisión, la cual se reunía solo dos
veces al mes para estudiar asuntos en su mayoría no polémicos. En todo el
año, el único problema que enfrentamos fue una propuesta de cambio para
que el código local permitiera la construcción de casas de dos pisos.

Ese verano me llamaron de Ruden McClosky, un bufete especializado en el uso de tierras y las leyes de planeación urbana, para saber si me interesaría unirme a su práctica. La oficina principal de la firma quedaba en un condado vecino, pero habían contratado a Armando Lacasa, abogado y político cubano americano, para dirigir otra oficina abierta recientemente en Miami.

No fue una decisión difícil. No creía que mis perspectivas de ser socio en Tew Cárdenas fueran muy buenas. La cultura de la firma no valoraba su práctica relacionada con asuntos de gobierno. En realidad ni siquiera consideraba trabajo jurídico lo que tenía que ver con el uso de la tierra y la planeación urbana. Todavía guardaba el mal sabor de mi reunión con los socios el día después de mi elección, y Ruden McClosky me había ofrecido un aumento de $13.000. Después de un preaviso de dos semanas a Tew Cárdenas, y de haber transferido mis casos a otro abogado de la firma, me fui a trabajar en Ruden McClosky.

Allí no estaba tan atareado como en Tew Cárdenas. Me habían contratado como parte de un plan de expansión de la oficina de Miami, pero todavía no tenían trabajo suficiente para mantenerme ocupado. Trabajaba como asociado de Armando, cuya labor consistía mayormente en facilitar transacciones comerciales en Latinoamérica. Así que yo me ocupaba del papeleo de préstamos bancarios y pasaba mucho tiempo tratando de atraer nuevos clientes y representando la firma en eventos públicos. Casi todos los días llegaba a casa antes de las siete.

Jeanette y yo nos casaríamos en octubre y decidí aprovechar el tiempo que tenía disponible para atar cabos sueltos. Queríamos comprar una casa y empezamos a buscarla en West Miami. Encontramos una muy buena de dos dormitorios, a solo dos cuadras de mis padres. La madre de Jeanette generosamente ofreció comprarla para nosotros con el compromiso de que se la compráramos a ella una vez que hubiésemos ahorrado el suficiente dinero.

Jeanette y yo habíamos sido novios durante siete años. No estaba asustado ni nervioso por el matrimonio. Casarme con ella me parecía la decisión más natural y sensata que había tomado en mi vida. La noche anterior a la boda me fui a la cama por última vez bajo el techo de mis padres. Había dormido fuera de casa durante mis tiempos de estudiante, pero la mayor parte de mi vida la había pasado con ellos. Verónica ya llevaba dos años casada. Ahora, el último de sus hijos dejaría el hogar. Me sentí nostálgico y un poco triste. Era el orden natural de las cosas, pero aunque iba a vivir a solo dos cuadras de ellos, no podía evitar la sensación de que los estaba abandonando. Antes de dormirme recé una plegaria muy familiar para mí, la misma que había pronunciado miles de veces antes, pero que esa noche tuvo un significado especial.

> Dios, te ruego que si es Tu voluntad, me permitas vivir el tiempo necesario y me des la salud para que pueda hacerlos sentir orgullosos de mí. Te ruego que los dejes vivir el tiempo suficiente para demostrarles que todo su trabajo y sus sacrificios no han sido en vano.

La noche del 17 de octubre de 1998, doscientas personas de nuestra familia y amigos se reunieron a vernos a Jeanette y a mí intercambiar nuestros votos en la Iglesia de la Florecita en Coral Gables. Esperé en el altar mirando a las puertas de la iglesia hasta que se abrieron y entró mi novia increíblemente preciosa y angelical envuelta en su vestido blanco y su velo. La entrada de casi todas las novias es impactante. Y la mayoría de los novios cree que su novia es la más linda de todas. Pero ninguno de ellos vio a Jeanette esa noche.

No recuerdo que la homilía del padre O'Brien, el sacerdote que presidió nuestra boda, me hubiera impresionado en ese momento. Pero años más tarde, cuando volví a escucharla en el video, me llamó la atención que hubiera sido tan profética. Dijo que el amor no es sentimiento, sino acción. Que el matrimonio no debe ser la versión hollywoodense de un romance, sino una unión en la vida real, por la cual dos personas acuerdan frente a Dios compartir mutuamente sus vidas y todo lo que es suyo, lo bueno y lo malo. En los años siguientes y hasta el día de hoy, Jeanette y yo hemos afrontado juntos lo bueno y lo malo.

Hemos sido generosamente bendecidos. Nuestros cuatro hijos son saludables y felices. No somos ricos, pero tenemos mucho más de lo que nuestros padres tuvieron jamás. Hemos compartido los altibajos de mi carrera y hemos tenido oportunidad de ver y hacer cosas que ninguno de los dos habría imaginado posibles la noche en que nos casamos.

También hemos tenido dificultades y en ellas, la mayor parte de la carga la ha llevado Jeanette. Nuestra vida es muy diferente a la que ella deseaba cuando nos casamos. Y, naturalmente, hay cosas que lamentar.

Los viajes que no hemos podido hacer en familia; las noches que ha debido cuidar sola de nuestros hijos; las obras teatrales y conciertos de la escuela que me he perdido; todo el tiempo que me he mantenido alejado de ellos y las responsabilidades que me distraen cuando estoy en casa. Jeanette ha aceptado una vida que nunca quiso solo porque cree que yo puedo tener alguna influencia en asuntos que bien valen la pena su sacrificio.

En nuestra recepción, me uní a los músicos y canté dos canciones de Sinatra. My Way, que ahora ya es bastante adecuada, y New York, New York, en homenaje a nuestro compromiso. Nos fuimos de luna de miel a Francia; cinco días a París y cinco más en el campo en Normandía. París fue París, tan cautivante como dicen, es imposible no disfrutarla. Pero igual disfrutamos Normandía. Alquilamos un auto y fuimos a las playas donde tuvo lugar el desembarco, recorrimos las fortificaciones alemanas y visitamos Pointe de Hoc, el lugar donde americanos casi niños, escalaron el escarpado acantilado bajo el fuego. Y contemplamos sin palabras las interminables filas de cruces y estrellas de David del Cementerio Americano.

Tan pronto regresamos de la luna de miel nos mudamos a nuestra nueva casa. Nuestros planes para el futuro inmediato eran modestos. Me concentraría en mi trabajo en la firma y Jeanette continuaría trabajando medio tiempo como cajera en un banco y matriculada de tiempo completo en la escuela de diseño. Nos proponíamos ahorrar dinero y establecer un fondo para nuestra seguridad económica en el futuro, antes de pensar en tener familia. Y, por el momento, yo limitaría mis aspiraciones políticas a servir en la comisión municipal de West Miami, cuyos deberes no demandaban mucha parte de mi tiempo. Pero la vida nos sorprende a menudo con oportunidades y bendiciones inesperadas que le dan vuelta a todos los planes. Desde mis días como voluntario en la campaña de Lincoln Díaz-Balart, e incluso antes, cuando era un muchacho y seguía el desarrollo de la convención demócrata de 1980, había estado fascinado con las campañas políticas. Pero fue mi participación en la comisión de West Miami la que me hizo apreciar el servicio público. Ni antes ni ahora creo que el gobierno sea la solución para todos nuestros problemas. Por el contrario, cuando un gobierno asume un papel protagónico en la economía y en nuestra vida privada, está privando a la gente de que tome iniciativas, haciendo que se pierda la conciencia empresarial que es el eje de nuestra prosperidad y la esencia de la inventiva americana. Los gobiernos pueden tener una influencia positiva en nuestras vidas escuchando nuestros problemas y respondiendo a ellos de manera efectiva, sin exceder sus mandatos y sin asumir responsabilidades que nos corresponden a nosotros mismos.

Cuando fui tocando puerta por puerta en mi primera campaña, escuché las quejas de mis constituyentes y de la necesidad de que sus líderes los ayudaran a resolver sus problemas. Les prometí que si era elegido haría todo lo posible para que la comisión le prestara atención a los asuntos que traían a colación. Traté de ser fiel a mi palabra después de mi elección, y al final de mi trabajo en la comisión comprendí, mucho mejor que antes, cómo el gobierno con sus limitaciones puede ayudar a mejorar las vidas de las personas.

Una experiencia de esa época se ha quedado conmigo para siempre como recordatorio de esa lección. Durante la campaña, varias personas en el vecindario se quejaron de que la ciudad había plantado árboles a lo largo de otros vecindarios pero no en el de ellos. Cuando la comisión inició el próximo proyecto para mejorar la estética de la ciudad después de mi elección, me aseguré de que incluyera la compra de árboles para vecindarios que no contaban con ellos. Era una pequeña cosa, pero valía la pena. Mientras veía a las personas encargadas plantar los árboles, me di cuenta de que eso estaba sucediendo gracias a mí. Durante el tiempo que serví en la comisión municipal, había logrado esta pequeña mejoría en la vida de mis vecinos. Los había escuchado y había usado mis servicios para ayudarlos. Las campañas puedes ser fascinantes y emocionantes, pero no satisfacen. El servicio público sí puede satisfacer. Le puede dar a nuestras vidas un mayor sentido no por los títulos y privilegios que nos confiere, sino por el impacto que puede tener en las vidas de los demás. Disfruto la política. Pero en la comisión municipal de la pequeña ciudad de West Miami, encontré mi propósito.

Durante mi época en Ruden McClosky, me volví muy amigo de la familia Lacasa, especialmente del hijo mayor de Armando, Carlos. Miembro de la asamblea legislativa estatal, Carlos estaba en vías de convertirse en el próximo presidente del comité presupuestario, posición de considerable influencia. En 1992, los votantes de la Florida habían aprobado períodos de ocho años para los legisladores, lo que significaba que en la elección del año 2000 quedarían asientos vacíos en la mitad de los distritos del estado. Uno de ellos en el distrito adyacente al mío y, en 1999, Carlos me animó a que considerara postularme para ocuparlo.

La Asamblea de la Florida parecía ser el próximo paso lógico en mi carrera política, pero esta oportunidad se había presentado demasiado pronto. Mi plan era pasar diez años ejerciendo la abogacía y sirviendo dentro del mundo discreto de la política de West Miami antes de considerar cualquier otra postulación. Pero Carlos argumentó convincentemente que las elecciones del año 2000 bien podrían ser la oportunidad de mi vida. No solo era histórico el número de vacantes en la Cámara, sino que, de resultar elegido, ganaría rápidamente influencia en la política a nivel estatal porque para la contienda electoral quedarían relativamente pocos legisladores veteranos como contrincantes.

Tenía mis reservas. No creía que Jeanette aprobara un súbito cambio de los planes que acabábamos de hacer. Ella estaba ocupada con sus estudios en la escuela de diseño y no necesitaba la distracción de una campaña política. Por otra parte, pensaba que, a pesar del apoyo de Carlos, la firma tampoco lo aprobaría. La Cámara de la Florida tiene sesiones durante nueve semanas consecutivas cada primavera. Esa es una gran cantidad de tiempo como para que un joven abogado se aleje de los negocios de una firma. Sin embargo, y para sorpresa mía, ni Jeanette ni los socios de la firma se opusieron a la idea. Por sugerencia de Carlos, abrí una cuenta para donaciones a la campaña a fin de obtener recursos para mi candidatura, que también me serviría para medir el apoyo que podría recibir y no tomar una decisión apresurada. No tendría que decidir antes de principios del nuevo año. Fue entonces cuando, una vez más, la vida interfirió en mis planes.

Ya tarde, una noche de agosto, Jeanette mencionó que se había estado sintiendo mal. Cuando describió sus síntomas, comenté que parecían de embarazo. Ella descartó mi diagnóstico, terminantemente. Me fui a la farmacia más cercana y compré la prueba de embarazo más costosa, pensando que sería la más confiable. Convencí a Jeanette de que se hiciera el examen, ella aceptó a regañadientes y me pasó el cartoncito cuando salió del baño para seguir estudiando.

Me quedé mirándolo, vi aparecer una sola línea y, minutos después, una segunda línea. En la mano tenía una prueba de embarazo positiva. Se la mostré a Jeanette, que la desechó y me acusó de haber usado orina de River, nuestro golden retriever, para obtener ese falso resultado. Le expliqué que aunque las cualidades de River eran muchas, la maternidad no estaba entre ellas. River era macho. Como seguía escéptica, volví a la farmacia y compré otras tres pruebas de embarazo, de marcas distintas. Las tres dieron positivo.

Estaba extasiado. Sería padre. Claro que un poco antes de lo que habíamos planeado, pero una bendición de todas maneras. "Es la voluntad de Dios", le decía una y otra vez a Jeanette. Su reacción, sin embargo, no fue tan entusiasta. Después del impacto inicial, empezó a llorar y llamó a su mamá. Llevábamos menos de un año de casados, y todavía no estaba lista para tener un bebé. Quería terminar la escuela, y sus estudios la mantenían despierta hasta muy tarde en la noche. No tendría la energía para llevar a término un embarazo saludable. Aún no teníamos una estabilidad económica. Yo estaba pensando en postularme para la asamblea legislativa.

En ese momento estaba preocupada y mi reacción jubilosa no la hacía sentirse mejor. Yo no iba a sufrir náuseas por la mañana. Mi cuerpo no se transformaría. Yo no tendría que soportar el trabajo de parto. Ella sí. Su reacción fue comprensible y momentánea. Por la mañana, ya estaba tan emocionada como yo con la noticia.

Los tres primeros meses fueron muy duros para Jeanette. En las mañanas sufría náuseas que la dejaban con poca energía para estudiar. En el segundo trimestre se calmó todo. Su vientre empezó a crecer y estaba de buen ánimo. Para entonces ya teníamos un nuevo plan, que me parecía muy bueno. A principios del año siguiente, decidiríamos si yo me postularía o no. El bebé debía nacer en abril y, si me postulaba, no tendría que empezar a hacer campaña sino hasta principios de junio. Todo estaba saliéndonos bien, un poco antes de lo previsto, pero bajo control.

Estaba trabajando en el bufete cuando un asesor de campaña local me dio la noticia. Uno de los más poderosos senadores de la Florida acusado de fraude en Medicare, acababa de hacer un trato con los fiscales y renunciaría ese mismo día. Al principio, para mí el boletín no pasó de ser una noticia política interesante, sin injerencia en mi futuro. Pero el asesor me explicó que Carlos Valdés, el representante local del estado con período limitado, para cuya vacante me quería postular, deseaba permanecer en la legislatura. Lo más seguro era que se postulara para una elección especial por el asiento en el senado que acababa de quedar vacante. Eso significaba que el asiento de Valdés que quedaría libre en la Cámara también sería disputado en una elección especial. Quien fuera a postularse para el mismo, tendría que empezar su campaña de inmediato.

Me quedaban solo horas para decidir lo que haría. Valdés anunció que se postularía para la elección especial del Senado, y la elección para obtener su asiento en la Cámara quedó programada para la misma fecha. El ganador de esta última elección especial podría ser un diputado o diputada ya postulados para la reelección especial de noviembre, lo que de entrada les daba ventaja frente a cualquier oponente. Es bastante difícil derrotar titulares de la asamblea legislativa de la Florida. Es más, el que ganara la elección especial tendría la ventaja de su antigüedad sobre una buena cantidad de legisladores novatos. Y si yo no aprovechaba esta elección especial, podrían pasar años antes de que volviera a presentarse una oportunidad igual. Debía competir ahora o esperar un buen rato para hacerlo.

Lo discutí con Jeanette y los socios de la firma. Con su bendición, decidí postularme. El momento no era el ideal, pero ¿cuán a menudo las cosas nos llegan en el momento oportuno? No era nuestro plan. Pero así es la vida.

CAPÍTULO 14

Postulación a la Cámara

E N UN PRINCIPIO, ME PARECIÓ QUE LA CAMPAÑA SERÍA más fácil de lo que había imaginado. Ninguno de los que se rumoraba serían mis oponentes era muy conocido o estaba muy bien posicionado para competir. Pero eso cambió la mañana que Ángel Zayón, un popular reportero de noticieros de televisión y colaborador de la sección de noticias de un programa radial de mucha audiencia, lanzó su candidatura.

Inicialmente, no me preocupé. Ángel no se había postulado nunca; no había recaudado fondos y no tenía una organización. Pero David Rivera sí se preocupó desde un principio. El veía cosas con las que yo no contaba. Ángel era muy conocido; mucho más conocido que yo. En una campaña corta, ser muy conocido puede significar una enorme ventaja. Guardaba la esperanza de que Ángel cambiara de parecer, pero cuando radicó su candidatura y calificó para la contienda, supe que me enfrentaba a un temible oponente.

Resulta extraño y también es un desafío hacer campaña durante la temporada navideña. Las personas andan ocupadas con la Navidad y no se interesan por la política. Como lo había hecho en West Miami el año anterior, empecé a tocar de puerta en puerta. Más de una vez, llegué a casas en las que sus residentes estaban instalando las luces navideñas.

Haber empezado a recaudar fondos desde antes fue una ventaja para mí. Ninguno de los demás candidatos a la nominación republicana pudo recaudar tanto como yo. Además, nosotros estábamos mejor organizados, y esperaba ganar la primaria con más del 50 por ciento de la votación. Si me quedaba corto y no llegaba a esa cifra, cuatro semanas más tarde se celebraría una segunda votación eliminatoria.

Las primeras noticias sugerían que me había confiado más de la cuenta. A Ángel le estaba yendo mucho mejor de lo esperado; iba ganando en circunscripciones de la ciudad que yo había estado seguro de ganar. Me estaba derrotando en importantes distritos electorales de Hialeah, y dándome duro con los votos por correo. Pero no alcanzó el 50 por ciento y yo terminé en segundo lugar, por treinta nueve votos de diferencia.

Tendríamos una votación eliminatoria, pero yo pensaba que la noche había sido un desastre y estaba seguro de que se repetiría en esa segunda votación. Con ayuda de Carlos Lacasa, había recibido contribuciones de campaña de importantes donantes republicanos del estado, convencidos de que yo sería el ganador. Ahora que Ángel me había vencido, ellos querrían cambiar sus apuestas y donarle su dinero a él. Ángel había aparecido de la nada para derrotarme, sin dinero ni organización, y ahora ya contaría con ambas cosas.

El golpe también fue sicológico. Muchos partidarios y activistas locales que me habían ayudado, abandonaron el barco inmediatamente después de la primera votación y se adhirieron a la campaña de Ángel. A decir verdad, una sensación de fracaso se apoderó de mi campaña. Debía tomar una decisión. Podía sentir lástima de mí mismo y renunciar o ponerme a trabajar seriamente en averiguar qué había hecho mal y arreglarlo.

Mi primera tarea fue corregir el mal trabajo que había hecho con respecto a los votantes por correo. Ángel los había buscado con lupa. Había ido en persona a las casas de votantes que habían solicitado votar por correspondencia con un rollo de estampillas en la mano. Los instaba a llenar sus formularios votando por él y a echarlos al correo el mismo día. Para la votación eliminatoria yo tendría que igualar su esfuerzo y llamé a toda mi familia. Mis padres salían todos los días a visitar a las personas que querían votar por correo. Valiéndonos del listado diario de electores del condado, sabíamos con anticipación cuándo recibirían sus votos y programábamos la visita para esa fecha. Envié a mis hermanas a hacer lo mismo, e incluso Jeanette, que para entonces tenía cinco meses de embarazo, tocó muchas puertas por mí.

Lo siguiente era arreglar mi problema de Hialeah. Aunque solo representa una pequeña parte del distrito, Hialeah es una ciudad obsesionada por la política. Sus residentes asisten masivamente a votar, mucho más que los de cualquier otro lugar de Miami-Dade. Raúl Martínez, un poderoso alcalde de Hialeah con un gran historial, respaldaba a Ángel porque creía que yo me había aliado a rivales suyos. Como no pude persuadir a Raúl de cambiar su filiación, tuve que sacar provecho de su oposición. Raúl tenía poder pero también tenía muchos enemigos, y recurrí a ellos en busca de ayuda. Solo era necesario decirles que Raúl apoyaba a Ángel para que instantáneamente se sintieran motivados a ayudarme.

Ninguno de los enemigos de Raúl me ayudó más que Modesto Pérez, conocido localmente como el hombre de Mr. Cool Appliances. Modesto se había hecho a sí mismo y pasaba sus días en una bodega en la cual vendía enfriadores de agua, y usaba sus contactos políticos para ayudar a sus vecinos. Cuando él aceptaba apoyar un candidato, lo que esperaba a cambio, era sencillo. Si el candidato resultaba elegido, y Modesto le pedía ayuda en nombre de personas que a su vez habían recurrido a él, debía ayudarlas. Siempre eran solicitudes honestas, dentro de la ley: un propietario de una tienda pequeña que deseaba obtener una terminal de billetes de lotería; una abuela que necesitaba una carta de recomendación para la solicitud de su nieta para la universidad, ese tipo de cosas. Era *política minorista* en su más pura expresión, y Modesto era un maestro en ella.

Jamás había trabajado tan duro como lo hice esas cuatro semanas. Todos los días caminaba desde muy temprano en la mañana hasta que oscurecía y la gente ya no abría sus puertas. Después, mi padre y yo pegábamos avisos hasta las dos o tres de la madrugada. Cuando llegaron las primarias, sabía que había hecho todo lo que estuvo a mi alcance, pero no estaba seguro de que fuera suficiente para ganar.

El día de las elecciones enfrentamos tropiezos desalentadores, uno tras otro. Tomás Regaldo, un popular comisionado municipal de la ciudad de Miami, que durante semanas me había ratificado su apoyo, apareció en el sitio de votación donde está ubicada la Iglesia Católica de Saint Dominic y empezó a entregar propaganda de Ángel. Desde otro distrito electoral en el que nos habían derrotado estrepitosamente en la primera vuelta, uno de mis más confiables partidarios llamó para decir que todo indicaba que nuevamente perderíamos. Durante todo el día recibimos informes de que conductores voluntarios de la maquinaria política de Raúl Martínez, estaban transportando cientos de votantes hasta los sitios de votación y yo sabía que no iban a votar por mí.

Había estado trabajando en un sitio de votación del distrito electoral más grande de Hialeah y quise sentarme en mi auto, descansar unos minutos y sentir pena de mí mismo. Ahí sentado, a la tenue luz del atardecer, alcancé a ver a mi esposa con sus seis meses de embarazo, a quien jamás le había gustado la política y habría sido absolutamente feliz si yo nunca hubiera entrado en una contienda electoral, trabajando más duro que yo. La vi acercarse a los votantes y tratar de convencerlos de que votaran por su esposo, que andaba por ahí, enfurruñado. Recordé la homilía del padre O'Brien en nuestra boda. El amor no es sentimiento, es acción. Vi el amor de Jeanette en acción y supe que si yo perdía esa noche, eso no cambiaría nada.

Una vez cerradas las votaciones, nos dirigimos a la sede de nuestra campaña en el salón de actos de la Fraternal Order of Police en Little Havana. Cuando llegamos, los resultados ya habían empezado a filtrarse. No teníamos televisión ni Internet, de modo que un voluntario estacionado en la oficina electoral del condado me los transmitía por teléfono. Los seguí toda la noche y, faltando el escrutinio del distrito electoral de St. Dominic, aún estaba por debajo. Cuando escuché la noticia de que había sobrepasado a Ángel por treinta votos en St. Dominic, la circunscripción que faltaba, supe que había ganado. Minutos más tarde me avisaron por teléfono que había ganado en el distrito electoral y también la elección por sesenta y cuatro votos.

Corrimos al salón para anunciarlo a la jubilosa multitud de familiares, amigos y partidarios. Vi a Jeanette sentada en un rincón, llorando de felicidad. Mi sobrino, Danny, le tomó una foto que todavía guardo. Orgullosa y feliz, ella no sabía entonces cuánto cambiarían nuestras vidas por mi elección.

Faltaban dos semanas para la elección general, pero era un distrito de mayorías republicanas, y la gané holgadamente. Tenía veintinueve años e iría a Tallahassee. La sesión legislativa empezaría en menos de ocho semanas, y Jeanette y yo fuimos padres por primera vez, cuatro semanas después.

La firma le había dado un gran respaldo a mi candidatura y había sido generosa con el tiempo que necesitaba la campaña. Pero después de que gané, los socios me informaron que reducirían mi salario a la misma cantidad que iba a ganar como legislador del estado. La noticia me golpeó. Había contado con el dinero extra para cubrir los gastos del bebé. Esto tampoco estaba en nuestros planes. Pero, como estaba empezando a darme cuenta, uno hace los planes y la vida los deshace.

CAPÍTULO 15

Bienvenido a Tallahassee

C UANDO DESPERTAMOS EN TALLAHASSEE ESA MAÑANA
de febrero del año 2000, una espesa neblina cubría la ciudad. El día anterior, Jeanette y yo, mis padres, mis hermanas y sus hijos, habíamos conducido ocho horas hasta la capital del estado, en una caravana de tres furgonetas. Después de desayunar en el hotel, subimos a las furgonetas y tomamos a la derecha, hacia Appalachee Parkway, la calle ancha que lleva colina arriba al capitolio. La neblina había empezado a disiparse, y pude ver el domo del viejo capitolio y detrás, el edificio de veintidós pisos donde yo prestaría juramento esa mañana.

Presté juramento con otro nuevo miembro de la Cámara, Renier Díaz de la Portilla, de Miami, cuyo hermano había dejado su asiento en la Cámara para postularse a la elección especial del Senado. Se me permitió pronunciar algunas palabras en la ceremonia. Expresé mi agradecimiento a mi familia y a las personas que me habían apoyado, y cerré con una línea que tomé prestada del discurso inaugural del presidente Kennedy: ". . . *knowing that here on earth God's work must truly be our own*" (... ya que sabemos que aquí en la tierra la obra de Dios es realmente la nuestra).

El período de sesiones legislativas, que es de sesenta días, empezaría tres semanas después, pero los legisladores ya habían vuelto a la capital para trabajar una semana en sus comités. La mitad de los miembros de la Cámara ya había salido porque se había vencido su propio período, y dejarían la Cámara Legislativa al finalizar las sesiones. Algunos habían sido miembros durante casi toda mi vida, y era claro que muchos de ellos no querían irse. Mis tareas de comité reflejaban la inferioridad de mi estatus como nuevo miembro y la renuencia de los legisladores veteranos a compartir sus obligaciones antes de que fuera obligatorio cederlas.

Las postulaciones para presidente de la Cámara de la Florida usualmente empiezan años antes de que el ganador asuma el cargo. Tan pronto llegué a Tallahassee me lanzaron al medio de la contienda para presidente de la Cámara de 2004. Tres nuevos representantes de Miami-Dade habían sido elegidos en 1998. Uno de ellos, Gastón Cantens, antiguo fiscal, aspiraba a ser el primer cubano americano en fungir como presidente de la Cámara. De inmediato, dos miembros del grupo de Gastón me presionaron para que firmara una tarjeta apoyándolo. Pero Randy Johnson, uno de los rivales de Gastón, había brindado una enorme ayuda a nuestra campaña. Me había ayudado a recaudar fondos y había estado en nuestra sede durante las tensas horas en las que el resultado era dudoso. En cambio, Gastón había permanecido al margen para no correr el riesgo de apoyar al candidato equivocado y convertirse en enemigo del ganador. Le debía mucho a Randy y no quería parecer desagradecido dándole la espalda enseguida. Pero la elección de Gastón como presidente de la Cámara era cuestión de orgullo para la comunidad cubano americana, y sabía que eventualmente tendría que apoyarlo. Me abstuve de comprometerme. Y la sospecha sobre mis aspiraciones, que estaban muy lejos de mi pensamiento en ese momento, persistiría un tiempo entre algunos de mis colegas legisladores.

Mi primer año en la Cámara Legislativa fue el equivalente de un año *"redshirt"* en los deportes de universidad. Por haber sido elegido en una elección especial, el período de sesiones no contaba en contra de mi límite de período que era de ocho años. Para la época en que el resto de mi grupo de novatos llegara en noviembre, además de una antigüedad de nueve meses yo tendría ya una experiencia valiosa. Empleé el tiempo en aprender cómo funcionaba el lugar; cómo se tomaban las decisiones y cómo conseguían las cosas los legisladores exitosos. Entablé una relación con Mike Fasano, que sería Líder de la Mayoría de la Cámara en el nuevo período del presidente entrante, Tom Feeney, y observé cómo el poder iniciaba su viraje del presidente Trasher a Tom en las semanas finales del período de sesiones. Mis nueve meses de antigüedad acumulados, darían a la dirigencia de la

Cámara razones para promoverme sobre algunos de mis ambiciosos compañeros novatos.

Pero en esos primeros días en Tallahassee, otras cosas ocupaban mi mente. Jeanette estaba en su noveno mes de embarazo. Me preocupaba que ella empezara su trabajo de parto mientras la Cámara estaba en sesión y yo fuera a perderme el nacimiento. Por suerte, ese fin de semana del 3 de abril de 2000, cuando empezaron las contracciones, yo estaba en casa. Nos fuimos al hospital, donde esperamos dos horas, pero había sido una falsa alarma. Sin embargo, como ya estábamos ahí y Jeanette ya estaba pasada en los días de embarazo, su médico decidió inducir el parto.

Como todo nuevo padre descubre, el nacimiento de un hijo, sobre todo el primero, es una experiencia que no tiene igual. Realmente nada lo prepara a uno para ese torrente de emociones ni para el abrupto cambio en las prioridades de la vida. En ese momento el corazón conoce un amor que sobrepasa todos los demás y se entrega a un vínculo más fuerte que ningún otro. Súbitamente hay una nueva consciencia, es como si le voltearan a uno la vida al revés. Me transformó.

Apenas vi a mi hija por primera vez, me invadió un sentimiento de devoción y protección. Durmió la mayor parte de su primera noche y yo no podía dejar de mirarla, mi mente abrumada no solo por emociones desconocidas sino por la película de toda su vida. Me la imaginé en su primer día de escuela, en el día que la dejaría en la universidad y en el día de su boda, cuando la llevara al altar.

Cuando nos fuimos a casa, fui consciente de una responsabilidad más grande que cualquiera de las que jamás había asumido. Mi hija, Amanda, sufría de cólicos. Después que la alimentábamos, lloraba incontrolablemente con la carita enrojecida y su pequeño cuerpo engarrotado por el dolor mientras nosotros intentábamos consolarla. En nuestros primeros meses con Amanda, pasamos muchas noches preocupados y en vela, y debo confesar que aunque esperaba poder dormir un poco en Tallahassee, de todos modos siempre era duro dejarla. Pero lo hice; fue la primera de tantas separaciones que he lamentado a lo largo de los años.

Poco después de nacida Amanda, el bienestar de otra criatura capturó mi atención y la de todo el país. En noviembre de 1999, un niño de seis años y su madre abordaron un bote de aluminio pequeño y repleto, impulsado por un motor que fallaba, con la esperanza de escapar de la opresión de

Cuba a una vida mejor en los Estados Unidos. La madre del niño y otras diez personas perecieron cuando el motor del bote se detuvo y el bote zozobró. El niño, Elián González, sobrevivió; lo rescataron dos pescadores que lo encontraron flotando en un neumático.

El Servicio de Inmigración y Naturalización dejó al niño a la custodia de sus parientes en Miami. El padre de Elián, con el apoyo del régimen castrista, exigió el regreso del pequeño a Cuba. Los parientes de Elián en Miami rehusaron y se entabló una intensa confrontación que alejaría a la comunidad cubano americana de muchos de sus conciudadanos americanos.

La vasta mayoría de la comunidad cubana en el exilio, incluido el suscrito, quería que Elián permaneciera en los Estados Unidos y que su padre se reuniera con él aquí. La idea de que fuera devuelto por la fuerza a ese régimen, después de que su madre hubiera dado la vida por rescatarlo del mismo, para nosotros era incomprensible. En la década del sesenta, cientos de padres cubanos habían enviado a sus hijos a los Estados Unidos a vivir en hogares sustitutos, con tal de salvarlos del comunismo. Para aquellos que habían vivido la experiencia, devolver un niño a Cuba en contra de los deseos de su madre muerta era demasiado. La mayoría de los americanos, sin embargo, opinaba que reunir al niño con su padre, era obviamente la decisión correcta.

La fiscal general Janet Reno fijó un plazo límite, el 13 de abril de 2000, para que los parientes de Elián lo entregaran a las autoridades federales mientras se resolvía el caso de su custodia. Los parientes se negaron a entregarlo, y una multitud que los apoyaba, incluida gente de los medios, mantenía una estrecha vigilia ante su modesto hogar en Little Havana.

La saga de Elián González dejó de ser una batalla por su custodia para convertirse en una causa que polarizó a Miami y gran parte de la nación. En algunos barrios, el respaldo a los derechos del padre adquirió un claro trasfondo anti exiliados. Amistades de mucho tiempo entre cubanos americanos y no cubanos, terminaron en medio de agrias discusiones sobre la suerte de Elián. Muchas personas que no eran cubanas consideraban indignante que los parientes de Elián se burlaran de las autoridades y las retaran a arrebatarles el niño a la fuerza. Otros tantos cubanos veían ese antagonismo como un intencionado insulto a su comunidad.

La fecha límite se cumplió y pasó, y por un tiempo pareció que el empate continuaría indefinidamente. Jeanette y yo estábamos comentando el caso en la noche del 21 de abril. Era Viernes Santo, y estaba en casa por las vacaciones de Semana Santa. Recuerdo haberle pronosticado a Jeanette que si las autoridades iban a llevarse a Elián ese fin de semana, lo harían la mañana siguiente y no el Domingo de Resurrección.

El llanto de Amanda me despertó esa mañana a las cuatro. Después de alimentarla, se volvió a quedar dormida y yo decidí pasar por la casa donde Elián vivía en Little Havana. Esperaba que ocurriera algo esa mañana y quería estar allí para verlo. Las calles hasta el vecindario donde vivían los parientes de Elián estaban vacías y encontré un auto de la policía con las luces encendidas bloqueando una intersección. Segundos más tarde, varias furgonetas me pasaron rápidamente camino a la casa. Esperé en mi auto junto a la intersección y pocos minutos después las furgonetas volvieron a pasar a igual velocidad pero en dirección opuesta. Estacioné mi auto y corrí tres cuadras hasta la casa de la familia de Elián. Cientos de personas deambulaban incrédulas, muchas de ellas tosiendo y otras buscando una manguera para lavarse el spray de pimienta de las caras. Había camionetas de los medios y camarógrafos por todas partes. Los reporteros interrumpieron los primeros noticieros de la mañana para dar la noticia de que Elián González había sido capturado en un allanamiento efectuado antes del amanecer por un grupo S.W.A.T. de la Patrulla Fronteriza.

La incredulidad también se apoderó de mí, pero no tanto por el allanamiento en sí —pues sabía que el gobierno haría prevalecer su autoridad— sino por todo lo que pasó inmediatamente después. La comunidad de exiliados cubanos había sido un bastión de sentimientos pro americanos. Los exiliados amaban a los Estados Unidos y a los americanos. Mi abuelo y mis padres habían sido profundamente patrióticos, y miraban a su nuevo país con veneración y gratitud. La mayoría de los cubanos americanos eran pilares de sus comunidades, profundamente arraigadas en nuestra nación, y siempre respetuosos de la ley y el orden. Ahora, quizás por primera vez en toda su vida, se sentían como si estuvieran viéndolo todo desde afuera; habían sido objeto de una redada por parte de agentes federales y eran vilipendiados en los medios de todo el país por revoltosos e irrespetuosos.

Algunas personas oriundas de Miami albergaban resentimientos muy profundos hacia los cubanos americanos. La controversia sacó a relucir bastantes rencores y obligó a los cubanos americanos a confrontarlos. Muchos de ellos se indignaron al escuchar que amigos que no eran hispanos se molestaban porque no podían ordenar comida en inglés en Burger King, o porque los cubanos con los que trabajaban hablaran español entre ellos en su presencia. Pienso que ese descubrimiento llevó a muchos cubanos a reconsiderar la forma en que vivían y prestarle más atención a la sensibilidad de aquellas personas que no eran cubanas.

El incidente de Elián González marcó un hito en la política de Miami y en la historia de la comunidad de exiliados cubanos. Su impacto más inmediato se sintió en las elecciones del año 2000. Podría decirse que le costó la elección a Al Gore, que perdió la Florida y la presidencia frente a George Bush, por poco más de quinientos votos. El enojo de los cubanos americanos por la captura de Elián por parte de la administración Clinton y la insatisfacción por la ambigua posición asumida por Gore en la controversia, motivó a la mayoría de ellos a valerse de su voto para castigar a la administración. En cuanto a Elián, se reencontró con su padre y volvió a Cuba, donde se convirtió en miembro activo del partido comunista y leal partidario de El Comandante, ridículo título dado a Fidel Castro.

Cuando la terrible y lamentable experiencia terminó, volví a las apremiantes preocupaciones de mi recién iniciada carrera política. Mi principal oponente, Ángel Zayón, a quien había derrotado por un margen muy estrecho, andaba anunciando que me retaría de nuevo en agosto. Estaba convencido de que la baja afluencia de votantes a la elección especial había sido la razón básica de su derrota, y creía tener posibilidades mucho mejores en una primaria normal, en la cual el número de votantes sería más elevado y la ventaja del reconocimiento de su nombre, mayor. Así que empecé a tocar puertas en el distrito, a recaudar fondos y a demostrar que estaba listo para la contienda.

Al final, no tuvo lugar la batalla. El disgusto de Ángel conmigo se había originado por un malentendido. Me habían entrevistado en un programa radial de preguntas y respuestas, al que un oyente llamó e hizo un comentario fuera de lugar sobre la hija de Ángel. Yo no entendí bien el comentario y no lo reprendí. Me reuní con Ángel para hablar sobre el asunto y, posteriormente, me disculpé al aire, en el mismo programa de radio, por no haber amonestado oportunamente al ofensor. En respuesta a mis disculpas, Ángel anunció que no se postularía.

Ya sin oponente, me pasé el verano haciendo campaña por candidatos republicanos que una vez elegidos entrarían a formar parte de mi grupo de legisladores novatos. Algunos partidarios de la tentativa de Gastón Canten de ser presidente de la Cámara lo interpretaron como otra prueba de que yo aspiraba al cargo. Había firmado la tarjeta de compromiso al final de una sesión regular, y pensé que nada perdería si recorría el estado prestando apoyo a mis futuros colegas. Y de esa manera me ayudaba a mí mismo a conseguir aliados para aspirar a una posible jefatura en el futuro, tampoco veía nada malo en ello.

Mirando en retrospectiva, ahora entiendo que no debí hacerlo. Gastón había trabajado muy duro para que lo eligieran presidente de la Cámara y estaba en lo correcto al creer que la Cámara no elegiría consecutivamente dos presidentes provenientes de una misma región. Si algunos de los novatos para los que hice campaña ese verano creían que me postularía en la siguiente elección, podrían inclinarse a retirarle su apoyo a Gastón. Puedo entender por qué los aliados de Gastón consideraron mi campaña como una amenaza, y por qué continuaron mirándome sospechosamente en los meses y años siguientes.

La noche de las elecciones, vimos los resultados con amigos de la campaña de Dole en casa de mi antigua asesora y ex alumna de Dole, Alina García, que había renunciado a su trabajo conmigo para lanzar su candidatura a un puesto en la Cámara. Había perdido y en ese momento ya nos habíamos resignado a su derrota. Sin embargo, no esperábamos el drama que generaría la contienda presidencial. Seguimos los resultados en la computadora de David Rivera, y este los pasaba por teléfono a Al Cárdenas, que era presidente de nuestro partido. Al, a su vez, los transmitía por teléfono al gobernador Jeb Bush que, en la mansión del gobernador de Texas, acompañaba a su hermano, el candidato presidencial. A medida que llegaban los resultados de diferentes condados, podía escuchar a Al maldiciendo al otro extremo de la línea.

Entonces, el mundo se vino abajo. En lo que parecía un prematuro reporte, NBC News dijo que el vicepresidente Gore había ganado en la Florida. Algunos de los condados republicanos más fuertes aún no habían dado sus partes. Al y David sostenían que todavía era imposible conocer el resultado final de las elecciones. Pero el resto de nosotros pensábamos que ambos desvariaban. Las cadenas de televisión jamás anunciarían el resultado de una contienda electoral a menos de que estuvieran seguras de que lo tienen correcto.

A partir de entonces, los condados mencionados por David y Al empezaron a reportar sus resultados y las cifras comenzaron a variar. En cuestión de una hora, NBC retractó su pronóstico y volvió a poner a la Florida en la categoría *"too close to call"* o demasiado reñida para adjudicarla. Después de haber dado al senador Gore por ganador en la Florida y de retractarse de ello, las cadenas adjudicaron la victoria al gobernador Bush. Gore llamó a Bush para aceptar su derrota y luego volvió a llamarlo para retractarse. Finalmente yo desistí y me fui a la cama alrededor de las tres de la madrugada, seguro de que cuando despertara ya tendríamos un nuevo presidente. Pero no fue así. Y comenzaría mi segundo año en una Cámara de la Florida atascada en las elecciones presidenciales más controversiales de la historia moderna estadounidense.

CAPÍTULO 16

Líder de la Mayoría Adjunto

L A ASAMBLEA LEGISLATIVA DE LA FLORIDA REALIZA UNA sesión institucional para tomar el juramento de sus miembros, elegir al presidente y aprobar las reglas para el nuevo período de sesiones después de cada elección, en un evento que se caracteriza por su gran pompa. Cuando me dirigía al capitolio para empezar mi primer período completo como miembro de la Cámara de la Florida ya era evidente que el período de sesiones iniciado antes de la elección del año 2000 sería especial por razones totalmente ajenas a nosotros.

Todas las calles que llevaban al capitolio estaban repletas de camionetas con transmisores vía satélite. Las habitaciones de los hoteles, ocupadas en su mayoría por hordas de periodistas que habían llegado a Tallahassee, escaseaban. Otro de los nuevos diputados me preguntó, bromeando: "¿El primer día siempre atrae tanta atención?".

Al final, la solución de la crisis de las elecciones presidenciales resultaría ser anticlimática en la Cámara. La Corte Suprema de los Estados Unidos declaró efectivamente al ganador el día 12 de diciembre, antes de que la asamblea legislativa tuviera que tomar una acción definitiva. De cualquier manera, fue un inicio bastante extraño para un nuevo período de sesiones legislativas.

Otros sucesos también hicieron memorable esta sesión. Mike Fasano, Líder electo de la Mayoría, me designó para ocupar su antiguo cargo, Líder de la Mayoría Adjunto o Majority Whip. Con solo nueve meses en la Cámara, en un salto descomunal, yo había llegado al cuadro directivo. Fue un golpe maestro y estaba encantado. La noticia, sin embargo, fue recibida con menos entusiasmo por los aliados de Gastón Canten, cuyas sospechas acerca de mis aspiraciones se agudizaron.

Terminada la crisis de la elección, el resto del año legislativo pareció comparativamente poco interesante. Como Líder de la Mayoría Adjunto, tuve algunas oportunidades que de otra manera quizás no habría tenido, de hablar a la asamblea sobre varios proyectos de ley importantes. Esperaba que mis habilidades de liderazgo y oratoria, que sabía podrían darme ventaja sobre la competencia si decidiera postularme para presidente de la Cámara, impresionaran a mis colegas. En mayo, cuando terminó el período de sesiones de 2001, en términos generales estaba satisfecho con la dirección que había tomado mi carrera política y muy preocupado por mis finanzas y mi carrera jurídica.

Mi papel directivo tomó más tiempo de mi trabajo en Ruden McClosky que lo convenido y afectó mis relaciones con los socios de la firma. Las semanas que pasé en Tallahassee consumieron casi la mitad del año. Y cuando iba a la firma, usualmente estaba distraído. Nada del trabajo del bufete me interesaba tanto como mi trabajo en la asamblea legislativa y eso era notorio. Los socios tenían buenos motivos para estar descontentos conmigo.

Mi evaluación anual en la firma se acercaba rápidamente y sabía que nada bueno resultaría de ella. Los socios reducirían aun más mi salario o me pedirían que dejara el bufete. Mi salario era de $72.000, más de lo que mis padres jamás habían ganado entre ambos. Pero apenas cubría nuestros gastos. Los pagos de mis préstamos estudiantiles rondaban los $900 mensuales. El alquiler era de $1500. Los pagos de nuestros autos, otros cuantos cientos de dólares. Me rompía la cabeza tratando de cuadrar nuestro presupuesto mensual y buscando gastos que pudiéramos evitar. Se nos ocurrió que Jeanette podría volver a trabajar aunque habíamos acordado que ella permaneciera en casa hasta que Amanda empezara a ir a la escuela. Pero calculamos los costos de guardería y vimos que, al restarlos, su ingreso neto resultaría insignificante. Así que decidimos vender mi auto y mudarnos con la madre de Jeanette por el momento. Aun haciendo esos cambios, no podríamos permitirnos más reducciones en mi salario. Busqué una cazatalentos profesional y le hice una propuesta difícil. Encontrar una firma que necesitara un abogado especializado en uso de la tierra y planeación urbana, a la cual no le importara que yo me ausentara la mitad del año.

Estábamos viviendo en casa de mi suegra. Había renunciado a mi auto. Todavía no lográbamos salir a flote y yo afrontaba una catastrófica reducción de salario o el desempleo. Mi comprensiva esposa, que ya había sacrificado tanto en aras de mi carrera política, ahora debía preocuparse porque yo no podía sostener a mi familia. Nunca me había sentido tan abatido. La única solución, concluí, era renunciar a la asamblea legislativa y ejercer la abogacía de tiempo completo otra vez.

Subí al auto y empecé a conducir tratando de aclarar mis ideas. Eventualmente llegué a la Iglesia de la Florecita en la cual Jeanette y yo nos habíamos casado y donde a menudo había asistido a misa. Entré a la iglesia, bajé un reclinatorio y oré. ¿Por qué Dios me había permitido llegar tan lejos solo para verme fracasar? ¿Por qué tantas puertas se habían abierto para volverse a cerrar de repente? ¿Qué quería Él que hiciera? Pedí que se hiciera Su voluntad y que yo tuviera la fortaleza para aceptarla.

Cuando pienso en ese momento, me pregunto si mi desesperación sería tan grande como la de mi padre y mi abuelo al experimentar infortunios peores. Cuán angustiado debió sentirse mi abuelo al perder su empleo en el ferrocarril, su casa y el estatus económico y social que tanto había significado para él; al deambular apoyado en su bastón, millas y millas, en busca de trabajos humildes para poder sostener a sus siete hijas; trabajos que le negaban por su discapacidad física. ¿Qué sentiría mi padre cuando pensó en regresar a Cuba; cuando fracasaron sus pequeños negocios; cuando perdió su empleo y nuestro apartamento en el Toledo Plaza; cuando buscó trabajo en Las Vegas sin encontrarlo y tuvo que aceptar un empleo como asistente de bar?

Mi abuelo y mi padre una vez habían tenido mi edad, y aspiraciones no menos importantes para ellos que las mías para mí. Ambos habían saboreado el éxito y ambos lo habían visto perderse para no volver jamás. Ellos hicieron todo lo que pudieron de acuerdo a sus circunstancias y dieron a sus hijos un inicio en la vida mejor que el que ellos tuvieron jamás. Pero debieron conformarse con una vida que no habían deseado, y esperaban que sus hijos jamás tuvieran que enfrentar igual desengaño.

Ahora, me imaginaba a mí mismo contándole a mis hijos algún día que una vez había sido Líder de la Mayoría Adjunto de la Cámara de la Florida, pero había perdido mi empleo y abandonado la política para ganarme la vida. Tenía una familia que mantener y debía planear su futuro. Quizás, como mi familia antes que yo, abandonaría mis sueños también, con la esperanza de que mis hijos vivieran los suyos.

Dejé la iglesia todavía preocupado, pero resignado a aceptar lo que viniera. Sin embargo, de camino a casa de mi suegra, timbró mi celular. Después de semanas sin haber sabido de ella, mi cazatalentos llamaba para decirme que a Becker and Poliakoff, una firma de abogados del condado de Broward, le interesaban mis servicios.

Acababa de pedirle ayuda a Dios de rodillas y, de repente, esta puerta se abría para ofrecerme una salida a mis problemas. ¿Era un milagro? No lo sé. Lo que sí sé es que Dios espera que la buena o mala fortuna que encontremos en nuestras vidas nos acerque más a Él.

Mi cazatalentos me puso en contacto con el socio mayoritario de la firma, Alan Becker, que también había sido miembro de la asamblea legislativa. Pocos días después me reuní con él en su oficina de Hollywood, Florida. Becker and Poliakoff tenían una práctica muy exitosa del uso de la tierra y la planeación urbana en Broward. Alan me dijo que deseaban expandir la práctica a Miami-Dade. Pasamos la mayor parte de la entrevista hablando de los retos de ejercer la abogacía mientras uno servía en la asamblea legislativa. A nivel personal parecíamos haber congeniado, pero él no podía hacerme una oferta hasta no discutirla con sus socios y obtener su aprobación.

El lunes siguiente, Alan me llamó para ofrecerme el trabajo y un salario de $93.000, la cantidad precisa que había presupuestado antes de que Ruden McClosky redujera mi paga. No lo dudé un minuto. Dos semanas más tarde, me presenté en la oficina de la firma en Hollywood para mi primer día de trabajo.

Me desperté temprano para evitar el tráfico. Cuando tomé mi billetera antes de salir, vi una nota amarilla adhesiva.

¡Buena suerte mañana!
No te pongas nervioso,
asegúrate de llegar puntual,
hazlo bien y

¡¡¡recuerda que te amo!!!

(P.S. Los chocolates son para cuando sientas hambre)

Cariños, Jeanette

El dinero adicional nos dio un pequeño respiro y pronto nos permitiría regresar a nuestra casa de West Miami. Me prometí no cometer los mismos errores que había cometido en Ruden McClosky y decidí llegar a la oficina antes de la siete cada mañana. No era un año de elección y ese verano podría pasar más tiempo en la firma. Tendría que esforzarme para que esta oportunidad funcionara o abandonar mi carrera política. Y estaba decidido a que no ocurriera lo último .

Un martes en la mañana volé a Tallahassee para empezar el trabajo de los comités. Estaba en mi oficina de la Cámara en una reunión y mi asistente, Nelson Díaz, me pasó una nota diciendo que una bomba había explotado en el World Trade Center. Había visitado las torres apenas cuatro semanas antes cuando estuve en Nueva York para asistir a una conferencia. El presidente de la Cámara, Feeney, había sido anfitrión de un evento para recaudar fondos para nuestros candidatos a la Cámara en Windows on the World en el piso 107 de la Torre Norte. Había llevado a Jeanette y Amanda conmigo y recordé cuánto me había costado meter el cochecito de Amanda en uno de los ascensores de la torre.

Nelson corrigió pronto su primer boletín. No había explotado una bomba. Un avión se había estrellado contra la Torre Norte. Como la mayoría de la gente, en un principio supuse que habría sido un accidente, el piloto de la aeronave tal vez había volado demasiado cerca de los edificios de Manhattan y de alguna manera había perdido el control del avión. Por televisión vimos al segundo avión estrellarse contra la Torre Sur y supimos que estaban atacando a los Estados Unidos.

En cuestión de minutos, policías fuertemente armados se movilizaron por toda la ciudad. Me pareció muy bien la pronta respuesta, pero pensé que era una reacción exagerada. No creía que los terroristas que acababan de asestar sus golpes en Nueva York y Washington, les interesaría atacar la soñolienta capital de la Florida. Nelson me recordó que el gobernador, cuya oficina quedaba cuatro pisos debajo de la mía, era hermano del presidente. Decidí que después de todo, salir del capitolio tal vez no fuera tan mala idea.

Deseaba llegar a casa lo más pronto posible, pero después de los ataques, todos los vuelos habían sido suspendidos. A la mañana siguiente me fui en auto a Miami, con otros tres colegas. Vivíamos a pocas millas del aeropuerto y ya estaba acostumbrado al ruido de los aviones, pero ahora solo se escuchaba un extraño e inquietante silencio, y el cielo vacío parecía más bien un sueño.

El shock y la incertidumbre que atenazaron a los americanos en esos primeros días y semanas después del 9/11 empezaron a ceder lentamente a medida que la gente retomaba sus vidas y todo volvía a lo que podría considerarse una nueva normalidad. Yo estaba administrando mejor mi tiempo y mi trabajo en la firma iba bien. Nuestra situación financiera había mejorado bastante. Ya estábamos más acostumbrados a los cambios que mi carrera política exigía en nuestras vidas. Estábamos tan contentos como antes. Y cuando en octubre Jeanette supo de un nuevo embarazo, ambos recibimos la noticia felices e ilusionados. No lo habíamos planeado, pero estábamos encantados de que Amanda tuviera un hermano o hermana de edad cercana a la suya.

La asamblea legislativa pronto empezaría el proceso de redistribución que siempre iba acompañado de una alta carga política y técnica, que se realizaba una vez por década con el fin de hacer la división por distritos. No tenía ningún papel oficial en ese proceso, pero me las arreglé para convertirme en actor clave del diseño de los distritos de la Cámara y defensor a ultranza del plan final. En el proceso, gané aceptación entre mis colegas republicanos y también el reconocimiento de John Byrd, el próximo presidente de la Cámara.

No sabía cuál sería mi próximo papel en la nueva asamblea legislativa. Después de dos años como Líder de la Mayoría Adjunto, el paso lógico era postularme para Líder de la Mayoría. Pero eran tantos los miembros de mayor antigüedad que me precedían, que la posibilidad de que lo hiciera parecía muy remota.

Jeanette tenía fecha de parto para el 18 de junio. La noche antes, me sentía preocupado. Mi investigación sobre las posibles complicaciones de cualquier parto me había vuelto un manojo de nervios el día en que nació Amanda, y atribuí mi ansiedad al recuerdo de esa experiencia.

Esta vez el trabajo de parto de Jeanette fue mucho más rápido que el anterior. Me pareció que solo habían transcurrido minutos cuando me presentaron a mi nueva hija, Daniella. No habíamos averiguado cuál sería el sexo y estaba contento de que Amanda tuviera una hermana, y Jeanette dos niñitas que la acompañaran cuando yo estuviera fuera de casa.

Jeanette dio a luz en una habitación grande y confortable diseñada específicamente para que las madres se sientan como en casa. Aunque la habitación era espaciosa, cuando Daniella nació había tanta gente presente, que no parecía grande. El doctor, la enfermera, Jeanette, su madre, mi madre, Verónica, las tres hermanas de Jeanette y yo estábamos presentes cuando Daniella llegó a este mundo. Tan pronto nació, todo el mundo quedó fascinado con ella y nadie se dio cuenta de que algo malo le estaba pasando a su madre.

Jeanette estaba sufriendo de una complicación obstétrica conocida como placenta acreta, por la cual la placenta se adhiere tan profundamente a la pared uterina que el obstetra debe removerla quirúrgicamente. Las mujeres con este trastorno a menudo presentan hemorragia y el resultado final puede ser una histerectomía o incluso la muerte, según la gravedad. Pude ver por la expresión del doctor que las cosas no andaban bien. Es un médico muy calmado y sereno que ha recibido a muchos de los niños de nuestra familia. Así que cuando súbitamente ordenó que todo el mundo menos yo abandonara la habitación, nos dimos cuenta de que algo andaba mal. Ordenó tres unidades de sangre y dijo a las enfermeras que alistaran el quirófano. Escuché a una de ellas convocar con urgencia al anestesiólogo a la sala de operaciones. Cuando se llevaban a Jeanette de la sala de partos al salón de cirugía, alcancé a oír que el doctor explicaba a las enfermeras lo que estaba ocurriendo.

Los treinta minutos siguientes se convirtieron en la media hora más larga de mi vida. Caminé de arriba a abajo frente al salón de cirugía, rezando por la recuperación de mi esposa. Vi a las enfermeras salir a toda velocidad para traer más unidades de sangre. Podía escuchar a nuestra familia en la sala de espera, riendo y bromeando, sin tener idea de la gravedad de la situación mientras yo luchaba por mantener la calma.

Tuvimos suerte y nuestro doctor pudo detener el sangramiento con un procedimiento quirúrgico relativamente menor que evitó la necesidad de una histerectomía. Esperé hasta que Jeanette estuvo de regreso en su habitación y acomodada para comunicarle a la familia la situación. Las veinticuatro horas siguientes serían cruciales. Jeanette había perdido tanta sangre que hasta el más leve sangramiento requeriría atención urgente. Pasé casi toda la noche mirándola mientras dormía y vigilando que no se presentaran más complicaciones.

Esa misma noche, el doctor vino a la habitación y nos explicó lo ocurrido. Cuando Amanda nació, hubo dificultad para detener el sangramiento de Jeanette, pero ahora con Daniella habíamos sobrevivido a una verdadera crisis. Nos aconsejó enfáticamente no tener más hijos porque sospechaba que Jeanette tenía una predisposición a ese tipo de trastorno. Me sentí tan aliviado de que ella y Daniella estuvieran bien, que en ese momento no podía pensar en tener otro hijo. Pero Jeanette pensaba diferente. Creía que tendríamos más hijos y tomó la recomendación como un comentario más. Unos días después nos fuimos a casa con instrucciones de que Jeanette tendría que tomarse las cosas con mucha calma durante las seis semanas siguientes.

Ese verano fueron las primarias para nominar los candidatos a la Cámara. Decidí mantenerme lo más alejado posible. Quería pasar tiempo con Jeanette y las niñas y no deseaba fastidiar más a los aliados de Gastón. En un recorrido frenético por todo el estado, Gastón estaba haciendo campaña por candidatos que lo apoyaran para ser presidente de la Cámara en la elección de 2004. Si un número suficiente de ellos ganaba, él tendría los votos para derrotar a su rival, Allan Bense, y convertirse en el primer presidente cubano americano de la Cámara de la Florida. Si yo hubiera hecho campaña, algunos de los candidatos que habría apoyado no eran partidarios de Gastón. De manera que limité mis actividades a apoyar a dos ex miembros de la campaña de Dole, David Rivera y Carlos López-Cantera.

Las primarias se llevaron a cabo en agosto. David ganó y Carlos perdió. Pero la noticia de la noche fue que no habían ganado suficientes de los candidatos de Gastón. Esa noche Gastón abandonó la contienda electoral y declaró su apoyo a Bense. Esa contienda había terminado y mis colegas pronto empezarían a concentrarse en la próxima campaña para presidente de la Cámara en 2006; el candidato sería elegido entre los miembros de mi promoción.

No había deseado ardientemente ser el primer presidente de la Cámara cubano americano. Pero con la derrota de Gastón, ya no había razones para que descartara esa idea. Dos presidentes de la Cámara servirían antes de que se escogiera uno de la promoción mía. El puesto que me asignara

Johnny Byrd, próximo presidente de la Cámara, determinaría si yo tenía o no probabilidades de convertirme en presidente de la Cámara en el año 2006.

Quería ser Líder de la Mayoría. Eso me daría una plataforma para involucrarme en los grandes temas que abordara la Cámara, en tanto que la presidencia de un comité restringiría mi participación solo a los asuntos de su jurisdicción. Pero todos los partidarios que consulté me desanimaron de ir tras el cargo. Dijeron que si era Líder de la Mayoría podía despedirme de mis aspiraciones de ser presidente de la Cámara. Tendría que ocuparme del procedimiento de contar los votos y presionar gente en casos de votos difíciles, y en ese proceso haría amigos y enemigos por igual.

Pero yo veía el cargo desde otro ángulo. Primero, no había garantía alguna de que fuera a ser elegido presidente de la Cámara, pero ahora mismo sí tenía una buena posibilidad de integrarme al cuadro directivo de la misma. Además, confiaba en mis habilidades para la comunicación y creía que el cargo de Líder de la Mayoría me daría amplia oportunidad de comunicar el mensaje republicano con respecto a los temas importantes.

Mike Corcoran era un asesor del presidente entrante de la Cámara, Byrd, que también había trabajado para mí. Le pedí ayudarme a persuadir a Johnny de que reestructurara el cargo de Líder de la Mayoría. Propuse que se limitaran sus responsabilidades a las de comunicación, y que las del conteo de votos recayeran en el puesto del Líder de la Mayoría Adjunto. Después de varias semanas de insistencia, el presidente Byrd me ofreció el recién reestructurado cargo de Líder de la Mayoría.

Había sido Líder de la Mayoría Adjunto en mis primeros dos años. Estaba a punto de ser Líder de la Mayoría. Pronto debería tomar otra decisión, mucho más difícil; una decisión que no solo afectaría el futuro de mi carrera política sino la felicidad de mi familia.

CAPÍTULO 17

Postulación para presidente de la Cámara

E N CIERTO SENTIDO, LA CAMPAÑA PARA SER PRESIDENTE de la Cámara es similar a una campaña para las primarias. No se necesitan anuncios en los autos, ni avisos, ni anuncios de televisión, pero es necesario recorrer el estado y también hay que reunirse con los votantes, un grupo muy selecto, por cierto. Pero como ocurre con cualquier grupo de votantes, sus intereses difieren. Algunos de mis colegas querían por su apoyo la presidencia de un comité; otros simplemente apoyan al candidato que más les guste. Pero la mayoría desea estar del lado del ganador, y para obtener su respaldo los votantes esperan tener una idea clara de quién será el mismo.

Sabía que si me postulaba para presidente de la Cámara tendría que superar varios obstáculos. Representaba un distrito de Miami-Dade, la región más populosa de la Florida, y la menos popular entre los diputados provenientes de otras partes del estado, en cuya opinión el sur de la Florida recibía una participación desproporcionada del presupuesto del estado. La Cámara no había tenido un presidente que fuera de Miami-Dade desde 1971, el año en que yo nací.

A fin de tener algún chance, debía contar con el apoyo de la delegación de Miami-Dade, la cual es conocida por una larga historia de poca unificación. Por lo menos uno de los partidarios de Gastón en la delegación pensaba que, por no haber descartado la probabilidad de mi propia postulación, yo había socavado la tentativa de Gastón de obtener el cargo de presidente de la Cámara. Otro integrante de la delegación estaba molesto conmigo porque en las primarias había apoyado a un oponente suyo. Estaba lejos de tener un respaldo unificado por parte de mi propia delegación.

Pocas semanas antes de retirarse de la contienda para presidente de la Cámara, Gastón y yo almorzamos juntos y me instó a postularme. Para crédito suyo y buena fortuna mía, él nunca creyó que yo hubiera tratado de socavarlo. No me atribuía su derrota de ser el primer presidente de la Cámara cubano americano. Por el contrario, me dijo que él había llevado el balón hasta la línea de las cinco yardas y que ahora confiaba en mí para llevarlo a la zona de anotación. Se sentía orgulloso de haber estado tan cerca de lograrlo, y más orgulloso aun de haber hecho más factible la posibilidad de que por fin un cubano americano fuese elegido presidente de la Cámara.

Decidí postularme, pero desde el principio cometí una serie de errores garrafales. El primero y peor de todos fue no haberlo consultado con Jeanette. Ella debió tener el derecho de vetar mi decisión. Pero di por descontado que me apoyaría. Esa presunción mía fue un error, y un error egoísta, porque Jeanette tendría que asumir aun más las responsabilidades de la crianza de nuestras hijas y el manejo del hogar, que ya llevaba de forma desproporcionada. Los viajes y el tiempo que la campaña demandaba, serían a expensas de mi familia. Públicamente, Jeanette apoyó mi campaña. Pero en privado, y con todo el derecho, me expresó su disgusto por la manera en que yo había tomado la decisión.

Mi segundo error fue comunicarle al *Miami Herald* que me postularía antes de haberle informado mi intención a la mayoría de los miembros de la delegación de Miami-Dade. Había hablado con algunos de ellos sobre mi decisión, pero la mayoría se enteró cuando leyeron la noticia en el periódico. Eventualmente, todos me apoyaron, pero muchos mostrarían poco entusiasmo por mi campaña.

Conformé un comité político que se encargaría de cubrir los gastos de la campaña para presidente de la Cámara. Pero decidí que Jeanette y yo manejáramos la recaudación de fondos y nos ocupáramos de presentar los informes al comité. Esa decisión probó ser desastrosa. Había calculado que tendría que recaudar de treinta a cuarenta mil dólares para pagar viajes, cenas y otros eventos que ofrecería, y hacer donaciones a las campañas de los candidatos republicanos. Calculé los costos por lo bajo, y recaudé y gasté considerablemente más de lo que había previsto. Tratando de hacerlo todo yo mismo, acabé muy enredado. Usé las tarjetas de crédito personales mías o de Jeanette para pagar muchos de los gastos de la campaña. Cuando recibía los estados de cuenta, debía pasar horas tratando de dilucidar cuáles gastos habían sido políticos y cuáles personales; y cuáles una combinación de ambos.

Le pedí a Jeanette que fuera tesorera del comité, con lo que la puse en una situación muy difícil. Ella no me acompañaba en la mayoría de los viajes ni iba a muchos de los eventos a los que yo asistía en el sur de la Florida. Vivía tratando de refrescarme la memoria para determinar cuáles de las compras con tarjeta de crédito eran gastos de la campaña; algunas veces semanas después de que yo las hubiera hecho. Era un sistema contable imperfecto, por decir lo menos.

Años más tarde, pagaría cara mi falta de llevar como es debido una contabilidad. La prensa y el gobernador Crist sacaron a relucir el asunto durante mi campaña para el Senado, y dieron a entender que yo me había embolsillado dinero de mi comité financiero y lo había empleado para cubrir gastos personales. No era cierto, pero yo mismo había contribuido a crear el malentendido que él aprovechó para explotar.

El período de sesiones de la asamblea legislativa en el 2003 fue una experiencia lamentable para todos sus participantes. No entregamos a tiempo un presupuesto del estado a pesar de tener superávit de ingresos. Nos la arreglamos para alejar al político más popular e influyente del estado, el gobernador Bush. Y todo el capital político que el presidente de la Cámara tenía cuando asumió el cargo, se había agotado antes de que con su mazo pusiera fin al período de sesiones.

Durante ese período de sesiones pasé mucho tiempo cultivando mi relación personal con los diputados y con otras personas que podían ejercer influencia sobre ellos. Gastón mantuvo a la delegación unida para apoyarme mientras yo me reunía con diputados del resto del estado. En ese esfuerzo, tuve dos aliados clave, Stan Mayfield de Vero Beach y Ralph Arza de Miami. Ambos habían considerado la idea de postularse para presidente de la Cámara, pero Ralph decidió apoyarme y persuadió a Stan de que también me apoyara. Por ser el primer diputado ajeno a la delegación del sur de la Florida en respaldarme, Stan fue una adquisición formidable.

La mañana en que Allan Bense fue nombrado próximo presidente de la Cámara, empezamos a buscar compromisos de apoyo. Comencé con quince compromisos, trece de la delegación del sur de la Florida, más el compromiso de Stan Mayfield y el de John Carassas, un colega de Becker and Poliakoff.

Mi competidor más cercano era Dennis Ross, que lucía y se comportaba como si ya fuera el presidente de la Cámara. Era un miembro de mi promoción muy maduro, inteligente y respetado, que contaba con siete compromisos. Varios de los demás candidatos tenían tres o cuatro cada uno. Parecía que la contienda sería reñida y prolongada, al contrario de la campaña de Bense y Canten que la había precedido.

Tenía una idea bastante precisa de la posición de la mayoría de los diputados. Ese verano, David Rivera había recorrido el estado y se había reunido con la mayoría de los de su promoción. Tomó nota detallada de sus conversaciones, y sabía lo que cada uno de sus compañeros de promoción pensaba de mí. Algunos creían que yo era demasiado cercano a Johnny Byrd. A otros no les gustaba Ralph o Stan y pensaban que si yo salía elegido, ellos dos obtendrían los mejores cargos directivos. A otros les parecía bien mi candidatura, pero aún no estaban listos para hacer un compromiso.

Stan y Ralph idearon un plan que consistía en colectar compromisos de segunda opción entre los miembros, para que yo tuviera la delantera en cuanto a los miembros ya comprometidos, pero también entre aquellos que prometieran apoyarme en caso de que su candidato abandonara la contienda. Fue una jugada muy acertada.

Estaba en casa la noche de un martes en la noche cuando David Rivera me llamó a contarme algo que acababa de saber por alguien de Lakeland, Florida, donde Dennis Ross vivía. Dennis les había contado a algunos amigos que abandonaría la contienda. Empecé a telefonear a los diputados que se habían comprometido con él pero que me tenían a mí como su segunda opción. A la mañana siguiente, tomé la I-75 con mi asistente, Sebastian Aleksander, rumbo a los distritos de la parte occidental del estado y apelé en persona a los miembros que habían apoyado a Dennis. Al finalizar el día, tenía veintinueve tarjetas de compromiso.

En la mañana del jueves empecé a llamar a mis rivales para convencerlos de desistir y de apoyarme. Esa misma tarde el último de mis competidores había abandonado la contienda. No todos se comprometieron conmigo pero yo era el único candidato que quedaba. Tenía treinta y nueve votos, y me apresuré a conseguir el resto.

El viernes tomamos un vuelo charter de Ft. Lauderdale a Tampa, donde los veinte diputados novatos se iban a reunir en casa de Kevin Ambler. Invité a Gastón a acompañarme. Él había hecho mucho por mí, y quería que estuviera allí para compartir nuestro histórico éxito. Pero fue tanta la gente que invité a volar conmigo que no hubo cupo para David Rivera, mi amigo y más leal partidario. Había hecho más por mi candidatura que ninguna otra persona, y lo dejé para que condujera por su cuenta hasta Tampa. Igual que una vez había dado por descontado el apoyo de Jeanette, ahora había dado por descontado el apoyo de David.

Al principio de esa semana, todo parecía indicar que la batalla por la presidencia de la Cámara sería larga y dura. Para finales de la semana, en medio de un torbellino de actividades, había conseguido los votos que necesitaba. Apenas cuatro años antes, era un comisionado municipal en la pequeña West Miami, y un candidato desconocido en una elección especial para la Cámara. Ahora, estaba a punto de convertirme en presidente de la Cámara de la Florida, el primero de Miami en más de un cuarto de siglo, y el primer cubano americano en su conseguirlo.

CAPÍTULO 18

Regreso a Roma

No sería hasta noviembre de 2006 que sería designado oficialmente presidente de la Cámara, tres años después de haber obtenido los compromisos necesarios, y en ese prolongado intervalo cualquier cosa podría suceder. Tan pronto el último de mis oponentes abandonó la contienda, circularon rumores de que aún era posible detenerme. Mi primera preocupación consistía en retener a mis votantes, a pesar de los ofrecimientos que les hicieran para que reconsideraran su compromiso.

A principios de 2004, contraté a Richard Corcoran para que dirigiera mi organización política. Inteligente y muy respetado, Richard era un abogado de Crystal River, Florida. Su primera tarea fue reorganizar mi comité político, un verdadero desastre en cuanto a la contabilidad, que después de una rápida revisión, decidió cerrar. Una vez que fue evidente que yo tenía los votos suficientes para ser elegido presidente de la Cámara, al comité había empezado a llegar una gran cantidad de dinero. Había que contabilizarlo meticulosamente y gastarlo con mucha prudencia. Abrimos un nuevo comité presidido por Richard y contratamos una firma profesional de contabilidad para que llevara los libros.

Durante mi campaña para presidente de la Cámara, algunos diputados me expresaron repetidamente su frustración por no poder influir sobre la administración de la Cámara y las políticas que el cuadro directivo decidía seguir. No aprobaban el estilo gerencial de anteriores *speakers* de la

Cámara, e insistían en que en el proceso debería existir la colaboración. Coincidía con ellos, y les aseguré que como presidente de la Cámara permitiría que los diputados crearan y siguieran prioridades en las políticas, en tanto que yo supervisaría el manejo de su agenda.

Richard y yo pasamos mucho tiempo ideando una estructura directiva que diera más poder a los diputados. El éxito de cualquier equipo directivo está en escoger personas idóneas, y Richard y yo buscamos cuidadosamente las diez o quince personas que conformarían mi círculo de asesores más allegados. Para eso conté con la influencia del libro de Jim Collins, *Good to Great*, y su consejo de que la función más importante de un líder es rodearse de personas idóneas y asignarles los puestos en los cuales puedan hacer mejor uso de su talento. Una vez que se tiene la gente correcta, el equipo decide qué dirección tomará.

También deseaba que la Cámara se convirtiera en un vibrante laboratorio de ideas; un lugar para concebir y desarrollar grandes y audaces ideas políticas. En ese empeño, influyeron mucho en mí la creatividad y arrojo del gobernador Jeb Bush, una verdadera fábrica de ideas, que había abierto las puertas a la innovación y usado su inteligencia, así como el poder y el empuje del despacho del gobernador, no solo para mejorar el estatus quo de los marginados, sino para superarlo y cambiarlo. El último período de Jeb terminaría ocho semanas antes de que yo me convirtiera en presidente de la Cámara. Su despacho estableció la agenda política de Tallahassee durante ocho años y su retiro dejaría un enorme vacío político en el gobierno del estado. Mi intención era que la Cámara llenara ese vacío.

Para cumplir ese objetivo, a Richard se le ocurrió la idea de escribir un libro similar a *Contract with America* que había ayudado a los republicanos a ganar la mayoría en la Cámara de Representantes de los Estados Unidos, para que sirviera como guía de la agenda política. El gobernador Bush me señaló que algunas de sus mejores ideas políticas provenían de e-mails enviados por floridanos comunes. Decidí seguir su ejemplo. En los dos años siguientes recorrí todo el estado reuniendo a otros miembros de la asamblea con votantes, en eventos que denominamos *idearaisers*. Seleccionamos las mejores ideas aportadas por todos ellos y las resumimos en un contrato con la Florida, que después publicamos bajo el título *100 Innovative Ideas for Florida's Future* (100 ideas innovadoras para el futuro de la Florida).

Mientras recorría el estado en el año 2003 preparándome para ser presidente de la Cámara, Jeanette permanecía en casa. Verónica la invitó a los servicios de una iglesia local a la cual asistía, la First Baptist Church of Perrine. Mi carrera política me absorbía de tal forma que había descuidado considerablemente mis responsabilidades espirituales para con mi familia. First Baptist, que más adelante cambiaría su nombre por el de Christ Fellowship, provocó un despertar espiritual en la vida de Jeanette y, eventualmente, también en la mía.

El pastor de esa iglesia, Rick Blackwood, predicador de gran talento, es un maestro en relacionar experiencias de la vida real con las enseñanzas bíblicas. La congregación de Christ Fellowship creció inmensamente bajo su dirección. Una de las razones de su popularidad, y su atractivo para Jeanette y para mí, era el excelente programa para niños que ofrecía los domingos. He escuchado a padres quejarse a menudo de lo difícil que es conseguir que sus hijos vayan a la iglesia el domingo. Desde que Jeanette empezó a asistir a Christ Fellowship, Amanda y Daniella prácticamente nos rogaban que las lleváramos a los servicios dominicales. Viendo el entusiasmo de mis hijas, y cómo se arraigaba la fe en mi esposa enriqueciendo su vida, no permití que conflictos de denominaciones perturbaran el despertar de esa fe. Quería que mis hijas crecieran, más que con cualquier otra cosa, con una profunda influencia religiosa en sus vidas. También deseaba que formáramos parte de una iglesia edificante, orientada a la familia, y eso era lo que Christ Fellowship ofrecía. La historia se repetía.

Mis padres también empezaron a asistir a los servicios en Christ Fellowship. Mi padre, que jamás había sido practicante, a menudo le insistía a mi madre para que fueran al servicio dominical. Los domingos iba a la iglesia toda la familia: mis padres, mis hermanas y sus familias, mi esposa, mis hijas y yo, y después almorzábamos juntos. Christ Fellowship volvió más unida a nuestra familia y la unió más a Cristo. Para finales de 2003, Christ Fellowship era la iglesia a cuyos servicios asistíamos regularmente y a la cual pagábamos diezmos. Era nuestra iglesia.

Sin embargo, teológicamente, yo no había dejado la Iglesia Católica. A pesar de nuestra creciente relación con Christ Fellowship, todos nuestros hijos habían sido bautizados en la Iglesia Católica. Y en muchas ocasiones, especialmente en la temporada de Cuaresma, algo en mí anhelaba volver a mis raíces católicas.

Una de las razones por las que muchos católicos romanos como yo se alejan de la Iglesia Católica es porque no apreciamos o no entendemos la plenitud de la fe católica. La base bíblica del catecismo católico, la teología tras la liturgia de la Iglesia Católica, sus símbolos y tradiciones sagradas, no las entienden completamente muchos católicos, incluso aquellos que asisten a misa con regularidad y reciben los sacramentos. Y si las enseñanzas o prácticas de la Iglesia Católica son cuestionadas, muchos católicos no saben responder.

Los americanos reciben noticias e información en formas cada vez más creativas y entretenidas. Y hay quienes quieren recibir su religión de igual manera. El evangelio predicado por un pastor talentoso que relacione su mensaje con las rutinas, los problemas, las aspiraciones y las tentaciones del diario vivir, es más asequible y comprensible para los americanos del siglo XXI, que buscan una relación más cercana con Cristo.

A menudo la Iglesia Católica americana no relaciona su liturgia y tradiciones con la vida de sus fieles. He escuchado a católicos diciendo que muchas veces salen de misa sintiéndose frustrados y apartados, como si hubieran participado en una ceremonia muy elaborada que no revela su propósito ni los acerca más a Dios.

Muchos católicos no entienden la riqueza de nuestra fe, la intención detrás de cada momento de la misa. Cada gesto, cada palabra, tiene un propósito y significado. A algunos les enseñan las prácticas, pero no los orígenes de nuestras tradiciones, y entonces no pueden relacionar claramente cada una de las partes de la liturgia con las verdades bíblicas e históricas.

Ahí estaba yo, que por no ser consciente de la plenitud de la liturgia ni de la íntima relación con Dios que proveen los sacramentos, dejé de ir a la Iglesia Católica y me uní a otra iglesia que estaba proporcionándole a mi familia una vida espiritual más personal y asequible.

Admiro a Rick y los otros pastores de Christ Fellowship. Respeto lo mucho que trabajan para satisfacer las necesidades espirituales de su rebaño. Cada domingo, vi allí a personas atribuladas y sin esperanzas aceptar a Cristo en sus vidas. Presenciar eso es una experiencia profundamente conmovedora.

Cada domingo recibía un poderoso mensaje del evangelio que se ajustaba a las dificultades que estaba afrontando, a los temores y las dudas que me asaltaban. Era un mensaje de salvación. Pero también era una guía práctica de cómo la religión que profesamos puede influenciar y orientar cada aspecto de nuestras vidas.

Me encanta asistir a Christ Fellowship. Siento un profundo respeto por esa iglesia. Pero a pesar de la fuerza de su mensaje, sentía que algo me faltaba. Tal vez fue por eso por lo que nunca recibí la comunión allí, ni fuimos bautizados y tampoco nos matriculamos en la clase introductoria requerida para convertirnos en miembros de Christ Fellowship con todas las de la ley.

Los servicios de esa iglesia ofrecían una poderosa enseñanza de la fe cristiana. Pero yo sentía que necesitaba algo más. Y después de alguna reflexión, finalmente descubrí lo que era. Anhelaba, literalmente, el santísimo sacramento de la Comunión, el punto de contacto sacramental entre el católico y la liturgia del cielo. Me preguntaba por qué no podía haber una iglesia que ofreciera a la vez un poderoso mensaje contemporáneo del evangelio y el cuerpo y la sangre reales de Jesús.

Conozco el viejo dicho que afirma "Una vez católico, siempre católico". No sabría decir si todo el mundo piensa igual, pero para mí lo que quiere decir esa frase va más allá de la nostalgia por las prácticas e instituciones religiosas de nuestra juventud. Lo que me devolvió a la religión católica fue algo más que un viejo hábito. No fue mi recuerdo, sino mi corazón, el profundo sentimiento de que la Iglesia Católica guarda la plenitud de la religión que Jesucristo fundó, que está construida sobre la verdad, y yo estaba sintiendo el llamado de esa verdad.

A finales de 2004 y principios de 2005, Ralph Arza, mi amigo y pionero de partidarios de mi campaña para presidente de la Cámara, me ayudó a volver a la Iglesia Católica. Influenciado por su esposa, Ralph se había convertido en un católico practicante. Me prestó los libros de Scott Hahn, un antiguo ministro protestante que se volvió predicador laico de la Iglesia Católica, y además, me leí todo el catecismo de la Iglesia Católica.

Una lazo emocional profundo, casi misterioso, me haló de regreso a mi iglesia. Pero los cuestionamientos que me hacía de sus enseñanzas y tradiciones sagradas me habían inspirado no solo a practicar, sino a desear comprender la liturgia.

La Iglesia Católica tiene respuestas no solamente para las críticas que recibe de otras iglesias, sino para la insatisfacción y el anhelo que lleva a las personas a buscar una relación más completa con Dios. Cada sacramento, cada símbolo y tradición de la fe católica va dirigido a transmitir, por sobre todas las cosas, que Dios también anhela una relación con cada uno de nosotros.

Tenemos a nuestra disposición muchos recursos que comunican esa verdad. A principios de 2005 descubrí una maravillosa publicación católica mensual, *Magnificat*, que empecé a leer fielmente. Cuando estaba en Tallahassee, iba a misa con Ralph todas las mañanas. Pero sabía que estaba entre la espada y la pared.

Me estaba volviendo un católico muy devoto mientras mi esposa e hijas estaban creciendo en la tradición de otra fe. La culpa era mía. Por seguir mis aspiraciones seculares, había descuidado mis responsabilidades espirituales en casa, y mi esposa e hijas habían encontrado su propio hogar espiritual. No estaba en posición de insistir en que mi familia regresara conmigo a la Iglesia Católica de la cual me había enamorado otra vez.

Me reuní con un sacerdote para discutir mi dilema. Sabiamente me dijo que debía estar agradecido de que mi esposa y mis hijas estuvieran fortaleciendo su fe en Jesucristo. Tendría que encargarme de mi propio crecimiento espiritual y confiar en que Dios se encargaría del resto. Y eso fue lo que hice. Entre semana, iba a misa en Tallahassee; y a menudo los domingos, antes de acompañar a Jeanette y las niñas a los servicios en Christ Fellowship, me iba yo solo a misa.

Nuestro viaje de fe continúa. Casi todos los sábados por la noche asistimos a los servicios en Christ Fellowship, especialmente si el pastor Rick va a predicar el sermón. Sus sermones todavía inspiran mi crecimiento en mi fe cristiana. El domingo, todos vamos a misa a la Iglesia Católica de St. Louis. Mis hijos están matriculados allí en las clases de la CCD. Las niñas hicieron su Primera Comunión en mayo pasado.

Algunos de mis amigos católicos ocasionalmente expresan su preocupación por mi asociación con Christ Fellowship. Pero yo no creo que ningún tiempo pasado en una iglesia sea demasiado, como tampoco considero demasiado ningún tiempo pasado en compañía de otros cristianos, sea cual sea su denominación. Acepto plenamente las enseñanzas de la Iglesia Católica Romana. Pero Dios se valió de Christ Fellowship para acercarme a Él y, en última instancia, a la Iglesia Católica. Como dicen, Él trabaja de forma misteriosa.

Algunas de las enseñanzas bíblicas que escuché en Christ Fellowship ayudaron a que la misa católica cobrara vida para mí, y ahora veo claramente cómo la Biblia está presente en cada palabra de la liturgia católica. El calendario litúrgico de la Iglesia Católica ya no es para mí una rutina sin sentido. Los días anteriores a la Navidad ahora son de Adviento, temporada de expectativa del más grande regalo que la humanidad jamás haya recibido. La Navidad no es un día, es una celebración del nacimiento de nuestro Salvador, que dura doce días. Y el pan de la Eucaristía no es solo un símbolo del sacrificio de Cristo por nosotros, sino el Cristo viviente, a disposición nuestra todos los días.

Parafraseando el título de uno de los libros de Scott Hahn, he llegado a mi hogar que es Roma, pero con un aprecio verdadero por la labor de mis hermanos y hermanas en Cristo que viven su fe en otras tradiciones.

Así como he tratado mi viaje de fe dentro del contexto de mi vida pública, he aprendido a aceptar la poderosa lección que conlleva. Nuestras aspiraciones seculares son infinitamente menos importantes que nuestro progreso espiritual, pero ellas conforman la vida, a menudo son seductoras, y constantemente nos tientan a invertir nuestras prioridades. Esas aspiraciones son una tentación toda la vida, una tentación a la cual he sucumbido y no me abandona. Todos anhelamos dejar nuestra huella en esta vida, y a veces olvidamos que nuestro lugar en la otra importa más. He ambicionado el éxito en este mundo. Espero haberlo hecho por las razones correctas. Pero conozco mis defectos lo suficiente como para admitir que quiero alcanzar distinciones para mi propio beneficio, en la equivocada creencia de que la felicidad está en el mismo. Es una lucha recordar eso cuando uno ha invertido tanto tiempo y esfuerzo en un triunfo que probablemente valore demasiado.

En cuanto a la política, el último período de sesiones fue tan difícil como el anterior. El presidente de la Cámara, Byrd, se había postulado para el Senado de los Estados Unidos y casi cada decisión que tomaba era vista por la prensa y los miembros de la Cámara como una decisión motivada por la política. Pero en el plano individual, cuando la Cámara suspendió sus sesiones en el verano de 2004, me sentía satisfecho. Mi comité político estaba bien organizado y dirigido. Sabía a cuáles diputados les pediría integrar mi equipo directivo. Muchos de ellos no me habían apoyado inicialmente, pero eran legisladores talentosos y personas idóneas para los puestos que tenía en mente para cada uno. Habíamos identificado objetivos serios para mi presidencia y habíamos ideado un buen plan para cumplirlos. No pensaba que las cosas pudieran ser mejores. Pero lo fueron.

CAPÍTULO 19

Presidente electo de la Cámara

EL PRESIDENTE ELECTO DE LA CÁMARA AÚN NO TIENE PO-
deres formales en la asamblea legislativa, pero la posición sí conlleva
responsabilidades políticas. A principios del año 2005, se esperaba que yo
dirigiera el apoyo del Partido Republicano de la Florida para nuestros candidatos a la Cámara en las elecciones de 2006. No tenía un puesto oficial,
pero es una tradición que el próximo presidente de la Cámara se encargue
de recaudar millones de dólares para financiar la operación de las campañas de los candidatos a la Cámara y tome las decisiones de contratación y
gastos. También se esperaba que yo representara al próximo presidente de
la Cámara, Allan Bense, cuando él no pudiera asistir a algún evento para
recaudar fondos para el partido o para uno de nuestros candidatos.

Todavía era bastante desconocido para la mayoría de los floridanos
fuera de mi distrito, pero la dirección del comité de campaña y mi inminente presidencia, marcaron el inicio de mi importancia política en todo
el estado. Esperaba impaciente las responsabilidades y el relevante perfil
público que mi nuevo papel implicaba. Pero no estaba preparado para el
minucioso seguimiento que se le debía hacer a las figuras políticas destaca-
das. En los meses siguientes a mi elección como presidente de la Cámara,
tomaría decisiones políticas y personales que me causarían vergüenza y
considerables dificultades políticas en el futuro, al tratar de explicarlas a
una prensa escéptica.

Buena parte del verano de 2004 la pasé cultivando mi relación con los mayores donantes del partido, muchos de los cuales no me conocían. Auturicé que mi comité político pagara un anticipo de honorarios a mi recaudadora de fondos, Bridgette Nocco, que organizaba las reuniones y más adelante sería directora financiera de las campañas de los candidatos de nuestro partido a la Cámara. A mi asesor Richard Corcoran también le pagué un anticipo de honorarios. Él se tomó un tiempo libre de su práctica como abogado para ayudar en mi campaña política, y merecía esa compensación ahora que se acercaban las elecciones. Y, en el otoño de 2004, también autoricé al comité para que contratara a mi sobrino Landy, así como al hermano de Jeanette, Carlos, y a su primo Mauricio, y los envié a ayudar en varias sedes de campaña por todo el estado. Eran demasiado jóvenes para alquilar un auto, así que rentamos la vieja furgoneta de mi suegra como medio de transporte.

No consideré que estas decisiones fueran inapropiadas. Bridgette y Richard jugaban un papel decisivo en la organización de mis actividades políticas. Además, necesitaba jóvenes asistentes con bajo salario para que me ayudaran; y Landy, Carlos y Mauricio eran personas capaces y estaban disponibles. Sin embargo, años más tarde, ya como candidato al Senado, algún medio de prensa vería las cosas bajo otra óptica. Los anticipos pagados a Bridgette y Richard serían considerados espléndidos. Y se me acusaría de canalizar dinero a mis parientes. En ese entonces no tenía suficiente experiencia para saberlo, pero en los años venideros aprendería que cada decisión mía, incluso la más insignificante, ya fuera personal o política, podría ser explotada por mis adversarios.

Tuve mi propia contienda de reelección en 2004. Un joven activista demócrata fue mi rival y, aunque mi distrito era mayoritariamente republicano, no quería correr riesgos. Como futuro presidente de la Cámara de la Florida no podía permitirme ganar la reelección por un margen menor del esperado porque eso podría resultar en un reto futuro a mi presidencia. Recaudé una suma de dinero considerable para mi campaña, y la usé en radio y televisión. Gané la reelección por un amplio margen, pero la campaña a gran escala rindió un beneficio adicional. La mayoría de los legisladores del estado son desconocidos fuera de sus distritos. Algunos ni siquiera en sus distritos. Mi campaña de reelección en 2004 elevó mi perfil considerablemente, no solo en mi distrito sino en todo el sur de la Florida.

Mis circunstancias personales también mejoraron notablemente en el año 2004. Ese verano, Mike Corcoran me presentó a unos abogados de Broad and Cassel, una firma de abogados con oficinas en varias ciudades de la Florida. Su oficina en Miami, que era su sede principal, se había estancado y querían revitalizarla. Me ofrecieron un salario anual de $300.000 por asesorar la firma, casi tres veces lo que ganaba en Becker and Poliakoff. Para mí fue terrible tomar una decisión porque cuando Alan Becker me ofreció empleo, yo estaba en grandes dificultades económicas y ahora me sentía en deuda con él. Pero no podía dejar pasar la seguridad financiera que la oferta de Broad and Cassel significaba para mi familia. Tenía treinta y cuatro años y era la única fuente de ingresos de una familia joven. Debía pagar una hipoteca, los préstamos estudiantiles y otras deudas, y vivíamos siempre pensando en el próximo cheque de mi salario. Necesitábamos una casa más grande que la nuestra de dos dormitorios en West Miami, y mi salario en Broad and Cassel nos permitiría comprarla y, además, saldar algunas deudas. Le pregunté a Alan si podría igualar la oferta de Broad and Cassel. No podía. Me sentía muy mal por dejar Becker and Poliakoff, pero sabía que era lo mejor para nuestra familia y acepté la oferta.

En octubre supimos que Jeanette estaba embarazada por tercera vez. La preocupación por su salud empañó un poco nuestra felicidad dado el susto que pasamos cuando nació Daniella. No habíamos planeado sus dos primeros embarazos y tampoco este. Era una bendición y la aceptamos como tal, pero tomamos todas las precauciones tratando de asegurarnos de que ella no fuera a estar expuesta a una hemorragia después del parto. Durante este embarazo le practicaron cinco ultrasonidos y para alivio nuestro, cada uno de ellos indicó un embarazo normal y un parto sin complica ciones.

Nos decidimos por una casa a dos cuadras de nuestro hogar, en diciembre de 2004. Cuando depositamos $555.000, aún no estaba construida y la dirección era un lote vacío, pero la casa tendría dos pisos, cuatro habitaciones y una piscina. Como todas las casas en pre construcción durante el boom de los bienes raíces, su valor aumentaría una vez construida. También le añadimos algunas mejoras al plan original, que pagamos en efectivo. Un año más tarde, el valor de la casa sobrepasaba los $700.000, lo que nos permitió obtener una línea crediticia para agregar otras mejoras y comprar el mobiliario.

Para finales del año 2004 tenía mucho que agradecer. Esperábamos un bebé para el verano de 2005. Por primera vez en nuestra vida de casados teníamos estabilidad económica. Nos mudaríamos a nuestra casa en la Navidad del año siguiente y habíamos pagado algunas de nuestras deudas. Sería presidente de la Cámara de la Florida en dos años. Y una vez que terminara mi período en la asamblea legislativa regresaría a ejercer mi carrera de abogado. Mi futuro se veía brillante.

Quería usar estos dos años antes de convertirme en presidente de la Cámara en construir un equipo de liderazgo y una estructura de gobierno que me permitiría tener éxito una vez que fuera presidente. Así que pasé gran parte del 2005 y el 2006 trabajando en asuntos importantes de nuestro distrito, fortaleciendo la relación con mis colegas y manejando campañas de la Cámara.

Una operación política en todo el estado resulta costosa. Y además de las tradicionales responsabilidades del presidente electo de la Cámara de presidir reuniones y eventos de recaudación de fondos con candidatos y donantes en todas partes de la Florida, también participé en los *idearaisers* que habíamos creado como base para la agenda política que seguiría como presidente de la Cámara. Todas esas actividades generaron gastos. Gastos de viaje: pasajes aéreos, alojamiento en hoteles, alquiler de autos y alimentación. Los costos de equipamiento también fueron sustanciales. No podíamos usar para fines políticos nada que fuera propiedad del estado. El equipo usado para cada llamada telefónica que hacía, cada *e-mail* que enviaba o cada discurso que escribía para campañas de la Cámara, debía ser pagado con fondos políticos. Así como también una serie de gastos incidentales, como flores para un donante por la muerte de alguien de su familia.

En el pasado, otros líderes legislativos electos habían hecho que cabilderos pagaran esos costos. Era usual que los miembros pidieran a algún cabildero que cubriera con su tarjeta de crédito la cuenta de una comida ofrecida por el comité en un restaurante o les prestara su avión privado para desplazar a los integrantes del comité. Richard Corcoran me recomendaba insistentemente que descontinuara esa práctica, y yo estaba de acuerdo. Los cabilderos podrían continuar haciendo donaciones a las campañas de la Cámara, pero nosotros no nos apoyaríamos en ellos para pagar nuestras cuentas.

Yo podría haber pagado mis gastos de viaje y demás para que el partido en el estado me los reembolsara. Pero para que mi nombre no apareciera docenas de veces en los informes del partido, usé una tarjeta Business American Express, abierta por el partido desde febrero de 2005 con vigencia hasta noviembre de 2008, para pagar los gastos relacionados con el partido. No había nada raro en ello. Típicamente el partido proporciona tarjetas de cargo a los líderes legislativos para que paguen los gastos relacionados con el partido. Las cuentas mensuales permiten identificar y detallar fácilmente los gastos políticos específicos que van al informe financiero trimestral del partido. A diferencia de una tarjeta de crédito, una tarjeta de cargo es una tarjeta de pago cuyo saldo debe ser liquidado cada vez que finalice el período que se haya acordado, que en este caso era un mes. La tarjeta se había obtenido bajo mi nombre y número de seguro social y utilizando la información de mi crédito personal. Yo tendría que pagar los gastos que no estaban relacionados con el partido.

De enero de 2005 a octubre de 2008 cargué a mi tarjeta American Express suministrada por el partido unos $160.000 por gastos autorizados del mismo partido. El 89 por ciento de esa suma correspondió a pagos de viajes, alquiler de autos, combustible y alimentación. De hecho, durante mis dos años de presidente de la Cámara ahorramos a los contribuyentes de la Florida $32.000 al hacer que el partido y no el estado pagara mis costos de viaje a Tallahassee.

Pero en esa tarjeta también se cargaron unos cuantos gastos personales. Por ejemplo, yo mismo me equivoqué al sacarla de mi billetera y pagué con esa tarjeta a los adoquinadores. Mi agente de viajes usó esa tarjeta erróneamente para pagar por una reunión familiar en Georgia; un único gasto que correspondió al 75 por ciento de los gastos personales cargados a la tarjeta. En cada oportunidad, identifiqué los cargos y los pagué directamente a American Express. El Partido Republicano de la Florida no pagó por ninguno de ellos.

De todos modos, en retrospectiva, desearía que jamás se hubiera cargado ninguno de esos gastos. Más adelante, cuando las cuentas se filtraron durante mi campaña para el Senado, produjeron escepticismo en la prensa y confusión en parte del público, y llevaron a que un oponente sugiriera que el partido había costeado gastos personales. Como es sabido, pero no sobra repetir, en política no solo hay que serlo, también hay que parecerlo.

En mi último período de sesiones legislativas antes de convertirme en presidente de la Cámara, Allan Bense me nombró presidente de un comité selecto creado por él a raíz de un fallo de la Corte Suprema de los Estados Unidos, *Kelo vs. The City of New Haven*. En esencia, el fallo establecía que el gobierno podría embargar propiedad privada bajo dominio eminente y transferirla a un tercero también privado si consideraba que ese embargo iría en defensa del interés público. La decisión generó un gran asombro que se expandió por todos los Estados Unidos y enfureció a los americanos, que consideraban sagrado su derecho a la propiedad. Los estados se apresuraron a buscar formas de eludir el cumplimiento del fallo. No era un asunto partidista. Demócratas y republicanos se oponían al fallo. Como presidente del comité selecto, mi tarea sería producir un acuerdo legislativo bipartidista que sirviera de modelo para la nación.

Pero salvo por un breve período en el que había presidido el Comité de Reclamaciones de la Cámara, no tenía mucha experiencia en dirigir uno. Siempre había estado en la directiva y no había necesitado de la presidencia de un comité para tener influencia en la Cámara. Esta sería la gran prueba de mis aptitudes directivas, y sabía que todos estaban pendientes porque así verían cómo sería mi desempeño futuro como presidente de la Cámara. Pasamos varios meses recogiendo testimonios de diputados, del público en general y de expertos externos. En un proceso abierto y participativo, redactamos cuidadosamente un proyecto de ley y una enmienda constitucional. Permití que un diputado novato, Dean Cannon, presentara la legislación y dirigiera el debate. Años más tarde, Dean se convertiría en presidente de la Cámara, y creo que esa primera oportunidad de demostrar su liderazgo lo ayudó a ganar el cargo. Cuando terminamos, recibí elogios de todos los involucrados, incluyendo a los demócratas más importantes del comité, lo cual les dio a mis colegas la confianza de que sería un presidente imparcial y productivo.

En enero de 2005 asistí al Super Bowl en Jacksonville. El recuerdo más especial que tengo de ese día no tiene nada que ver con el partido. Vi a un padre y su pequeño, ambos con uniforme y gorra de los Philadelphia Eagles, compartir una experiencia preciosa que recordarían por siempre; así como la compartimos mi padre y yo en tantos partidos de los Dolphins. Por primera vez en mi vida experimenté el anhelo de tener un hijo. Tenía dos hijas preciosas, a las que amaba tanto que jamás había echado de menos tener un hijo. Pero unos cuatro meses más tarde, cuando nació Anthony Luis Rubio, quedé extasiado.

Cuando Jeanette empezó el trabajo de parto, estaba terriblemente nervioso por lo ocurrido cuando nació Daniella. El doctor que la atendió estaba preparado en caso de que se presentara una hemorragia. En el quirófano lo acompañaban las tres enfermeras con más experiencia del ala de obstetricia y un anestesiólogo listo a intervenir de ser necesario. Este resultó ser el parto más corto y menos complicado de los cuatro embarazos de Jeanette, y después del nacimiento de Anthony tampoco se presentaron complicaciones.

Como hice con mis dos hijas, esa mañana, con mi hijo en brazos, imaginé lo que sería nuestra vida juntos. Esta vez, por supuesto, con fútbol americano incluido.

En septiembre sería nombrado oficialmente presidente de la Cámara y tendría que prestar juramento como tal en la siguiente asamblea legislativa. Ni siquiera esa experiencia de ver materializada una aspiración por la que había trabajado tanto puede compararse con la experiencia de cargar un hijo por primera vez, y con ese amor puro, casi del otro mundo, que se experimenta cuando nacen los hijos. Trato de recordar ese amor mientras voy por el mundo, para no olvidar a dónde es que mi corazón realmente pertenece.

En el verano, después de que nació Anthony, trabajé en el discurso que pronunciaría cuando fuera nombrado presidente de la Cámara. Así que programé mi tiempo para redactarlo alrededor de su horario de alimentación. Jeanette se iba a la cama a las once, yo le daba a Anthony su tetero a medianoche, después lo dormía y luego escribía. Al amanecer, me iba a la cama hasta las nueve.

Reescribí ese discurso muchas veces, pues quería lograr varias cosas. Deseaba honrar a mis padres y los sacrificios que habían hecho por mí; reconocer a la comunidad cubana en el exilio que me había promovido y luego elegido para el cargo; y por último, quería transmitirle a la Cámara el objetivo de mi presidencia. Durante años, el motor de todas las políticas significativas del gobierno del estado fue la visión del político de la Florida que más admiraba, el gobernador Jeb Bush. Su período ya finalizaba, y dejaría el cargo poco después de que yo asumiera el mi presidencia de la

Cámara. No creía que ninguno de los candidatos que lo sucederían seguiría su ejemplo de liderazgo audaz, y deseaba que la Cámara llenara el vacío que él iba a dejar.

El día de mi nombramiento estaban en el salón prácticamente todos los políticos republicanos importantes del estado, que habían venido a escucharme pronunciar el discurso más significativo de mi carrera política hasta ese momento.

En el discurso di a conocer mis planes de recorrer el estado y unirme a los legisladores para obtener de los votantes sus recomendaciones para nuestra agenda política. Pero quería impactarlos. Había hecho imprimir la cubierta del libro *100 Innovative Ideas for Florida's Future* y había ordenado que pusieran una copia del libro en cada escritorio con la cubierta. Les pedí a los presentes mirar en sus escritorios y abrir el libro que allí encontrarían. Cuando lo hicieron, vieron que todas las páginas estaban en blanco. Dejé pasar unos segundos y luego les dije que las páginas estarían llenas para cuando nos reuniéramos en noviembre de 2006 después de haber escuchado a nuestros electores y seleccionado sus mejores ideas. La gente de la Florida establecería nuestra agenda, sus prioridades serían las nuestras.

Terminé el discurso con la hipotética historia de una joven mujer.

Hoy, en algún lugar de la Florida, una joven madre soltera dará a luz a su primer hijo. Tal vez ella provenga de un hogar deshecho o, quizás peor, haya crecido saltando de un hogar temporal a otro. En cualquier caso, probablemente haya crecido pobre, asistiendo a malas escuelas. Quizás lea a un nivel de quinto grado. Nunca se habrá graduado de secundaria. Sola y extraviada, ha pasado la mayor parte de su joven vida buscando quien la ame. Y en esa búsqueda, ha vivido una serie de relaciones con hombres abusivos e irresponsables, entre ellos el padre ausente de su hijo. Aunque recibe una buena asistencia del gobierno, poco ha hecho para mejorar su vida. Está atrapada en la pobreza. Hasta este momento, nada le ha salido bien. Pero hoy, su vida ha cambiado para siempre. Hoy, por primera vez, ella tuvo en los brazos a su hijo recién nacido. Y en ese momento, ella fue igual a todos los progenitores del mundo, ricos o pobres, privilegiados o desfavorecidos. Hoy, cuando miró a los ojos de su hijo por primera vez, vio lo que la madre de todos ustedes vieron en sus ojos y lo que mi madre vio en los míos. Vio todos los sueños y las ilusiones que una vez ella tuvo. Y en su corazón arde la esperanza de que todo lo que ha salido mal en su vida, saldrá bien para ese hijo, que todas las oportunidades que ella no tuvo, las tendrá su hijo.

Cuando acabé, noté que algunas personas del auditorio habían dejado escapar una lágrima, entre ellas Toni Jennings, nuestra vicegobernadora. Ese relato fue lo más impactante de mis palabras y casi me habían convencido de no incluirlo en el discurso. Todos mis asesores se habían opuesto a que lo pronunciara porque les preocupaba que sonara como un demócrata. Solo una persona había estado segura de que debería mantenerlo en el discurso: Jeanette. No fue la primera ni será la última vez que la haya escuchado.

Con esa historia quería lograr dos objetivos. El primero era recordarles a los diputados nuestra obligación de emplear el tiempo que ocupemos en cargos públicos en mejorar la vida de aquellos a quienes servimos de una manera positiva. El segundo, enfatizar la importancia del poder y de las posibilidades que nos ofrece, y hacer de ello el propósito de nuestra labor.

En mi oficina, colgamos fotografías de "héroes desconocidos" de la Florida, gente común y corriente que a lo largo y ancho de nuestro estado influía positivamente en la vida de otras personas. Ellos eran un recordatorio para nosotros, y para el que visitara esta oficina, de que nuestra obligación es para con la gente de la Florida; no para con la política ni para con el poder.

Sabía por experiencia propia que el propósito de la vida de mis padres había sido ayudar a sus hijos a que hicieran realidad los sueños que ellos no habían podido alcanzar para sí mismos. En mis campañas aprendí que esa historia no es la de mi familia solamente, sino que es una aspiración común a las personas de todas partes. La oportunidad de darles a sus hijos el chance de hacer lo que ellos no pudieron hacer es lo que hace de los Estados Unidos un país tan especial, y yo quería que los republicanos nos caracterizáramos por ayudar mucho a cada madre y padre de la Florida para que pudieran darles a sus hijos la oportunidad decorosa de lograr sus sueños.

Ese día fue y será siempre para mí muy especial. Obviamente marcó un hito en mi carrera pública. Mis padres estuvieron presentes. Vieron a su hijo disfrutar el éxito y los honores que habían soñado para mí, por los que se habían sacrificado tanto. Mis hijos estaban presentes, como un día yo espero estar a su lado para presenciar sus triunfos.

Mi discurso se transmitió a Cuba por Radio Martí. No sé realmente cuánta gente del país de mis antepasados lo escucharía, pero si fue uno solo, me sentiría muy complacido. Porque soy hijo de inmigrantes, un americano cuya historia empezó en otro sitio, que guarda en su corazón un lugar muy especial para la tierra que sus padres abandonaron con tal de que sus hijos pudieran alcanzar sus sueños.

CAPÍTULO 20

Presidente de la Cámara

E L 20 DE NOVIEMBRE DE 2006, CUANDO ME TOMARON JU-
ramento como presidente de la Cámara de Representantes de la Florida,
estaba seguro de haberlo hecho todo bien. Había planeado cuidadosamente
mi transición. Había diseñado una nueva estructura directiva para la Cámara que le daría más poder a sus miembros y también demandaría de
ellos más responsabilidad. Había comenzado y liderado una iniciativa de
cooperación externa entre los votantes de la Florida para solicitar sus ideas
con tal de crear una ambiciosa agenda política. Había contratado algunos
de los más talentosos políticos del estado como colaboradores. Quería que
mi presidencia fuera innovadora, audaz y completa, y no estaba dispuesto
a perder ni un minuto de mi período en nada que no contribuyera al desarrollo de esa aspiración.

Sin embargo, la política no opera con ese grado de eficiencia, por muy
preparado y decidido que uno esté. Es un gran medio para enseñar humil-
dad, aunque uno crea que no necesite esa virtud.

Escogí a doce de los diputados para que conformaran mi equipo directivo. En los meses que precedieron a mi toma de posesión del cargo, nos
reunimos con regularidad en distintos lugares del estado y ocasionalmente
en sesiones de grupo con votantes. Las sesiones de grupo nos ayudaron
a comunicar las políticas que seguiríamos en el año venidero. Pero, más
importante aun, nos permitieron conocer las preocupaciones de los vo-

tantes. En ese momento, la economía de la Florida y la economía nacional todavía eran fuertes. Sin embargo, entre los votantes de nuestras sesiones de grupo había una inquietud evidente, como si anticiparan una baja inminente. Presentían que las crecientes tasas aseguradoras de propiedad y el alza de los impuestos de la propiedad eran nubarrones que presagiaban una tormenta que pronto los arrasaría. La fuerza de esa preocupación influyó en la selección de nuestras políticas y también en el lenguaje que utilizamos para defenderlas.

Había escogido los miembros de mi directiva muy cuidadosamente. Sabía que su asesoría y apoyo serían cruciales para que pudiera ser el presidente de la Cámara que deseaba ser. Pero antes de posesionarme, perdería a dos de ellos.

Jeff Kottkamp fue el primero en marcharse. Había sido uno de mis rivales cuando me postulé para presidente de la Cámara, pero admiraba su capacidad y confiaba en él. Ese verano, Charlie Crist lo escogió como compañero de candidatura. Me alegré por él, pero lamenté bastante perderlo, y tuve que apurarme para conseguir quien lo reemplazara.

Antes de decidirse por Jeff, el equipo de Crist me había contactado para saber si me interesaría ser investigado para la nominación de vicegobernador. No creo que ellos me consideraran seriamente, supongo que fue un intento de halagar al presidente electo de la Cámara. Pero lo rechacé. Si hubiera aceptado y se hubiera sabido que me estaban investigando para ese puesto, eso habría sido caótico para los republicanos de la Cámara, algunos de los cuales habrían querido reemplazarme como presidente.

Mi decisión también probaría ser afortunada por otra razón. Si hubiera accedido a que me investigaran, tres años más tarde la campaña de Crist habría contado con una enorme ventaja inicial para su investigación sobre mí como oponente, cuando decidí postularme para la nominación al Senado.

La pérdida de Jeff fue un duro golpe. Pero fue la pérdida de otro de los miembros de mi directiva la que se convertiría en una de las experiencias más dolorosas de toda mi carrera política. Ralph Arza y yo no siempre nos habíamos entendido bien. Alguna vez habíamos tenido la misma aspiración y nos habíamos considerado rivales. Pero eventualmente nos volvimos muy buenos amigos y aliados. Ralph había sido uno de mis más leales y activos partidarios. Teníamos una buena amistad, y no, como pueden ser las amistades políticas, una relación de conveniencia mutua. Mi sobrino, Landy, salía con su hija mayor.

Ralph estaba involucrado en una lucha política con el Superintendente de Escuelas de Miami. El asunto se tornó alarmante cuando varias personas sostuvieron que Ralph había hecho un comentario racista en referencia al superintendente, que era afroamericano. Uno de sus acusadores fue un compañero republicano, miembro de nuestra delegación de Miami. Cuando en octubre, en un mensaje de voz, Ralph le dejó a un compañero legislador un mensaje con el mismo comentario racista del que había sido acusado antes, fue obligado a retirar su postulación para la reelección.

Mi propósito era que la Cámara operara de forma diferente a como lo hacía en el pasado, cuando el presidente de la Cámara tenía tanta autoridad que los diputados siempre podían atribuir la culpa de cualquier fracaso al "cuarto piso", que era como llamaban a su oficina. El presidente de la Cámara siempre había sido quien decidía cuáles comités tendrían jurisdicción sobre una legislación, y su decisión podía significar la vida o la muerte de un proyecto de ley. Si él lo asignaba a uno o dos comités, el proyecto de ley tenía posibilidades de ser aprobado. Si lo asignaba a cinco o seis comités, el período legislativo de sesenta sesiones expiraría antes de que todos los comités hubieran evacuado el proyecto de ley.

Decidí renunciar a la facultad más importante que tenía un presidente de la Cámara, y se la pasé a los miembros de mi directiva que presidirían los comités de la Cámara. Los presidentes de comité decidirían cuál subcomité estudiaría el proyecto de ley o si el comité completo asumiría esa responsabilidad. También fusioné las facultades políticas y presupuestarias de cada comité. Ahora, se asignaría un presupuesto a cada uno de los comités, y cada cual decidiría cómo financiar sus políticas dentro de los límites de esa asignación.

Bajo mi presidencia, los presidentes de comité tendrían más poder que nunca antes, pero también aumentarían su responsabilidad y su obligación a la hora de rendir cuentas. Confiaba en los líderes que había escogido. Había pasado con ellos mucho tiempo en los meses previos a mi toma de posesión y conocía bastante sus capacidades e intereses. Basado en ese conocimiento me apoyé al escoger las responsabilidades que les asignaría.

En los últimos años, una serie de tormentas devastadoras casi había acabado con las compañías aseguradoras de la propiedad privada en la

Florida, y las pocas compañías que aún ofrecían esos seguros estaban cobrando tarifas exorbitantes. Esto se convirtió en el mayor problema político del estado. Pocas semanas después de posesionarme como presidente de la Cámara, el nuevo gobernador, Charlie Crist, citó a la asamblea legislativa a una sesión con miras a que se aprobara su propuesta para resolver la crisis. La propuesta era un remedio puramente político. Pretendía declarar la guerra a las compañías aseguradoras, al darle a la aseguradora estatal la facultad de competir en el mercado privado. Las consecuencias a largo plazo de su propuesta no le preocupaban. Sabía que a corto plazo la medida contaría con la aprobación generalizada de los floridanos, a la sazón muy enojados con las aseguradoras privadas. Pero con las consecuencias que su solución tendría a largo plazo, se enojarían aun más. Si la agencia estatal, que por supuesto era subsidiada por el estado, no pudiera cubrir los gastos de otra devastadora tormenta o de una serie de tormentas, los contribuyentes tendrían que pagar ese déficit.

Las perspectivas de que hubiera oposición a los planes del gobernador eran desalentadoras. Recién elegido gobernador republicano con el apoyo de los republicanos y demócratas del Senado de la Florida, acusaría al miembro de la Cámara que se opusiera a su propuesta de que seguramente las aseguradoras privadas le estaban cuidando el bolsillo.

Logramos modificar un poco el proyecto de ley. Limitamos la capacidad de expansión de la aseguradora estatal, y conseguimos que todo el mundo estuviera de acuerdo en que fuese una medida temporal. Cuando se recuperara el mercado privado y las tasas bajaran, la compañía estatal saldría de ese mercado. Pero fuera de esos pequeños cambios, la legislación daba al gobernador la mayor parte de lo que buscaba. Las directivas de la Cámara decidieron aceptar las pequeñas concesiones obtenidas, aprobar el proyecto de ley y vivir para luchar otro día.

En mi primer mes como presidente de la Cámara nada parecía estar saliendo bien. Aprendí que la cobertura de prensa del presidente de la Cámara es diferente a la de un presidente electo. La diversión empezó pocos días después de mi toma de posesión.

Durante la transición, Allan Bense, el presidente de la Cámara que se retiraba del cargo, nos había pedido opinión en cuanto a algunas mejoras para el complejo de oficinas de la Cámara. Hicimos varias sugerencias, una de ellas fue convertir un espacio anodino y no utilizado del tercer piso en un comedor para miembros de la Cámara exclusivamente. El lugar ya tenía cocina, habría que derribar una pared y amueblarlo con mesas y sillas plásticas. Teníamos dos propósitos en mente al sugerirlo. El primero era simplemente ofrecer a los diputados un sitio en el que pudieran comprar su desayuno o almuerzo sin estar rodeados por cabilderos.

La segunda razón era ayudar a mejorar la cortesía bipartidista en la asamblea legislativa. Muchos de sus miembros ni siquiera se conocían entre ellos. En la era de los períodos limitados, los diputados simplemente no alcanzaban a estar tiempo suficiente para entablar una relación cercana con miembros del otro partido. Casi todos se veían solamente en los debates en el hemiciclo o en los comités. La cortesía en la Cámara escaseaba y pensábamos que un comedor abierto a todos los miembros serviría para que legisladores de ambos partidos se conocieran mucho mejor y mejorara la cortesía en el lugar. Anticipando cualquier crítica por parte de la prensa, antes de posesionarme les enseñamos el nuevo comedor a los periodistas. A ninguno de ellos pareció interesarle mucho.

Los cambios que habíamos hecho a la estructura de los comités de la Cámara también requerían algunas modificaciones en las oficinas. Por una parte, yo había creado la posición de Alto Comisionado Demócrata en los comités, y le había dado al Líder de la Minoría, Dan Gelber, la facultad de escoger a sus miembros de rango superior; facultad que, hasta donde sabía, ningún presidente de la Cámara había otorgado jamás al líder de la oposición. Por otra parte, ahora necesitábamos espacio de oficina para los nuevos miembros de rango superior en las suites de los comités o cerca de ellas. Al fusionar las facultades políticas y presupuestarias de los comités, les habíamos asignado más personal, y eso también requería espacio de oficina adicional. El único cambio en mi propia oficina fue el desmonte de una escalera de caracol que conectaba la oficina del presidente de la Cámara con la del Líder de la Mayoría.

No esperaba que ninguno de estos cambios suscitara controversia. Pero muchos de los medios de comunicación pronto los reportarían como un extravagante despilfarro del dinero público, afirmando que habíamos gastado cientos de miles de dólares en remodelar mi oficina y en la construcción de un comedor lujoso. Un ejercicio de periodismo inexacto y sensacionalista, por decir lo menos, y decepcionante. Aun más decepcionante fue que los diputados demócratas, beneficiarios de la mayoría de las mejoras, no hubieran defendido mis decisiones.

A las noticias siguieron editoriales implicando que en mis primeros días como presidente de la Cámara había salido a gastar dinero a raudales. Fue mi primera experiencia con el intenso escrutinio de la prensa y no diría que la disfruté mucho. El hecho de que hubiéramos adecuado con mobiliario económico un espacio ya existente no fue óbice para que algunos periodistas aseguraran que yo había construido un comedor de lujo. El hecho de que casi todos los cambios realizados fueran en espacios de oficina ya existentes tampoco les impidió afirmar que yo había gastado miles de dólares para arreglar mi propia oficina.

En ese estado de cosas, tampoco ayudó que los medios se concentraran en José Fuentes, mi secretario de prensa. Viejo amigo, veterano de la campaña de Dole y miembro de mi círculo más allegado, José trabajaba entonces en Washington, D.C. y para que viniera a Tallahassee tuve que igualar su salario de ese momento, que era significativamente más alto que el de los secretarios de prensa anteriores. También con eso se dieron banquete los medios de comunicación, y esa historia llevó a otras historias sobre contratación de personal.

Muchos de los asesores de Jeb Bush quedaron disponibles cuando él dejó su cargo. Inteligentes y talentosos expertos en política, ellos habían contribuido a la reputación de Jeb como un ejecutivo innovador, audaz y eficiente. Los admiraba, valoraba su competencia y creatividad y contratamos docenas de ellos. Como ya estaban en la nómina pública, fueron contrataciones laterales, lo que significaba que mantendrían los salarios que ganaban en el despacho del gobernador. Casi ninguno de ellos trabajaría para mí directamente. La mayoría fue contratada como directores de personal de los comités. Ellos también se convirtieron en blanco de los periodistas, pero su blanco favorito siguió siendo José. Se deleitaban en reportar que José era solo uno de los muchos a quienes el nuevo presidente de la Cámara le pagaba un salario de seis cifras.

Con solo unas cuantas semanas en mi cargo estaba recibiendo tremenda paliza. Había creído que la prensa se concentraría en el proyecto de las 100 ideas en las que la Cámara trabajaría bajo mi presidencia. Pero eso fue ingenuo de mi parte. La experiencia me enseñó, en esa desagradable pero provechosa lección, que los periodistas, especialmente los de medios de prensa, trabajan bajo una constante presión para descubrir controversias y escándalos donde no los hay.

El año 2007 empezó con el populista enfoque de la crisis de los seguros de la propiedad por parte del gobernador Crist y el estilo que impuso en su despacho de gobernador. Jeb Bush era un político audaz, un hombre de ideas e ideales. Maduro en su discernimiento, no temía sostener una decisión poco popular si pensaba que era la correcta. Charlie Crist es lo opuesto. Es un hombre cortés y agradable, pero en realidad no se ha fijado ideales ni tiene un interés particular por la política; y más que tratar de persuadir a un público airado de que no exigiera políticas que podría llegar a lamentar, era el primero en agarrar una horquilla y asaltar el castillo. Con el proyecto de ley de seguros de la propiedad nos había derrotado en un juego de gallina, amenazando con vetar cualquier cosa contraria a sus exigencias. Obtuvimos unas cuantas concesiones y lo dejamos pasar. Había aprobado un proyecto de ley que no me gustaba. Me había visto sometido al fuego periodístico por la construcción de unas oficinas y la contratación de asesores. Había perdido a Ralph Arza. Mi secretario de prensa decidió que no tenía por qué soportar más improperios y renunció. Mi jefe de gabinete renunció en febrero para postularse para una de las primeras vacantes en el Senado del Estado, lo mismo que otros dos de mis doce directivos, incluido mi *Pro-Tempore*, Dennis Baxley. Un inicio convulsionado, por decir lo menos.

CAPÍTULO 21

Caer como una piedra

JEB BUSH HABRÍA DICHO QUE SE TRATABA DE UNA EXCELente jugada. La eliminación del impuesto sobre la propiedad privada para reemplazarlo con un impuesto al consumo era la reforma más audaz de nuestro proyecto de 100 ideas. El aumento incontrolable del impuesto sobre la propiedad privada se había convertido en una carga aplastante para muchas familias floridanas. Un impuesto al consumo habría afectado menos sus ingresos. Cuando les mostráramos las cifras y vieran que gastarían menos, podríamos convencerlos de apoyarlo. Pero era una posición que se prestaba fácilmente a la demagogia y de un enorme peso político. Sus oponentes se concentrarían en el incremento del impuesto a las ventas e ignorarían la eliminación del impuesto a la propiedad privada.

El equipo directivo debatió si nos arriesgábamos a presentar una reforma audaz, nos conformábamos con un enfoque más modesto o adaptábamos los cambios puramente cosméticos propuestos por el gobernador Crist durante su campaña. Votamos por hacerlo en grande.

Dimos a conocer el plan pocas semanas antes del inicio del período regular de sesiones y el asunto dominó las noticias a lo largo y ancho del estado. La reacción inicial me sorprendió agradablemente. Los gobiernos locales expresaron preocupación por la propuesta, pero la mayoría de las figuras políticas ofrecieron su apoyo o se reservaron su juicio. Entonces entró en acción la ley de gravedad de la política y nos vimos con una enorme pelea entre manos.

Los demócratas, que en un principio habían apoyado la idea o mostrado algún interés, recibieron instrucciones de las directivas de su partido de empezar a atacarla y dieron marcha atrás porque decían que sería un favor para propietarios acaudalados. El Senado de la Florida hizo su usual juego de Tallahassee de apoderarse de una gran iniciativa de la Cámara para utilizarla como rehén en negociaciones por encima de las prioridades legislativas del Senado. Incluso los miembros republicanos de la Cámara estaban nerviosos. Legisladores veteranos del Senado contrataron a asesores y cabilderos para advertir a los diputados de que su apoyo a un aumento al impuesto de ventas los expondría a ataques en las próximas elecciones.

La prensa también se mostró escéptica. Solo un consejo editorial consideró la idea de manera imparcial. Los demás medios la presentaron como una triquiñuela lateral de acompañamiento para ayudar a los ricos a volverse más ricos y quebrar a los gobiernos locales. Algunos incluso sugirieron que yo había apoyado el plan porque me beneficiaría personalmente y calcularon cuánto me ahorraría en impuesto sobre la propiedad si la legislación se convertía en ley.

Sin embargo, ya nos habíamos lanzado y no había más que hacer sino abrirnos paso, ganar o perder. En esta pelea me faltaba personal. Mi jefe de gabinete, que había jugado un papel decisivo en la organización de nuestro cuadro directivo y nuestra agenda, se había marchado, igual que cuatro de los miembros originales de mi equipo directivo. A uno de mis amigos más cercanos en la directiva, Stan Mayfield, le diagnosticaron cáncer del esófago y tuvo que pasar la mayor parte de ese período de sesiones en Houston, donde lo estaban tratando. Nos habíamos pasado más de dos años escogiendo y estructurando nuestra directiva y fomentando el compañerismo entre nosotros. Ahora, casi la mitad de ellos se había marchado y los habían reemplazado personas que no habían participado en nuestra planeación. Además, empezamos demasiado tarde. Debíamos haber comenzado la defensa del plan en el verano antes de las elecciones y así lo habríamos presentado como mandato. O, por lo menos, debimos empezar cuando lanzamos las *100 Innovative Ideas for Florida's Future* (100 ideas innovadoras para el futuro de la Florida). Pero alcanzar el consenso en la directiva nos tomó mucho más tiempo del que esperaba, y cuando lo logramos, solamente faltaban dos semanas para que se convocara el período de sesiones.

Nuestra primera tarea fue reforzar el apoyo con miembros de rango. No podía permitirme perder más de dos republicanos cuando el tema se sometiera a votación. Pero sabía que ganar la batalla de la opinión pública sería más difícil y más importante si debíamos superar la oposición de los demócratas y la renuencia del gobernador y el Senado. Recorrí todo el estado, asistiendo a mítines para apoyar el plan. Atendí incontables entrevistas por radio y televisión explicándolo y defendiéndolo. El apoyo no aumentó mucho, se quedó en cincuenta-cincuenta. Pero sí logramos que el impuesto sobre la propiedad se convirtiera en un tema principal para todo el estado.

La experiencia me volvió mejor servidor público. Aprendí a pelear una gran batalla política. Tuve que convencer a los votantes de que nuestro plan era sensato y para su mayor beneficio. Tuve que defenderlo de ataques agresivos. Tuve que responder muchas preguntas de la prensa sobre el plan. Tuve que trabajar estrechamente con activistas en todo el estado. No caí en cuenta en ese momento, por supuesto, pero las semillas de mi elección para el Senado en 2010 se plantaron en la primavera de 2007.

En la Cámara aprobamos el plan con el apoyo casi unánime de los miembros republicanos. Pero el período de sesiones terminaría antes de que el Senado empezara a legislar, y sabíamos que el gobernador Crist estaba trabajando con republicanos del Senado para debilitarnos. Nunca había tenido una buena relación con Charlie Crist. Tanto él como los miembros de su personal me habían mirado sospechosamente desde el principio. Yo era cercano a Jeb Bush y había contratado a varios empleados que trabajaron para el oponente de Crist en las primarias republicanas. El plan para el impuesto sobre la propiedad reforzó sus sospechas y alimentó lo que imparcialmente podría describirse como antipatía mutua. Crist estaba decidido a no dejarse aventajar por nosotros en el tema. En una conferencia de prensa, se jactó de que demandaría que una nueva ley hiciera caer "como una piedra" al impuesto sobre la propiedad. El plan que como candidato había defendido, de duplicar la *homestead exemption* [leyes que otorgan determinados privilegios a la residencia familiar como la imposibilidad de embargarla por deudas, exenciones o deducciones fiscales, etc.], habría reducido el impuesto sobre la propiedad de forma insignificante. Pero eso poco le importaba. Su verdadero propósito era llevarse el crédito de cualquiera que fuera el plan aprobado.

El Senado podía esperar a que se acabara el período de sesiones sin actuar con respecto al plan. Pero no podría evitarlo por siempre. El tema se había vuelto demasiado conspicuo. Insistimos en que se convocara una sesión especial para resolver el asunto y el Senado tuvo que acceder. El gobernador hizo todo lo posible porque en el Senado aprobaran su plan. La idea obtuvo una buena votación, razón por la cual la había propuesto durante su campaña. Pero yo la critiqué públicamente y le dije a la prensa, y a quien quisiera escucharlo, que duplicar la *homestead exemption* muy seguramente no haría que el impuesto sobre la propiedad "cayera como una piedra".

Hicimos todo lo posible, pero nuestro plan de reemplazar el impuesto sobre la propiedad con un impuesto al consumo nunca alcanzaría la popularidad suficiente para prevalecer. Sin el apoyo del gobernador, no pudimos apretar suficientes clavijas en el Senado para que lo aprobaran. Tomé la decisión pragmática de abandonar la idea de desmontar todo el sistema del impuesto sobre la propiedad, y más bien empujar una reforma seria del sistema existente. A muchos republicanos de la Cámara les disgustó mi decisión. Habían recibido el veto de la Cámara y muchos sentían que habían puesto su reelección en riesgo solo para ver nuestro plan abandonado. Algunos pensaron que mostrábamos debilidad por haber cedido bajo la presión.

Pero en el proceso legislativo siempre resulta más fácil derrotar una idea que aprobarla. El bando que desea desarrollar un plan siempre está en desventaja frente al bando que desea detenerlo. La reforma del impuesto sobre la propiedad no era una prioridad del Senado. Ellos se habían visto forzados a hacer algo acerca del tema porque nosotros lo habíamos convertido en una prioridad para los votantes de la Florida. Pero no habíamos tenido éxito en conseguir una clara preferencia del público por nuestro plan.

El tiempo tampoco nos favorecía. En el próximo período de sesiones a mí me quedaría un año como presidente de la Cámara, y cuanto más me acercara al final de mi período menos influencia tendría. Me preocupaba, también, que cuando los republicanos de la Cámara volvieran a casa recibieran una reprimenda de sus gobiernos locales, y regresaran a Tallahassee renuentes a retomar el tema. Estaba convencido de que el período de sesiones especial del verano de 2007 sería nuestra mejor y última oportunidad de aprobar una reforma significativa. Aunque ya no era nuestro plan original, teníamos la obligación de obtener el mejor trato posible para nuestros electores.

Ese verano, la Cámara y el Senado acordaron reformas sustanciales. No tan trascendentales como habríamos deseado, pero el proyecto de ley tampoco era lo que yo denominaba *"Tallahassee Special"* ("Especial de Tallahassee"), una reforma solo de nombre. La legislación hizo reducciones estatutarias en el código del impuesto sobre la propiedad, y contenía una enmienda a la constitución de la Florida que, de ser aprobada por los votantes, habría reducido aun más el impuesto sobre la propiedad. Los floridanos verían ahorros reales.

Tuvimos una conferencia de prensa para celebrar el logro con el presidente del Senado y el gobernador Crist. El gobernador se apareció con una piedra para enfatizar que con la discusión del proyecto de ley, los impuestos caerían como una piedra. Nosotros colgamos detrás nuestro un letrero que anunciaba el proyecto de ley como el mayor recorte de un impuesto en la historia de la Florida.

Si la historia hubiera acabado ahí, habría sido un logro legislativo tremendo. Pero antes de que los votantes tuvieran oportunidad de dar su opinión, las cortes de la Florida declararon "confusa y engañosa" la enmienda constitucional y la sacaron de la votación. Había vuelto la presión para que se hiciera algo sobre el impuesto sobre la propiedad, y se convocó otra sesión especial para octubre.

El Senado ya había perdido la paciencia. Los senadores no habían querido ocuparse del asunto pero, gracias a nosotros, habían pasado la mayor parte del año tratándolo. Sentían que habían actuado de buena fe y que habían hecho lo mejor posible. Nosotros aprobamos un proyecto de ley y las cortes lo habían tumbado. Ahora, lo único que querían era zafarse de todo el asunto tan rápido como pudieran. Se alinearon para apoyar el plan original de Crist de duplicar la *homestead exemption*, plan que yo sí consideraba un *"Tallahassee Special"*.

Ese octubre de 2007 creamos otro plan de reforma del impuesto sobre la propiedad en la Cámara, con un apoyo bipartidista casi unánime y lo enviamos al Senado. En su afán por dejar el tema atrás, el Senado lo ignoró.

Tomaron y aprobaron la propuesta de Crist, nos la enviaron y se fueron a casa. Muchos de mis colegas se ofendieron, y argumentaron que después de haber creado enormes expectativas por un proyecto de ley que recortaría drásticamente los impuestos, ofenderíamos a mucha gente si nos conformábamos con los cambios menores ofrecidos en el plan del gobernador. Lo mejor será rechazarlo, me aconsejaron, irse a casa y pelear el asunto el año siguiente. En parte tenían razón.

Pero si lo rechazábamos, no habría alivio al impuesto sobre la propiedad ese año. Y para poder poner una categoría en la votación para una elección especial en enero de 2008, la ley requería que aprobáramos algo para finales de octubre de 2007. Pensé que los votantes se disgustarían más si no aprobábamos nada que si aprobábamos la propuesta de Crist. El gobernador nos culparía a nosotros de ese fracaso y los votantes pensarían que habíamos preferido irnos a casa en vez de ceder. Sospechaba que Crist andaba secretamente haciendo campaña para que bloqueáramos el proyecto de ley porque le preocupaba que de ser aprobado los votantes se darían cuenta de lo poco que había logrado. Me imagino que antes de tener que rendir cuentas, prefería tener un chivo expiatorio al que culpar.

Sabía que el proyecto de ley no era lo suficientemente bueno y estaba seguro de que si lo aprobábamos, sería difícil revivir el tema. Pero también sabía que habíamos hecho todo lo que pudimos. Habíamos hecho todo lo posible, pero nos quedamos cortos. Acepté la dura realidad de nuestra situación y permití que el proyecto de ley pasara.

La prensa lo aclamó como un gran triunfo de Charlie Crist y una gran pérdida para la Cámara y para mí. Supongo que lo fue, pero la pérdida fue más grande aun para la gente de la Florida. El legado de un presidente de la Cámara se logra en su primer año, pues su influencia disminuye en el segundo. Para bien o para mal, la reforma del impuesto sobre la propiedad sería mi legado y, por decirlo suavemente, había quedado incompleto.

Nuestro cuarto hijo, Dominick, nació a finales de agosto de 2007. A medida que el año llegaba a su final, miraba mi último año como presidente de la Cámara con la sensación de que quedaban muchas cosas aún por hacer. Volvimos a intentar tomar medidas con respecto al impuesto sobre la propiedad en la próxima sesión. Ideamos una nueva propuesta. Hicimos mítines para promoverla. Recogimos firmas para que se incluyera en la votación. La aprobamos en la Cámara. Pero en el Senado se hizo caso omiso de ella. El presidente del Senado quería concentrar sus esfuerzos en reformar el sistema universitario del estado y se negó a dejarse arrastrar nuevamente al debate del impuesto sobre la propiedad. La agenda política del gobernador Crist para el 2008 no era gran cosa.

Pasé casi todo mi último año en la asamblea legislativa de la Florida, administrándola más que emprendiendo nuevas iniciativas. Convertimos en leyes un número de políticas de nuestro proyecto de las 100 ideas, que había estado detenido en el Senado el año anterior. Además, confrontamos unos cuantos temas difíciles que no estaban previstos. Y ese año también recibí otros golpes más de la prensa.

El *Miami Herald* me acusó de tratar de amañar a favor de un amigo, Max Álvarez, el proceso de licitación estatal para concesiones en el Turnpike de la Florida. Max escapó de Cuba siendo un niño. Es un hombre que se ha hecho a sí mismo, propietario de docenas de estaciones de gasolina en Miami. Me había comentado varias veces su preocupación de que el Departamento de Transporte de la Florida había hecho imposible para todos, excepto para las grandes compañías, licitar con éxito en contratos para tener y operar estaciones de gasolina en el Turnpike, al insistir en que las compañías licitaran por concesiones de gasolina y comida al mismo tiempo. La competencia limitada afectaba no solo a las compañías pequeñas como la de Max, sino a los ingresos fiscales del estado. Había visto este tipo de *impasse* antes a nivel local, cuando las especificaciones de una licitación estaban escritas en tal forma que solo una o dos compañías tienen oportunidad de ganar el contrato. Accedí a apoyar la legislación que requiere licitar por separado las concesiones de gasolina y comidas.

A algunas personas del Departamento de Transporte no les agradó mi posición, como tampoco a las compañías que habrían podido licitar ambas concesiones. Dijeron al *Miami Herald* que yo había intervenido en el proceso para darle ventaja a un amigo. La asamblea legislativa no podía adjudicar ni negar contrato alguno, por supuesto, y ninguna disposición de la legislación daba a Max ventaja sobre sus competidores. Pero el *Herald* aparentemente creyó la historia e insinuó que yo había tratado de facilitar las cosas a un amigo y partidario.

Mi nombre se reivindicó meses más tarde cuando el contrato se adjudicó a un gran conglomerado español, pero solo después de una serie de litigios entablados por los licitantes perdedores, que afirmaban que la licitación había sido amañada para adjudicársela a la compañía más grande.

Pocas semanas después, el préstamo con garantía hipotecaria de mi casa se convirtió en objeto del escrutinio de la prensa. No lo había incluido en mi información financiera. Fue un descuido mío y merecía que me llamaran la atención por eso. Pero la prensa también insinuó que el préstamo en sí había sido impropio. No era así, por supuesto, y una vez que demostramos haber pagado una tasa normal de interés y que la casa había sido avaluada correctamente, se acabó el tema. Por un tiempo estuve ofendido y perdí el ritmo. Pero he llegado a aceptar que en este trabajo es necesario tener un cuero de acero.

Recuperé el equilibrio después de que las controversias se disiparon a tiempo para terminar nuestro trabajo sobre unos cuantos temas importantes antes de que llegara a su fin mi carrera en la asamblea legislativa de la Florida. El verano anterior el gobernador había emitido una serie de decretos instituyendo normas sobre el calentamiento global, regulaciones de *cap and trade* o tope y canje, que se convertirían en ley a menos de que la asamblea legislativa las invalidara. Teníamos la difícil tarea de producir un proyecto de ley para que firmara el gobernador, que invalidaría sus propios decretos, pero le encontramos una solución. Aprobamos un proyecto de ley que ordena al Departamento de Protección Ambiental de la Florida crear un plan de *cap and trade* para el estado, pero el plan no entraría en efecto a menos de que la asamblea legislativa lo aprobara. El gobernador lo firmó porque podía alegar que recibió una iniciativa de firma aprobada por la asamblea legislativa. La asamblea legislativa lo aprobó porque sabíamos que podríamos detenerlo más tarde, independientemente de lo que hiciera el gobernador.

Cuando fuimos rivales un par de años después, en un esfuerzo por convencer a los votantes republicanos de que él era el candidato más conservador, Crist alegó falsamente que yo apoyaba el *cap and trade*. Citó para ello una entrevista en la cual yo había mencionado la hipótesis de que alguna forma de *cap and trade* eventualmente llegara a ser una ley nacional. Tanto John McCain, el candidato republicano por la presidencia, como los candidatos demócratas, los senadores Obama y Clinton, apoyaban el sistema de *cap and trade*. Yo había sugerido que la Florida debía prepararse para lo inevitable adoptando una política propia al respecto, pero no la apoyaba. Escribí un artículo de opinión para el *Miami Herald* denunciando los decretos del gobernador poco después de que este los anunciara.

Ese año también se propusieron varias medidas de inmigración coercitivas del estado. Yo no quería que el estado asumiera una responsabilidad que le corresponde al gobierno federal y no deseaba que la Cámara perdiera tiempo en una legislación que el Senado no aprobaría. Y muchos de nuestros diputados no deseaban debatir un tema que dividiría la Conferencia Republicana en líneas étnicas. Dejé clara esa posición mía en numerosos comentarios públicos. Pero no ordené a los presidentes de comités con jurisdicción sobre el tema, que rehusaran estudiar la legislación. Ellos tomaron la decisión de no hacerlo. De todas maneras, grupos antiinmigrantes me acusaron de ser responsable de evitar que la Cámara se ocupara del tema, acusación que ellos y Crist repetirían cuando me postulé para el Senado en el 2010.

El tema más difícil que enfrentamos ese año 2008 estaba relacionado con el tratamiento para niños autistas. El grupo de defensa Autism Speaks, se había enfocado en la Florida como parte de una campaña nacional para exigir cobertura de los seguros para el autismo. Antes de 2008 yo sabía muy poco de ese trastorno, pero eso había cambiado cuando Jeanette y yo empezamos a conocer familias con niños autistas. Nos reunimos con padres que no disponían de recursos para pagar la costosa y temprana intervención que sus hijos requerían; papás desesperados y mamás abnegadas que amaban profundamente a sus hijos y solo querían poder darles la oportunidad de tener una vida productiva. Nos asombró la cantidad de amigos nuestros que tenían niños autistas o con otras discapacidades, que merecían la asistencia de una sociedad generosa.

Conformé un comité especial encargado de mejorar los servicios que el estado prestaba a niños con discapacidades. Me aseguré de designar demócratas y republicanos por igual, que hubieran expresado interés en el tema. Ellos produjeron una legislación que habría podido ayudar a miles de familias. Ya era tarde en el período de sesiones, pero tenía la esperanza de que un tema que afectaba y conmovía a tantas personas animaría al Senado a actuar con prontitud. Sin embargo, los viejos y cansados políticos de Tallahassee pueden frustrar hasta la mejor de las intenciones.

Un senador del estado que estaba en su último período, había propuesto un proyecto de ley sobre el autismo año tras año y jamás había conseguido que lo aprobaran. Su proyecto solo se ocupaba de servicios para el autismo, nada para niños con otras discapacidades. No era tan amplio como nuestra legislación. En homenaje a él, el Senado retomó y aprobó su proyecto, no el nuestro, y nos lo envió retando a la Cámara a votar en su contra.

Una vez más, en mis últimos días como presidente de la Cámara, estaba atrapado por el Senado. En los debates sobre seguros y el impuesto sobre la propiedad había aprendido que cuando la asamblea legislativa ha tratado un tema, así haya sido ineficazmente, es muy difícil conseguir que lo retome el año siguiente. Si yo accedía a aprobar el único proyecto de ley sobre el autismo del Senado, decepcionaría a miles de familias, incluidos miembros de la Cámara que tenían niños con discapacidades y habían trabajado tan duro para producir y aprobar nuestro proyecto de ley. Nosotros les habíamos dado esperanzas y conformarnos con un proyecto de ley solo para el autismo sería un golpe tremendo. Pero si no aprobábamos el proyecto de ley del Senado, las familias con niños autistas sufrirían y la culpa recaería sobre nosotros. Tenía muy poco tiempo para tomar una decisión y oré pidiendo orientación.

Muchos de mis colegas estaban indignados. El Senado siempre nos hace lo mismo, se quejaban. Hace lo que quiere, se niega a negociar y nos reta a que no hagamos nada. Debemos darles una lección; dejemos morir el proyecto de ley y volveremos con el nuestro en el próximo período de sesiones. Pero no podía hacerlo. Ayudar a unos niños era mejor que no ayudar a ninguno. Y mis colegas, pasada su molestia inicial, accedieron a aprobar la medida del Senado.

El proyecto del autismo fue la última legislación que aprobamos en ese período de sesiones. No fue mi intención pasar por encima del Senado. Había querido ejercer una influencia positiva en la vida de las personas que no tenían a dónde más recurrir. Debimos conformarnos con ayudar solo algunas de ellas. No era suficiente, pero era algo.

Mi período como presidente de la Cámara de la Florida fue una de las experiencias más difíciles y aleccionadoras de mi vida. No todo salió como hubiese querido, por supuesto, pero me siento orgulloso de muchas cosas que logramos. Balanceamos el presupuesto durante los dos años, como requiere la constitución de la Florida, sin alzar los impuestos. Recortamos los gastos y produjimos presupuestos más bajos que los que pedían el gobernador y el Senado, y forzamos al gobierno a tomar decisiones difíciles que beneficiarían a las familias de la Florida. Y nuestro proyecto de las 100 ideas sirvió de premisa para el avance de otras leyes. Estoy muy orgulloso de que hayamos continuado con las reformas de educación comenzadas por Jeb Bush. Modernizamos el currículo de educación de la Florida y alzamos los criterios para Matemáticas, Ciencias y Artes del Lenguaje, con el fin de preparar mejor a nuestros estudiantes para la universidad, escuelas técnicas y para el éxito en el mercado global. No logramos la reforma del impuesto sobre la propiedad que creo hubiese revitalizado la economía de la Florida, pero hicimos mucho por las vidas de los floridanos, y me siento agradecido por ese privilegio. Es costumbre que el último día de sesiones el presidente de la Cámara que se retira de su cargo pronuncie un discurso de despedida en la Cámara, y yo había pensado mucho en lo que diría al terminar mi carrera de nueve años en la asamblea legislativa de la Florida. Mis colegas desvelaron mi retrato oficial, y me hicieron un maravilloso y muy apreciado obsequio de despedida; dos años de entradas para los partidos de los Miami Dolphins.

Estaba frente a la sala donde había pronunciado tantos discursos. Quería reflexionar sobre toda mi vida y no solo mis años en la Cámara, para poder rendir homenaje a mis padres que se habían sacrificado por mis sueños y al país que me había permitido vivirlos.

Rara vez había tocado el tema de mi religión en público. No la había ocultado, pero tampoco la había mencionado. Sin embargo, a lo largo de mis treinta y siete años Dios me había bendecido una y otra vez. Había tenido oportunidades de hacer cosas que las personas que me amaban no habían tenido, no porque yo fuera mejor que ellos sino porque había sido más bendecido que ellos. Había sido bendecido con una familia fuerte y estable, con muy buena salud y una buena educación, con unos padres que me alentaron a soñar y una esposa que me ayudó a alcanzar mis sueños. Había sido bendecido con haber nacido americano.

"Dios es real", les dije a mis colegas. "Él nos ama a todos".

Era un discurso que debía haber pronunciado hacía mucho tiempo, pero había estado condicionado por lo políticamente correcto y por la idea predominante de que hablar de la fe no está bien en público. Sin embargo, por mucho que lo intentemos, no podemos alejar a Dios de nuestras vidas; de cada momento, cada aspiración, cada fracaso y cada éxito. Lo reconozcamos o no, Él habita en nuestras vidas por completo. Me había tomado demasiado tiempo, pero estaba decidido a no dejar la Cámara si rendirle un homenaje público a Dios por las bendiciones que Él había derramado sobre mí y sobre nuestro país. Nadie pareció ofendido. Unos cuantos diputados se mostraron realmente conmovidos por mis palabras.

Ahí acabó todo. Dejé Tallahassee en la primera semana de mayo, sin más planes que volver a ejercer la abogacía seriamente. Durante veinte años me había impuesto metas y las había cumplido. Ahora, por primera vez en mi vida adulta, realmente no tenía ni idea de lo que vendría después.

Mi abuelo materno, Pedro Víctor García,
fue una gran influencia en mi vida.

Mi madre, Oriales (Oria), en la parte superior de las
escaleras, cargando mi hermana mayor Bárbara a su
llegada a Cuba en un viaje en 1960. Mi padre y mi
hermano se les unieron en ese mismo viaje para analizar
las posibilidades de regresar al país.

Mi padre y yo afuera de la primera casa que mis padres compraron
en Miami, 1972.

Jugando con mi hermana Verónica en el complejo de apartamentos Toledo Plaza que mi padre administraba.

Mi papá, Mario Rubio, trabajaba como barman.

Mi mamá, Oria Rubio, trabajaba como empleada doméstica.

Mi amor por el fútbol americano comenzó temprano. Aquí estoy en mi primer año jugando en la liga Pop Warner en Las Vegas, 1980.

Con mi papá, de camino a un juego de los Delfines de Miami en 1990. Mi Pontiac Firebird azul aparece al fondo.

Verónica y yo de toga y birrete en 1996. Me gradué de la Escuela de Leyes de la Universidad de Miami y Verónica de la Universidad Internacional de Florida, con un título de licenciatura.

Con mi esposa Jeanette y mis padres el día de nuestra boda, el 17 de octubre de 1998.

Me postulé como candidato a comisionado ciudadano de West Miami en 1998. Mi primer equipo de apoyo incluia a (de izquierda a derecha): mi esposa Jeanette; su hermana Adriana Fonseca; David Rivera y José Mallea.

En 2006, Dan Marino vino a Tallahassee para cabildear en favor de un proyecto de ley sobre el autismo, que sería aprobado durante mi última sesión como Presidente de la Cámara, en 2008.

Jeb Bush, gobernador de la Florida hasta 2007, ha sido una influencia y un apoyo importante desde el inicio de mi carrera política. Aquí, me entregó una espada el día de mi juramento como Presidente de la Cámara en 2006.

Con mi padre a mi lado y mi familia detrás de mí, ingresé oficialmente en la carrera por el Senado de la Florida como candidato republicano en abril de 2010 en el Cooper Park de West Miami. Fue la última actividad pública a la que mi padre pudo asistir antes de que su salud decayera.

Reunión con votantes en
St. Augustine, Florida, en
2010 durante mi campaña
en autobús a lo largo y
ancho del estado.

Retratado con mis oponentes:
el Gobernador Charlie Crist
y el Representante Kendrick
Meek, antes de un debate en
octubre de 2010.

El momento en que fui declarado ganador de la carrera por el Senado, el 2 de noviembre de 2010.

Toda mi familia se unió a mí en el escenario para festejar mi elección y agradecer a nuestros seguidores. Mi esposa Jeanette sostiene a nuestro hijo Dominick, mientras que nuestro hijo Anthony y nuestras hijas Amanda y Daniella permanecen de pie cerca de ella.

Mi madre también estuvo presente en el reconocimiento de la victoria. Cumplió 80 años esa misma noche.

Con mi esposa Jeanette sosteniendo la Biblia, el Vicepresidente Joe Biden me tomó juramento del cargo de Senador.

Mis hermanas Verónica y Bárbara y mi hermano Mario estuvieron conmigo la noche en que presté juramento como Senador de los Estados Unidos en Washington, D.C., en enero de 2011.

En un viaje a Afganistán con otros senadores republicanos, en 2011, nos reunimos con líderes militares y gubernamentales.

CAPÍTULO 22

La calma que precede a la tormenta

L E DIJE A TODO EL QUE QUISIERA OÍRLO, INCLUIDO YO mismo, que no veía la hora de dejar atrás mi cargo público, el atiborrado y rígido calendario; las noticias, llamadas telefónicas y correos electrónicos; y las noches pasadas lejos de Jeanette y los niños. Técnicamente, seguiría siendo presidente de la Cámara hasta las elecciones de noviembre de 2008. Pero mi carrera legislativa había terminado efectivamente cuando cerramos en mayo, así que me fui a mi casa en Miami.

Ese verano, la Universidad Internacional de la Florida me contrató para trabajar tiempo parcial en un centro de política urbana de la universidad, el Metropolitan Center, y pronto descubriría que hasta un político en trance de retirarse, sin darse cuenta puede verse involucrado en una controversia. FIU es la única universidad pública de Miami-Dade, el condado más populoso de la Florida. La mayoría de sus estudiantes son hispanos. Participaría en una investigación de políticas públicas y votaciones que el centro realizaba para sus clientes. También dictaría una clase de Ciencias Políticas cada semestre. Estaba capacitado para ese trabajo. Era un veterano de nueve años en la asamblea legislativa de la Florida, donde había ocupado tres cargos directivos. Había sido el primer presidente hispano de la Cámara y ahora enseñaría Ciencias Políticas a chicos hispanos. No habría fondos públicos de por medio, mi salario provendría de donaciones privadas y del dinero de los clientes que se esperaba yo ayudaría a generar.

Pero no faltaron los cínicos que me vieron como un político más que quería sacar provecho de su servicio público. Para probarlo, dieron a conocer la suma de los fondos públicos que la universidad había recibido durante mis dos años como presidente de la Cámara. Pero la financiación de la universidad nada tenía que ver conmigo pues la asamblea legislativa no determina cuáles proyectos serán los que reciban fondos. Esas decisiones las toma la junta estatal independiente que supervisa las universidades públicas de la Florida. Otras personas argumentaron lo opuesto; consideraban absurdo que la universidad me contratara si estaba afrontando problemas económicos. Argumento que tampoco era válido pues no se me pagaría con fondos públicos. De todas maneras, la experiencia valió la pena, porque tuve oportunidad de enseñar dos veces por semana a jóvenes estudiantes, la mayoría de origen muy parecido al mío. Espero que mi historia y mis charlas hayan despertado en algunos de ellos el deseo de ser servidores públicos algún día.

Fuera de la enseñanza, esperaba dedicar la mayor parte de mi tiempo a expandir la práctica de casos de uso de la tierra y planeación urbana en Broad and Cassel. En un mercado de bienes raíces saludable, es frecuente que los urbanizadores busquen asesoría legal sobre cambios en el código de uso de tierras y otras normas vigentes. Pero en el verano de 2008, el mercado de bienes raíces de la Florida se había replegado, y un creciente superávit de casas de familia y condominios hizo que cada vez hubiera menos proyectos de construcción nuevos. Las oportunidades para un abogado especializado en uso de tierras eran escasas.

Los socios de Broad and Cassel, sin embargo, habían acordado emprender un nuevo negocio de consultoría que yo dirigiría respaldado por la firma en todo el estado. Acepté y empecé a buscar nuevos clientes que necesitaran ayuda para fortalecer sus relaciones con líderes cívicos y empresariales de la ciudad.

El grupo local de Univision en español me contrató como comentarista político de la campaña presidencial de ese otoño. Mis comentarios saldrían al aire en las emisiones de radio y televisión, y debía estar disponible para entrevistas cuando cualquiera de sus periodistas necesitara de la perspicacia de un político experimentado. Disfruté muchísimo este trabajo en televisión. Usualmente me presentaban en pareja con un demócrata, el antiguo alcalde de Miami-Dade, Alex Penelas, para realizar un análisis después de los debates y convenciones del partido. El salario no era espectacular, pero el trabajo tenía otras ventajas. Conocí el negocio de la televisión desde adentro. Aprendí cómo se armaban los paquetes de noticias y qué necesitaban los productores para sacar un segmento interesante. Ese conocimiento me ayudaría cuando fuera yo el entrevistado. El trabajo al aire también me ayudaba a mantenerme a la vista del público, especialmente de los electores hispanoparlantes de Miami-Dade, que era mi base política.

También inicié una asociación con GOPAC, organización nacional dedicada a elegir candidatos republicanos a las asambleas legislativas de los estados. Ese verano, GOPAC pagó mi viaje para hablar con varios republicanos interesados en nuestro proyecto de las 100 ideas. Además, me invitaron a dictar varias charlas, y para mí fue una agradable sorpresa que la gente todavía se interesara por escucharme aunque ya no ocupara un cargo público.

Disfrutaba de mis nuevas tareas y había asumido con mucho entusiasmo el reto de montar el nuevo negocio de consultoría de Broad and Cassel. Me gustaba enseñar y también el trabajo en la televisión. Estaba contento porque tenía más tiempo para estar con mi familia. Pero también estaba echando de menos la agitación de la política.

Aunque jamás comparable al golpe de adrenalina que puede generar una campaña, una vez más los Miami Dolphins trajeron emociones a mi vida. De ser uno de los peores equipos de la NFL en 2007, pasaron a disputar las finales de 2008. Ese verano asistí a todos los juegos, a menudo en compañía de mi padre, gracias al generoso obsequio de mis colegas de la Cámara.

De niño, mi papá me llevaba a los juegos en el Orange Bowl, en su viejo Chevy Impala modelo 73. En ese entonces, estacionábamos a unas cuadras de distancia y de camino al estadio nos deteníamos a tomar un café cubano siempre en la misma cafetería. Cuando los Dolphins se mudaron a un estadio más al norte, él conducía hasta la Universidad Internacional de la Florida, donde tomábamos un autobús hasta el estadio. Ahora, era yo quien lo recogía y conducía, pero tenía la sensación de que él ya no disfrutaba del fútbol americano como antes y me acompañaba solo por complacerme. Los Dolphins terminaron su temporada en casa derrotados en las finales por los Baltimore Ravens y ese fue el último juego al que mi padre y yo asistimos juntos.

Observar las elecciones de 2008 como profesor y analista de televisión me hizo añorar la emoción de las campañas; la batalla de ideas, el choque de visiones; la energía y los altibajos. Pero lo más difícil de soportar fue saber que la campaña se encaminaba a una conclusión equivocada: la elección del senador Obama a la presidencia. Empezó a ser cada vez más obvio que ganaría. Era una figura convincente, con un extraordinario don para hablar en público. Su encumbrada retórica, a veces casi poética, pero siempre calmada y razonable, difuminó las líneas entre derecha e izquierda y llegó a la nación, cansada de un partidismo rabioso. Parecía ofrecer esperanza, y una tercera opción, a unos americanos agotados por dos guerras prolongadas y aterrados por una crisis económica que amenazaba sus empleos y sus ahorros.

Sin embargo, oculta tras su mensaje centrista, había una agenda política que se ubicaba sin discusión a la izquierda del centro, exactamente lo que el país no necesitaba. Su personalidad y su lenguaje hablaban de moderación, pero sus ideas y el historial de sus propias votaciones revelaban un liberal dogmático del gran gobierno. Frustrado de ver que tantos votantes no vieran su agenda tras la atrayente personalidad, me preocupaba que en el momento en que nuestra economía necesitaba desesperadamente de la innovación, competencia y creatividad del sistema de libre empresa, el país fuera a escoger un presidente que se apoyaría casi exclusivamente en el gobierno para buscar soluciones a nuestros muchos problemas.

Pero mientras esperaba en el estudio de Univision la noche que Obama fue elegido, al escucharlo pronunciar su discurso de victoria, me conmovió profundamente la importancia histórica de su elección y olvidé mis preocupaciones políticas. Cuando llegó al final del discurso y se refirió a la anciana afroamericana, nacida a solo dos generaciones de la esclavitud, que ese mismo día había hecho una larga fila bajo el frío inclemente para depositar su voto por el primer presidente negro de los Estados Unidos, vi la emoción y el orgullo en las caras de la multitud que se había reunido en el Grant Park de Chicago para escucharlo. Y compartí la misma emoción y el mismo orgullo por mi país.

Hace muy poco tiempo atrás, a los americanos de color se les negaba el derecho a votar y ejercer la plena ciudadanía en el país que había sido fundado para proteger esos mismos derechos. Dos generaciones más tarde, proveniente de una familia modesta, un afroamericano había sido elegido al cargo más importante del país más poderoso del mundo. Me sentía tan orgulloso de ser americano y tan conmovido por el poderoso simbolismo del momento, que no pude contenerme y lloré.

Pude ver el asombro en los rostros de algunas de las personas que estaban en la sala de redacción mientras me observaban luchar con mis emociones. Tal vez pensaron que eran lágrimas de desengaño por la elección de un presidente demócrata. Pero no era así. Tiempo habría para afrontar las políticas descabelladas del nuevo presidente. Pero esa noche estaba orgulloso de ser americano y de vivir en este tierra, el lugar que tengo el privilegio de llamar mi hogar, el país que apenas dos décadas atrás dio a mis padres una segunda y tercera oportunidad de tener una nueva vida y recibir una educación, y que me ha dado educación, nivel de vida y oportunidades inimaginables para mi familia. Los Estados Unidos es el sitio donde cualquier persona de cualquier parte puede lograr cualquier cosa.

Las elecciones presidenciales marcaron el final oficial de mi carrera en la asamblea legislativa de la Florida, y en las semanas que siguieron enfrenté la idea de que tal vez no volviera a ocupar un cargo público. En el Senado del estado habría asientos vacantes en el 2010, pero realmente no me interesaba postularme para uno. Había ocupado lo que mucha gente consideraba el segundo cargo más importante del estado y la verdad es que no creía que tendría ese tipo de influencia en el Senado. Estaría compitiendo solo por un cargo y sabía en mi corazón que ese no era un propósito digno de los sacrificios que ya le había impuesto a mi familia. Cada cargo del estado estaba en manos de un titular de fácil reelección. El único demócrata del gabinete estatal, Alex Sisk, era un antiguo ejecutivo de la banca que indudablemente había hecho un buen trabajo.

Siempre me había interesado la política exterior, pero nunca había tenido mucho interés en los cargos federales. Sin embargo, con Obama en la Casa Blanca todo eso cambió. Su elección fue inspiradora, pero yo sabía que utilizaría su presidencia para llevar a la nación en una dirección equivocada, y que necesitaríamos un movimiento conservador fuerte para poder contenerlo. Por primera vez, sentía un genuino interés por intervenir en los debates de la política federal, pero carecía de la plataforma para hacerlo. Aunque había sido legislador de un estado, por ser desconocido a nivel nacional mis puntos de vista no atraerían mucha atención. En la Florida no había asientos vacantes en el Congreso. Los tres distritos electorales del sur de la Florida estaban representados por titulares fuertes que gozaban de buena acogida, y no se irían. Habría una elección para uno de los asientos de la Florida en el Senado de los Estados Unidos, pero se creía que el titular, Mel Martínez, republicano y cubano americano, buscaría la reelección.

De comisionado municipal de West Miami a presidente de la Cámara de la Florida en poco más de diez años, mi ascenso en la política del estado había sido rápido. Pero realmente allí no había más a dónde llegar, y creí que mi carrera política tocaba a su fin. Durante unas semanas me costó mucho aceptarlo, pero para diciembre ya me había resignado.

Esto es lo que Dios quiso que yo hiciera, me dije. Ahora ya puedo hacerme cargo de las responsabilidades que he descuidado toda una década. Intentaría asegurar la estabilidad económica de mi familia. Podía dedicarme a ser un buen esposo y padre. Podría triunfar en algo distinto a la política.

Mi abuelo había querido ser un importante hombre de negocios y líder cívico en Cuba, y había experimentado el éxito brevemente. Pero después pasó el resto de su vida luchando por ganarse el sustento en La Habana y Miami. Mi madre había querido ser actriz; soñaba con ser estrella de cine, y se había presentado a varias audiciones para algunos papeles. Pero se conformaría con hacer trabajos humildes y criar a sus hijos. Mi padre había querido ser el propietario de un negocio, como el español que le había dado su primer empleo y luego lo había despedido. Pero empezó varios negocios en Miami solo para verlos fracasar y se había conformado con trabajar como barman durante treinta años.

En cambio, yo había alcanzado mis aspiraciones. Me habían elegido para cargos públicos. Cuando afronté dificultades económicas que casi me obligan a abandonar la política, había encontrado un trabajo que me permitió continuar. Había sido un líder en la asamblea legislativa casi todo el tiempo que pasé allí, donde se me había denominado el diputado más eficiente de la Cámara de Representantes. Me habían elegido presidente de la Cámara a los treinta y cinco años, y fui el primer cubano americano en ocupar ese cargo. Mis padres me habían visto levantar la mano y prestar juramento, y habían vivido lo suficiente para ver realizados mis sueños. Aunque todo acabara ahora, el paseo había sido maravilloso.

Tenía solo treinta y siete años. Estaba casado con una mujer maravillosa y era padre de cuatro niños igualmente maravillosos. Estaba en casa todas las noches para cenar y pasaba los fines de semana con mi familia. No me quejaba de nada. Disfrutaba de mi trabajo en televisión y recientemente me habían hecho una oferta de otra estación local interesada en un trato a largo plazo para hacer análisis y periodismo político. Me gustaba enseñar, más de lo que jamás habría imaginado. Era afortunado y lo sabía, y tendría que haber estado contento de llevar una vida menos pública.

Pero me había sucedido tantas veces en el pasado, la vida no siempre está de acuerdo con nuestros planes. A menudo cambia el curso cuando uno menos lo espera. No lo sabía en ese momento pero, después de dejar mi cargo público, esos gratificantes meses de tranquilidad habían sido la calma que precede a la tormenta.

CAPÍTULO 23

La vacante

A PRINCIPIOS DE DICIEMBRE DE 2008, EN LA PRENSA DE LA Florida estalló la noticia de que Mel Martínez, senador federal por la Florida, no buscaría la reelección.

Ya antes se había corrido el rumor de que Mel se retiraría, pero se había ido acallando y todo el mundo pensaba que aspiraría a la reelección en el año 2010. Por mi parte, jamás había realizado una campaña en todo el estado. Ya no estaba en política, no tenía una red de recaudación de fondos y no era muy conocido fuera de Miami. Pero si me postulaba para el Senado, por lo menos inicialmente, los medios me considerarían un candidato serio; no el puntero, por supuesto, pero sí con posibilidades de triunfo.

Le conté la noticia a Jeanette y le dije que me interesaba postularme. Esperaba que me dijera que estaba loco, que habíamos decidido empezar un nuevo capítulo en nuestra vida, libre de las exigencias de la vida pública y sus efectos en nuestra familia. Sin embargo, me sugirió que lo pensara y orara para pedir discernimiento. Me sorprendió su respuesta. A Jeanette no le gustaba la política; había tolerado mi carrera política porque sabía que era importante para mí y porque así yo podría ayudar a gente que necesitaba ayuda. Pero el hecho es que a Jeanette también le preocupaba el rumbo que llevaba el país después de las elecciones de 2008. En los días siguientes conversamos mucho sobre lo que una postulación al Senado significaría para nuestra familia.

Días antes del anuncio de Martínez, empezaron a circular rumores de que a Jeb Bush le interesaba postularse para ese puesto. Usualmente, cada vez que surgían rumores de un supuesto retorno de Jeb a la política activa, él los había acallado con una firme negativa. Esta vez no. Varias personas de confianza, el propio Mel entre ellas, me dijeron que Jeb sí lo estaba considerando seriamente. Jeb seguía siendo inmensamente popular en el estado. Si decidía postularse, nadie podría ganarle en las primarias, yo menos que nadie. Y los demócratas probablemente solo ofrecerían una oposición simbólica. En lugar de esperar semanas preparándome para una campaña que no ocurriría, decidí preguntarle a Jeb yo mismo. Fui a su oficina en el *downtown* de Miami el día antes de Nochebuena y me reuní con él una hora. Salí de esa reunión convencido de que Jeb pronto anunciaría su postulación al Senado de los Estados Unidos.

Pedí a algunos amigos que hicieran una modesta labor de preparación por si acaso Jeb cambiaba de parecer, pero por lo demás, Jeanette y yo nos olvidamos del asunto. Algo más importante nos preocupaba en ese momento. En la radiografía torácica del chequeo anual de mi padre, los médicos habían encontrado una lesión pulmonar. Ordenaron una biopsia, y en diciembre supimos que tenía cáncer. Tenía ochenta y dos años y había fumado prácticamente toda su vida. Chequeos previos habían revelado que sufría de un enfisema incipiente, pero no habían detectado el cáncer que yo desde hacía tanto tiempo temía que pudiera sufrir.

Pruebas posteriores indicaron que tenía una pequeña lesión cancerosa que no había hecho metástasis. No obstante su edad, podría someterse a un procedimiento quirúrgico, una lobectomía, para extirpar la porción enferma del pulmón. Mi padre estuvo de acuerdo con la recomendación de sus médicos y la cirugía se programó para enero. Pasamos las vacaciones en casa preocupados, aunque los doctores parecían confiar en su propio pronóstico de completa recuperación.

Poco después del día de Año Nuevo, estaba en mi oficina de Broad and Cassel estudiando las proyecciones financieras para nuestra nueva operación de consultoría cuando sonó mi celular. Era Jeb. Había estado esperando que llamara para contarme que anunciaría su candidatura al Senado. Pero en lugar de eso, empezó la conversación diciendo: "No voy a entrar". Me preguntó si yo estaba interesado en postularme y le dije que lo pensaría seriamente. Me animó a hacerlo, pero cautelosamente, como si le preocupara si mi familia y finanzas podrían asumir ese reto. Parecía estar cansado y apresurado, y pensé que tendría muchas otras llamadas similares por hacer. Apenas colgamos, llamé a Jeanette y le dije: "Jeb no se va a postular. Tenemos que hablar".

En enero pasé mucho tiempo tratando de decidir. Mi padre se había sometido a su cirugía a principios del mes y, como esperaban los médicos, estaba en vías de recuperación. No tener esa preocupación fue un alivio y me permitió analizar con serenidad la posibilidad de postularme. Cuanto más pensaba sobre los temas clave para la próxima elección, más me interesaba postularme. La economía era un desastre. Creía que sólo la creatividad y dinamismo de un sistema de libre empresa americano libre de restricciones podría rescatarla. Pero en los últimos diez años Washington había recurrido cada vez más al gobierno federal para estimular el crecimiento económico. Ahora, con un Presidente y un Congreso demócratas, temía que Washington asumiría un control mucho mayor de la economía. Me preocupaba la estrategia con que el gobierno abordaba asuntos de política exterior importantes. El presidente Obama y sus aliados habían prometido revertir muchas de las políticas de su antecesor: cerrar Guantánamo; retirarse de Irak; y juzgar a los terroristas en tribunales civiles. En mi opinión, esos planes no sólo eran ingenuos, sino peligrosos.

También estaba frustrado porque los republicanos no habían logrado contrarrestar la tendencia hacia la izquierda de Washington con iniciativas genuinamente conservadoras para resolver nuestros problemas a nivel nacional. Parecía haber un creciente coro de voces republicanas argumentando que para ganar elecciones en el futuro, tendríamos que parecernos a los demócratas. Algunos sostenían que era simplemente cuestión demográfica; el país estaba cambiando étnica, cultural y políticamente y que, para mantener nuestra popularidad, los conservadores tendríamos que ser, bueno, menos conservadores. Los puristas del ala derecha nos habían costado las elecciones del 2006 y el 2008, decían. El futuro era de los centristas, y el partido necesitaba nominar candidatos que sonaran, actuaran y votaran como centristas.

Para mí eso no tenía sentido. El presidente Obama se había anotado una victoria contundente, pero su elección no había demostrado que los americanos hubiesen dejado de creer en la conveniencia de tener un gobierno limitado y una economía de libre mercado. Obama era el comunicador político más efectivo que habíamos visto desde Ronald Reagan. Fue el candidato mejor financiado de la historia y tenía una enorme ventaja económica sobre el senador McCain, quien se había postulado durante la crisis económica más grave en mucho tiempo, en un momento en que el presidente republicano instalado en la Casa Blanca era muy poco popular. Aun así, casi la mitad del país había votado en contra de Obama. Los votantes no lo habían elegido para implementar un programa liberal, y él había hecho su campaña con un mensaje centrista y bipartidista. Su elección no había sido consecuencia de un cambio demográfico e ideológico histórico: Obama fue un candidato muy bueno que participó en la contienda en un momento muy oportuno para los demócratas.

El argumento de que el futuro del partido republicano dependía de presentar candidatos moderados no es nuevo. Desde hacía tiempo había estado ganando partidarios, especialmente en la Florida. Charlie Crist había obtenido la nominación republicana inclinándose a la derecha tanto como fuera posible. Pero al día siguiente de ganar la nominación había dado otro brusco viraje al centro y ahí se había quedado. En sus dos años como gobernador, había seguido políticas diseñadas para posicionarlo como un nuevo tipo de republicano: el de líder razonable y moderado que no temía declararle la guerra a elementos extremos dentro de su partido.

Al principio se apoyó en medidas meramente simbólicas para mostrar que era diferente a su predecesor, Jeb Bush. Retiró de las juntas estatales a los funcionarios nombrados por Jeb y a muchos los reemplazó con demócratas. Sin embargo, pronto empezó a seguir políticas que lo identificarían como uno de los moderados más prominentes del país. Quería ampliar radicalmente el papel del gobierno en el mercado de los seguros inmobiliarios. Y en el verano de 2007, fue anfitrión de una cumbre sobre el cambio climático después de la cual emitió una serie de decretos sobre el calentamiento global.

Los reporteros de prensa de la capital lo consideraban uno de los políticos más hábiles de la Florida. Les encantaba mostrar a Crist como la antítesis de Jeb. Y disfrutaban particularmente cuando Crist se enfrentaba a legisladores republicanos, lo que hizo bastante a menudo durante sus dos primeros años en el cargo. Le gustaba hacer un espectáculo de sus llamadas telefónicas y reuniones con demócratas de la Cámara de Representantes. Claramente estaba tratando de crear la percepción de un osado luchador

centrista que rescataría al partido de las manos de los ideólogos conservadores, lo que casi siempre era una alusión a los republicanos de la Cámara,
en particular a este servidor. A menudo me utilizaba como su antítesis, y
utilizaba la opinión de los liberales de que yo era discípulo derechista de
Jeb Bush, que había perdido el sentido de la realidad actual y vivía anclado
en el pasado.

Nunca creí la teoría de Crist. El pensamiento conservador no podía
haber desaparecido en la Florida de un día para otro. Pero aunque así fuera,
aunque Estados Unidos y el Partido Republicano estuvieran yendo hacia
la izquierda, no estaba dispuesto a unirme a ellos. Yo creía en lo que hacía.

Tal vez muchos no lo recuerden, pero en los primeros meses del 2009,
el Partido Republicano había quedado marginado y se había dedicado a debatir a nivel nacional si el partido debía moverse hacia el centro para seguir
siendo una fuerza decisiva en la política americana. Pensé que el Senado
de los Estados Unidos era la plataforma perfecta para asumir desde allí mi
posición de que el país ya tenía un Partido Demócrata y, por lo tanto, no
necesitaba otro más.

Aunque la perspectiva de luchar por el rumbo de mi partido y de la
nación me entusiasmaba, otras consideraciones hacían de la campaña una
empresa difícil para mí. Broad and Cassel había tolerado mis ausencias
cuando fui presidente de la Cámara, pero yo dudaba de que me fuera a dar
licencia para montar una campaña a lo largo y ancho del estado. Aún si lo
hicieran, sería un riesgo postularme para el Senado estando asociado a una
firma de abogados. Los clientes de la firma muy probablemente se convertirían en pasto del equipo de "investigación de la oposición" de mi rival.

Para finales de enero empecé a recaudar un poco de dinero y a recorrer
el estado para presentar a los votantes mi tesis de que el país necesitaba
volver a los principios del gobierno limitado y el sistema de libre empresa
americano. Pensaba que el Partido republicano debía valerse de ese argumento para contrarrestar las políticas del Presidente. Pensaba que estaba
acertado, rápidamente conseguiría apoyo; y si me equivocaba, enseguida
perdería impulso y sabría que no era el momento de postularme.

Hablé en cada uno de los clubes o comités ejecutivos republicanos del
estado que quiso oírme. Por lo general iba a esas reuniones conduciendo yo
mismo, y a menudo volvía a casa después de medianoche. Más de una vez
sentí que empezaba a dormirme al volante, arrullado por la oscuridad y el

murmullo del motor. Entonces ponía el aire acondicionado en lo más frío y bajaba todos los vidrios del auto. El paso siguiente era prender el radio a todo volumen. Si nada de eso funcionaba, llamaba a alguien por mi celular, usualmente a Jeanette, y hablaba hasta que llegara a casa.

En ese momento no lo sabía, pero estos primeros eventos fueron las semillas de las que germinarían cien flores más tarde. Cada charla llevaba a otras invitaciones para hablar a otros grupos. Me sentía como predicador recorriendo cada iglesia de la ciudad, pronunciando el sermón republicano sobre el gobierno limitado y la libre empresa. Los asistentes eran entusiastas y empezaron a correr la voz de que había un joven conservador con el mensaje acertado, que se postulaba por las razones correctas.

Todavía eran muchas las preguntas que necesitaba responder antes de jugarme el todo por el todo. Pero había empezado bien. Mi mensaje había resonado bien entre los republicanos de a pie. Mi esposa me apoyaba, y a veces hasta se entusiasmaba con la campaña. La mayoría de los sondeos de opinión mostraba que yo era apenas una nota al pie para la mayoría de los votantes. Pero ya tenía suficiente experiencia para no preocuparme por los primeros sondeos. La mayoría de los votantes no sabía quién era yo, pero si mi mensaje creaba un poco de agitación e impulso, recaudaría dinero suficiente para poder explicárselo.

No era el puntero y no creía que mi camino a la nominación sería despejado. Pero pensé que el pronóstico era por lo menos cincuenta-cincuenta. En febrero, empecé a sentirme satisfecho con mis progresos. Sin embargo, eso cambiaría en sólo unos días.

CAPÍTULO 24

El abrazo y la espera

ESTÁBAMOS A 4 DE FEBRERO Y ERA DIFÍCIL CREER LA NOTI-cia de esa mañana. Charlie Crist estaba considerando postularse al Senado ahora que Jeb Bush había anunciado que no se postularía. Poco antes habían corrido rumores, pero nadie los había creído. Toda la gente cercana a él los había tomado en broma porque no tenían sentido. Crist era un gobernador inmensamente popular, con una buena probabilidad de ser reelegido sin oponentes. Era un secreto a voces que tenía aspiraciones presidenciales, por lo que una arrolladora reelección como gobernador en el 2010, lo convertiría en un serio aspirante a la nominación presidencial de 2012. Aún parecía poco probable que se postulara al Senado, pero sus devaneos con la idea congelarían las cosas y dificultarían seriamente la decisión de cualquier otro candidato después del cierre de la asamblea legislativa en mayo.

No me siento orgulloso de mi reacción inicial a la noticia. *Si Crist se postula para el Senado*, pensé para mí, *yo lo haré para gobernador*. Tenía sentido político. Había pasado nueve años en el gobierno estatal y conocía muy bien los asuntos del estado y la política en Tallahassee. Pero mi reacción se había basado únicamente en la ambición. Por más que tratara de convencerme a mí mismo y a los demás de lo contrario, lo cierto es que echaba de menos el servicio público. Solo se necesitaba la vacante de un alto cargo para que la intensidad de mi ambición quedara al descubierto.

Seguí recorriendo el estado, pronunciando discursos y dándome a conocer. Dependiendo de la decisión de Crist me postularía para el Senado o para gobernador. No me importaba mucho qué cargo quedara disponible, lo que deseaba era volver a la política. No había expresado claramente mis intenciones en Broad and Cassel y estaban molestos, lo cual es comprensible, por las frecuentes noticias sobre mi posible candidatura. Habían esperado que me concentrara en el nuevo negocio, y yo en cambio pasaba más y más tiempo viajando en lo que ciertamente parecía una campaña política. Para mediados de febrero supe que si decidía postularme como candidato, tendría que dejar la firma.

Contacté a mis clientes y les informé que me proponía abrir una pequeña práctica propia, sin socios o asociados, y que esperaba que ellos consideraran continuar con mis servicios. Para alivio mío, todos me aseguraron que deseaban continuar nuestra relación de negocios. Por primera vez en la vida, trabajaría por mi cuenta y sin la garantía de contar con un cheque de pago mensual. Si no lograba generar suficiente dinero o no cobraba mis honorarios cada mes, no podría pagar mis cuentas. No era el momento más oportuno para lanzarme a ello, pero tampoco parecía haber otra alternativa.

Aunque estaba preparado para cambiar de contienda y pasar a la de gobernador, seguí tratando temas nacionales en mis discursos. En cada evento en que pronunciaba un discurso, era más evidente para mí la creciente agitación que sacudía las bases republicanas. Desde antes de la elección de 2008, los conservadores leales que eran la columna vertebral del partido, estaban preocupados por el rumbo del mismo. Con apenas un mes en su cargo, al presidente Obama se le fue la mano en su mandato y ese error de cálculo le abrió las puertas a un nuevo movimiento político que definiría las elecciones de 2010.

En Washington, la aprobación de la *economic stimulus bill* o ley de estímulos económicos, en febrero de 2009, fue recibida como un importante primer logro del nuevo presidente. Su valor de ochocientos mil millones de dólares le daba un alcance monumental, pero algunas de sus disposiciones, exigidas por líderes demócratas del Congreso, resultaron ser típicos excesos de *pork barrel* o asignaciones de fondos estatales en beneficio de ciertas zonas o grupos, que no contribuirían en nada al crecimiento económico. En las circunstancias del momento —una profunda recesión económica;

unos mercados financieros en crisis; un presidente en la cumbre de su popularidad, que recién había ganado una elección histórica y contaba con un
enorme capital político— la primera gran iniciativa legislativa de Obama
no pareció ser un exceso. Sin embargo, para muchos americanos preocupados por el gasto sin precedentes de los rescates de la industria de la banca
y los seguros, fue otro avance más hacia una era de gran gobierno y ruina
económica.

Proliferaban los mítines del llamado Tea Party en los que me invitaban
a hablar. Los activistas conservadores y liberales que asistían a ellos habían
establecido una alianza informal para protestar contra la ley de estímulos y
el acelerado viraje a la izquierda de las políticas del gobierno. Se concentra-
ban en una sola cosa, el creciente rol del gobierno en la economía nacional,
y no estaban enojados solo con los demócratas. También estaban enojados
con los republicanos.

Mi experiencia había sido que la gran mayoría de la gente que uno
se encuentra en un evento del Tea Party es gente común y corriente y de
todas las profesiones y condiciones sociales. Dentistas, maestros, conta-
dores y trabajadores de la construcción, muchos de los cuales nunca antes
habían formado parte de un movimiento político, pero que ahora estaban
realmente asustados por la dirección que había tomado el país y se sentían
obligados a manifestar su oposición.

No creo que sus preocupaciones fueran nuevas en la política americana, pero su repentina importancia en el debate nacional se vio atizada
por la confluencia de dos factores excepcionales. En una sola acción el presidente había exacerbado de manera monumental las preocupaciones sobre
el gasto y nuestra enorme deuda nacional. Por otra parte, el acceso generalizado a los medios sociales, daba a la gente la oportunidad de comunicar
esos temores y organizar su oposición, sin depender del poder de convo-
catoria de los partidos políticos a nivel nacional. Con Facebook, Twitter,
e-mails y mensajes de texto, cualquiera se volvía un organizador político.

Además de dar origen al Tea Party, la ley de estímulos también llevaría
a algo más: un abrazo que llegaría a definir a Charlie Crist. Poco antes de
que el Congreso le aprobara su ley de estímulo, el presidente buscó un lugar
dónde tener un mitin para promover su plan y un aliado republicano que
le diera legitimidad bipartidista. Encontró el lugar en la Florida y el aliado
republicano en Charlie Crist. El 9 de febrero, Air Force One aterrizó en

Ft. Myers, Florida, una ciudad devastada por la crisis de la vivienda y el abrupto desplome de las hipotecas *subprime* o de riesgo. En el mitin lo esperaba Charlie Crist, que ya había declarado su apoyo a la ley del estímulo, para lo cual había viajado a Washington para echarle una mano a la Casa Blanca en el esfuerzo por convencer al Congreso de que la aprobara, y había hecho un cabildeo entre los miembros de la delegación del Congreso de la Florida para que votaran a favor de la ley.

En el mitin de Ft. Myers, Crist hizo la presentación del presidente y cuando éste se dirigía al podio, los dos hombres se abrazaron. En los meses venideros, nosotros usaríamos esa imagen con consecuencias devastadoras.

El abrazo les recordó a los republicanos todo lo que Crist había hecho para aumentar su popularidad a expensas del partido. Se había autoproclamado republicano partidario de Jeb Bush para postularse como gobernador, y ya en el cargo había hecho todo lo posible por distanciarse de las políticas de su predecesor. Había dejado en la estacada a los republicanos repetidamente, anunciando sin su asesoramiento iniciativas políticas que traicionaban sus principios. Hacía caso omiso de los puntos de vista republicanos, de los cuales se mofaba a menudo. Malinterpretó el momento e hizo a un lado a su partido, y creyó que el camino a la prominencia política era emular el lenguaje y la filosofía de los demócratas. Al respaldar la ley del estímulo, había abandonado a los republicanos de la delegación del Congreso de la Florida, exponiéndolos a un mayor riesgo político por oponerse a la ley. Si el abrazo solamente hubiera simbolizado las estratagemas políticas de Crist en favor de sus propios intereses, el episodio no habría pasado de ahí. Pero para muchos republicanos, especialmente los del movimiento Tea Party, el abrazo simbolizaba el temor que el partido republicano sentía por la izquierda y su aquiescencia con el surgimiento de la intervención del gran gobierno en la esfera privada y su respuesta a los problemas de la nación, con las inquietantes implicaciones que todo eso conllevaba para el futuro de los Estados Unidos.

La prensa cubrió el abrazo, que no alcanzó mucha notoriedad inmediatamente después del evento. Los republicanos en Tallahassee solo se encogieron de hombros. Estaban acostumbrados a que Charlie rompiera filas para hacer cualquier cosa que en su opinión lo beneficiara a él. No creían poder hacer nada para evitarlo.

A Crist lo rodeaba entonces un aura; el aura de un magistral y popular estratega político, cuyo encanto y carisma le daban libertad para actuar a su antojo. No necesitaba demostrar conocimiento de temas importantes. Podía hablar de cualquier tema usando solo clichés. Podía meterle el dedo en el ojo, repetidamente, a los conservadores. Su porcentaje de aceptación era de un 70 por ciento. Nada podía lastimarlo. La Florida jamás había visto nada igual a él. Era invencible.

Yo veía todo esto y me hervía la sangre. El ejemplo de Crist personificaba un problema generalizado entre los líderes republicanos. Temían oponerse al presidente y enfrentar la verdad de que el país se había movido a la izquierda. Si Crist quería, podía convertirse en un nuevo senador por la Florida, que iría a Washington no a pelear por las convicciones de los conservadores, sino para aliarse con el propio presidente demócrata que estaba decidido a derrotarlos.

En medio de mi enfado, a menudo me quejaba de que alguien debía postularse contra Crist en una primaria y validar el argumento de que los Estados Unidos seguía siendo un país de centro derecha y que los conservadores merecían estar representados al menos por uno de los dos grandes partidos nacionales. La elección de Charlie Crist sería un gran revés para los republicanos y eso debería motivarlos para oponérsele. "¿Y por qué no te postulas tú?", me preguntó Jeanette, que usualmente escucha todas mis diatribas. Con esa sencilla pregunta, me hizo ver que yo también era parte del problema del Partido Republicano. Era simplemente otro republicano más que se preocupaba por el futuro de mi partido y de mi país en privado, pero rehusaba arriesgarse y hacer algo al respecto. Quería que alguien se las viera con Crist, pero no quería hacerlo yo.

Jeanette me había avergonzado con la verdad, pero todavía traté de engañarme a mí mismo. Me decía que sería imposible vencer a Crist. Aunque alguien se las arreglara para postularse, Crist sepultaría en publicidad negativa a su oponente. Había pasado buena parte de mis dos años como presidente de la Cámara luchando contra las políticas del gobernador, con poco éxito. Me había acostumbrado a perder frente a él. Y pensé que si Crist se postulaba para el Senado, yo podría postularme para gobernador. Tener un conservador de nuevo en el despacho del gobernador también era importante. Pero no podía sacarme de la cabeza la pregunta de Jeanette. Ella tenía razón. Me estaba portando tal y como los políticos que yo mismo criticaba. Me había importado más ser alguien que hacer algo, y me había inclinado por el camino más fácil.

Continué mi gira de charlas, me reuní con donantes y empecé a contratar asesores. Después de cada discurso, la gente me decía que hacía tiempo esperaba escuchar a alguien que articulara un mensaje conservador sin apologías ni confusión. Me decían que estaban cansados de tener que optar por la alternativa menos mala; cansados de que les dijeran que votaran por candidatos menos conservadores porque era más fácil que fueran elegidos. Deseaban votar por alguien que no se avergonzara de pensar y hablar como un conservador, y esperaban que ése fuera yo. Eso me resultaba embriagador. Me halagaba su atención. Pero todavía pensaba que enfrentarme a Crist en una primaria sería una misión suicida. E igual pensaban todos los asesores políticos con quienes había comentado la idea. La jugada inteligente, en mi caso, era postularme para gobernador o, si quería estar realmente seguro de ganar, para Procurador General.

Jeanette me acompañó a Kissimmee, donde debía dirigirme al GOP del Condado de Osceola. Mientras esperaba mi turno en el podio, mencioné de nuevo que me estaba inclinando a postularme para gobernador si Crist lo hacía para el Senado. "Bueno, supongo que lo que quieres es un título", me respondió ella. "En realidad no te importan tanto los problemas".

Su crítica me hirió y me sentí frustrado y perplejo. A Jeanette realmente no le interesa la política y conoce perfectamente los sacrificios que ella conlleva. No podía comprender por qué reaccionaba de esa manera. Cada político veterano que conocía pensaba que sería imposible derrotar a Crist y me sugería postularme para otro cargo. ¿Por qué Jeanette tenía que hacerme sentir culpable por optar por lo que obviamente era más práctico? Porque tenía razón. Estaba dispuesta a aceptar los sacrificios que una campaña para el Senado le impondría si valían la pena las causas por las que luchaba, pero no los aceptaría, y eso lo veía yo cada vez más claro, si me postulaba simplemente por el prestigio del título. Jeanette soportaría la carga que fuera si yo actuaba con consciencia, no si yo luchaba solo por vanidad.

No obstante, en nuestras charlas sobre el tema, así como en mis conversaciones con un pequeño grupo de amigos que coincidían con Jeanette, siempre acababa furioso. ¿Cómo recaudaría el dinero para derrotarlo? ¿Cómo me defendería de sus ataques? ¿Quién se arriesgaría a enemistarse con el político más popular del estado por apoyar un candidato que no podría ganar? ¿Cómo encontrar clientes y montar un negocio después de perder, si todo el estado sabría que Crist me perseguiría por haber competido contra él? ¿Por qué les costaba tanto entender eso?

Empecé a cambiar de idea a finales de marzo, cuando la gente de Crist comenzó a enviarme el mensaje de que podrían hacerme daño cuando se les antojara. Escuché de algunos clientes, entre ellos la Universidad Internacional de la Florida, que representantes de Crist se habían acercado para notificarles el disgusto del gobernador porque la universidad me había contratado. Algunos de sus empleados me retaban abiertamente a que me postulara y no se cohibían para decirle a la gente que esperaban que lo hiciera para poder acabar conmigo de una vez por todas.

Si el presidente del Partido Republicano o el propio Crist se hubieran dirigido a mí personalmente en la primavera del 2009, quizás me habrían persuadido de que no me postulara. No me siento orgulloso de esto ahora, pero creo que si en ese momento ellos hubieran admitido mi preocupación de que el partido se había alejado demasiado de nuestros principios conservadores, yo me habría retirado de la contienda por el Senado. La verdad era que andaba buscando una forma de salirme sin quedar mal y una mejor oportunidad. En lugar de eso, por puro orgullo y arrogancia, decidieron intimidarme. Y yo también reaccioné por orgullo. No me respetaban y eso me molestó. Empecé a sentirme cada vez más interesado en la idea de postularme para el Senado, se atravesara o no en mi camino Charlie Crist.

El orgullo, el prestigio y el respeto son el motor de nuestras ambiciones, y a veces se convierten en ellas. No reconocemos muy a menudo el alcance que tienen y que nos lleva a creer que su importancia es definitiva para nuestra felicidad. Ni siquiera cuando esa falacia es obvia. Una tarde calurosa de primavera estaba yo en mi oficina de la casa telefoneando a donantes. Jeanette había salido a hacer algunos mandados y nuestro hijo menor, Dominick, estaba solo en el cuarto de juegos. Escuché que la alarma sonaba indicando que alguien había abierto una puerta o ventana. Pensé que Jeanette habría regresado y, enfrascado en la conversación, me olvidé de ello. Pero unos minutos más tarde, me preocupé y colgué el teléfono para ir a ver a Dominick. No estaba en el cuarto de juegos. Corrí a la parte trasera de la casa, vi la puerta abierta y se me desbocó el corazón. Tenemos una piscina que solo tiene unos pocos pies de profundidad, pero bastan para que un niño pequeño se ahogue. Ahí encontré a mi hijo, flotando bocabajo.

Salté a la piscina y lo saqué. No habló durante unos segundos que me parecieron eternos. Luego empezó a llorar y a vomitar agua mientras yo lo estrechaba en mis brazos temblando de solo imaginar la tragedia que pudo ocurrir. Pude haber estado arriba, en el segundo piso, y no haber escuchado la alarma de la puerta al abrirse; habría podido quedarme un minuto más hablando por teléfono. Pero no lo había hecho y mi hijo se había salvado. Y, sin embargo, habíamos llegado a estar tan cerca de una tragedia de tal magnitud, que eso me hizo ver no solo que el orgullo no es ni remotamente comparable al amor, sino la absoluta impotencia de sanar el corazón destrozado o la vida de alguien que ha perdido un ser querido. La campaña y sus problemas no significaron nada para mí esa tarde. Tenía en brazos a mi hijo, que respiraba, vivía, y yo no necesitaba nada más

La impresión de haber estado a punto de perderlo y el instante de claridad que el episodio me brindó se fueron difuminando poco a poco. No los he olvidado y tampoco la lección recibida, pero volví de nuevo al trabajo por el que había optado, la política; regresé a la campaña y sus exigencias. Y, como antes, esas exigencias monopolizaron mi tiempo y mis pensamientos. Pero ahora sí creo haber entendido que el desasosiego al hacer nuestros planes y perseguir nuestras aspiraciones no se debe a la importancia que esas cosas tengan para nuestra felicidad y tampoco a nuestra ansiedad por alcanzarlas. El desasosiego proviene de que en lo profundo de nuestros corazones sabemos que nuestra felicidad está en otro lugar, y que nuestro trabajo, sin importar cuán valioso sea para nosotros o para los demás, no puede tomar su lugar. Pero de todas maneras nos afanamos y ocupamos de nuestros asuntos porque necesitamos saber que importamos y no siempre caemos en cuenta de que ya somos importantes.

El Viernes Santo, un cabildero muy conocido, de los más cercanos partidarios de Crist, me invitó a almorzar. Esperaba otro intento poco sutil de espantarme de la contienda, pero me sorprendió al decirme que él pensaba que era una locura que Crist se postulara para el Senado, y que si yo anunciaba mi postulación, era muy probable que Crist cambiara de parecer y permaneciera en su despacho como gobernador porque no querría una primaria, ni siquiera una que estuviera seguro de poder ganar. Debo decir a su favor, que el cabildero fue franco sobre los motivos que tuvo para hablarme. Su negocio dependía de su relación con el gobernador, y si Crist se iba a Washington nada le garantizaba que tendría el mismo acceso al gobernador que lo sucediera.

Jeanette desconfiaba de esa reunión y me había pedido que no fuera. Le parecía que me estaba dejando influenciar demasiado de la opinión de los demás y de mis propios temores. "Confía en Dios, no en los hombres", me advirtió. Más fácil decirlo que hacerlo, pensé en ese momento. ¿Leía Dios las encuestas de opinión? En todos ellas mi nombre iba totalmente a la zaga. En algunas pasaba lo contrario, pero eso solo ocurría en las que contabilizaban la cantidad de personas que tenían una impresión más desfavorable que favorable de un candidato.

A medida que se acercaba el momento en que Crist debía decidir, muchos de mis posibles rivales empezaron a fijar sus posiciones para postularse a cargos diferentes en el Senado. El procurador general Bill McCollum, derrotado por Mel Martínez en las primarias del Senado, anunció que él no se postularía para el Senado, indicando claramente que esperaba que Crist sí lo hiciera, pero que se postularía para gobernador. El congresista Connie Mack, cuya familia era muy cercana a Crist, anunció que iría por su reelección.

La decisión de McCollum aumentó la presión sobre mí. Ya había empezado a recaudar fondos para su reelección como procurador general, pero él fácilmente podría transferir los fondos si se postulaba para gobernador. Estaba llamando a filas a sus partidarios para la campaña mientras yo aún dudaba para qué cargo me postularía. Ya no podía esperar más a que Crist tomara una decisión. Necesitaba tomar la mía con miras a que influyera en la suya. El 14 de abril, en una entrevista con el *St. Petersburg Times*, dije que mi decisión de postularme o no para el Senado no se basaría en la decisión de Crist. Mucha gente no me creyó. La mayoría pensó que fanfarroneaba, y que eventualmente me postularía para gobernador o para procurador general.

Todavía abrigaba la esperanza de poder esperar un poco más antes de tomar una decisión. Pero cada día me inclinaba más hacia una campaña por el Senado. Tal vez por la gente que fui conociendo durante este tiempo de preparativos o tal vez fue la sorprendente calma de Jeanette respecto a la campaña. Por lo que fuera, estaba empezando a sentirme más tranquilo. Estaba listo para lo que Charlie Crist decidiera hacer. O por lo menos creía estarlo.

CAPÍTULO 25

No temas

NO ESPERÉ MÁS A QUE CHARLIE CRIST TOMARA UNA DE-
cisión, y el 4 de mayo di una entrevista por Univision para anunciar
mi candidatura. Al día siguiente, un video en la web presentó el lanzamiento formal de mi campaña y le dije al *Miami Herald* que no creía que
"tenía buenas posibilidades. Las contiendas de esta magnitud las decide
aquel que presente un cuadro más claro del futuro, y me propongo hacer
eso". A la pregunta de por qué me había postulado, respondí: "No estoy de
acuerdo con la idea de que para hacer crecer nuestro partido necesitamos
parecernos más a los demócratas".

Durante toda la semana siguiente estuve a mis anchas. Nadie creía
realmente que podría derrotar a Crist, pero me sorprendió el interés que
mostró la prensa por mi candidatura. El 10 de mayo, Día de las Madres,
Jeanette y yo ofrecimos un almuerzo para las madres de nuestra familia.
Me excusé de la fiesta varias veces para mirar en Internet si se había filtrado
alguna noticia de los planes de Crist. Esa noche, varios medios anunciaron
que el jueves el gobernador anunciaría su postulación al Senado.

Colgamos un video en la web antes de que Crist hiciera su anuncio que
enmarcaba la contienda como una opción entre más de lo mismo y un líder
que estaba decido a enfrentar el sistema.

Unas elecciones enfocadas. Una opción para el futuro de la Florida. Algunos políticos apoyan el despilfarro de billones de dólares en gastos con dinero prestado por China y el Medio Oriente, lo que significa una montaña de deudas para nuestros hijos y una terrible amenaza para nuestra frágil economía. Hoy en día, demasiados políticos adoptan los mismos viejos e inútiles procedimientos de Washington. [Aparece la imagen de Crist abrazando a Obama]. Pero esta vez, hay un líder que no lo hará. Que empiece el debate. Marco 2010.

Me encantó. Cuando lo vi por primera vez, quedé tan ansioso por empezar la pelea, que envié a mis asesores el siguiente mensaje, no del todo en broma.

> Acabo de ver el anuncio en mi computadora y ocurrieron tres cosas: 1. Sentí escalofríos. 2. Mi esposa y mis hijos se pintaron las caras de azul como si fueran William Wallace en *Braveheart*. 3. Saqué del clóset mi atuendo de Gladiador y pude escuchar a la multitud gritando: ¡Máximo! ¡Máximo! ¡Máximo!

El lunes viajé a Washington porque allí tendría acceso a los medios nacionales de comunicación cuando Crist anunciara su candidatura. Deseaba mostrarme seguro de mí mismo aun sabiendo que tenía muy pocas probabilidades. Comprendía los retos que enfrentaba, pero de hecho, me sentía cada vez más confiado. Comenzaba a sentir que las elecciones de 2010 estarían repletas del fervor nacional y de mucha energía, además del gran impulso que le imprimirían los conservadores frustrados por el apoyo del partido a candidatos moderados. Si tan solo seguía trabajando duro, pensé, para finales del verano iría en la ola conservadora hacia una victoria en la primaria republicana. Sabía que Crist tendría una ventaja económica enorme y el apoyo de los mayores donantes republicanos, pero la reñida primaria impediría que el partido del estado influyera a favor de Crist, y el National Republican Senatorial Committee (NRSC) también tendría que permanecer neutral. O, por lo menos, eso creía.

Visité el capitolio con una de mis asesoras financieras, Ann Herberger, para reunirnos con Paula Nowakowski, jefe de personal de John Boehner, y amiga de Ann por muchos años. Ella nos contó que más temprano esa mañana, en una reunión de líderes republicanos de la Cámara y el Senado, los líderes del Senado habían anunciado que invocarían la Regla 11 para la primaria del Senado en la Florida. Cuando el presidente del partido en un estado y dos miembros de un comité nacional invocan la Regla 11, el partido en el estado y el NRSC pueden intervenir en una primaria reñida. Era una disposición más bien oscura dirigida a evitar que los David Dukes del mundo secuestraran nominaciones republicanas. Al parecer, ahora se usaría en mi contra. Era un abuso de la norma, y era obvio que podría acabar con mi campaña. De ser invocada, la Regla 11 permitiría al Partido Republicano de la Florida y al NRSC recaudar y gastar enormes sumas de dinero en favor de Crist, que además tendría a su disposición tanto el personal del partido como el del NRSC en el estado.

Esa noche estábamos en el lobby del J.W. Marriott en el centro de la capital con Ann y otra de mis asesoras, Carmen Spence. Ann recibió una llamada en su celular y pude ver por la expresión de su cara que alguien le daba otra mala noticia. Era Jeb Bush. Acababa de hablar por teléfono con el presidente del NRSC, el Senador John Cornyn, que le había informado que el NRSC no permanecería neutral y al día siguiente respaldaría a Crist.

Al otro día, Crist declaró su candidatura y minutos después de su anuncio, en un continuo desfile, prominentes republicanos floridanos empezaron a brindarle su apoyo. La mayor parte de ese día me pareció que no pasaba un minuto sin que me llegara otro *e-mail*, mensaje de texto o llamada telefónica informándome de una nueva adhesión a Crist. Era un plan cuidosamente trazado para desmoralizarme. Y funcionó

Públicamente, traté de mostrarme impertérrito e inmutable. Pero la realidad en privado era que estaba conmocionado. Ese día tenía una reunión programada con anterioridad con el senador Cornyn. Ahora ya no veía razón para asistir y le pedí a Ann que la cancelara. Ella insistió en que asistiera, aduciendo que Cornyn debería decirme cara a cara que el comité estaba violando su acostumbrada neutralidad. Asistimos a la reunión donde el senador Cornyn y su personal explicaron que el partido necesitaba ganar el puesto de la Florida sin gastar una cantidad de dinero que se requería con urgencia en otras contiendas por el Senado. Charlie Crist tenía mejores probabilidades de obtener una victoria fácil. No me estaban pidiendo que abandonara la contienda, pero harían por Charlie todo lo que estuviera en su mano. No solamente me estaría enfrentando a un gobernador muy popular sino que también él contaría con el apoyo político y financiero del Partido Republicano.

Cuando salíamos de la reunión, recibí una llamada de Heath Thompson, otro de mis asesores, que me dijo que el senador Jim DeMint de Carolina del Sur quería reunirse conmigo. Después de la avalancha estatal y nacional de anuncios de respaldo republicano a Crist, el hecho de que un senador republicano quisiera hablar conmigo me resultó impactante. Me dirigí a la oficina del senador DeMint y me recibieron unos empleados jóvenes que habían visto algunos de mis discursos en YouTube y parecían realmente entusiasmados de conocerme. Me escoltaron hasta la oficina del senador, donde le di mi explicación estándar de cómo ganaría la nominación. En las primarias de la Florida solo podrían votar republicanos, que típicamente acataban órdenes de los republicanos más conservadores del estado. Crist nunca había sido muy popular entre los republicanos de la Florida y, una vez que se dieran cuenta de que tenían otra opción, lo abandonarían y votarían por mí. No necesitaba recaudar tanto dinero como Charlie. Solo necesitaba lo suficiente para informar a los floridanos que contaban con otra opción en las elecciones primarias.

Jim me alentó, pero no se comprometió a nada. Había iniciado un comité de acción política, el Senate Conservative Fund o Fondo Conservador del Senado, para apoyar a conservadores en primarias reñidas. Mi campaña cumplía los requisitos. Cuando abandoné la reunión no contaba con su respaldo, pero sí me animó un poco ver que estuviera dispuesto a considerar respaldarme en un día en el que yo había sentido que el universo republicano se oponía a mi candidatura.

El respaldo del NRSC a Charlie Crist se convertiría en una bendición disfrazada. Me garantizaría el apoyo de los más conservadores y su enfado contra el establecimiento republicano por respaldar a Crist. Pero esa noche me retiré a mi habitación del hotel física y emocionalmente exhausto. Solo, lejos de mi familia, rechazado por mi partido, me sentía descorazonado y deprimido. Llamé a Jeanette y hablamos unas dos horas o, para ser precisos, hablé yo mientras Jeanette me escuchaba compartir mi decepción y sentir lástima de mí mismo. Quería irme a casa.

Si lo hubiera hecho, creo que habría decidido dejar la contienda. Por fortuna, no pude. Estaba programado para hablarle al Partido Republicano de Sarasota del Sur a la mañana siguiente. Un activista local, Raúl Fernández, me recibió en el aeropuerto de Ft. Myers y me condujo al evento. Pasé la mayor parte del trayecto tratando de evitar que mi partido invocara la Regla 11. No dudaba de que el presidente del partido en el estado, Jim Greer, íntimo amigo y partidario de Crist, firmaría la carta. Llamé a nuestro miembro del comité nacional del estado, Paul Senft, y traté de convencerlo de que no firmara. Pero supe por el tono de su voz que ya lo había hecho.

Sharon Day, también miembro del comité nacional del estado, era mi última esperanza. Si ella firmaba la carta, la regla sería invocada y mi campaña seguramente se vendría abajo. Segundos después de tomar mi llamada, Sharon dejó muy en claro que se negaría a firmar la carta y que consideraba ofensivo todo el esfuerzo de tratar de sacarme de la contienda. Finalmente un respiro. En esa época no conocía muy bien a Sharon y me preocupaba que eventualmente cediera a la presión del gobernador y el *establishment* del partido. Pero es una persona formidable y nunca flaqueó. Si ella la hubiera firmado, dudo que yo habría llegado al Senado.

Había esquivado una bala, pero las fuerzas organizadas en mi contra aún me pesaban demasiado en la mente y me desmoralizaban. Como si necesitara más recordatorios de mis pocas probabilidades, el continuo torrente de respaldo a Crist seguía dominando las noticias. Me sentí sitiado por esa avalancha de apoyo a Crist, y más hundido de lo que jamás había estado en mi carrera política. Pero en el evento en el que pronuncié un discurso en Venice, Florida, recibí un espaldarazo. A mi llegada, un grupo de niños que recibían educación en casa y sus padres, me recibieron con pancartas de apoyo a mi campaña hechas a mano. Ellos habían visto el video de mi discurso de despedida de la Cámara de la Florida y por iniciativa propia habían venido a animarme. Eran la prueba de que ahí afuera había gente que buscaba algo distinto en esta elección. El tiempo diría si había suficientes personas como ellos y si yo podía llegarles oportunamente.

Después del discurso atravesé el estado en un auto alquilado, a tiempo para asistir a otro evento con activistas conservadores en Ft. Lauderdale. Los niños ya se habían ido a la cama cuando llegué a mi casa. Apenas era la noche del miércoles y sentía que había sido una larga semana. Al otro día abandoné mi casa otra vez para tomar un vuelo a Jacksonville que salía al amanecer. Mi hermano Mario me recogió en el aeropuerto y me llevó a un almuerzo con miembros del Duval County Federate Republican Women. Ese sería mi tercer discurso desde que Crist había anunciado su candidatura y la ola de respaldo a él había comenzado. Pero esos tres discursos habían sido bien recibidos y los asistentes se habían mostrado muy entusiastas. Finalmente caí en cuenta de lo poco que la aplanadora de Crist afectaba a los republicanos comunes y corrientes. Mi público parecía sintonizarse con mi mensaje y realmente apreciaban tener a un candidato conservador a quién apoyar.

Esa noche llegué a casa después de las diez. En la mañana del día siguiente asistí a un evento en la escuela de mi hijo Anthony. Como el año escolar terminaba antes del Día de los Padres, la escuela siempre organizaba en mayo un desayuno para los padres. Antes de que lo sirvieran, Anthony y sus compañeritos de clase entonaron varias canciones para los padres allí presentes. La letra de la última canción parecía enfilada directamente a mí.

Ten valor, ten fuerza, porque el Señor nuestro Dios está contigo. No temas. No temas. Porque el Señor nuestro Dios está contigo.

Sentí que Dios me transmitía un mensaje a través de las dulces voces de esos pequeñines de tres años. Me sentí profundamente emocionado y se me salieron las lágrimas. Los últimos cinco días habían sido un calvario. Me había sentido abandonado por mi partido y destinado al fracaso. Había olvidado que no me habían abandonado las personas que importaban: la familia que amaba y la gente que creía en mí. Y tampoco me había abandonado Dios. Miré hacia abajo y vi en la mesa un llavero de papel laminado que traía impreso un versículo de la Biblia.

¿No te he ordenado que seas valiente y firme? No tengas miedo ni te acobardes, porque el SEÑOR tu Dios estará contigo en donde quiera que vayas.

Josué 1:9

Lo llevé conmigo durante el resto de la campaña.

Después del desayuno volé a Tampa para asistir a reuniones con activistas de las bases, a una entrevista con Neil Cavuto en Fox News y para pronunciar un discurso para el Republican Hispanic Club. El regreso a casa me tomó cuatro horas, conduje sin acompañante y en ese trayecto pude reflexionar sobre todo lo ocurrido en la semana. Siempre había estado adentro de la política, mirando hacia afuera. Había sido Líder de la Mayoría Adjunto, Líder de la Mayoría y presidente de la Cámara. La gente venía en busca de mi apoyo. Ahora, estaba afuera mirando hacia adentro y necesitaba ayuda. ¿Cuántas veces me habían dicho que me esperaba un brillante futuro político? Ahora la misma gente que antes me había halagado, respaldaba a Charlie Crist y me había dicho que no era mi momento. Según todos los estándares convencionales, no tenía el mínimo chance de ganar. Era relativamente desconocido. No contaba con una verdadera red para recaudar fondos y competía contra un prolífico recaudador de dinero. Jamás había competido en una campaña en todo el estado. Crist había ganado en el estado cuatro veces en los últimos diez años. Si yo perdía, probablemente me quedaría sin futuro político de ninguna especie.

¿Por qué me pondría Dios en esta posición? ¿Por qué le habría dado a Jeanette tanta tranquilidad de espíritu si a ella siempre le había molestado el tiempo que la política le quitaba a nuestra familia? Nada de eso tenía sentido. Pero no temería. En ese largo camino a casa, empecé a creer que algo realmente especial estaba a punto de suceder si yo tenía el coraje para permitir que ocurriera.

Dediqué el resto de mayo y todo junio a exponer los argumentos en favor de la viabilidad de mi candidatura, pero no pasé tanto tiempo como debí, recaudando fondos. Teníamos una creciente operación de recaudo por Internet, pero no estaba ni cerca de recaudar el dinero suficiente para financiar el tipo de campaña que necesitaba. Carecía de una base amplia de partidarios financieros de vieja data como la que tenía Crist. Pero sí había invertido bastante tiempo con posibles donantes, lo que más adelante arrojaría dividendos. En el momento, sin embargo, ellos apenas me conocían y solo les interesaba asegurarse de que yo fuera un candidato serio.

Tenía esperanzas de obtener el respaldo del Club for Growth, una organización de conservadores fiscales muy bien establecida. El club contaba con una red nacional de participantes activos que, motivados, podrían recaudar para un candidato cientos de miles de dólares en pequeñas y medianas cantidades. Dado su historial de gastos en Tallahassee, Crist no obtendría el respaldo de ese club. Pero con tantas probabilidades en contra mía, tampoco yo sabía si lo obtendría. La reunión con ellos en Washington D.C. salió bien, pero me di cuenta de que a los líderes del club les preocupaba que yo no contara con un camino realista para obtener la victoria. Les dije que con su respaldo podría crearlo porque su apoyo me daría credibilidad y eso me ayudaría a recaudar dinero. Pero en un año de elecciones con tantas y tan competitivas contiendas, y la mayoría en ambas casas del Congreso en juego, el club estaba renuente a malgastar sus recursos en un candidato que preferían pero no creían que pudiera ganar. Salí de la reunión con la esperanza de obtener su respaldo, pero consciente de que pasaría algún tiempo antes de que tomaran una decisión.

Volví a Miami esa noche. Cuando aterrizamos, vi que tenía un e-mail de uno de mis asesores informándome que el senador DeMint deseaba hablar conmigo al día siguiente. Lo primero que Jim me preguntó fue si cambiaría de parecer y abandonaría mi candidatura por el Senado. La gente de Crist en Washington había echado a correr el rumor de que mi candidatura por el Senado era solo una pose y pronto la abandonaría para apuntarle al cargo de procurador general, y los del NRSC habían repetido como loros esa afirmación. Le dije a Jim que no tenía intenciones de cambiar de candidatura. Eso le gustó, y me dijo que me respaldaría y con los recursos del Senate Conservative Fund me ayudaría a financiar mi campaña. Fue una noticia más que bienvenida.

Regresé a Washington en la mañana del 16 de junio y di una conferencia de prensa con el senador DeMint, seguida por otra conferencia de prensa telefónica con periodistas de la Florida. Por estar compitiendo contra el candidato escogido por las directivas, nos costó trabajo encontrar un lugar dónde anunciar el respaldo. El Comité Senatorial, por supuesto, se negó a prestarnos sus instalaciones. Otras sedes en las que preguntamos también nos rechazaron. Eventualmente decidimos hacerlo al aire libre en un parque frente al Capitolio, y rezar para que no lloviera. Sin embargo, era el mejor día de la campaña después de semanas de haber sido apaleado por noticias de respaldo a Crist. Jim servía su primer período en el Senado y para esa época era relativamente desconocido. Pero el hecho de que un senador en pleno ejercicio rompiera filas con el comité senatorial y me respaldara intrigó a los periodistas, y esa fue la primera señal de que yo podría ser un contrincante viable.

La gente de Crist trató de menospreciar el respaldo y también a DeMint. Un periodista del *Miami Herald* le preguntó a Jim qué podría importarle a alguien de la Florida que él me respaldara. Crist lo llamó personalmente para convencerlo de no apoyarme. Cuando nada de eso dio resultado, su gente echó a rodar el cuento de que Jim era un extremista y persuadió a los periodistas de preguntarme por él y tratar de que nos distanciáramos. Jim manejó las preguntas como un verdadero profesional y yo seguí su ejemplo. Le dijo a los reporteros que su respaldo no significaba que él y yo estuviéramos de acuerdo en todo. Pero que sí lo estábamos en lo básico. Los Estados Unidos estaban en problemas y necesitábamos cambiar su curso rápidamente. No conocía bien a Jim cuando me respaldó. Pero mi respeto y admiración por él crecieron durante la campaña y el tiempo que servimos juntos en el Senado. Es una persona realmente comprometida con los principios del gobierno limitado y el sistema de libre empresa. No es un hombre de apariencias. Es real.

El apoyo de Jim fue un buen espaldarazo para mi campaña y volví de inmediato a trabajar: vuelos al amanecer; entrevistas, discursos y reuniones interminables; súplicas a los donantes; y la solitaria habitación de un hotel al final del día. Debía ganarme la vida en el tiempo que podía escatimarle a la campaña, y cada semana hacía un huequito y guardaba tiempo para trabajar para mis clientes. También me aseguré de no perderme nunca los eventos de la escuela de mis hijos. Pero la mayoría de los días salía antes de que se despertaran y cuando volvía a casa ya se habían ido a la cama. Los echaba de menos y también a Jeanette. Es extraño lo solitario que uno puede llegar a sentirse, aun estando constantemente acompañado por otras personas, si aquellos que ama no están presentes.

Como se acercaba el fin del trimestre de recaudación de fondos, programamos algunos eventos con la esperanza de poder recaudar lo suficiente para dejar una buena impresión. Tuvimos un evento en Orlando de éxito modesto y otro en el Biltmore Hotel de Miami que estuvo un poco mejor. Ninguno de los eventos cumplió su meta y los organizadores estaban apenados. "Cada dólar cuenta", les dije. Era un acto de coraje cuando alguien ponía su nombre en una invitación para recaudar fondos por mi campaña en junio de 2009, una época en que la gente de Crist archivaba cualquier tipo de información en su memoria.

Mientras tanto, la maquinaria financiera de Crist aceleró al máximo. Charlie es excelente recaudando fondos, reconocido por perseguir cada dólar disponible y no tan disponible. Me preguntaba si yo llegaría a ser un recaudador tan prodigioso. Todo el mundo me decía que tendría que serlo.

Pero no soportaba engañar a la gente para sacarle dinero. Si eso era lo que se necesitaba para ganar, perdería.

Todo el mundo creía que ese trimestre financiero, Crist rompería sus propios récords. Nadie esperaba que yo lo igualara. Pero debía demostrar que iba en camino de recaudar el suficiente dinero para ser un buen contrincante, aun estando en desventaja.

A finales de junio me sentía orgulloso de nuestra campaña. Habíamos sobrevivido a la primera estrategia decisiva de Crist, a la avalancha de respaldo y llamadas para sacarme de en medio, y seguíamos en la cancha de juego. Incluso habíamos podido anotarnos un respaldo importante y en plena campaña electoral estábamos cubriendo más territorio que Crist. Le hablaba a cualquier grupo que me quisiera oír, y con todos ellos ganaba seguidores. A finales de junio surgió un rayo de esperanza en una encuesta de Mason-Dixon. Entre los republicanos de la Florida que reconocían ambos nombres, el de Charlie y el mío, estábamos básicamente empatados. Pero cuando dimos a conocer nuestras cifras de recaudación de fondos, supe que el camino sería difícil. Nuestros fondos estaban muy por debajo de nuestro objetivo, tan abajo que no había manera de que dieran un resultado positivo.

Teníamos un gran mensaje y un enorme entorno político por conquistar. La idea de que la contienda sería una batalla por el cuerpo y alma del Partido Republicano intrigó a la gente que seguía campañas de cerca, y garantizó que la nuestra llamaría su atención. Al menos por ahora. Pero los candidatos no pueden vivir solo de Facebook y Twitter. Necesitan dinero para publicidad y, más importante aun, para defenderse de los ataques que comienzan apenas empiezan a subir en las encuestas. Nosotros no teníamos el dinero. Y no estaba muy seguro de que nos fuera a ir mejor en el siguiente trimestre.

Reportadas nuestras cifras, todo el mundo esperaba ansioso el reporte de Crist. Sabíamos que sería una buena cifra. No imaginábamos el bombazo que nos esperaba.

CAPÍTULO 26

Mensaje recibido

MI GENTE SUPUSO QUE LES HABLARÍA PARA LEVANTAR-
les la moral, pero el *e-mail* que les envié la mañana del 7 de julio,
cuando reportamos que nuestra recaudación de fondos había alcanzado la
cifra de $340.000 en todo el trimestre, tenía por objeto levantar no solo el
ánimo de ellos sino el mío también.

Muchachos, hoy no será el mejor día de esta campaña. Nos apalearán por
lo que hemos recaudado. Y en los próximos siete días CC mostrará que
tiene un gran respaldo, mucho $$ y un solapado trabajo para demostrar
que nuestra campaña es poco confiable. Su objetivo es obligarnos a
cambiar de contienda. Tendremos que estar preparados para que miembros
prominentes del GOP supuestamente "neutrales" salgan a declarar que debo
postularme para PG por el bien del partido.

En resumen, esta contienda está basada en la idea de que en el entorno
nacional y del GOP están dadas las circunstancias para lo que somos y lo
que queremos ser. Si nos organizamos bien, eventualmente la energía que
derivemos de este entorno ayudará a financiar nuestra campaña. Esta no
es la única forma en que puedo ganar, es la única forma en la que se puede
derrotar a alguien como Crist.

Desde el principio, la teoría de que el entorno nos era propicio unas veces
fue cierta y otras no. El próximo mes enfrentaremos una gran prueba.

Si nuestra recaudación de fondos lleva a la gente de los movimientos a buscar en otra parte, entonces sabremos que el entorno jamás fue lo suficientemente fuerte para sostener esta contienda. Si sobrevivimos a esta prueba estaremos en mejor forma que cuando empezamos porque:

a. El próximo trimestre y el trimestre siguiente recaudaremos más dinero;

b. Estaremos vacunados contra este problema.

Creo que debemos hacerle frente al temporal de cifras y respaldo y después contraatacar con nuestros propios respaldos para mostrar que seguimos en pie y vamos hacia adelante a pesar de haber reprobado el examen político "tradicional".

Si podemos pasar el temporal, el único daño permanente que puede atravesarse en nuestro camino es que nos distraigamos de lo que esta campaña pretende.

Aquí está la fórmula y es simple

1. MENSAJE=RESPALDO

2. RESPALDO=DINERO

3. DINERO=VOTOS

Seguiré trabajando duro. Estoy ansioso y curioso a la vez por saber cuán fuerte es realmente este entorno. Si nos permite seguir en marcha a pesar de lo que estamos a punto de enfrentar, entonces ya formamos parte de la "tormenta del siglo" del GOP.

Dos días más tarde volé a Orlando para asistir a una reunión. Cuando volví a casa esa tarde, me esperaba una sorpresa poco grata.

Durante semanas, la campaña de Crist había estado creando expectativas sobre su ofensiva de recaudación de fondos. Ante los periodistas se habían jactado de ir en camino de recaudar $3 millones. Dejaron pasar un día para que la gente se grabara nuestra cifra antes de anunciar la de ellos. Desde el anuncio de su candidatura siete semanas atrás, Charlie Crist había recaudado $4,3 millones de dólares, es decir, un promedio de $86.000 diarios. "Me siento indigno del apoyo que estoy recibiendo de las personas de la Florida y de todo el país", escribió Crist en su declaración para anunciar el total.

Era una cantidad de dinero extraordinaria que rompió todos los récords. El récord trimestral anterior de una campaña para el Senado había sido de $1,7 millones, que Mel Martínez recaudó en el primer trimestre de 2004. Hasta el mejor trimestre de Jeb Bush había sido de apenas $2,7 millones. Ahora sí que no había forma de darle vuelta al asunto. Simplemente era una mala noticia; una muy mala noticia.

Seguí haciendo campaña los próximos días, pero mientras más pensaba en el botín de Crist, más me desanimaba. Ese domingo, en su número semanal regular, el *St. Petersburg Times* declaró el ganador y el perdedor político de la semana. El resultado no fue una sorpresa.

Al recaudar $4,3 millones para su campaña republicana al Senado, Crist ciertamente conjuró el creciente rumor acerca de la amenaza del republicano Marco Rubio. Hemos disfrutado cubrir una campaña a muerte en el GOP, pero un déficit de 30 puntos en las encuestas y una desventaja económica de ocho-a-uno, no se pueden vencer a punta de Twitter.

En un solo párrafo, el periódico había captado perfectamente la generalizada percepción de la contienda después del anuncio de Crist y también lo que yo mismo pensaba. Ese fin de semana empecé a considerar seriamente si cambiaba de contienda o me retiraba del todo.

El sábado me reuní con Al Cárdenas para desayunar. Me aconsejó seriamente que abandonara mi candidatura para el Senado y me postulara para procurador general antes de que le infligiera un daño permanente a mi carrera. Me recordó que si los republicanos perdían la contienda de gobernador en estas elecciones, el procurador general se convertiría de facto en la cabeza del Partido Republicano en la Florida y un candidato seguro para gobernador en el año 2014. Tenía la oportunidad de escapar de un dilema político con dignidad. Me respaldaría todo el cuadro directivo del GOP, incluido el gobernador Crist. Para la noche del domingo, convoqué a una reunión en mi casa a algunos de mis amigos y asesores más cercanos. Invité al representante del estado Steve Bovo y su esposa y antigua asesora mía, Viviana; a Julio Rebull, un confiable asesor; a mi antiguo colega de la Cámara, Ralph Arza; al gerente de mi campaña Brian Seitchik y a mi encuestador Darío Moreno. David Rivera, Esther Nuhfer y la asesora de

David, Alina García, se nos unieron también por teléfono. Los había invitado porque deseaba presentarles a ellos mis opciones: quedarme en la contienda por el Senado; cambiarme a la candidatura para procurador general; o no postularme para cargo alguno. Sin embargo, después de mi charla con Cárdenas, ya había tomado una decisión. Pondría fin a mi candidatura por el Senado y me postularía para procurador general. Solamente quería que mis amigos respaldaran mi decisión.

Expuse las razones que tenía para terminar la campaña. Jamás recaudaría el dinero suficiente en una economía que iba tan mal y compitiendo contra un gobernador en pleno ejercicio, que era conocido por anotar los tantos y cobrárselos a los transgresores. Aun si conseguía subir en las encuestas de opinión, no podría salir a flote cuando Crist desatara una andanada de publicidad negativa en contra mía, que además me cerraría toda probabilidad de ser elegido para otro cargo público. Cuando hubieran acabado conmigo, rematé, nadie querría contratarme para que fuera su abogado.

Jeanette lideraba la ofensiva contra mi decisión, y la mayoría se unió a ella. El dinero vendría después del cierre de la asamblea legislativa, adujeron. Si dedicaba más tiempo a hacer llamadas para recaudar fondos, podría recaudar más dinero el trimestre siguiente. De vez en cuando, alguien soltaría el nombre de un donante aún no contactado que estuviera dispuesto a recaudar dinero para mí. Rechacé su propuesta argumentando una y otra vez, que sin importar lo que hiciéramos o cuánto lo deseáramos, jamás conseguiría lo necesario para hacer una buena campaña, mi testarudez podría costarme una futura carrera política y, muy posiblemente, mi sustento. Pero cuando creía haberlos convencido, alguno aducía otra razón para que permaneciera en la contienda.

Finalmente estallé. Necesitaba su respaldo, les dije, y me estaban torturando con sus suposiciones. "¿Es eso lo que realmente quieren?", grité. "¿Que siga viajando y alejado de mi familia otro año y medio solo para ser humillado y destruido?". Había otro cargo disponible, uno muy codiciado, el de procurador general del estado, el mejor camino para ser gobernador algún día. Pero no se dejaron convencer. Y finalmente abandoné la discusión y me fui al segundo piso. Minutos después todos se fueron y me enfrenté a Jeanette solo.

Las razones familiares no la hicieron cambiar de parecer. Me recordó cuánto desdeñaba ella la política. Pero con esta campaña estaba en paz y dispuesta a llevar la carga de la casa porque yo la había convencido de que estaba luchando por las cosas en las que ambos creíamos. Me enfurecí nuevamente. ¿Por qué no podía ver lo imposible de la situación? Yo no podría ganar, y permanecer en la contienda nos costaría todo. Me fui a dormir enojado y confundido. Quería retirarme, pero la gente en la que confiaba quería que yo peleara hasta el final. La opinión de ellos me importaba, pero ninguna más que la de Jeanette.

A la mañana siguiente, cuando me levanté para llevar a los niños a la escuela, encontré una nota que Jeanette me había dejado, dándome permiso para hacer lo que estimara correcto.

Te respaldaré en lo que sea que decidas.
Estoy en esto contigo junto con Dios.
Te quiero y creo en ti.
Yo

Tenía programado un discurso en Port Charlotte esa noche y Jeanette decidió ir conmigo previendo que fuera el último de mis discursos como candidato al Senado de los Estados Unidos. Discutimos mi decisión de camino al evento. Sin embargo, cada vez que parecía lista para aceptarla, se contenía y preguntaba si no podría tomarme más tiempo para pensarlo. Una vez más perdí la paciencia. "No", grité, "estoy cansado de esperar". Jeanette contraatacó: "Las cosas importantes de la vida no son fáciles, y el problema contigo, Marco, es que quieres que todo sea fácil". Estaba furioso con ella.

Llamé a Al Cárdenas desde el auto y le dije que su análisis de mi situación me había intrigado, pero que si decidía cambiar de contienda necesitaría el apoyo público de líderes republicanos del estado. Autoricé a Al a llamar a unos cuantos de ellos y ver si conseguía que se embarcaran en esto.

El público de Port Charlotte se convirtió en un aliado inesperado de Jeanette. No estoy seguro por qué, pero de alguna manera en el discurso de esa noche me las arreglé para encontrar nuevamente mi voz. Hablé desde lo más profundo de mi corazón de los retos que afrontaba nuestro país y de la razón por la cual deseaba trabajar en el Senado. La respuesta fue abrumadora. Una persona tras otra me agradeció que luchara, y me dijeron que habían esperado años para oír a un candidato hablar de las cosas que más le importaba a la mayoría de ellos. Mientras los escuchaba me sentí culpable, sabiendo que en unos cuantos días los decepcionaría.

De regreso a casa Jeanette no articuló palabra. Solo escuchó mientras yo cavilaba en voz alta: qué pasaría si tuviéramos suficiente dinero; si tan solo las probabilidades no fueran tan remotas; si los riesgos no fueran tan grandes.

El procurador general y presunto nominado republicano para gobernador, Bill McCollum, me llamó al día siguiente. No me instó a cambiar de contienda, pero sí encomió las ventajas del cargo de procurador general y expresó su entusiasmo ante la perspectiva de que yo me integrara al gabinete dentro de una lista de candidatos republicanos unidos. Lo cierto es que yo no estaba buscando un trato que me garantizara la nominación. Sabía que tendría que competir en una primaria aunque Crist aceptara apoyar mi candidatura para procurador general. Mi antiguo colega de la Cámara, Jeff Kottkamp, vicegobernador de Crist, quería postularse para ese cargo y yo no creía que el respaldo a otro candidato lo haría desistir.

Me postularía para procurador general porque mis temores me habían vencido. Temía perder. Temía humillarme. Quería tomar el camino más fácil que hubiera para llegar a un cargo electivo y busqué todo tipo de explicaciones racionales para disfrazar mi cobardía. ¿Acaso no había querido postularme para PG unos años atrás? ¿Acaso no me habría postulado si se hubiera presentado la oportunidad cuando salía de la Cámara? ¿Acaso no era eso lo que debía hacer por mi familia? Con el apoyo del partido no tendría que empezar a hacer campaña en serio sino hasta el próximo año. No era temor, traté de convencerme a mí mismo. Solamente estaba siendo práctico y anteponiendo mi familia a mis aspiraciones, tal como lo habían hecho mis padres.

Estaba decidido. Hasta había escrito un discurso anunciando mi decisión y disculpándome por decepcionar a mis seguidores. "Nuestras ideas son fuertes", pensaba decir, "pero nuestros fondos no". Decidí cumplir mi programa de campaña por el Senado hasta que anunciara mi decisión, pensando que los eventos programados de todos modos tendría que cumplirlos como candidato a PG. Volé a Tallahassee para reunirme con dos antiguos asistentes, Bill Helmich y Evan Power, que me condujeron a Pensacola a una reunión programada con el consejo editorial del *Pensacola News Jour-*

nal, antes de ir a pronunciar un discurso a las once, en el Gulf Coast Economic Club. Brendan Farrington, reportero político de la AP, nos acompañó en ese trayecto.

Tocamos varios temas en el trascurso de esas tres horas, pero lo que más curiosidad le causaba a Brendan era cómo pensaba ganar yo la contienda por el Senado teniendo en cuenta la enorme ventaja financiera de Crist. Como ya había explorado la idea de abandonar la contienda, me costó trabajo convencerlo de cómo derrotaría a un candidato que no creía poder derrotar. En ese momento, a Brendan le entró una llamada.

Supe que era sobre mí. Apenas colgó, se disculpó por lo que me iba preguntar. Acababa de hablar con una fuente confiable de Tallahassee, que le había dicho con toda seguridad que yo cambiaría de contienda.

Si admitía que lo estaba pensando, mi candidatura al Senado acabaría en ese momento. Si lo negaba, mi campaña para procurador general podría extinguirse antes de empezar. Mentir no solo estaría mal moralmente, sino que políticamente sería devastador. Si le mientes una vez a la prensa, los periodistas nunca más creerán nada de lo que tú digas. Uno puede caerle bien a la gente de la prensa en lo personal, pero si lo consideran a uno un sinvergüenza o un mentiroso, estás acabado. Sospecharán de todo lo que uno haga y diga, y dejarán sus sospechas bien claras en cada artículo que escriban.

Estaba atrapado y furioso. Sabía lo que había pasado. La gente de Crist se había enterado de las llamadas que Al Cárdenas estaba haciendo por mí. Y en lugar de esperar a que yo anunciara mi retirada de la campaña y correr el riesgo de que cambiara de parecer, habían decidido obligarme a hacer el anuncio ese mismo día. No me darían tiempo para dar a conocer mi decisión antes de hacerla pública a la gente que lo había arriesgado todo por apoyarme. Ni tendría con el senador DeMint la cortesía de una llamada telefónica para explicarle mis razones.

En mis últimos roces con Crist, me las había arreglado para tragarme mi orgullo, controlar mi mal genio y reaccionar con inteligencia y no emocionalmente ante sus provocaciones. Esta vez no. Ya estaba harto de su falta de respeto. Le dije a Brendan que no iba a abandonar la campaña por el Senado. Sacudiría al mundo en agosto de 2010, cuando ganara la nominación del Partido Republicano para el Senado de los Estados Unidos.

Envié un *e-mail* a Cárdenas diciéndole que la gente de Crist se había adelantado a los acontecimientos apenas supieron que él estaba haciendo esas llamadas. No me permitirían avisarle a mis seguidores más cercanos que abandonaría la contienda, después de todos los riesgos que ellos habían asumido para apoyarme y todo lo que habían luchado por recaudar fondos para mí. Ni siquiera a mi esposa le había contado mi decisión definitiva. Al reconoció la mala fe de ellos y dijo que entendía. Pero eso no cambiaría nada, agregó. Todavía podía obtener la nominación para el Senado y todavía podía ser procurador general. Además, él mismo había puesto en juego su credibilidad al hacer esa llamadas por mí. Puse fin al intercambio diciéndole que no aceptaba ser tratado de esa manera. Crist se había pasado del límite. Me había puesto en una posición terrible. Y ahora, tendría que esperar mi decisión.

Regresé a Miami al día siguiente a tiempo para pronunciar un discurso esa mañana en un Club Rotario local. Cuando finalmente llegué a casa, Jeanette me tenía una sorpresa. Había reunido al mismo grupo de amigos de la noche anterior, y esta vez habían venido mejor preparados para convencerme de permanecer en la campaña por un puesto en el Senado. David Rivera se presentó con un bloc de papel adhesivo, tamaño poster. Y cada vez que uno de ellos sugería algo que debía hacer para ganar la nominación para el Senado, David pegaba una de esas grandes notas en la pared de nuestra sala de estar.

Estaba de mal humor. Después de mi declaración a Brendan, la idea de cambiar de contienda estaba más que perdida. Tendría que permanecer en la campaña por el puesto en el Senado o volver a la vida privada. Mi irritación aumentaba con cada sugerencia que David pegaba en la pared.

No solo me estaba sintiendo atrapado por las maniobras de Crist. Algo más me atormentaba. Estaba avergonzado. Sentía que la adversidad me había puesto a prueba y yo había fracasado. Había perdido las agallas. Yo no era ni parecido a mi abuelo, ese hombre discapacitado que perdido su empleo y su estatus, había tomado cualquier trabajo que encontrara para alimentar a su familia. Caminando millas y millas, día tras día; cayéndose; levantándose, caminando un poco más; rechazado; humillado, ignorado. Jamás desistió. Jamás cedió a la autocompasión.

No era ni parecido a mi padre que, huérfano de madre, había trabajado desde que tenía nueve años. Muchas noches se había ido a la cama con hambre. Había vivido en las calles y dormido en un guacal de madera en una bodega. Había tratado y fracasado una y otra vez al montar sus negocios. Había perdido su país. Con más de setenta años, todavía llegaba a casa tarde en la noche de su trabajo de barman. Jamás le había escuchado una sola queja. Las pruebas que yo había enfrentado no eran nada comparadas con las suyas. Me preocupaba no llegar a ser senador de los Estados Unidos porque no había podido recaudar el dinero suficiente y mi oponente me había avergonzado. Si decidía llegar hasta el final sería solo porque no tenía otra alternativa. Una prueba de fortaleza tan lastimosamente pequeña y todo lo que quería era escapar de ella.

¿Por qué Dios me había permitido llegar más lejos que mi padre y mi abuelo? Ellos habían sido mejores hombres que yo. ¿Por qué Él me dio oportunidades que ellos nunca tuvieron? ¿Por qué había fracasado, si las bendiciones que había recibido habían sido mayores que las de ellos y sus pruebas más duras que las mías?

Porque Dios se vale más de nuestros fracasos que de nuestros éxitos para enseñarnos las más importantes lecciones y acercarnos a Él. Quizás yo no llegaría a ser senador de los Estados Unidos ni procurador general. Pero podría ser algo más. Me parecería más a esos hombres mejores que yo que me habían criado y enseñado lo que se necesita para ser un buen hombre.

Dios me había bendecido con todo lo que yo necesitaba para librar esta contienda. Cuando temí no poder mantener a mi familia, había encontrado empleo y clientes. Cuando me preocupé por los sacrificios que mis ambiciones impondrían a mi esposa, Él le había dado la fortaleza y convicción para apoyarme. Ese día en Washington, cuando salí de la reunión con el senador Cornyn y su personal, abatido y desesperado, ¿no me había levantado la moral el senador DeMint? Cuando dos líderes del partido habían acordado invocar la Regla 11, ¿acaso no hubo una mujer que apenas me conocía y tuvo la fuerza para decir no? Cuando llegué a casa desmoralizado y sintiendo lástima de mí mismo después de las peores cuarenta y ocho horas de mi carrera política, Él abrió mis oídos a las voces de los pequeñitos que me decían no temas. No temas.

Esto no tenía nada que ver con el Senado. Tampoco con la política. Dios no respalda candidatos. Él quería que confiara en Él; contara con Él, me apoyara en Él. No quería que yo creyera que Él me volvería senador. Quería que yo creyera, que ocurriese lo que ocurriese, Él me amaba y me daría la fortaleza y tranquilidad de espíritu para soportar lo que fuera.

Por más que quisiera, no podría escapar a esta prueba. Mis amigos no me dejarían. Mi esposa no me apoyaría si lo único que buscaba era un título. Yo no podría salir del dilema y obtener un cargo por el que no tuviera que pelear mucho para ganarlo. No contaría con Él si me postulaba para procurador general. No tendría el partido para respaldarme. Y si ganaba, tendría que darme a mí mismo el crédito por sagaz y calculador.

Ahora creo que Dios quiso que me encontrara en una situación desesperada, de la cual no pudieran salvarme ni mi sagacidad ni mis cálculos. Solo la más insólita confluencia de acontecimientos podría hacer posible que yo ganara la elección al Senado, así fuera solamente para volverla competitiva. Para que yo pudiera ganar, todo lo que creía saber de campañas tenía que ser falso.

Ahora me doy cuenta de todo eso. Pero entonces no lo admitía. Me había resignado a competir y perder, no porque así lo quisiera, sino porque no se me ocurría una manera de retirarme guardando las apariencias. Antes de que mis amigos dejaran mi casa esa noche, les había preguntado si mi decisión les alegraba. "¿Esto es lo que quieren? ¿Verme destruido por millones de dólares de publicidad negativa? ¿Ver mi carrera política terminar en la humillación?"

Para ese entonces ya se había acostumbrado a que tuviera lástima de mí mismo. "Nos vemos mañana", me dijeron.

CAPÍTULO 27

Un objetivo claro

EL PRÓXIMO TRIMESTRE DE RECAUDACIÓN DE FONDOS terminaría el 30 de septiembre. Si quería ser considerado un candidato viable, tendría que recaudar un millón de dólares para ese entonces; y valerme de todos los recursos posibles para hacerlo. Pasaría una canasta para recibir contribuciones durante mis discursos. Llevaría a cabo docenas de eventos para recaudar fondos y ninguno podría ser demasiado pequeño. Necesitaría un agresivo programa de recaudación por correo. Y, por último, un gran evento financiero que recaudara al menos una cuarta parte del dinero que necesitábamos para probar que podía atraer a grandes donantes.

Necesitaba controlar más los gastos de operación de la campaña y reducir los gastos indirectos. Nuestro *"burn rate"* o ritmo de consumo era muy elevado, lo que en lenguaje de campaña significa que gastábamos demasiado dinero. Necesitábamos una operación magra, concentrada en dos cosas: recaudar dinero y organizar eventos para hacerlo.

Por último, tenía que conseguir unos cuantos respaldos que llamaran la atención. El que más nos interesaba era el respaldo del Club for Growth.

El lunes 20 de julio, conduje hasta nuestra pequeña sede de campaña en Coral Gables para reunirme con Brian Seitchik, mi gerente de campaña, y discutir el estado de la misma. Brian era realista y había llegado a la misma conclusión que los demás analistas políticos: yo debería postularme para procurador general. Como ya no lo iba a hacer, y no podía tener un gerente de campaña que no creyera que yo debía estar en la contienda, nos separamos en buenos términos.

Una vez que Crist dejó claro que quería el puesto en el Senado, algunos de los asesores políticos que se habían ofrecido para trabajar en mi campaña me informaron que si Crist seguía adelante, solo podrían trabajar para mí si me postulaba para otro cargo. No querían correr el riesgo de ofender a Crist o a la NRSC. Afortunadamente, mi equipo de comunicaciones, Heath Thompson, Todd Harris y la futura esposa de Heath, Malorie Miller, prometieron quedarse conmigo. Me presentaron a Pat Shortridge, un asesor conservador de Minnesota que se unió de tiempo completo a la campaña en agosto. Mi secretario de prensa, Alex Burgos, y Viviana Bovo se quedaron también. Y Ann Herberger, mi asesora de finanzas, acordó continuar trabajando para nosotros como voluntaria. Todos los que se quedaron lo hicieron corriendo un gran riesgo. Si perdía la nominación, lo que parecía probable en ese momento, no tendrían muchas oportunidades de trabajo en el futuro.

Las reorganizaciones de personal siempre son difíciles. Lo mejor es manejarlas rápidamente a fin de minimizar el daño. Pero antes de que pudiera anunciar los cambios, alguien lo hizo por mí. El jueves siguiente, estaba en el Condado de Pasco para pronunciar un discurso, cuando Alex Burgos me llamó para decirme que a Adam Smith del *St. Petersburg Times* le habían pasado el dato de la salida de Brian y Ann, y deseaba un comentario. Ni Alex ni yo queríamos mentirle a Adam. No tuve más opción que confirmar la noticia.

"Esto no es un castigo ni nada por el estilo, todo lo contrario", le dije a Smith. Traté de darle un giro positivo a lo que era una realidad poco agradable, pero me preocupaba que se fuera a tomar la noticia como otra prueba de que mi campaña no iba a ninguna parte. Estuve preocupado toda la noche por la posible reacción. El tema del artículo fue exactamente lo que había temido.

> Una señal de que las cosas no andan bien en la campaña por el Senado
> de los Estados Unidos de Marco Rubio es que dos de sus más altos
> funcionarios se han retirado de la misma.

Estaba seguro de que mis seguidores que leyeran la noticia empezarían a abandonarme. Pero para sorpresa mía, la noticia pasó casi desapercibida.

Asistí a un evento republicano en Tampa al día siguiente y a otro en Ruskin al otro día. Nadie habló del asunto.

Sin embargo, la campaña de Crist había olfateado sangre y se aprestaba a atacar. El 5 de agosto, Al Cárdenas respaldó a Charlie Crist y me agarró desprevenido. Al no me había avisado lo que iba a hacer. Una semana más tarde, dos de mis aliados clave en la asamblea legislativa, Dean Cannon y Will Weatherford, dieron su respaldo a Crist. Mario y Lincoln Díaz-Balart, ambos amigos míos y diputados a la Cámara de Representantes de los Estados Unidos, hicieron lo mismo. Ninguno de los respaldos movió votos o dificultó la recaudación de fondos. La idea era desmoralizarme y por un breve lapso de tiempo lo consiguieron.

Reservé la última semana de julio para unas vacaciones en familia en Captiva Island, Florida. Con el hermano de Jeanette y sus tres hermanas, alquilamos allí una casa y nos fuimos con todos nuestros hijos. Sería la última oportunidad de estar con mi familia en un buen tiempo, pero esos pocos días también se vieron interrumpidos por el trabajo de la campaña. Tuve que dejar Captiva un día para volar a Washington, donde tenía programada una reunión con Bill Kristol del *Weekly Standard*, otra con un recaudador de fondos y, si el tiempo lo permitía, un café con los editores de la revista *National Review*.

El café tendría un resultado positivo para mi campaña, y eso que apenas alcancé a incluirlo en mi agenda. Al día siguiente, volé de regreso a la Florida, y de camino a Captiva el asesor conservador Pat Shortridge, de Minnesota, llamó para decirme que los editores de *National Review* estaban considerando sacarme en la carátula de su siguiente edición. Pero querían estar seguros de que no cambiaría de contienda. Le pedí a Pat que les confirmara mi decisión de mantenerme en la campaña.

Los dos días siguientes los pasé con mi familia, desconectado del yugo diario de la campaña, que de todos modos siempre rondaba en mi cabeza. Había sido un mes muy difícil, y ahora, un rayo de esperanza asomaba en el horizonte. Había reorganizado la campaña y reducido sus gastos generales sin pagar un precio político. La portada de *National Review* me daría la oportunidad de volver nacional la campaña; de convertirla en una *proxy fight* o pelea a través de terceros en la batalla nacional que por el espíritu del GOP librarían conservadores y moderados. Si lográbamos hacerlo, quizás seríamos capaces de recaudar un millón de dólares antes de finalizar el trimestre.

Pat se integró a la campaña de tiempo completo e inmediatamente empezó a montar un programa de correo directo para recaudar fondos. Sabía muy poco del tema y aprendí que nos costaría más de lo que habíamos recaudado al principio. Enviábamos cartas de solicitud a donantes comprobados de listas recopiladas durante años por republicanos. Muy pocas personas nos enviaban dinero, pero quienes lo hicieron entraron a formar parte de nuestra propia lista. Y como sus donaciones estaban muy por debajo del máximo, podríamos volver a ellos una y otra vez en busca de más donaciones en el transcurso de la campaña.

Contratamos a Esther Nuhfer como asesora financiera. Tenía poca experiencia en recaudar dinero a lo largo y ancho del estado, pero eso no importaba mucho. La mayoría de las personas que ofrecerían los eventos recaudadores de fondos para mí eran nuevos donantes, muchos de los cuales nunca antes se habían involucrado en política. Si lo hubieran hecho, lo habrían pensado dos veces antes de contrariar a un gobernador en pleno ejercicio. El arranque de nuestra recaudación de fondos fue lento. Organizar eventos toma tiempo y en Florida no es fácil programarlos en agosto, cuando mucha gente se va de vacaciones a climas más frescos. Ese trimestre, la mayoría de nuestros eventos se realizaron después del Día del Trabajo.

Pasé la mayor parte de agosto haciendo las mismas cosas que había hecho todo el tiempo: hablando en clubes republicanos por todo el estado y participando en programas de radio conservadores. Pat ordenó sobres de contribución pre impresos y yo los llevaba a cada evento que incluyera un discurso. Cuando finalizaba mis comentarios, solicitaba las donaciones y los voluntarios se encargaban de pasarlos. Había quienes se los llevaban a casa y los enviaban por correo más tarde. Pero hacia el final del mes, más y más gente estaba donando en los eventos, y no era raro recoger doscientos mil dólares entre donaciones de cincuenta y cien dólares.

Estaba comprometido con la contienda por el Senado, pero eso no impedía que de vez en cuando la tentación me cruzara la mente. A principios de agosto, Mel Martínez anunció que pronto dejaría el Senado. Alguien sugirió que le pidiera a Crist designarme para su asiento por lo que quedaba de su período, quedando acordado que no competiría por un período completo. Yo podría usar el nombramiento para posicionarme y competir contra Bill Nelson en 2012. Le conté esa idea a Jeanette y ella la desechó de inmediato.

Una semana más tarde, empezaron los rumores de que Crist nombraría a Lincoln Díaz-Balart para que terminara el período de Mel. Algunos amigos sugirieron que si nombraban a Lincoln, yo podría postularme y ganar fácilmente una elección especial para llenar la silla vacante de Lincoln en la Cámara. Jeanette también descartó esa posibilidad y, para entonces, ya había aprendido a no discrepar con ella.

Aparte de estas distracciones, me mantuve concentrado en el objetivo que habíamos establecido para la campaña. Organizarla y recaudar un millón de dólares, y después ya se vería. Si no hacía eso estaría acabado y, muy probablemente, acabado para siempre en la política.

El 11 de agosto, tenía programada una entrevista de seguimiento con los editores de *National Review*. Si todo iba bien, saldría en la portada de la revista del 20 de agosto. Estábamos haciendo el trabajo preliminar para un gran evento de recaudación de fondos en Nueva York para finales de septiembre. Dan Senor, que había trabajado en la administración Bush, me había concertado citas con varios donantes de Nueva York el 17 de agosto; entre ellos Paul Singer, un joven empresario y donante muy conocido a nivel nacional. Ambos parecían estar interesados en la campaña, pero tenían dudas de mi viabilidad. Querían saber en qué forma razonable pensaba yo lograr un gran resultado. Tendrían una respuesta cuarenta y ocho horas más tarde.

Estaba en Orlando un jueves en la mañana cuando la *National Review* llegó a los puestos de revistas. La portada era una fotografía mía, tomada en el podio de la Cámara cuando yo era presidente de la Cámara, con los brazos cruzados y la mirada fija. Y en mitad de la página, en llamativas letras blancas, se leía el titular: *Sí, él puede.*

El artículo era tan bueno como la portada. Este es un aparte:

En el papel luce como una desequilibrada pelea entre un gigante invencible y un candidato predestinado al fracaso. Sin embargo, Crist aún puede ser vulnerable. Apoyó sinceramente la ley de estímulo del presidente Obama y es uno de los políticos más liberales del firmamento republicano. Rubio es una de las más brillantes y jóvenes estrellas de la derecha. Su debate podría convertirse en la contienda inesperada de 2010.

La historia incluía varias notas halagadoras de Jeb Bush. "Cuenta con las destrezas necesarias", decía Jeb, "Es carismático y tiene 'grandes principios'". Terminaba con el siguiente análisis:

La buena noticia es que Rubio no tendrá que igualar a Crist dólar por dólar. Pero sí necesita alcanzar cierta marca. Suficiente para dar a conocer su nombre a la mayoría de los republicanos de la Florida... Rubio probablemente mire la tarea que tiene por delante como un partido de fútbol americano: tendrá que jugarlo desde atrás, manteniéndose allí contra un oponente más fuerte durante cuatro trimestres completos y confiar en que estará en la posición correcta para la jugada ganadora mientras el tiempo se agota. Entonces la pesadilla será de Charlie Crist.

El argumento de *National Review* respecto a mi viabilidad fue la validación por parte de un tercero de nuestros esfuerzos de recaudación. Y también el primero de varios grandes cambios radicales en la contienda. Mis seguidores que estaban tratando de atraer donantes a nuestra causa ahora contaban con un halagador artículo de una respetada publicación conservadora para convencer a sus amigos de que se nos unieran. Usamos el artículo en una publicidad por correo directo altamente efectiva, que realmente recaudó dinero; algo que rara vez ocurre.

Una buena prueba de nuestro progreso sería la reunión trimestral del Partido Republicano de la Florida, programada para el fin de semana del 21 de agosto. Inicialmente estuve renuente a asistir. Crist había escogido al presidente del partido en el estado y, aunque se le exigía permanecer oficialmente neutral en la primaria, todo el mundo sabía que él y todo el aparato del partido estaban haciendo lo posible para apoyar la campaña de Crist. No quería asistir, discutí con mi gente argumentando que ir sería la pérdida de un tiempo que podía aprovechar para más reuniones con votantes. La verdad es que me preocupaba cómo sería recibido. Pensé que los funcionarios del partido crearían situaciones para que, a mis expensas, Crist luciera más popular ante la prensa. Temía asistir.

Jeanette no quiso oírme. No solo insistió en que yo fuera, decidió que toda la familia asistiría. Debemos hacer presencia en grande allí, dijo, y llevar bastantes ejemplares de la revista *National Review*.

David Rivera sugirió que para la primera noche abriéramos una *hospitality suite* o suite de recepción. Pero dado que ese fin de semana el partido pagaba el evento, debía aprobar cualquier otro evento que se realizara en el hotel y rehusó permitir que el hotel nos alquilara una suite o atendiera cualquier evento ofrecido por mí. De modo que David alquiló una suite grande para él, pidió café cubano a un restaurante fuera del hotel y esa primera noche fuimos anfitriones de una recepción con café cubano. Se llenó hasta el tope. Firmé más de doscientos ejemplares de la revista *National Review* para los invitados que se aglomeraron en la suite de David.

A la mañana teníamos voluntarios apostados fuera del salón de conferencias donde el partido tenía su reunión trimestral, para que fueran entregando ejemplares de *National Review* a las personas cuando entraban. Pero no había revistas para entregar. Habíamos contratado a una chica de Gainesville para ayudarnos a coordinar la campaña a nivel de las bases, y ella debía haber llevado las revistas esa mañana. Pero había estado en contacto con amigos en la fiesta del partido del estado y de paso con la campaña de Crist. La noche anterior desapareció durante la recepción del café y nadie había podido encontrarla. Cuando no se presentó a la mañana siguiente, supimos que algo había pasado. Vino a mi habitación más tarde para decirme que se retiraba de la campaña. El partido del estado le había ofrecido un empleo. Más tarde, ese mismo día, Adam Smith del *St. Petersburg Times* reportó que otro empleado más había dejado mi campaña. Se trataba claramente de un esfuerzo coordinado por la campaña de Crist para fastidiarme.

Pero fuera de ese pequeño incidente, me pareció que el fin de semana había sido un éxito. Muchos republicanos aún no se decidían a apoyarme abiertamente. Pero tuve tantos asistentes con mis adhesivos de solapa, como los que tuvo Crist. Ese fin de semana fui bien recibido dondequiera que estuve. La gente parecía entusiasmada de verme. Uno de los consultores de Charlie le dijo a un reportero que mi campaña valía la pena desde que salí en la portada de *National Review*.

A finales de agosto hubo un leve repunte en nuestra recaudación de fondos. Ya recolectábamos más sobres durante mis discursos. Algunos de nuestros eventos medianos estaban recaudando hasta veinte mil dólares. El correo directo empezaba a producir dinero. Y la joya de la corona del trimestre sería el evento de Nueva York realizado en septiembre, que ofreció la familia Fanjul, una familia cubano americana propietaria de un gran conglomerado azucarero y de bienes raíces. Parecía increíble, pero si ese evento lograba su objetivo, fácilmente obtendríamos un cuarto de millón de dólares.

Mis hijos a menudo me escuchaban hablar de la recaudación de fondos con Jeanette. A finales de agosto, Amanda, mi hija mayor, hizo algo que casi me parte el alma. Reclutó a sus hermanos y hermana para que la ayudaran a recolectar monedas por toda la casa. Agregó a esas monedas la mesada que había ahorrado y dinero que le habían regalado, y me entregó una donación de veintitrés dólares para mi campaña. Es un momento que nunca olvidaré. No me quedé con el dinero. Se lo devolví a ella. El recuerdo era más valioso.

Los Fanjul sugirieron que pasara el Día del Trabajo en los Hamptons, donde muchos de sus amigos y grandes donantes republicanos también pasarían ese día festivo. Jeanette y yo nos quedamos en la casa de huéspedes de Mark Gerson. El sábado en la noche, Pepe y Emilia Fanjul ofrecieron una cena para nosotros en su yate, e invitaron a Rudy Giuliani, el ex alcalde de Nueva York. Rudy se quedó toda la reunión y después de la cena hablamos de mi campaña. Todavía no estaba listo para respaldarme, pero sí estaba intrigado. Rudy y Charlie Crist no podían ni verse.

Crist había prometido respaldar a Rudy para presidente en el año 2008, y tenían planes de volar juntos a mítines en diversas ciudades de la Florida. Pero cuando las cifras de Rudy empezaron a desmoronarse, Crist se salió del comité y respaldó a John McCain justo unos días antes de la primaria en la Florida. Rudy todavía le guardaba rencor y esperaba el momento de vengarse con todos los hierros.

Cumplí un extenuante programa de eventos con discursos, entrevistas y recaudaciones. Viajaba todos los días excepto los domingos. Mis días empezaban temprano en la mañana y terminaban tarde en la noche. Hacíamos todo lo posible por mantener bajo nuestro ritmo de consumo. A menudo conducíamos en vez de volar, y evitábamos alquilar autos. Cada vez que era posible, me alojaba en el cuarto de huéspedes de alguno de mis seguidores y no en hoteles. Muchas veces me tomaba unos segundos recordar en qué ciudad estaba y en cuál cuarto de huéspedes me alojaba. Otras tantas enronquecí de tanto hablar. Hablaba tanto por celular que me salió una úlcera en la oreja. Todo el mundo en la campaña trabajaba hasta el agotamiento.

Empecé a creer que cumpliríamos nuestros objetivos. Todo dependía del evento de Nueva York. En la mañana del 23 de septiembre, Jeanette y yo abordamos un vuelo al aeropuerto LaGuardia. Ese día almorzamos con Mark Gerson e hice unas cuantas llamadas de recaudos antes de salir para el apartamento de los Fanjul en el norte de Manhattan. El evento tuvo buena asistencia, pero no parecía que mucha gente hubiera llevado cheques consigo. Al día siguiente volé a Washington para un par de entrevistas y una reunión con el Senador Tom Coburn. Luego nos fuimos a casa en la Florida, y yo retomé mi rutina de viajes.

El 25 de septiembre recibí buenas noticias cuando el columnista conservador George Will escribió un halagador y muy estimulante recuento de nuestra campaña. Un mes más tarde, en una mañana de domingo, preparaba el desayuno para los chicos cuando creí oír que Will mencionaba mi nombre en el programa de ABC, *This Week with George Stephanopoulos*. Subí el volumen del televisor de la cocina a tiempo para escucharlo pronosticar que yo ganaría la primaria. Jeanette entró en la cocina en ese momento y le conté entusiasmado la noticia. "Qué bueno", me dijo, y me pasó una bolsa de basura para que la sacara.

Trabajaba de dieciséis a dieciocho horas todos los días menos los domingos. Pronuncié más discursos por el Día de Lincoln; tuve más entrevistas, más eventos de recaudación pequeños. Echaba de menos a mi familia. Quería levantarme de mi propia cama por las mañanas y cenar con mi esposa y mis hijos en las noches. Pero cada vez que empezaba a sentir lástima de mí mismo, recordaba a mi abuelo y a mis padres, y los años de duro trabajo que habían soportado. ¿Cómo se sentirían de cansados? ¿Cuántas veces se había sentido desalentados?

En los largos y difíciles días del verano de 2009, encontré la fuerza para seguir recordando de dónde había venido. Había dado lo mejor de mí mismo. Con el apoyo de mi esposa y mis amigos, había vencido mis temores y luchado por lo que creía. ¿Sería eso suficiente? No lo sabía, pero pronto me enteraría.

CAPÍTULO 28

Ganador del año

PAT SHORTRIDGE ME DIO LA NOTICIA TEMPRANO, EN LA mañana del 3 de octubre. Todavía no habían acabado de contar, pero confiaba en que habíamos recaudado más de un millón de dólares en el trimestre. Cuando anunció el total, el 6 de octubre, el impacto fue inmediato.

Chris Cilliza, periodista del *Washington Post*, escribió en su columna diaria: "Lo que Rubio ha hecho con su recaudación de fondos en los tres últimos meses garantiza la contienda que él esperaba. ¿Qué contienda? Una elección entre él, un conservador, y Crist, un moderado, de repercusión nacional para el futuro del Partido Republicano".

Adam Smith del *St. Petersburg Times*, reportó: "Charlie Crist tiene entre manos una verdadera contienda... La sustancial recaudación del trimestre establece la viabilidad de Rubio y lo más probable es que despierte mayor interés en el cubano americano de 38 años de Miami". El Director Ejecutivo del Club for Growth le dijo a Smith: "Vamos a considerar seriamente asociarnos a esta contienda".

Tal como lo expresa una frase muy usada en política que tomo prestada, nuestro trimestre del millón de dólares fue un *game changer* que le dio un viraje al juego.

La campaña de Crist reveló el total obtenido por ellos dos días más tarde. Crist había recaudado $2,4 millones, y ahora tenía más de $6 millones en las manos. Todavía nos llevaba una ventaja importante. Pero teníamos buenas razones para sentirnos optimistas. Nuestro robusto trimestre garantizaba que seguiríamos atrayendo la atención de los medios de comunicación. Pasarían meses antes de que recaudáramos lo suficiente para poder comprar tiempo para anuncios de televisión que me dieran a conocer a muchos votantes. Entretanto, tendríamos que valernos de la *earned media* o prensa libre, para comunicar nuestro mensaje. Si yo hubiera tenido otro trimestre de recaudo insuficiente, la prensa habría concluido que no era un contrincante factible y me habría ignorado.

Dimos alas a gente a quien le preocupaba involucrarse en la contienda, pero que tenía una buena opinión de mí. Una y otra vez, me había reunido con líderes y posibles donantes conservadores que se habían visto frustrados por Crist. Pero algún consultor o cabildero les había murmurado al oído que yo no podría ganar. Ahora existía un rayo de esperanza de que sí lo podía lograr.

Siempre pensamos que nuestra recaudación de fondos iría a la zaga de la de Crist. Solo queríamos tener el suficiente dinero en mano hacia el final de la campaña para financiar un repunte de última hora que nos permitiese tomar la delantera. Y no esperábamos que, sin publicidad pagada, mis cifras en las encuestas mejoraran. Pero nos equivocamos. Dos semanas después de haber anunciado nuestras cifras de recaudación, dos encuestas mostraron que habíamos logrado aumentos significativos sobre Crist sin haber gastado un centavo en televisión. En agosto, una encuesta de Quinnipiac había tenido a Crist dándome duro por lo menos con un 30 por ciento. La más reciente encuesta de Quinnipiac mostraba que su ventaja se había reducido a la mitad. Una encuesta de Rasmussen que se conoció el mismo día le daba a Crist una ventaja de catorce puntos, después de haber marcado veinte en agosto.

Alex Burgos, mi secretario de prensa, emitió una declaración que resumía perfectamente lo que yo pensaba.

> No vamos a destapar champaña. Esperamos ir a la zaga por algún tiempo. Entendemos que con el creciente impulso de Marco Rubio, el objetivo de su candidatura solamente podrá crecer.

Habíamos rebasado un punto crítico. Doce semanas antes había temido no tener las herramientas para enfrentarme a Crist y habían tenido que convencerme de no abandonar la contienda por evitarme el bochorno. Aún teníamos una prolongada batalla por librar pero era claro que ya estábamos en el juego.

Estaba disfrutando de nuestro reciente éxito, pero debía trabajar tres veces más duro que Crist para conseguir una fracción de lo que él recaudaba. Tenía que reunirme con más votantes que él. Tenía que pronunciar más discursos, y hacerlo bien, día tras día. Todo eso estaba empezando a afectarme física y emocionalmente. No estaba durmiendo lo suficiente. No hacía ningún tipo de ejercicio. No estaba comiendo como es debido. La cena usualmente era algo que venía en plato de cartón para comer en el auto, en el trayecto de un evento a otro. Me estaba yendo a la cama usualmente después de la medianoche y me despertaba antes de las seis de la mañana para realizar la primera visita del día.

Pero estábamos en movimiento. Se hablaba de mí y quería que eso continuara. Nuestras mejores cifras en encuestas y recaudaciones atraían la atención de la prensa nacional y de otros medios. Mitt Romney me llamó solo para estar en contacto, dijo. No estaba listo para respaldarme y no le pedí que lo hiciera. Pero sabía que él estaba tendiendo la mano porque pensaba que tal vez querría respaldarme pronto. Las solicitudes de entrevistas por cable nacional empezaron a aumentar. Hasta la BBC cubrió una corta gira de campaña por el Panhandle. Donde quiera que íbamos había gente de la televisión local esperándonos. Los reporteros de los diarios locales nos seguían a cada evento. Mi perfil, mucho más conocido ahora, facilitaba programar los eventos de recaudación y atraía más gente para que asistiera a ellos.

Para mediados de noviembre la opinión pública más ortodoxa creía que la contienda se había transformado. En el mundo de Crist ya se rumoraba que por no haber tomado mi campaña en serio, ahora iban en caída libre. Ellos habían pensado que anotarían un temprano *knock-out* y casi lo lograron. Habían quedado en medio de una pelea a través de terceros por el alma del Partido Republicano. Habían confiado en que su ventaja monetaria me abrumaría. Ahora aceptaban que yo tendría el dinero suficiente para competir hasta el final y que no podían esperar más. Era tiempo de atacar.

El 17 de noviembre, "Hotline On Call", un blog del *National Journal*, reportó la decisión de Crist.

Golpeada por semanas de prensa negativa y por la nueva amenaza que ahora constituye su rival de derecha, la campaña del gobernador Charlie Crist (R) intensificará los ataques directos contra su oponente, dijeron fuentes internas a On Call. Crist atacará al antiguo presidente de la Cámara de la Florida, Marco Rubio (R), por no haber sacado adelante algunas causas conservadoras cuando lideraba la Cámara Estatal, por gasto excesivo mientras ocupó el cargo de presidente de la Cámara y por dar largas al asunto de la legislación sobre inmigrantes que muchos republicanos apoyaban.

El Día de Acción de Gracias no llegó lo suficientemente pronto. Estaba agotado física y mentalmente, y necesitaba ese fin de semana de cuatro días para descansar. El primer ataque de Crist fue justo después de esa festividad.

El 2 de diciembre, momentos antes de que yo pronunciara mi discurso a una organización de fiscales conservadores, de Florida Tax Watch, el director de comunicaciones de Crist dio a conocer una declaración acusándome de ocultar mi apoyo al "mayor incremento de impuestos en la historia de la Florida" y de despilfarrar "cientos de miles... de dólares de los contribuyentes" e insinuar que había "escondido" en el presupuesto del estado $800.000 "para césped artificial en los campos de Miami-Dade donde jugaba *flag football*".

Nunca antes había estado en un combate político como este y sus ataques me hirieron. Pero mi campaña los rechazó con éxito. El mayor incremento en impuestos que la declaración de Crist criticaba, era el impuesto al consumo que yo había propuesto que reemplazara al impuesto sobre la propiedad, lo que habría reducido los impuestos en general. Yo no había tenido nada que ver con la asignación de fondos para el césped artificial. Otros dos legisladores lo habían puesto en el presupuesto. La vocera de Crist también había dicho que yo había presidido un banquete de prebendas para Miami cuando era presidente de la Cámara. Pero Miami-Dade es el condado más populoso de la Florida y siempre recibe la mayor parte del presupuesto estatal. Tiene la delegación más grande a la Cámara y el Senado de la Florida y muchas de las partidas habían sido buscadas por otros miembros de la delegación y no por mí. Y de todas maneras, el gasto estatal por Miami no había crecido significativamente durante mi período como presidente de la Cámara.

Cuando nunca se ha sido blanco de este tipo de ataques, acostumbrarse a ellos toma algún tiempo. El próximo ataque apareció en el *St. Petersburg Times*, que publicó una historia detallando mi trabajo en la Universidad Internacional de la Florida. En esencia, decía que yo había canalizado dinero para la universidad cuando era presidente de la Cámara y, a cambio, me habían contratado cuando dejé el cargo. La verdad es que los fondos que la universidad había recibido estaban en proporción con los recibidos en años anteriores, y todos los proyectos habían sido investigados y aprobados por el Consejo Superior. Ninguno de esos proyectos había estado vinculado a nada que yo hubiera planeado hacer en el futuro. De hecho, en un momento la universidad creyó que no había recibido suficiente apoyo financiero.

Durante mis últimos días como presidente de la Cámara, la directora de FIU en asuntos legislativos, mi antigua asistente, Michelle Palacios, vino a mi oficina a quejarse del trato que estaba recibiendo la universidad en nuestro presupuesto. Pensé que era injusta y eso conllevó a una discusión entre nosotros de la que fueron testigos Jeanette y David Rivera. Me sentí mal después por lo ocurrido. Había sido una tradición en la Florida que los presidentes de la Cámara le brindaran a la universidad una gran cantidad de proyectos. Dado que yo era el primer presidente de la Cámara proveniente de Miami en muchos años, ella se encontraba bajo una gran presión buscando proyectos y fondos para la universidad.

Porque me afectaban personalmente, creía que los ataques también afectaban mi campaña. Estaba seguro de que frenarían nuestro impulso.

Nuestro evento más grande de recaudación de fondos en diciembre fue del senador DeMint, el día 15. Me estaban tomando fotos con grandes donantes cuando recibí un mensaje de texto de Scott Plakon, legislador novato del estado que había sido uno de los pocos en respaldarme públicamente:

¡Felicitaciones por la nueva encuesta Rasmussen!

No sabía a cuál encuesta se refería, pero busqué la respuesta en mi iPhone. En el sitio web de Rasmussen había una imagen satelital de un huracán aniquilando la Florida y, en negritas, un título que nunca olvidaré:

"43-43". Según Rasmussen, la contienda por el Senado ahora iba empatada en la Florida. Compartí la noticia con todos y les encanto escucharla, pero no parecieron captar su importancia. En la Florida, el impacto fue inmediato. Adam Smith, del *St. Petersburg Times*, lo explicó de la siguiente manera: "Le crean o no a la encuesta Rasmussen que muestra a Charlie Crist empatado con Marco Rubio, la inevitabilidad que argumentaba el gobernador ha desaparecido".

Después de semanas de ataques e intenso escrutinio de la prensa, todavía le estábamos ganando. Los ataques no estaban funcionando, por lo menos no hasta ese momento. A los votantes les preocupaban otras cosas más importantes y nuestro plan era mantener nuestra campaña concentrada en esas cosas.

Herida profundamente por los acontecimientos de los tres últimos meses y especialmente por la preocupante tendencia de las encuestas, la campaña de Crist tenía que tranquilizar a sus seguidores y donantes. Dio a conocer un memo sobre el estado de la contienda, que cerraba con un ataque. Decía que yo era "un típico político ambiguo" y "no el conservador que pregonaba... La retórica de su campaña es muy diferente a la realidad de lo que ha hecho con respecto a todo: impuestos y gastos, derecho a portar armas y *cap and trade* o topes y canje".

Ciertamente habíamos atrapado su atención. El día que Crist sacó ese memo de estado de campaña, en casa estábamos en una fiesta de Navidad para la gente de nuestra campaña. Eran ya muchas personas más de las que, en julio pasado en mi sala de estar, habían tratado de convencerme de que permaneciera en la contienda.

El 31 de diciembre dimos a conocer nuestro propio estado de campaña. Creo que reflejaba con más precisión nuestra situación que lo que el memo de Charlie había reflejado de la suya.

Golpes errados a montón. Publicidad negativa inicial. Correos insultantes. Sitios web anónimos. Todo repetido *ad nauseam*. Quedan advertidos. Ya viene. Muy, pero muy pronto.

Pat seguía con un recuento de los índices de la campaña, que yo pensaba se habían vuelto más importantes que quién ganaría y quién perdería.

En muchos sentidos, el resultado de esta elección contribuirá a determinar el futuro de los Estados Unidos, a determinar si nuestros hijos tendrán las mismas oportunidades que nosotros tuvimos, y que tuvieron nuestros padres antes que nosotros. Además, recuerden: esto no es por nosotros. Es por nuestro país y nuestro futuro.

Cuando empecé la campaña, yo solo quería ganar. Solo quería estar de nuevo en la política. Tanto quería volver a la política que hasta había considerado dejar la contienda para postularme a otro cargo. Sin embargo, había perseverado, en parte porque quería hacerlo, pero en parte porque no creía tener otra opción.

Meses más tarde, sin embargo, ya me había enamorado de ella. Quizás eso había influido en que empezáramos a ganar y en la atención nacional ahora concentrada en nuestra contienda. Pero creo que tuvo más que ver con la gente que respondió a nuestro mensaje, que creyó en mí no porque fuera el que llevara la delantera, sino porque yo creía en lo que ellos creían. Personas que jamás habían contribuido a campañas contribuyeron a la mía; personas que no podían permitirse darle dinero a un candidato, me dieron aunque fuera un poquito. No lo hicieron porque yo les gustara más que Charlie Crist. Lo hicieron porque creían que yo defendería los principios por los que ellos abogaban, y a mí me podían confiar sus preocupaciones acerca del país.

Pensábamos que sería un largo y arduo camino. Suponíamos que iríamos a la zaga de Crist hasta las últimas semanas y que a lo mejor nunca lo alcanzaríamos. Y sin embargo, cuando el 2009 llegaba a su fin, ya habíamos empatado y quizás íbamos hasta un poco más adelante.

Por más de dos generaciones mi familia jamás había cumplido sus aspiraciones. Sus talentos no habían sido apreciados ni aprovechados. Ellos merecían más. No habían hecho nada mal. Simplemente no habían tenido buenas oportunidades. ¿Por qué yo estaba triunfando? ¿Por qué estaba haciendo realidad mis sueños? No era más merecedor que ellos. Tampoco más inteligente. Ni mejor persona. ¿Qué diferencia había entre nosotros que me había permitido obtener tanto en tan poco tiempo?

Los Estados Unidos. Los Estados Unidos es la respuesta. Yo había nacido siendo ciudadano de la nación más grande en toda la historia de la humanidad. Yo era un hijo americano. Había nacido privilegiado. Y también había nacido, como todos los americanos, con responsabilidades. La grandeza de los Estados Unidos no se auto perpetúa. Cada generación es responsable del país que le dejemos a nuestros hijos; de garantizar que no seamos la última generación privilegiada del mismo.

Estaba a punto de recibir un privilegio realmente especial. Hijo y nieto de inmigrantes y exiliados, mis conciudadanos me habían confiado sus esperanzas; los sueños que tenían para sus hijos. En eso se había convertido esta campaña para mí. Yo cargaba las historias de las personas que habían llegado a creer en mí; a quienes no les había importado cuán atrás iba en las encuestas; quienes no creían que estaba loco por competir contra un popular y poderoso gobernador en pleno ejercicio; quienes no creían que algo sea inevitable en los Estados Unidos. Ellos querían que yo marcara una diferencia; que fuera a Washington y los defendiera, y que ofreciera una clara alternativa al rumbo que los preocupaba. Ellos creían en mí y yo creía en ellos.

El 2 de enero, Adam Smith escogió su "Ganador del año" en la política de la Florida: Marco Rubio.

> Ocho meses atrás incluso sus más grandes admiradores lo llamaban loco y miope. ¿Por qué el antiguo y prometedor presidente de la Cámara de la Florida lanzaría una campaña inútil por el Senado de los Estados Unidos contra un gobernador en pleno ejercicio inmensamente popular y seguro de recaudar grandes sumas de dinero?... Hoy, la contienda de Marco Rubio vs. Charlie Crist está entre las que acaparan la atención de todo el país, y Rubio es una estrella.

Había "perseverado" escribió Smith. Sí, lo había hecho. Pero solo por la gente que había perseverado conmigo. Perdiera o ganara, había sido privilegiado, y nunca lo olvidaría.

CAPÍTULO 29

Podría suceder pero no apostaría el rancho

MI PRIMERA ENTREVISTA CON MARK LEIBOVICH, REPORtero del *New York Times*, fue en noviembre, y la segunda, a principios de diciembre. Había respondido con cautela pero de todos modos esperaba lo peor. En los círculos conservadores, al *New York Times* se le tacha de ser el periódico oficial de la izquierda americana. Pero las preguntas de Mark fueron imparciales, y su interés en la campaña y en el movimiento del Tea Party parecía genuino y sin sesgos. Percibí lo mismo al leer el tema de portada de la revista del *Time* el domingo 6 de enero, "¿El primer Senador del Tea Party?"

Algunos de mis asesores creyeron que los editores de la revista habían querido afectarme al relacionarme con el Tea Party. Pero aunque esa hubiera sido su intención, y no sé que lo fuera, no me molestó que me identificaran con el Tea Party. A mí me gustó y, para una reñida primaria republicana, lo consideré una ventaja. Además, aparte de cualquier sentimiento personal que pueda despertar, el *New York Times* tiene un alcance que pocas publicaciones igualan e influye en todos los medios de comunicación a nivel nacional, como los noticieros de televisión y los demás periódicos del país. La semana antes de que apareciera la historia, nos habían llovido solicitudes de los medios, aumentando así la consciencia de mi campaña entre los votantes de la Florida y los conservadores en todo el país, que se mostraban cada vez más dispuestos a hacer donaciones a la campaña de "El primer Senador del Tea Party".

Íbamos viento en popa. En el otoño, más de una docena de comités ejecutivos del GOP había realizado encuestas de opinión informales. Yo había ganado cada una de ellas. Algunos periodistas se mostraban escépticos sobre la relevancia de las victorias en esas encuestas cada vez que los comités estaban compuestos en su mayoría por los elementos más conservadores y activos del partido. Pero en ellos residía la mayor probabilidad de votos en la primaria, y sus resultados me entusiasmaron.

Usamos las encuestas de opinión informales para generar impulso y animar a nuestros partidarios. Cuando estás treinta puntos atrás en las encuestas, te vales de cualquier buena noticia para generar entusiasmo. Tal vez las encuestas informales no significaran tanto. Tal vez los conservadores solo estuvieran enviando al partido del estado el mensaje de que no querían ser ignorados y, habiendo dejado eso en claro, al final se decidieran por votar por el que llevara la delantera la primaria de agosto. Una encuesta de opinión informal en el Condado de Pinellas daría una indicación más precisa de la dirección que estaba tomando la contienda, y no era aconsejable hacer caso omiso de sus resultados. Pinellas es el condado natal de Charlie Crist. Una derrota allí sería devastadora para el gobernador y su campaña trabajaba durísimo para asegurarse de que eso no ocurriera.

Estaba en casa la noche del 11 de enero cuando me llamó Tony DiMatteo, jefe regional del partido en Pinellas. Nacido en Nueva York, Tony D., como lo llamaba todo el mundo, era uno de mis partidarios más fuertes y me había alentado a continuar en la contienda. Tony había apoyado a Crist durante mucho tiempo, pero el giro a la izquierda que dio el gobernador lo alejó. También era presidente de condado de Rudy Giuliani cuando Crist había anunciado en la cena del Pinellas Lincoln Day su respaldo a John McCain, el sábado antes de la primaria presidencial de la Florida.

"Tengo una mala noticia que darte", me anunció Tony con su marcado acento neoyorkino. "Solamente obtuviste el 77 por ciento de los votos". Había ganado, 106 a 52, en la encuesta de opinión del GOP en la ciudad natal de Crist. No había nada que hacer. Charlie había tenido una muy mala noche. Más adelante ese mes, con miras a recaudar unos $100.000 para mi campaña, el senador DeMint y el Senate Conservative Fund lanzaron un llamado a recaudación en línea o *money bomb*. Recaudaron $400.000.

A finales de enero Quinnipiac dio a conocer su encuesta más reciente. Por primera vez en la contienda llevaba yo una ligera ventaja. Más tarde ese mismo día, la campaña de Crist anunció el total de su recaudación en el último trimestre, y nosotros anunciamos la nuestra. Crist había recaudado $2 millones. Nosotros veníamos pisándole los talones con $1,75 millones. La mayoría de sus donantes había dado la máxima donación, lo que significaba que no podrían aportarle más. Pat Shortridge había pronosticado que Crist se iría quedando sin donantes y que los totales de sus eventos de recaudación disminuirían cada mes. La gran mayoría de nuestros donantes nos habían dado muy por debajo del máximo y continuarían donándonos a lo largo de toda la campaña. Crist todavía tenía una ventaja de cuatro a uno en cuanto a dinero en la mano, pero la tendencia se inclinaba fuertemente a nuestro favor.

Por primera vez desde que entré a la contienda, preferí estar en nuestro bando y no en el de ellos, pensé. Estaba muy contento conmigo mismo y con mis probabilidades cuando, al día siguiente, me bajaron de la nube rápidamente. Fue en un foro de candidatos en Tallahassee, previo a la reunión de Associated Press Editors, en el que un grupo de editores y periodistas me esperaba para aplicarme un tratamiento para aventajados. Me acribillaron a preguntas una hora sin parar. Eran preguntas duras, pero en su mayoría imparciales. Sin embargo, algunos de mis interlocutores fueron abiertamente hostiles y formularon sus preguntas en forma casi desdeñosa. El editor de la página editorial del *Palm Beach Post*, Randy Schultz, fue el más antagónico. Mi secretario de prensa, Alex Burgos, que no es precisamente un novato en lides con la prensa, estaba impresionado por el evidente nivel de hostilidad que reinaba en la sala. Ese momento no es mi recuerdo favorito de la campaña, y estoy seguro de que ese día me dejaron un poco fuera de base.

Ese fin de semana, Tim Nickens, un editor del *St. Petersburg Times*, escribió "La semana que Crist volvió". En ese editorial, Nickens empezó por llamarme "el niño mimado de los charlatanes conservadores de Washington" y elogió el desempeño de Crist en el foro como "particularmente agudo". Calificó mi desempeño de "lastimoso", y afirmó que antes de agosto, Crist retomaría cualquiera que hubiera sido el terreno perdido. Sobre la posibilidad de que yo ganara la contienda, concluyó: "Podría suceder pero no apostaría el rancho".

Si Crist ya estaba de vuelta, eso no era lo que reflejaban las encuestas. Una de Rasmussen que salió el 1o. de febrero me daba una ventaja de doce puntos sobre Crist. Sin embargo, esa encuesta se había realizado antes del editorial de Nickens. Una vez que los votantes leyeran el editorial quizás cambiaran de parecer. Podría haber sucedido, supongo, pero no apostaría el rancho.

Ese día Tony Fabrizio, encuestador republicano, dio a conocer otra encuesta. Con base en sus resultados, Fabrizio le brindó un sorprendente consejo a Crist. Debería abandonar la contienda por la nominación republicana y postularse al Senado como independiente. Sugerencia que invitaba a la reflexión, pero que en ese momento nadie tomó muy en serio. Era claro que Crist empezaba a perder el control de la contienda. Pensamos que su campaña empezaría a lanzar golpes ciegamente con la esperanza de que alguno pudiera detener nuestro impulso. El senador del estado Mike Fasano, gran partidario de Crist y persona a quien yo había considerado un consejero, golpeó primero. En una entrevista del *Miami Herald*, me calificó de "taimado paquete de Miami". Miami era el código para muchas cosas en la política interna de la Florida, entre ellas la percepción de la ciudad como hogar de políticos cubanos americanos corruptos. Clamamos a la prensa porque fue una jugada sucia, pero los periodistas desestimaron nuestra protesta calificándola de lloriqueos. Le dije a mi personal que lo dejara así y siguiera adelante.

Mantuvimos la campaña concentrada en las cosas que podíamos controlar. Tuvimos un evento para conmemorar el primer aniversario del ahora descabellado mitin de la ley del estímulo en el que Crist y el presidente se habían abrazado, y lo realizamos en el mismo sitio en Ft. Myers. Fue un evento conjunto con Freedom Works, una organización nacional conservadora de recaudación de fondos. Tuvimos varias entrevistas por la televisión nacional para hacer notar el evento, el cual difundimos por Internet y usamos para presentar la que denominamos una *"stimulus bomb"*, un llamado en línea para recaudar fondos en el aniversario "del abrazo".

El 17 de febrero, Jeanette y yo volamos a Washington, donde pronunciaría un discurso en la CPAC (*Conservative Political Action Conference*), conferencia anual de activistas conservadores. Para esta época ya era objeto de un gran interés por parte de la prensa, pero el discurso en la CPAC sería la primera oportunidad para exponer mi mensaje ante prácticamente todo el cuerpo de prensa de Washington. Estaba muy nervioso. Normalmente, soy un orador seguro de mí mismo. Pero esta vez el desasosiego era de marca mayor. Me preocupaba que las expectativas por mi discurso fueran muy altas y que no las fuera a llenar, lo que decepcionaría a los conservadores de todo el país y llevaría a los periodistas a preguntarse la razón para tanto alboroto. El discurso salió bien y fue bien recibido. A uno, sin embargo, siempre le preocupa que su impresión no coincida con la de la prensa. Pero el resumen periodístico reconoció que en mi debut en Washington había hecho lo que tenía que hacer.

Hubo tropiezos menores aquí y allá, pero en los últimos cuatro meses habíamos ganado todos los días, salvo unos pocos. La recaudación de fondos sobrepasaba nuestras propias proyecciones. Estábamos en la delantera en las encuestas. Y tras meses de persecución para realizar un debate, Crist finalmente había accedido a participar, y se realizaría uno a finales de marzo en el *Fox News Sunday* show de Chris Wallace.

A finales de febrero, se rumoraba que Crist estaba considerando seriamente lanzarse como independiente. Algo que todavía me parecía inverosímil. Crist había pasado toda su carrera política en el Partido Republicano. Su base financiera estaba en el partido. No podría abandonar eso, ¿o sí? Jim DeMint había escuchado los mismos rumores. El Senate Conservative Fund lanzó otro llamamiento para recaudar fondos en un aviso en la web formulado como una encuesta. "¿Será que Charlie cambia de partido?", preguntaba.

Todo nos estaba saliendo bien a nosotros y nada le estaba saliendo bien a Charlie. Otra encuesta de Rasmussen me dio dieciocho puntos de ventaja. Nuestra recaudación de los dos primeros meses del trimestre había excedido el total de lo recaudado en todo el año 2009. Era claro que Crist se estaba desesperando. Su director político y nuevo asesor de medios dejó la campaña. Y sus ataques se volvieron más mordaces y personales.

Hasta ahora, Crist había dejado los ataques a sus colaboradores y partidarios. Desesperado, ahora empezaba a atacarme directamente. El 24 de febrero concedió una entrevista. Comenzó reafirmando su confianza en que ganaría la primaria y luego se lanzó a la ofensiva. "Si realmente ustedes quieren juzgar el carácter de una persona, denle poder y vean lo que hace", observó, y me acusó de haber reprobado ese examen de carácter.

Llega a Tallahassee... contrata veinte personas a $100.000 por cabeza. Gasta... medio millón de dólares para embellecer el lugar donde comen los diputados a la Cámara... ¿Hace eso un fiscal conservador? No por definición, que yo sepa... Negocia para un amigo la oportunidad de vender comida en el Turnpike, ¿y quién debe vetarlo? El gobernador, a quien él mismo denomina el moderado. ¿Quién es el verdadero fiscal aquí? El primer presupuesto que me presenta como presidente de la Cámara cuando tenía el poder, casi $500 millones en asignaciones de fondos, y debo sacar mi pluma para vetarlo.

La declaración era una retahíla de mentiras absurdas, pero Crist tenía grandes problemas y necesitaba hacer algo dramático rápidamente para detener mi impulso antes de que me volviera imparable. Necesitaba un *game changer* que virara el rumbo del juego. Nosotros sabíamos eso. Y sabíamos que pronto lanzaría el más efectivo de sus ataques en contra mía. No sabíamos qué sería. Pero una tarde a finales de febrero que aterricé en Jacksonville, me enteré.

CAPÍTULO 30

Locura en marzo

E N EL TIEMPO QUE USÉ LA TARJETA AMERICAN EXPRESS emitida por el GOP de la Florida, revisaba los estados de cuenta mensuales y pagaba directamente las compras no oficiales. El GOP de la Florida no pagó por ninguno de mis gastos personales. Pero yo sabía que esos estados de cuenta podrían ser manipulados por mi oponente y hacer parecer como si hubiera cubierto mis gastos privados con fondos del partido.

El presidente del partido en el estado era un aliado cercano del gobernador Crist. Sabíamos que tenía acceso a los registros de los cargos que había hecho con mi tarjeta American Express, y sospechábamos que eventualmente los filtraría a la prensa. Cuando aterricé en Jacksonville, tenía un mensaje de voz de Beth Reinhard, del *Miami Herald*. Alguien le había dado las copias de mis estados de cuenta de American Express.

Pasamos las próximas cuarenta y ocho horas respondiendo una larga lista de preguntas que ella nos envió. La mayoría de los cargos era por pasajes aéreos, en su mayoría vuelos entre Miami y Tallahassee. Se justificaron fácilmente. Yo había cobrado al partido los vuelos porque a menudo mezclaba asuntos políticos con mis viajes oficiales como presidente de la Cámara, y no podía cargárselos a los contribuyentes.

Había otros cargos que eran legales, pero de más difícil justificación. Por ejemplo, un número de pagos a una tienda de vinos llamada Happy Wines. Lo que Beth no sabía es que Happy Wines es una barra de sándwiches. Queda a solo dos cuadras de mi oficina del distrito, y yo había pagado con la tarjeta almuerzos de trabajo en mi oficina, un gasto legítimo. También había gastos de víveres, que ella supuso comprados por mi familia. De hecho correspondían a café y refrescos para visitantes en mi oficina. La ley estatal había prohibido el uso de fondos del estado para refrescos, así que yo usaba la tarjeta American Express para comprarlos.

También había unos cuantos gastos personales. El mayor gasto individual correspondía al Melhanna Plantation, un resort en Georgia, donde habíamos tenido una reunión familiar por el Día de Acción de Gracias después de que me posesioné como presidente de la Cámara. Inadvertidamente, mi agente de viajes había dado al Plantation la tarjeta de crédito equivocada. Yo descubrí el error a tiempo y pagamos esos gastos directamente a American Express. No se usó ni un solo centavo del GOP del estado. Para complicar las cosas, Richard Corcoran, mi jefe de personal, también había cargado gastos del Melhanna a su tarjeta. Eso también tenía una explicación inocente. Habíamos planeado tener una cena en el Melhanna la noche de mi toma de posesión, para mi equipo directivo y sus cónyuges. La reservamos con su tarjeta del GOP. Pero decidimos cancelar la cena después de que hablamos con algunos de ellos y nos dijeron que se acercaba una festividad y la mayoría deseaba irse directo a casa después de la sesión. La cena y las habitaciones que habíamos reservado se acreditaron entonces a mi reunión familiar. Eso también lo pagamos directamente a American Express. Le entregamos a Beth y Adam las pruebas de que habíamos enviado cheques a American Express para pagar la cuenta del Melhanna. Ellos lo mencionaron casi al final de su artículo.

El GOP de la Florida llevaba meses enredado en disputas sobre el gasto del partido. El déficit presupuestario era una de las razones por las que Jim Greer había sido forzado a renunciar como presidente del partido a principios de 2010. La prensa de Tallahassee se había interesado por los gastos del partido durante años. Ahora, se había levantado parcialmente el velo sobre la forma en que el partido gastaba el dinero, y lo que siguió fue una verdadera racha de actividad febril sobre esa información.

El mismo artículo se publicó en el *Miami Herald* y en el *St. Petersburg Times*. Le pusieron atención las estaciones de televisión y algunas de ellas reportaron incorrectamente lo que decía el artículo. Pasamos los dos días siguientes en comunicación con la prensa, en un esfuerzo por corregir la situación. Por su parte, Crist dijo que su campaña no tenía nada que ver con ese artículo. Agregó que consideraba todo el episodio "muy perturbador", pero que los votantes tendrían que sacar sus propias conclusiones.

Para empeorar las cosas, yo estaba fuera de la Florida, en una gira de recaudación de fondos por todo el país, que incluía Chicago, Arizona y California. Entretanto, el artículo hizo noticia en todos los noticieros de televisión de la Florida, especialmente en Miami. Más tarde, Jeanette reconocería lo difíciles que habían sido para ella esos días que estuve viajando. Se había encontrado con amigos y partidarios que por cortesía no le dijeron lo que pensaban, pero ella podía ver que en su opinión, yo estaba metido en problemas.

Mis partidarios querían saber de mí. Aún me apoyaban, pero necesitaban escuchar mi lado de la historia. Durante dos días y dos noches esa historia había aparecido en la televisión local sin que apareciera una respuesta mía. Por fin terminé la gira de recaudación y volé a Miami para afrontar la situación.

En la mañana del día siguiente debía dar un discurso para la Christian Family Network of Miami. Crist y yo estábamos programados para presentarnos allí. Yo no quería ir. Sabía que sería un circo preparado por la prensa. Pero debía enfrentarlos a ellos y a los votantes.

Crist habló primero. Esa mañana tenía un aire fanfarrón, como si finalmente hubiera encontrado la bala mágica que le quitaría de encima a su rival. Rebosaba seguridad en sí mismo. Usó la palabra "confianza" quince veces en su discurso. Dos candidatos están pidiéndoles su voto, les dijo a los asistentes. "¿A cuál se lo van a confiar?", les preguntó. Ellos podían confiar en él, les aseguró. Tenía un historial de hacer lo correcto, un historial que daba fe de su buena conducta. Y conducta, les recordó, es la forma en que la gente se comporta "cuando cree que nadie está mirando". Todo el mundo en ese salón sabía exactamente a quién se estaba refiriendo.

En cambio, yo no podía pavonearme. Me sentía intimidado y estoy seguro de que se notaba. Había sobrevivido a otros ataques, pero este era diferente. Este ataque me hacía ver como un vulgar ladrón y me sentí avergonzado. Además, me preocupaba que este ataque sí fuera a surtir efecto.

Terminado mi discurso, bajé del estrado y me enfrenté a los reporteros durante cuarenta minutos. Respondí cada pregunta que me hicieron y no puse fin a la rueda de prensa hasta que se les acabaron las preguntas. No podía hacer nada más. Había explicado mi lado de la historia. Ahora tendría que esperar para saber cuál sería el impacto.

El *Herald* tenía una noticia importante y de actualidad en sus manos, la historia del inverosímil ascenso de alguien cuya derrota se había dado por segura, solo para ser vencido por sus propios errores. Escribieron una serie de artículos de seguimiento suscitando todo tipo de preguntas sobre mi futuro. ¿Me enjuiciaría el fiscal del distrito por haber usado inadvertidamente la tarjeta de cargo del partido para vuelos personales? No, no lo haría. ¿Los prominentes conservadores a quienes habían contactado me retirarían su respaldo? No, se quedaban conmigo. ¿Qué había del cargo de $133,35 de la barbería? ¿Para qué había sido? ¿Corte de pelo? ¿Manicura, pedicura? ¿Tratamiento humectante? No, fue un obsequio donado para una rifa de un evento del GOP. El *Herald* llamó a Jim DeMint y le preguntó si reconsideraría su respaldo. "Esto no cambia nada", fue su respuesta.

Las cosas se volvieron todavía más extrañas cuando Crist apareció en Fox News y aseguró haber escuchado que el cargo de la barbería fue por un *back wax* o depilación de la espalda con cera. Acusación que repitió al día siguiente. Los reporteros que la cubrieron anotaron que el gobernador lucía "animado" y "entusiasmado" de tocar el tema. "Se trata de la confianza", dijo Crist al *St. Petersburg Times*. "Si la gente puede o no puede confiar en que el antiguo presidente de la Cámara gastará el dinero de ellos con prudencia. Quiero decir, está claro que no pueden".

El 9 de marzo la campaña de Crist abrió otra línea de ataque. El *Herald* reportó que mientras yo me las daba de fiscal conservador, documentos internos del despacho del gobernador me vinculaban a $250 millones en solicitudes de gasto.

El hecho es que la mayoría de esos gastos había sido patrocinada por otros legisladores. Pero en el proceso de revisión para veto, el despacho del gobernador llama a los legisladores para pedir su opinión sobre los proyectos de financiación que corresponden a su condado natal. Si el legislador expresa su apoyo, su nombre queda registrado en ese sentido. Eso no significaba que yo hubiera patrocinado o defendido el gasto. Pero esta defensa tenía demasiados matices para el desenfreno en los reportajes, y no fue precisamente exitosa. El titular del *Herald* decía: "La imagen de la campaña de

Rubio no se compadece con la historia de los $250 millones en *pork*, es decir prebendas, solicitadas". Yo no las había solicitado, pero en ese momento la diferencia no parecía importar.

"Esto me suena a *Porkus* Rubio", añadió Crist, que quería ayudar. Por primera vez en meses me tenía a la defensiva y no tenía intenciones de dejarme en paz. Su campaña pasó el resto de esos meses orquestando un ataque tras otro.

El *St. Petersburg Times* publicó un artículo titulado "Fastuoso ascenso de Marco Rubio a la cima", en el que examinaba el gasto de mis propios comités políticos e insinuaba que yo los había usado también en beneficio propio.

Un editorial del *St. Petersburg Times* dijo: "estas revelaciones son solo las más recientes de las que muestran cómo Rubio aprovechó las ventajas de un cargo público y subsidió su estilo de vida mientras ascendía al poder". Beth Reinhard pidió mis declaraciones de renta, para ver si las había corregido porque reflejaban los cargos ilícitos de los que Crist me acusaba. Luego, Reinhard y Adam Smith, del *Times*, se asociaron en un artículo sobre mi antiguo jefe de personal y el uso de su tarjeta American Express del partido. Su principal acusación fue que habíamos alquilado autos cuando asistimos a una conferencia del GOPAC en Washington en el año 2006 y gastado $5.000 en habitaciones del lujoso hotel Mandarin Oriental. Eso también tenía una buena justificación, por supuesto. Nos alojamos en el hotel porque ahí tenía lugar la conferencia. Y alquilamos autos porque como era un grupo grande de gente, resultaba más conveniente y costaba lo mismo que contratar taxis para todos.

Marzo se convirtió en una sola, continua y brutal paliza. Estábamos atrapados en un ciclo diario en el que Crist filtraba un ataque a los diarios, los mismos publicaban un artículo, la televisión tomaba la noticia y entonces Crist me atacaba. Estaba convencido de que nos habían perjudicado gravemente, posiblemente de manera irreparable. Y me sentía increíblemente avergonzado. Por primera vez, en mis eventos la gente mencionaba los ataques. De vez en cuando, un partidario o un donante me pedían explicar algún asunto. Otras veces alguien del público me preguntaba por ellos. Y no pasaba un día sin que algún reportero se me acercara mencionando el tratamiento de cera en la espalda o por cualquier otra frívola acusación.

Mi estado de ánimo cambió. Y no me sentía optimista. Llegaba a casa, pero mi mente seguía en otra parte, ensimismada en mis pensamientos y preocupaciones. Para Jeanette era frustrante, y con toda razón. La campaña era importante, pero mis hijos todavía necesitaban un padre y ella necesitaba un esposo. Viajaba constantemente, y el poco tiempo que pasaba con ellos lo desperdiciaba obsesionado por mis problemas.

Traté de que toda mi gente, y yo mismo, estuviéramos preparados para la siguiente ronda de encuestas que, no dudaba, mostrarían el resurgir de Crist. Pero me equivoqué. El 10 de marzo, una encuesta de Insider Advantage me dio una ventaja de treinta y seis puntos. El 18, según una encuesta de Daily Kos, iba adelante por cincuenta y ocho puntos a treinta. Cinco días más tarde, otra encuesta de Rasmussen tenía la contienda cincuenta y seis a treinta y cuatro a mi favor. No había perdido mi ventaja. La había aumentado.

Había tenido que defenderme todos los días durante ese mes. Había sido una época desesperante. Y sin embargo, nuestra ventaja había aumentado. Si yo estaba impresionado, me imaginé, Charlie estaría aun más sorprendido.

Cada vez más se rumoraba que si con tantos ataques Crist no había logrado darle vuelta a esta contienda, tendría que renunciar a la nominación republicana y competir como independiente. Charlie lo negaba sistemáticamente y yo todavía no creía los rumores. Pero eso no impidió que recaudáramos dinero en medio de las especulaciones.

Se acercaba el final del mes y con él, el fin de la locura. Pero aún faltaba un gran evento: el debate en el *Fox News Sunday* programado para el domingo 28. A menos de que uno de los candidatos metiera la pata hasta el cuello, la mayoría de los debates tienen poco impacto en una contienda. Pero cuando Jeanette y yo abordamos nuestro vuelo a Washington, teníamos el presentimiento de que este debate sería más importante que la mayoría.

CAPÍTULO 31

Usted simplemente no entiende

Era la primera vez que me enfrentaba en un debate organizado, y lo haría frente a una audiencia nacional. Tendía a emocionarme en mis discursos y en los debates informales con mis colegas en la Cámara, en los que hablaba a toda velocidad y parecía agitado. Eso se percibiría en televisión como irritación o temor, y sabía que en este debate se me juzgaría tanto por mi tono y compostura como por la esencia de mis argumentos.

Supongo que tras la experiencia de trabajar conmigo en Tallahassee, Crist y su equipo creían que sería fácil hacerme enfadar y aturdirme. Sabía que pensaban que si Crist daba en el clavo, yo perdería la calma y parecería no estar listo para actuar en la escena nacional. Después de las deprimentes experiencias de las últimas semanas, tenían buenas razones para creerlo y una gran cantidad de material para provocarme. Todavía estaba resentido y enojado por las falsas acusaciones contra mi conducta. Era muy fácil sacarme de quicio con ese asunto. Tendría que contenerme mucho más de lo que creía sería capaz, si no quería parecer disgustado y alterado.

La mayor parte de nuestra preparación para el debate se había orientado no solo a mi respuesta a los ataques que Crist lanzaría, sino a mi talante al responderlos. Hicimos numerosos ensayos y sostuvimos elaboradas sesiones preparatorias para todos los debates. Tratamos de cubrir todas las preguntas y líneas de ataque imaginables y ensayamos repetidamente no solo hasta que articulé las respuestas más efectivas, sino hasta que las pude formular con calma y sin apresurarme. Nos propusimos reproducir la experiencia del debate hasta en sus menores detalles. Escuchábamos la música de la presentación y alguien personificaba a quien fuera a moderar el debate, diciendo sus palabras de bienvenida. Mis colaboradores me hacían preguntas al mismo estilo del moderador. Siempre teníamos una breve sesión preparatoria final el día que se diera el debate y, para bajar la tensión, mirábamos fragmentos de la película *Spinal Tap*, una de mis favoritas.

Mi amigo y antiguo colega, Gastón Cantens, personificaba a Crist en nuestros debates de práctica para el de Fox News, y lo hacía muy bien. Me atacaba de todas las formas imaginables. Algunas exageradas; otras más mañosas y difíciles de rebatir. Todas me sacaban de casillas. Pero el ejercicio de escuchar los ataques y responderlos una y otra vez, me condicionó a ellos y me ayudó a controlar mis emociones. Si en un debate real yo hubiera respondido como lo hice en nuestro primer debate de práctica, mi presentación habría sido un desastre.

Sabía que ahora mi reto estaba en anular el impacto de las provocaciones de Crist respondiéndolas calmada y efectivamente. Y en el curso de tantas horas de preparación, llegué a creer que si podía dominar mis emociones y no parecer molesto por sus ataques, a Crist tal vez se le iría la mano y se perjudicaría a sí mismo. La agudeza política jamás había sido el fuerte de Crist. Su popularidad entre los votantes obedecía, más que a cualquier otra cosa, a su personalidad agradable. Tenía una habilidad especial para gustarle a la gente aunque estuviera en desacuerdo con él. Sin embargo, ahora que iba a la zaga en las encuestas, se había vuelto increíblemente agresivo y acalorado en sus ataques. Si yo lograba permanecer calmado, la atención se centraría en su agresividad. Cuanto más me atacara, más dilapidaría su mayor atractivo, que era la simpatía.

Cuando llegamos a los estudios de Fox yo era un manojo de nervios, pero tuve buen cuidado de no demostrarlo. Meses atrás, cuando iba a la zaga de Crist, habría sido difícil ponerme nervioso. Cuando no tenía nada que perder, tampoco tenía nada por lo que estar nervioso. Pero ahora eso había cambiado. Llevaba la delantera; creía que ganaría; y por eso temía perder.

Jeanette, David Rivera, Esther Nuhfer y mi asesor de medios, Todd Harris, esperaron conmigo en la pequeña sala verde. Me sentía como si estuviera caminando de arriba a abajo en la sala de espera de un hospital mientras operaban a un ser querido. Veinte minutos antes de las nueve alguien tocó a la puerta. Había llegado el momento.

Llegué al estudio y encontré a Crist ya sentado a la mesa. Intercambiamos saludos mientras me ponían un micrófono en la solapa. Enseguida me golpeó el olor a Red Bull. No sé cuánto de esa bebida habría consumido Charlie, pero era suficiente para que se notara. Apestaba a ella, y frente a él tenía una taza rebosante de café. Será bueno lo que me espera, pensé para mis adentros.

Pasó el conteo regresivo, se encendió la luz roja de la cámara y salimos al aire.

Como era de esperar, Crist se lanzó a la ofensiva. Se refirió repetidamente a mi comité político como un "fondo para sobornos". Me acusó de utilizar mi cargo público para mi "enriquecimiento personal". Varias veces me llamó "cabildero". Aprovechó todas y cada una de las preguntas que hizo Chris Wallace, para atacarme. No sé si lo que impulsó a Charlie fue la sobredosis de Red Bull o la desesperación, pero su agresividad era casi vertiginosa.

Como en los juegos de fútbol americano, una vez iniciado el debate desaparecieron mis nervios. Llevaba una clara estrategia en mente y había sido bien preparado para aplicarla. Debía rebatir con toda calma cada uno de los ataques y volver a la esencia de mi mensaje: que el objeto de la contienda era enviar a Washington a alguien que se enfrentara a Barack Obama y ofreciera alternativas claras a sus políticas. Nuestro plan era permitir que me atacara un rato antes de responderle. Si yo respondía demasiado rápido, podría parecer que estaba a la defensiva e irritado. Tendría que aplicar la estrategia boxística del *rope-a-dope*, dejarse golpear un rato contra las cuerdas, y luego contraatacar.

Después de haber formulado una serie de acusaciones, me acusó de doble facturación de los vuelos a Tallahassee. Era tiempo de responder. Con toda la compostura del caso, lo miré a los ojos y le dije: "Gobernador, usted simplemente no entiende".

El objetivo de mi respuesta era desestimar sus ataques como irrelevantes para los floridanos. En un momento en que nuestra nación afrontaba tantos retos, expliqué, lo único de lo que Crist quería hablar era de mi tarjeta American Express, de mi comité y de los vuelos. Estamos compitiendo en una primaria republicana, le recordé, y los republicanos están buscando a una persona que se enfrente a la agenda de Obama, Reid y Pelosi, no al candidato que más ataques personales lance.

No hay nada más importante en una campaña que estar en sincronía con las prioridades de los votantes. Había pasado todo un año escuchando a los votantes republicanos en cada condado de la Florida. Dudo que en ese momento hubiera en la Florida un político que estuviera más en contacto con el pensamiento y las emociones de los votantes republicanos, que yo. Sabía que no estaban dispuestos a darle crédito a una campaña basada en ataques personales. Querían que el nominado para el Senado peleara a su favor, no contra ellos.

Wallace pasó un fragmento de video en el que Jeb Bush calificaba de "error" el apoyo de Crist a la ley del estímulo. Jeb era el patrón de los republicanos de la Florida, y Crist difícilmente podría hacer caso omiso de esa crítica. Pero cuando Wallace siguió adelante y le preguntó a Crist si de haber estado en el Senado en esa época él habría votado por el estímulo, la respuesta de Crist fue que sí, que él habría votado por esa ley. Eso fue devastador. Después de haber reafirmado su apoyo a una legislación que los republicanos floridanos aborrecían, no habría forma de que Crist ganara la primaria.

Después de una pausa para comerciales llegó mi turno al banquillo. Wallace me preguntó por varios proyectos de ley estatales sobre inmigración, que Crist y otros me habían acusado de bloquear. Siempre he creído que la inmigración es un tema federal, que corresponde al gobierno federal. Nuestro sistema de inmigración de por sí ya es suficientemente enredado. Agregar cincuenta juegos distintos de leyes de inmigración solamente lo empeoraría. Pienso que la seguridad de las fronteras y la política de inmigración son responsabilidades federales, y así lo había manifestado como presidente de la Cámara. Pero jamás bloqueé proyectos de ley de inmigración presentados en la Cámara. La mayoría de los diputados a la Cámara no habían querido ocuparse de ellos, sobre todo desde que supieron que no habría chance de que el Senado de la Florida los aprobara.

Crist lanzó otros ataques más, uno de ellos fue denunciar mi propuesta de impuestos como el mayor incremento tributario en la historia de la Florida, pero ninguno surtió efecto. Luego, Wallace le preguntó a Crist si descartaba postularse como independiente, el gobernador le respondió afirmativamente. Agregó categóricamente que él era un republicano y no se iría a otra parte. Lo cual, como pronto veríamos, no era cierto ni siquiera en ese momento.

Meses más tarde, el Florida Department of Law Enforcement dio a conocer la transcripción de una conversación telefónica entre Jim Greer, presidente del GOP de la Florida, y su director ejecutivo, que estaba colaborando con las autoridades en la investigación de Greer. La conversación había tenido lugar pocos días antes del debate de Fox News y en ella, Greer había dicho a su asistente que Crist pensaba seriamente postularse como independiente si no podía arreglar pronto las cosas.

El debate estaba llegando a su fin. La hora había pasado volando. Yo necesitaba cerrar con una declaración que expresara mi mensaje central de manera concisa. Señalé que la Florida estaba peor ahora que cuando Crist había sido elegido gobernador, y luego les hice a los floridanos una pregunta sencilla. "¿En quién confían ustedes para que enfrente a Barack Obama y ofrezca una alternativa clara? Me he postulado para el Senado de los EE. UU. porque voy a enfrentarlo. No podemos confiar en que usted, gobernador, se enfrente a Barack Obama". Una simple ecuación; si los republicanos no confiaban en que Crist se opondría a las políticas del presidente, no lo nominarían.

Crist usó su declaración final para lanzar otro ataque. Me llamó "abogado cabildero de a $300.000". Preguntó: "¿de quién son los intereses que realmente defiende? Tenemos puntos de vista radicalmente diferentes de lo que es el servicio público. Yo creo que es servir al público. Por eso tomé el dinero del estímulo, porque para mí la gente está antes que la política".

Atacarme en lo personal no era un fin en sí mismo. Crist necesitaba provocar una reacción furiosa de mi parte. Él y la gente de su campaña me veían como un fanático inmaduro y querían provocarme para que diera la impresión de serlo. Todavía no lo habían logrado y esta era su última oportunidad. Al no obtener una reacción a su último ataque, Crist se salió del libreto y se extralimitó. Dijo que quería saber por qué yo no había dado a conocer todavía mis declaraciones de renta. "Hace tres días que le pedimos presentarlas y aún no lo ha hecho. ¿Es porque las está amañando?".

Una acusación de presentar declaraciones de renta fraudulentas es bastante seria, y Chris Wallace pensó que yo merecía una oportunidad para responderla. Me armé de toda la calma que pude, y califiqué la acusación de "indignante".

"Esta campaña lleva once meses en marcha y en estos cuarenta minutos de debate aún no hemos escuchado de Charlie Crist una sola propuesta política pública que sea significativa".

Crist trató de tener la última palabra. "Oh, sí, que lo han hecho", gritó. Pero Wallace terció y puso fin al debate. En mi observación final, yo les recordé a los votantes que Crist se había pasado todo el debate atacándome. El risueño y optimista Charlie Crist, que se describía a sí mismo como un "guerrero feliz", ahora era un frenético perro de presa.

Nos levantamos para marcharnos. Charlie fue cortés pero no estaba de humor para charlas triviales. Nos estrechamos la mano y él desapareció rápidamente por el pasillo. Todd Harris vino a buscarme. Mientras recorríamos el pasillo, me dijo, "le diste tremenda paliza". Mi crítica más implacable me esperaba en la salita verde. No bien entré, Jeanette me dio su veredicto. "Eso estuvo formidable", dijo. Con los años, ha llegado a maravillarme el misterioso barómetro que es Jeanette para medir lo que las demás personas perciben. Ella no es una experta en política, pero constantemente me asombra su capacidad para descubrir y pronosticar tendencias políticas antes de que sean aparentes. En el otoño de 2007, después de mirar debates de los candidatos republicanos a la presidencia, pronosticó el ascenso de Mike Huckabee meses antes de que ocurriera. En la primavera de 2011, pronosticó que Rick Santorum se convertiría en uno de los principales candidatos cuando sus cifras en las encuestas eran todavía de un solo dígito. Jeanette tiene el instinto para saber qué opinarán los votantes de algo o de alguien, y casi nunca se equivoca. Si ella estaba contenta con mi desempeño, yo tenía una buena razón para sentirme muy bien con el mismo.

Casi inmediatamente después del debate, la campaña de Crist se concentró en una de mis respuestas a Wallace, insistiendo en que había sido una metida de pata de marca mayor. Wallace me había preguntado si yo cambiaría el ajuste del costo de vida para el Social Security. Le respondí honestamente que "todos esos temas deben estar sobre la mesa", incluso "la forma en que medimos los aumentos en el costo de vida".

La prensa de la Florida opinó que yo le había dado en bandeja de plata a Crist su próxima línea de ataque. En la Florida de jubilados ricos, hablar de cambios al Social Security era un suicidio político, insistían ellos. Pero después de haber hablado con miles de votantes republicanos, yo sabía que estas elecciones serían diferentes. La gente estaba preocupada por la nefasta situación tributaria que enfrentaba el país. Durante mucho tiempo, los americanos habían sentido que el gobierno gastaba demasiado dinero, pero creyeron que las consecuencias se sentirían en un futuro muy lejano. El alcance y el tamaño de la ley del estímulo, aunados al enorme pico alcanzado por la deuda nacional, habían convencido a la mayoría de que nadie se había ocupado del problema y ahora ya se estaban pagando las consecuencias. Por primera vez a la gente empezó a preocuparle la insolvencia de los Estados Unidos.

En el pasado, algunos republicanos se habían metido en aprietos por cuestionar la necesidad de que hubiera Social Security y Medicare. Ese debate había terminado. Los americanos habían pagado esos programas durante toda su vida laboral y esperaban el rendimiento de su inversión al jubilarse. Necesitábamos concentrarnos en salvar tanto el Social Security como Medicare, los cuales (pero especialmente Medicare) van camino de la bancarrota. Ese era el punto que yo había hecho ver a los votantes. No quería abolir el Social Security. Quería salvarlo. Pero para hacerlo, debía aceptar que mis beneficios de Social Security fueran menores que los de mis padres.

Habíamos salvado otro obstáculo. Después de un mes desgastante de ataques encarnizados y escrutinio implacable, me había desempeñado bien en mi primer debate. En la preparación para el mismo, me había visto obligado a reconocer mis deficiencias y también a tratar de ser mejor candidato y persona. Aprendí a escuchar las críticas duras y a tomarlas con calma, sin perder los estribos. Nuestra áspera campaña estaba haciendo de mí un mejor candidato y, si ganaba, estaría preparado para ser un mejor líder. Se me empezó a ocurrir que Dios podía estar usando la campaña para concientizarme de mis debilidades y volverme más humilde.

Más importante aun, los problemas del último mes habían puesto a prueba mi fe. Tanta planeación, tantos temas de conversación, tantas explicaciones no me salvaron de la humillación de todas esas historias negativas. Logré suavizarlas un poco aquí y allá, pero en su mayoría fueron reportadas en la forma más dañina posible. No tuve más alternativa que aceptar que no podría controlar su impacto.

¿Me abandonarían mis seguidores? ¿Me abandonarían los donantes? ¿Caerían mis resultado en las encuestas? No podía asegurarlo, pero pensaba que todo eso podría pasar. Me había revolcado una ola de pésima publicidad, y muy poco podía hacer al respecto. Cada día me despertaba pensando que ése sería el día del derrumbe total. Me sentía como en el verano de 2009, completamente impotente para controlar mi destino. Lo traté todo, hasta que por fin acepté que no tenía otra opción fuera de confiar en Dios. Lo que me sucediera sería por mi propio bien.

Le había llevado el paso a Crist durante una hora frente a tres millones de televidentes. Él me había golpeado con todo y yo seguía en pie. Podría equivocarme, pero mirando atrás al debate, creo que esa experiencia convenció a Crist de postularse como independiente. Sus asesores le habían asegurado que si me atacaba, yo me descompondría. Pero fue él quien se descompuso, no yo. Realmente no había nada más que Charlie pudiera hacer. Si la primaria se trataba de lo que yo creía, que era nominar un candidato que se enfrentara al presidente, Crist no podría ganar. Pienso que eso él lo sabía. Además era él, no yo, quien se había convertido en un combatiente furioso. Sabía que yo no le caía bien y que mucho menos le gustaba tener que competir conmigo por la nominación. Tal vez por eso le había sido fácil atacarme. Pero no creo que lo disfrutara. No era esa la imagen de guerrero feliz que durante tantos años había cultivado.

Marzo dio paso a abril, nosotros sobrevivimos y continuamos avanzando. El futuro parecía brillante. No sabía que a la vuelta de la esquina me esperaba un sorpresivo giro en los acontecimientos, una terrible pérdida personal que me costaría mucho aceptar.

CAPÍTULO 32

El gran cambio

AL GOBERNADOR CRIST SE LE ESTABA COMPLICANDO LA vida. A mitad de camino del período de sesiones legislativas, estaba empezando a perder su influencia. La otrora inmensa popularidad que había aprovechado para intimidar a la asamblea legislativa se había ido desvaneciendo, a medida que una tras otra las encuestas lo mostraban veinte puntos detrás de mí. Había perdido su poder y los legisladores republicanos empezaron a hacerse valer sabiendo que al año siguiente él ya no sería gobernador, y aprobaron una serie de proyectos de ley sobre asuntos que iban desde el pago por mérito a los profesores hasta algunas reformas a los seguros de la propiedad, e incluso pruebas de ultrasonido obligatorias para mujeres que quisieran abortar, los cuales constituían un desafío al gobernador. Si él los firmaba, la gente de la prensa concluiría que estaba tratando de apuntalar su atractivo para los votantes conservadores de la primaria; si los vetaba, lo tomarían como una señal de que buscaría postularse como independiente a pesar de haberlo negado.

Pensaba que lo peor de los ataques ya había pasado. Me tomé libre el Domingo de Resurrección y pasé el día con mi familia, en casa de mi hermana Verónica. Cuando mi padre se levantó de la silla en que estaba sentado para ir a buscar un vaso de agua, noté que le faltaba el aire. Le pregunté por qué y admitió que hacía algún tiempo venía sintiéndose falto de aire. Había visitado al médico, que sospechó una bronquitis y le recetó un inhibidor para la tos.

Al día siguiente yo tenía un evento con Rudy Giuliani, que había decidido respaldarme y todavía era muy popular en Miami, especialmente entre los cubanos americanos. Dimos a conocer su respaldo en Little Havana. Creo que Rudy pensaba que yo era el mejor candidato, pero no cabe duda de que también se proponía cerrar sus cuentas pendientes con Charlie. Nunca mencionó al gobernador por su nombre, pero al decirle a la gente "Cuando Marco da su palabra, la cumple", todo el mundo sabía de quién estaba hablando.

Mis padres asistieron al evento y les causó gran alegría conocer a Rudy. Mi papá se había esforzado mucho para recuperar el aliento mientras se dirigía del auto al evento. Me sentía preocupado por él. Él nunca se quejaba, y si se sentía mal no lo demostraba. Pero ya no podía ocultarlo. Era obvio que estaba enfermo.

El próximo hito de la campaña sería nuestro informe financiero del primer trimestre de 2010. Ahora las expectativas eran a la inversa. Se suponía que yo habría recaudado más dinero que Crist, pero la gente de Crist andaba ocupada inflando esas mismas expectativas con la esperanza de que yo me quedara corto, para atribuírselo a las historias negativas sobre mí que habían dominado las noticias en marzo. El 7 de abril envié un *e-mail* a mis seguidores, anunciando un recaudo de $3,6 millones. La cifra dejó atónitos a los observadores, incluso a aquellos que habían creído las exageraciones difundidas por la campaña de Crist. Lo más impactante fue que más del 95 por ciento de mis donantes no habían contribuido con la máxima donación. Ahora contábamos con cincuenta mil donantes y casi todos ellos aún podrían donar más.

Si alguien tenía dudas de que tuviéramos el control de la contienda, todas desaparecieron cuando Crist trató de dar a conocer sus totales un viernes por la tarde, el horario preferido para anunciar malas noticias. Había recaudado $1,1 millones. Lo habíamos sobrepasado por tres a uno.

Proliferaron los rumores de que dejaría el Partido Republicano y se postularía como independiente. Emitió la consabida negativa. Su campaña anunció entonces que gastaría un millón de dólares en anuncios de televisión en Tampa y Orlando. Crist había acumulado su dinero en campañas pasadas, esperando las últimas semanas de las elecciones para sacar provecho de su ventaja. El gasto de una suma así en anuncios tan temprano, me indicó que se trataba de un último intento por mejorar el apoyo de los votantes republicanos antes de las eliminatorias de la primaria republicana. Si no lograba mejorarlo, se postularía como independiente. De cualquier modo, nosotros no pensábamos correr riesgos. Programamos una gira de tres días en autobús por todo el estado para mediados de abril, la misma época en que los anuncios de Crist estarían en el aire. Iniciaríamos la gira en Orlando.

Acababa de dejar a los niños en la escuela en la mañana del 12 de abril, el día antes de salir en la gira, cuando sonó mi celular. Era mi padre. Le faltaba la respiración y me pidió que lo llevara al hospital. Para mí fue un shock, pues jamás admitía que estuviera enfermo, y consideraba toda dolencia poco más que una molestia. Debía sentirse muy mal y muy asustado para pedirme que lo llevara al hospital.

De inmediato conduje hasta su casa y lo encontré esperando en un banco que había afuera. Quince minutos más tarde estábamos en la sala de espera del Baptist Hospital. Le hicieron una serie de pruebas y esa tarde, el neumólogo se acercó a la habitación de mi padre y pidió hablar con la familia. Salí al pasillo con mis hermanas y nos dio la mala noticia. El cáncer de mi papá había vuelto y su enfisema había progresado considerablemente. No hay opciones quirúrgicas, nos dijo. Nos aconsejó reunirnos con un oncólogo, pero en su opinión, considerando la edad avanzada de mi padre y el enfisema, la quimioterapia tampoco sería recomendable. Bárbara y yo todavía le estábamos pidiendo otras opciones de tratamiento cuando Verónica formuló la pregunta que ninguno de nosotros quería hacer:

—¿Cuánto tiempo le queda?

—Con tratamiento, tal vez unos ocho o nueve meses —nos dijo—. Sin tratamiento, mucho menos.

Justo cuando apenas asimilaba la noticia de que mi padre no sobreviviría al año, llamó Pat Shortridge para decirme que Crist acababa de sacar al aire un anuncio con un ataque brutal; y me lo envió por *e-mail*. En una pequeña sala de espera del Baptist Hospital, minutos después de enterarme de que la enfermedad de mi padre era terminal, miré un anuncio de treinta segundos que me vinculaba a mi sucesor como presidente de la Cámara, Ray Sansom, a quien se le había obligado a renunciar al cargo. El anuncio mostraba la leyenda "acusado" bajo la fotografía de Sansom, y "citado a comparecer", bajo la mía. (Más adelante, las acusaciones contra Ray Sansom fueron retiradas).

Toda mi vida mi padre había cuidado de mí. Cuando tuve un terrible dolor de estómago me llevó a dos hospitales hasta que por fin encontró un médico que pudo diagnosticar mi problema. Cuando me lesioné la rodilla jugando fútbol americano, mi padre fue conmigo todos los días a las sesiones de terapia. Cuando en lugar de quedarme en Gainesville esperando mi último examen final regresé a casa, él me había llevado en su auto de vuelta a la escuela y había esperado horas en un Burger King a que yo terminara mi examen. Ya adulto y casado, mi padre me había llevado al hospital el Domingo de Resurrección de 1999 por una gastroenteritis. Siempre había estado ahí para mí, siempre, y jamás nos había pedido nada a ninguno de nosotros. Quería estar junto a él.

Decidimos seguir adelante con la primera parte de la gira en autobús, pero anunciamos que el cáncer de mi padre había vuelto y tendríamos que acortar el viaje para que yo pudiera estar pendiente de su tratamiento. Hice una entrevista con Sean Hannity en la noche del 13 de abril, desde The Villages en la región norte-central de la Florida. Al final de la entrevista le pregunté a Sean si podría saludar a mi papá que estaba en Miami. Sabía que él la estaría mirando, porque siempre lo hacía.

Volví a Miami y despejé mi calendario de los próximos días. En el hospital dieron de alta a mi padre y lo llevamos a casa de mi hermana Bárbara, a solo unas cuadras de la mía. Pasé buena parte del primer día asegurándome de que tuviera un tanque de oxígeno donde Bárbara. Al día siguiente, lo llevé para que le tomaran un PET Scan para determinar si el cáncer se había extendido. No fue así, y su oncólogo pensó que valdría la pena probar si toleraba la quimioterapia. Mis hermanas pensaban que por su edad y enfisema, la quimioterapia solamente lo debilitaría más rápidamente y convertiría en un suplicio sus últimos meses de vida. Pero, igual que yo, no podían aceptar la idea de permitir que el cáncer creciera si había algún chance de detenerlo. Insistí en la quimio y mi papá aceptó.

Lo llevé a su primera sesión y lo acomodé en una silla donde le administrarían la quimioterapia durante las próximas horas. Lo dejé con un radio portátil sintonizado en un juego de béisbol y un sándwich de Subway. Me fui a casa reflexionando sobre el ciclo de la vida, cuando el hijo cuida del padre.

Alentar a mi padre a que se sometiera a la quimioterapia resultó una terrible equivocación porque él no respondió bien al tratamiento. Perdió mucho peso y todo su pelo. Después de tres sesiones no quiso volver. Yo había tomado una pésima decisión y mi papá había sufrido por ella.

Me tomó un tiempo volver a organizar todo en mi cabeza para continuar la campaña, pero no le estaba poniendo corazón. Sabía que mi padre deseaba verme ganar. Aun con lo mal que se sentía, él veía las noticias en Fox News todo el día, esperando que saliera algo sobre mi campaña. Regresé a lo más reñido de la contienda, y pronto la campaña y su ritmo, sus altibajos, así como las buenas y malas noticias, empezaron a preocuparme otra vez.

El 15 de abril salió otra encuesta de Quinniapac que me dio una gran ventaja. Para ese momento, una encuesta conmigo a la cabeza realmente ya no era noticia. Pero esta encuesta atrapó mi atención porque también mostraba que si Crist se postulaba como independiente, él tendría una ligera ventaja. Supe tan pronto la vi, que también atraería la atención de Charlie.

Hasta entonces, nos habíamos preguntado si Crist dejaría el Partido Republicano para convertirse en independiente. Pero esa no era la pregunta correcta. En la Florida es posible seguir siendo miembro de un partido y aun así postularse para un cargo sin representar a ese partido. En otras palabras, Crist no tenía que dejar el GOP para participar en una contienda de tres candidatos en el otoño. Solo tenía que calificar como candidato "sin partido", hacer el papeleo necesario y pagar la tarifa indicada.

Nadie le había hecho esa pregunta a Crist. Así que uno de mis asesores, Alberto Martínez, les pasó el dato a varios reporteros. Marc Caputo, del *Miami Herald*, le preguntó el 15 de abril a Crist: "¿Se retiraría usted de la primaria republicana?". En una clara evasiva, Crist respondió: "Es lo último que se me ocurriría ahora mismo". Ahora, ya sabíamos qué era exactamente lo que estaba considerando.

Tal como lo había hecho un año antes, cuando alargó su decisión de postularse para el Senado, Crist se convirtió nuevamente en blanco de una especulación constante acerca de sus intenciones. Si se postularía o no como independiente era la pregunta política más candente de las noticias. De repente, dejó de ser el candidato en apuros de la primaria del GOP. Una vez más volvía a ser Charlie Crist, el maestro de la intriga. Había sacado todo lo que pudo, y luego el destino le dio el medio perfecto para cambiar potencialmente la dirección de la contienda.

Los republicanos de la asamblea legislativa de la Florida habían trabajado todo el período de sesiones en un proyecto de ley para instituir el puesto permanente y el pago por mérito para los maestros; reformas que los conservadores aman y los sindicatos de maestros odian. El debate se había vuelto muy acalorado. Los sindicatos de maestros estaban protestando contra la legislación a través de mítines y de los medios sociales. Era un esfuerzo bien ejecutado que agarró desprevenidos a los partidarios del proyecto de ley. La asamblea legislativa de todas maneras lo aprobó y lo envió al gobernador. Éste podría firmarlo y complacer a los conservadores que lo habían abandonado por mí o podría vetarlo y complacer a los sindicatos de maestros, a muchos padres de familia y a un creciente número de votantes que había tomado partido por los sindicatos de maestros. Jamás tuve dudas sobre cuál era el curso que Crist tomaría.

Crist vetó el proyecto de ley en la tarde del 15 de abril y al día siguiente fue recibido como un héroe en un mitin de celebración que se realizó en el Alonzo and Tracy Mourning Senior High School de Miami. De repente Facebook y otros medios sociales se vieron inundados por maestros e incluso funcionarios de los sindicatos agradeciéndole a Crist e instando a respaldar su candidatura al Senado, en premio por haber vetado el proyecto de ley.

Algunas personas de mi campaña empezaron a alarmarse. Creyeron que Crist había aprovechado una singular oportunidad, en el momento perfecto, para ir más allá de la política tradicional y ganar la elección en una contienda de tres candidatos. Pensaban que él podría reunir una coalición de republicanos moderados, demócratas centristas, sindicatos de maestros e independientes. Eso me preocupaba menos a mí, aunque reconocía que Crist se las había arreglado para con un solo golpe despertar entusiasmo por su campaña y abrir camino para una victoria en otoño. Pero también sabía que él tendría que mantener ese entusiasmo durante un verano entero y el principio del nuevo año escolar, hasta las elecciones generales. Una cuesta bastante empinada para subirla. Además, si alguien tenía que preocuparse sería Kendrick Meek, que se esperaba sería el demócrata nominado. Los sindicatos de maestros lo respaldaban a él, no a mí.

En el fin de semana otras señales indicaron que Crist se preparaba para postularse como independiente. Sacó del aire los anuncios que me comparaban con Sansom y en lugar de reemplazarlos por otros, pidió la devolución de su dinero. Otra vez lo estaba ahorrando.

En la tarde del 19 de abril, Rob Jesmer, Director Ejecutivo del Comité Senatorial Republicano Nacional, envió un *e-mail* a los donantes republicanos reafirmando su opinión de que Crist no se postularía para la primaria republicana. Y concluyó: "Hayan apoyado o no ustedes nuestro respaldo al gobernador Crist, todos compartimos el mismo objetivo de mantener el puesto en el Senado en manos republicanas. Con ese mismo fin, si el gobernador decide postularse independiente... nosotros respaldaremos a Marco Rubio de todas las formas posibles".

Esa misma tarde, por primera vez, Crist admitió lo que todo el mundo ya sabía, que estaba pensando seriamente postularse como independiente. "Estoy recibiendo todo tipo de consejos", le dijo al *St. Petersburg Times* con una risita. "Sigo el ejemplo de la gente de la Florida. Ésa es la que me importa... Esta es una decisión que el 30 ya debe haberse tomado, y quiero hacer lo correcto para la gente de nuestro estado".

La semana siguiente se vio dominada por la especulación sobre las intenciones de Crist. Para mí estaba claro lo que él iba a hacer. Entretanto, en el Golfo de México, la plataforma petrolera Deepwater Horizon estaba a punto de explotar y el desastre pronto impactaría la campaña.

El resto del mes de abril no pasó mucho hasta que llegó el momento de habilitarse para la votación al final del mes. Anunciamos mi registro en West Miami el día 27. Escogimos para hacerlo un pequeño parque de la ciudad, a unas cuadras de mi casa, que tenía un valor sentimental para mí. En ese parque había jugado de niño, cuando regresamos de Las Vegas; había tomado las fotos de Jeanette y mis padres que incluí en un correo directo de mi primera campaña para comisionado de West Miami; y también allí habíamos celebrado la fiesta del primer cumpleaños de Amanda.

La respiración de mi padre se había vuelto tan laboriosa que tuvimos que llevarlo en auto directamente hasta la tarima. Después de unas breves palabras en inglés y español, me senté a la mesa y firmé los documentos del caso. Mi padre estaba sentado a mi izquierda. Estaba llegando al final de su vida, una vida que había empezado más de ocho décadas atrás en La Habana, una vida que había conocido el dolor, el hambre, el sufrimiento y más de sesenta años de trabajo duro. Ahora, en siete meses su hijo menor podría ser elegido para el Senado de los Estados Unidos; un logro que apenas un año antes me había parecido imposible; un logro inimaginable para él cuando llegó a este país sin un centavo más de medio siglo atrás. Esta sería la última vez que mi padre me acompañaría en alguno de mis eventos públicos.

Más tarde, esa noche, se regó la voz de que Crist había programado un gran evento en su ciudad natal, St. Petersburg, para la noche del 29 de abril. No había duda alguna sobre lo que se proponía hacer. Se postularía al Senado como independiente. A las 9:07 de la mañana del 29 de abril recibí un mensaje de texto de Al Cárdenas.

> Eric Eikenberg acaba de avisarme que ayer le dio a cc su preaviso de dos semanas, confirmado que cc se postulará como independiente. Mantén esto en secreto por ahora.

Días más tarde, Alex Leary, del *St. Petersburg Times* escribió un artículo en el que expuso los factores que habían influenciado la decisión de Crist. Leary había pasado con Crist todo el día anterior al anuncio. Escribió sobre la gente que había llamado para alentar al gobernador. Donald Trump, Arnold Schwarzenegger, la gran tenista Chris Evert, todos lo habían instado a postularse como independiente, igual que muchos maestros y superintendentes de escuelas. También lo había hecho así la gente que se había encontrado en la calle ese día, que además le había manifestado su frustración por el *impasse* partidista. Pero el incidente más revelador de los incluidos en el artículo había ocurrido a las 11:12 a.m. ese día, cuando el encuestador de Crist le dijo que iba ganando una contienda de tres candidatos para el Senado por doce puntos.

Escuché su anuncio en la radio mientras llevaba a Anthony a un juego de T-ball. Crist censuró la política partidista y calificó de recalcitrantes a los republicanos de la asamblea legislativa. Él no quería trabajar por un partido político, dijo; quería trabajar por la gente de la Florida; quería hacer esto por ellos. Todo eso podría ser cierto. Pero como el artículo de Alex Leary lo había dejado en claro, más que todo él quería ganar. Y yo también.

CAPÍTULO 33

De nuevo a la zaga

Ya había dado la vuelta completa. De ser un seguro perdedor sin forma viable de abandonar la contienda, había llegado a convertirme en un aventajado. Ahora las estrellas se alineaban de nuevo a favor de Crist. Las constantes peleas en el interior de la asamblea legislativa de la Florida y un proyecto de ley poco popular le habían dado la oportunidad de asumir el papel de populista por encima de los partidos. Había sacado el máximo provecho de su oportunidad y recuperado la delantera en la contienda por el Senado de los Estados Unidos. Una encuesta Rasmussen que salió el 4 de mayo, confirmó que Crist había retomado la ventaja, aunque por un margen menor al que le había dado su propio encuestador. Para empeorar las cosas, surgió un nuevo problema que le dio la plataforma perfecta para tomar el mando de la contienda.

La explosión de la Deepwater Horizon había producido un incontenible derrame que vertía 53.000 galones diarios de petróleo en el Golfo de México, amenazando la costa de la Florida. Como era de esperar, el apoyo de los floridanos a la perforación costa afuera se desplomó radicalmente. Un periodista me preguntó el 4 de mayo si yo todavía respaldaba ese tipo de perforación. Respondí reconociendo la terrible amenaza que representa un derrame de petróleo, y confirmé que aún apoyaba la perforación. No creía que sin la perforación pudiéramos volvernos autónomos en cuanto a energía. Crist vio su oportunidad y se abalanzó. Aunque él había apoyado la perforación costa afuera en el año 2008, ahora se puso ciento por ciento en su contra. Fue una inteligente jugada política.

Yo sabía que mientras el petróleo estuviera inundando el Golfo, la perforación costa afuera sería impopular; pero cuando el pozo se tapara y se contuviera el derrame, con el paso del tiempo aumentaría el apoyo a ese tipo de perforación. La gente comprendía que el país necesitaba todos sus recursos energéticos. Pero en la crisis actual, el apoyo a la perforación, como el apoyo a la reforma del Social Security y Medicare, presentaría un gran reto. Mi única esperanza era que los votantes me dieran el crédito de tratar el tema de forma seria y no oportunista. El tiempo diría.

Otro tema que había saltado a primera plana también empezó a perjudicarnos. Me preocupaba que la asamblea legislativa de Arizona había aprobado un proyecto de ley de inmigración que permitía a los agentes del orden exigirle pruebas de residencia legal a cualquier persona que fuera detenida dentro de la ley, si ellos sospechaban que esa persona estaba ilegalmente en el país. Pensé que esa ley llevaría a la discriminación racial. A medida que empecé a escuchar más sobre el problema de inmigración en Arizona, me di cuenta de que allí ese problema era diferente y más grave que en la Florida. Rodeada por el mar, la Florida no comparte una frontera con ningún país vecino. Tenemos un problema de inmigración, ciertamente, pero más que todo causado por personas que se quedan más tiempo de lo que sus visas permiten.

En la frontera de Arizona, el sector de Tucson es escenario de una desenfrenada situación de cruces ilegales, contrabando de drogas, contrabando de armas y trata de seres humanos. Una guerra sin cuartel por la droga en México estaba empezando a exportar la violencia a las ciudades de Arizona. La gente de Arizona ya estaba harta. Exigía una acción inmediata del manejo de esta crisis, y los legisladores del estado habían respondido aprobando la nueva ley de inmigración.

La primera vez que me preguntaron por ella, critiqué fuertemente la ley y dije que se prestaría para favorecer un estado policial. Pero a medida que fui conociendo más la situación en Arizona, las disposiciones de la ley y las modificaciones que se le habían practicado, suavicé mi posición, pero seguí sin apoyar las leyes de inmigración estatales, y sin querer que en la Florida se promulgara una ley como la de Arizona. Sin embargo, entendía por qué la gente de Arizona la apoyaba. Si estuviera en sus zapatos y mi estado se viera invadido por violencia fronteriza e inmigrantes ilegales, probablemente también habría votado a su favor.

Entonces empezaron a darme duro de todos lados. Las personas que estaban en contra de la inmigración ilegal se ofendieron conmigo porque no pensaban que la Florida debía aprobar una ley similar. Los grupos pro inmigrantes me denunciaron por apoyar la ley en Arizona. Me las había arreglado para unir los dos bandos en contra mía.

Por un tiempo, la ley de Arizona se convirtió en la prueba de fuego del debate nacional sobre inmigración. Se estaba a favor o en contra. Como el mismo debate, solo parecía haber dos posiciones aceptables: cumplir estrictamente la ley de inmigración y expulsar a todas las personas que estuvieran ilegalmente en el país o permitir que todas ellas se quedaran. Pero para mí siempre ha sido difícil ver el tema solo en blanco y negro.

El bando opuesto a la inmigración ilegal a menudo pierde la perspectiva del problema. Pero la gente que apoya la inmigración también peca por su enfoque maximalista, al ignorar el hecho de que la inmigración ilegal afecta injustamente a quienes viven aquí legalmente o están tratando de inmigrar legalmente.

A mi oficina del Senado llegan todos los años cientos de personas que solicitan nuestra ayuda para que se aligere el cambio de su estatus de inmigración. Son personas que han cumplido las normas, han pagado las tarifas necesarias y han esperado pacientemente. No es justo para con ellas permitir que millones de personas que no han seguido su ejemplo permanezcan aquí y soliciten un estatus legal. ¿Qué clase de mensaje envía eso a los inmigrantes que aspiran a venir? Les dice que a nuestro país se puede inmigrar mucho más rápidamente si lo hacen de forma ilegal.

Quienes defienden la inmigración también permiten que se les manipule políticamente, algo que los cubanos americanos han experimentado en cada elección. Muchos candidatos han hecho campaña en las comunidades cubanas de Miami y han prometido ser duros con Castro. "¡Cuba Libre!", gritan, y después, ya elegidos, ignoran el tema. Hoy en día, es común que los candidatos demócratas hagan todo tipo de promesas que no son realistas sobre la reforma migratoria para latinos, con miras a obtener su apoyo, y una vez en el cargo no las cumplen. El presidente Obama fue elegido por una sustancial mayoría de latinos, aunque John McCain era uno de los más abiertos defensores de la reforma migratoria dentro del Partido Republicano. El presidente prometió que en su primer año de ejercicio aprobaría una amplia reforma migratoria. No lo hizo. Ni siquiera propuso una ley amplia a pesar de contar con mayorías demócratas en ambas cámaras del Congreso. ¿Por qué? Porque la solución es mucho más complicada y difícil de estructurar de lo que jamás admiten los demócratas. Además, la inmigración es una cuña muy efectiva para abrir más la brecha con los republicanos, que algunos demócratas prefieren mantenerla como está y no hacer las concesiones necesarias que pudieran llevar a una solución bipartidista del problema.

Los defensores de la reforma migratoria han permitido que los demócratas definan el debate al insistir en apoyar proyectos de ley específicos que en su forma actual no tienen muchas probabilidades de convertirse en leyes. La gran mayoría de los americanos y de mis colegas republicanos respalda la idea de hacer una distinción para con los estudiantes indocumentados de alto rendimiento académico, a fin de ayudarlos. Son chicos que fueron traídos a muy corta edad a los Estados Unidos y han crecido aquí. Ellos están listos para contribuir al futuro del país. No están cumpliendo con la ley de inmigración y por lo tanto no son ciudadanos americanos. Pero culturalmente son tan americanos como los hijos de cualquier otra persona. Estoy seguro de que buscaríamos la forma de dejarlos aquí si ellos pudieran encestar un balón colgados del aro. ¿Por qué deportarlos si son los mejores estudiantes de su secundaria?

Los demócratas sostienen que el DREAM Act es la única solución al problema. Pero tal como está escrito el proyecto de ley es demasiado abierto. Al autorizar a los parientes de estudiantes cubiertos por la ley a que vengan para acá, estimularía una reacción migratoria en cadena. Una ley más limitada serviría al objetivo básico del DREAM Act al permitir que los estudiantes indocumentados permanezcan en el país y vayan a la escuela, sin exacerbar el problema de la inmigración ilegal. Las modificaciones necesarias para asegurar este paso no son difíciles de concebir o redactar en derecho. Ni deberían preocupar a las personas que estén en cualquiera de los dos lados del debate. Pero muchos activistas hispanos rehúsan admitir eso, y consideran toda oposición a la ley como anti inmigratoria. Y muchos demócratas gustosamente los instan a hacerlo. No dudo que muchos de mis colegas demócratas sean sinceros en su deseo de ayudar a los estudiantes indocumentados. También yo lo soy. Pero no soy tan ingenuo como para no darme cuenta de que la ventaja que disfrutan los demócratas con los votantes latinos se las brinda la oposición republicana a esa ley. Tampoco hay dudas de que la retórica y el tono empleados por algunos oponentes republicanos a la reforma migratoria han perjudicado al partido con respecto a los hispanos. George W. Bush respaldó decididamente una reforma integral, pero su apoyo por parte de los latinos se rezagó al seguir ellos a los oponentes demócratas de Bush. John McCain fue el principal patrocinador republicano de una reforma integral a la legislación, pero perdió a los hispanos a manos de Obama por un margen de más de dos a uno. La mayoría de los hispanos han sido votantes demócratas por mucho tiempo; sin embargo, hay un número creciente de ellos que podría estar interesado en apoyar a los republicanos. Muchos hispanos son socialmente conservadores y les preocupa la influencia que sobre sus hijos ejerce nuestra hipersexualizada y laica cultura popular. El respaldo republicano a los valores culturales tradicionales les atrae. Buena parte de los votantes hispanos que inmigraron legalmente lo hizo por las oportunidades económicas y para escapar de las privaciones causadas por economías dominadas por los gobiernos de sus países de origen y, por eso, la agenda republicana de la libre empresa también los atrae. Pero es muy difícil apelar al apoyo de los votantes hispanos si ellos creen que los republicanos están tratando de deportar a sus seres queridos.

A menudo me siento como si viviera en dos mundos. Me enfado cuando escucho historias de parejas de familias acaudaladas, en las últimas semanas de un embarazo, que vienen del extranjero a Miami para que sus hijos nazcan en el Jackson Memorial como ciudadanos americanos y luego abandonan el país dejando que sea el público americano quien pague por sus cuentas de hospital. Comprendo perfectamente la frustración que experimenta la gente cuando siente a su país abrumado por la inmigración ilegal.

Por otra parte, cuando escucho a algunas personas acusar a los inmigrantes de destruir la economía y la cultura americanas, y de robar los empleos a los ciudadanos americanos, también eso me causa enfado. No soporto escuchar que se trate a los inmigrantes en términos más apropiados para una plaga de langostas que para un grupo de seres humanos. Y empiezo a preguntarme si algunas de las personas que se expresan de forma tan desdeñosa sobre los inmigrantes estarían tan enfadadas si la mayoría de ellos proviniera de Canadá.

Comprendo que es un asunto difícil. Es un asunto de orden público. Pero también es un asunto de dignidad humana y de elemental educación. Y cuando perdemos de vista cualquiera de esos dos aspectos, nos hacemos daño tanto a nosotros mismos como a las personas que desean vivir aquí. Mucha gente que vino de forma ilegal ha hecho exactamente lo que nosotros habríamos hecho si hubiéramos vivido en un país donde no pudiéramos dar de comer a nuestras familias. Si mis hijos se van hambrientos a la cama todas las noches y mi país no me da la oportunidad de alimentarlos, no existe ley, por restrictiva que sea, que me impida llegar hasta acá. Debemos debatir nuestras diferencias sobre el tema migratorio con la mayor consideración por todos los aspectos que merecen nuestro respeto y atención.

La tormenta de fuego por el tema de la inmigración se fue apagando lentamente, pero el derrame de petróleo de la BP fue un asunto totalmente diferente. Crist hizo uso magistral de su despacho de gobernador, con gran resultado. Parecía tener cada noche una conferencia de prensa para resaltar su más reciente esfuerzo por proteger la costa de la Florida. Realizó viajes anunciados a los cuatro vientos a las playas afectadas. Convocó a una sesión especial de la asamblea legislativa para que se aprobara la prohibición de las perforaciones costa afuera.

Mi campaña se desequilibró. Durante más de un año nuestro plan había sido muy simple. Debíamos convencer a los votantes de la primaria republicana de que ellos necesitaban enviar a Washington a alguien que enfrentara al presidente Obama y a las directivas demócratas del Congreso. No había forma de que Charlie Crist pudiera ganar una primaria definida por esa aspiración. Pero ahora yo no tenía un oponente para la primaria. Tenía oponentes para las elecciones generales. Mi mensaje debía ser más amplio y todavía no lo teníamos. A medida que se acercaba el Memorial Day y otra encuesta mostraba a Crist en la delantera, algunos colaboradores de mi campaña empezaron a preocuparse seriamente.

Llevé a mi familia a los cayos de la Florida para descansar el fin de semana festivo. El sábado por la mañana me llamó mi hermana Bárbara. Mi padre estaba incoherente y casi inconsciente. Jeanette y yo corrimos a casa desde los cayos, y nos reunimos con mi familia en el hospital. El estado de mi padre era desalentador.

Le hicieron pruebas que no dieron ningún resultado. Sus síntomas parecían los de un derrame cerebral. Tenía la boca torcida, hablaba arrastrando las palabras y las que le podíamos entender no tenían sentido.

En los próximos días mejoró lentamente. Yo pasé las noches en el hospital durmiendo en un catre junto a su cama y él me mantenía despierto buena parte del tiempo llamando a sus hermanos, Papo y Emilio. Se dirigía a ellos como si estuvieran en la habitación. "¿Será esto lo que uno ve antes de morir?", me preguntaba yo. "¿Será que uno ve llegar a sus parientes ya fallecidos para acompañarlo a la otra vida?".

Lo que ocurría era que estaba alucinando, probablemente una reacción a la quimioterapia o una infección que se manifestó neurológicamente. Pocos días después lo trajimos a casa. Era claro que no habría más quimioterapia. Lo único que podríamos hacer ahora era tratar de que no sintiera ningún dolor durante las semanas o meses que le quedaran.

CAPÍTULO 34

Los días caninos del verano

Cierto que ninguna corrección es de momento agradable sino penosa, pero luego produce fruto apacible de justicia a los ejercitados en ella.

—Hebreos 12:11

UN AÑO ANTES, QUEBRADO, A LA ZAGA EN TODAS LAS ENcuestas y asustado, la campaña se había convertido en un problema para mí del que no podía escapar. No lograba encontrar una forma de ganar o retirarme. Así que acepté la que creí sería mi humillación inevitable, y Dios usó mi desesperación para acercarme a Él. Entonces la contienda dio un vuelco y yo asumí el control. En el verano de 2010, se había virado otra vez. De nuevo iba a la zaga de Charlie Crist, que había sabido aprovechar muy bien una oportunidad. Pero ahora, yo veía el cambio en mis peripecias como lo que era: solo una prueba más. Perder o ganar la elección no importaría tanto en mi vida como el hecho de que había aprendido a confiar en Él.

A mi alrededor todo era preocupación y desesperanza. Los colaboradores de mi campaña, muchos de los cuales se habían integrado solo unas semanas antes, se quejaban de que yo no mostraba mucho liderazgo en lo del derrame de petróleo. Querían que me pasara una semana en el Panhandle, para ponerme al mismo nivel de Crist evento por evento. También necesitaba un mensaje más amplio, me dijeron. Ahora no podría ganar siendo el candidato más conservador. Tendría que apelar más a los independientes.

Ya no era la misma persona que había sido un año atrás. Ya no era el joven de mundo y seguro de sí mismo que todo lo sabía. Ahora aceptaba que no siempre sabría qué es lo que debería hacer. Pero tampoco perdía la calma tan fácilmente. Aún tenía un largo camino por recorrer en la fe, pero había avanzado bastante desde el punto en que empecé. Intenté volverme a Dios antes que nada, y oré pidiendo sabiduría y fortaleza para aceptar Su voluntad.

Sabía que no podría obtener tanta atención con respecto al derrame de petróleo como el gobernador. Si el derrame de petróleo definía la elección, yo perdería, y así lo acepté. Viajar por el estado tratando de imitarlo sería una pérdida de tiempo y además, sería contraproducente. Estaríamos haciéndole el juego y, de hecho, ayudándolo a que la votación se hiciera alrededor de un debate que yo no podría ganar.

Pensé que para el Día del Trabajo, cuando los votantes de nuevo se concentraran en la contienda, la economía y la dirección que estaba tomando el país volverían a acaparar su atención. Si para entonces estábamos listos para ganar el argumento de cuál candidato estaba más comprometido con cambiar el curso del país, nosotros ganaríamos las elecciones. Así que pasé la mayor parte del verano planteando las ideas políticas en las que cimentaría mi argumento para el cambio cuando llegara el otoño. No era un trabajo glamoroso. Viajar por todo el estado pronunciando discursos sobre esas políticas no es tan emocionante como una batalla a pleno pulmón por el cuerpo y alma del Partido Republicano; pero preparaba el terreno sobre el cual yo pelearía y ganaría en el otoño.

También fortalecimos nuestra organización: la infraestructura para aumentar la votación; el programa de votantes por correo; los equipos de voluntarios en el condado; todo el bloqueo y tacleo que en gran medida ignora la prensa, pero que es muy importante en el día de las elecciones. Además, recaudamos dinero para alimentar las arcas que necesitaríamos abrir en el otoño. Era un trabajo tedioso, lejos de las primeras planas de los medios de comunicación, y decepcionante para muchos que se nos habían unido pensando que se enrolaban en una campaña de interés nacional que atraía la atención de los medios de todo el país. Usé mis experiencias futbolísticas como metáforas para entusiasmarlos a ellos y a mí mismo.

El jugador pasa los meses de verano preparándose para la temporada de fútbol americano con entrenamientos en el gimnasio y en la cancha. Antes de empezar el entrenamiento, y meses antes de que se realice el primer partido, pasa muchas horas levantando pesas y haciendo ejercicios de acondicionamiento. No hay multitudes para inspirarlo. Ni cámaras de televisión grabando las sesiones de ejercicio fuera de temporada. En la cancha lo único que hay desde las primeras horas de la mañana es el jugador y unos cuantos compañeros de equipo, entrenando y fortaleciéndose. Eso era lo que nosotros estábamos haciendo ese verano. El trabajo frustrante a veces de recaudar fondos, pronunciar discursos y fortalecer las bases, rendiría sus frutos en el cuarto trimestre del campeonato, para el cual todavía nos faltaban unos cuantos meses.

Tuvimos algunos tropiezos por el camino. En el año 2005 había comprado con David Rivera una casa en Tallahassee, donde me quedaba cuando sesionaba la asamblea legislativa y los días que trabajaba en la capital. Después de que dejé la asamblea, otro legislador la compartió con David a cambio de asumir mis pagos mensuales. O eso creí. El caso es que durante varios meses no se hicieron pagos completos y se generó una disputa sobre lo que se debía de cada mes. Tan pronto me enteré del problema, llamé al banco para discutirlo. El banco me remitió a una firma de abogados que estaba manejando el caso. Cuando les telefoneé me informaron que acababan de recibirlo y me llamarían apenas lo hubieran revisado. Pero al día siguiente radicaron su ejecución sin haberme devuelto la llamada.

Más tarde, la firma de abogados acordaría pagar al estado de la Florida dos millones de dólares para llegar a un acuerdo extrajudicial respecto a una investigación civil por presunto mal manejo de ejecuciones hipotecarias. En lugar de trabajar con los propietarios de las casas para resolver las disputas, se apresuraba a radicar las ejecuciones para poder cobrar honorarios de abogados y costos procesales. Por fin conseguimos que alguien de la firma hablara conmigo; y David fue a la oficina de ellos en el condado de Broward y pagó con un cheque de gerencia la suma adeudada completa, incluidos los honorarios de abogados. Desastre evitado, o eso creí.

Alex Burgos recibió una llamada del *Palm Beach Post*. Estaban trabajando en un artículo acerca de la ejecución de una hipoteca en la cual yo estaba involucrado. Alex explicó que había surgido una disputa sobre lo que debíamos, que ya se había resuelto. El artículo fue publicado. "Rubio enfrenta ejecución hipotecaria por casa en Tally", proclamaban los titulares.

El día siguiente trajo más malas noticias. La Cámara de Comercio de la Florida dio a conocer los hallazgos de una nueva encuesta que había encargado. La ventaja de Crist iba en aumento. Ahora estaba diez puntos por delante de mí, y los medios de comunicación tomaron nota de ello. Adam Smith planteó la pregunta en su blog "¿Ha perdido Marco Rubio su *mojo*?". Su especulación era que yo había perdido la energía que una vez había caracterizado mi campaña. Reconocía que parte de la razón para ello había sido la publicidad recibida por Crist durante el derrame de petróleo. Pero también pensaba que yo estaba luchando por hacer la transición de candidato de una primaria republicana a candidato de unas elecciones generales.

Algo había de cierto en la especulación sobre la pérdida de energía. Sí, parecía que tuviéramos menos energía, pero no por las razones que Adam suponía. En el estado se había generado mucha expectativa en el sentido de que la primaria ayudaría a decidir el debate nacional por la dirección del Partido Republicano. La salida de Crist de la primaria provocó una decepción normal. Faltaban cuatro meses para las elecciones generales. Naturalmente, los votantes estaban menos al tanto de todo eso. En ese momento, escuelas y familias estaban de vacaciones. Y nuestra campaña estaba concentrada en el poco visible y menos emocionante trabajo de fortalecer su organización y la recaudación. Pero el artículo de Adam reafirmó el nuevo enfoque de la campaña. Charlie le había dado un vuelco a la contienda; yo me había descuidado mientras luchaba en un ambiente de elecciones generales.

El *Miami Herald* publicó un artículo que bautizó al derrame de petróleo como el "amuleto de la suerte" de Charlie Crist. A medida que se acercaba el 4 de julio, la opinión pública ortodoxa era que Charlie tenía de nuevo el control de la contienda y nosotros estábamos naufragando. La campaña de Crist aprovechó la oportunidad para proclamar el regreso del "guerrero feliz". No habría más ataques contra mí o ningún otro candidato, prometió él.

Sin embargo, por debajo de la mesa, su campaña seguía difundiendo historias para ponerme en desventaja. Trataron de generar unas expectativas sobre mi recaudación de fondos, las cuales no creyeron que pudiéramos cumplir. Dijeron a los reporteros que como ahora yo era el presunto nominado republicano, debería ser capaz de romper el récord del recaudo total de Crist en el primer trimestre; y si no lograba hacerlo, ese fracaso sería la prueba de que estaba perdiendo el impulso.

Traté de ignorar las distracciones y continué recaudando dinero, exponiendo nuestras iniciativas políticas y fortaleciendo nuestra operación encaminada a lograr el aumento de la votación. Estaba seguro de que una vez que los votantes se concentraran en la contienda de nuevo, mis cifras mejorarían. Las políticas del presidente Obama eran cada vez menos populares en la Florida, y yo era el único candidato que les hacía oposición. Todavía mi nombre era menos reconocido entre los votantes de la elecciones generales que el de Crist, y las encuestas del verano así lo reflejaban. Pero eso cambiaría una vez que en el otoño empezara a comprar tiempo en televisión para presentarme a los electores.

Estos fueron los días caninos del verano. El público que asistía a mis discursos era la mitad del que iba antes de que Crist dejara la primaria. La prensa había perdido mucho interés en mi candidatura. No era fácil ver la luz al final del túnel. Asumí una confianza que no siempre había tenido, pero con la que sí contaba ahora. Sinceramente creía que si para el otoño habíamos completado el silencioso pero importante trabajo que debíamos hacer ese verano, yo volvería a tomar la delantera sin mirar atrás.

En la segunda semana de julio recibimos una buena noticia. Rasmussen publicó una nueva encuesta en la que yo había retomado la delantera. Era una ventaja muy pequeña, pero de todos modos era una ventaja. Cuatro días más tarde hubo más buenas noticias que anunciaron el total de nuestra recaudación de fondos del trimestre. Habíamos recaudado $4,5 millones, superando el total de Crist que había batido récords, y también la meta que la campaña de Crist había intentado imponerme.

Otras nuevas encuestas mostraban que Crist aún me llevaba la ventaja. Él había recaudado $1,8 millones en el trimestre; menos que nosotros, pero más de lo recaudado por él mismo en el trimestre anterior. La prensa lo vio como una prueba más de que él tenía de nuevo el control de la contienda. Pero yo no me preocupé. Una vez que los demócratas escogieran a su nominado, la fuerza de gravedad de la política entraría en acción. Crist y Kendrick Meek se pelearían la mitad del electorado de la Florida que aprobaba la dirección en que iba el país, y yo me quedaría con la mitad que no la aprobaba. Decidimos iniciar nuestra publicidad por televisión inmediatamente después de la primaria demócrata.

Aun antes de nuestro arranque en televisión, las cifras empezaron a subir. Rasmussen dio a conocer otra encuesta que me ubicaba en la delantera. Lo mismo que Mason Dixon. Y siguieron otras. Unas pocas todavía le daban ventaja a Crist, pero confiábamos en que el impulso estaba de nuestro lado otra vez.

Jeanette y yo realizamos un rápido vuelo alrededor del estado el día anterior a la primaria republicana del 24 de agosto. No cabía duda de que yo ganaría la nominación porque después de que Crist dejó la primaria, la oposición había sido simbólica. Pero pensamos que podría usar la primaria para reenganchar el interés de los medios en nuestra campaña y también como plataforma de lanzamiento para nuestra carrera final.

Bien temprano en la mañana siguiente, voté por mí mismo y luego pasé por el Biltmore Hotel donde mis principales donantes harían llamadas de recaudación durante todo el día. Después del almuerzo me fui a casa de mi hermana para ver cómo estaba mi padre. Durante el verano él se había deteriorado y ahora guardaba cama. Mi sobrino Danny me abrió la puerta con una gran sonrisa. Le pregunté de qué se reía y me dijo que entrara y viera por mí mismo. Llegué a la parte de atrás de la casa y encontré a mi padre sentado en la sala, completamente vestido. Era la primera vez en un mes que salía de su cama. Quería ir a mi fiesta de victoria esa noche. Pocos días antes, él había llenado y mandado al correo su voto por correspondencia. Había votado para enviar a su hijo al Senado de los Estados Unidos, y ahora se sentía lo suficientemente fuerte para celebrarlo. Tendría que ir en una silla de ruedas y no podría quedarse mucho rato. Pero esa fue la mejor noticia del día.

Fui a misa por la tarde, antes de ir a casa a cambiarme para la fiesta. A la seis de la tarde llegamos al Biltmore, y estábamos esperando en una salita detrás de la tarima, cuando mi sobrino me informó que mi papá no vendría. Por la tarde se había debilitado más y no le alcanzaban las fuerzas para unirse a nosotros. Él había querido estar presente. Había querido hacer un último sacrificio por su hijo; un último y desinteresado acto en una vida llena de actos desinteresados. Pero no podría ser. Y pronto sería tiempo de que nos dijéramos adiós para siempre.

CAPÍTULO 35

Adiós

COMO SE ESPERABA, KENDRICK MEEK GANÓ LA PRIMARIA
demócrata y obtuvo un rebote a corto plazo en la votación. Pero no
tenía mucho dinero, y pocos observadores creían que podría ganar las elecciones generales. Nuestro camino a la victoria necesitaba un nominado
demócrata viable que compitiera con Crist por los votos demócratas. En
una contienda de tres candidatos, yo solo necesitaría mantener la base republicana y ganar una cuota decorosa de los votos independientes. No me
dejaría presionar para que me moviera a la izquierda. Competiría como
lo que era: un fiscal y un conservador. Pero cuando empezamos la campaña de otoño, nos preocupaba que la contienda de tres acabara reducida
a una de solo dos. Sin fondos suficientes y en un distante tercer puesto en
todas las votaciones, si Kendrick perdía relevancia, Crist se convertiría en
nominado demócrata de facto y los demócratas lo verían como su única
esperanza de derrotarme. No podíamos permitir que eso ocurriera.

Estudiamos qué podríamos hacer para mantener la viabilidad de Kendrick. Una opción podría ser atacarlo a fin de que los demócratas lo defendieran. Pero como él no tenía dinero para financiar una campaña efectiva
por televisión, también teníamos la opción de ayudarlo a conseguir tiempo
de transmisión gratis, y los debates serían la mejor forma de obtenerlo. Dos
días después de la primaria demócrata concertamos siete debates televisados. Observadores republicanos cuestionaron la necesidad de hacer tantos

debates, particularmente después de haber retomado la ventaja en las encuestas. Pero los debates cumplieron su propósito: mantuvieron a Kendrick relevante y vigente en las noticias. Gracias en gran parte a la efectividad de Kendrick como contrincante en los debates, Crist nunca tuvo la cancha libre para cortejar los votos demócratas.

Los siete debates sirvieron como recordatorio de que había un demócrata en la contienda, y el desempeño de Kendrick fue muy bueno en todos. Pienso que ganó por lo menos en dos de ellos. Ciertamente sobrepasó las bajas expectativas que siempre había despertado. Nunca entendí por qué la gente esperaba tan poco de Kendrick; un político inteligente y de muy buenos reflejos; era una persona agradable y ágil en su trabajo de campaña, cualidades que dieron muy buena impresión en los debates. Nuestra campaña por televisión salió al aire el mismo día que concertamos los debates. El primer anuncio estaba diseñado para establecer quién era yo y por qué creía en lo que estaba haciendo. Grabado expresamente en blanco y negro, la idea era que se viera y sintiera muy diferente a los demás anuncios con que los votantes habían sido inundados durante la primaria. Queríamos que los votantes supieran que nuestra campaña trabajaba por cosas grandes, no por políticas mezquinas.

Mis padres, especialmente mi padre, aparecían en el anuncio. Recuerdo una imagen en particular, una vieja fotografía de mi padre sirviendo en un bar de Miami Beach enfundado en su impecable uniforme blanco. El anuncio fue muy efectivo y comprobamos su impacto en nuestras encuestas internas de seguimiento. Donde quiera que iba, la gente me hablaba del mismo, a veces con lágrimas en los ojos. Me decían que mi historia era su historia.

Nuestro primer debate se programó para el domingo 5 de septiembre en *Meet the Press*. Crist había decidido no participar, pero Kendrick sí estaba dispuesto, que era lo único que nos interesaba en ese momento. Había planeado dedicarle a mi preparación para estos debates tanto tiempo como le había dedicado al debate con Crist en Fox News. Estábamos en mitad de una sesión preparatoria cuando la suegra de Bárbara mi hermana, que vivía con ella, me avisó que mi padre respiraba con mucha dificultad y estaba muy agitado.

Dejé la práctica para el debate y conduje a casa de Bárbara, donde encontré a mi padre sentado en la cama, presa del pánico. Le faltaba la respiración, y la baja dosis de gotas de morfina no le mitigaba el dolor. Le puse un nebulizador para reanimar sus pulmones, pero de un tirón se quitó la máscara y pidió ser llevado al hospital. Le dije que allí solo harían lo mismo que estábamos haciendo nosotros y lo devolverían a casa. Pero él insistió y finalmente cedí y llamé al 911. En minutos, estuvo en una camilla con ruedas. Cuando los paramédicos lo levantaron para subirlo a la ambulancia, él dijo en voz alta y en español, "de aquí para el cementerio".

Seguí a la ambulancia en mi auto y llegamos al mismo tiempo al hospital. Le administraron oxígeno y otros medicamentos, y después lo pasaron a una habitación. Mi sobrino, Danny, pasó la noche con él. Al día siguiente cumplí con mi agenda, en su mayor parte de preparación para el debate, mientras Verónica y Bárbara se turnaban para acompañar a mi padre. Cuando me desocupé, fui a casa para cenar y ayudé a acostar a los niños antes de salir para el hospital, donde pensaba pasar la noche. Una vez allí, Bárbara me contó que mi padre ya había cenado y había pasado un día bastante bueno bromeando con las enfermeras. Bárbara había estado casi todo el día en el hospital y estaba cansada. Le pedí que se fuera a casa y me acomodé en una cama plegable junto a la de mi padre.

Encendí el televisor y, como lo habíamos hecho tantas veces durante muchos años, mi padre y yo vimos juntos el juego de los Miami Dolphins. Cuando avanzaba la noche, noté que papá empezó a cambiar. Parecía cada vez más desorientado. Pensaba que estábamos en una cocina y me pidió que pusiera los platos en el aparador. Comenzó a llamarme Papo, el nombre de su hermano. Muy pronto empezó a agitarse y a tratar de bajarse de la cama aunque ya no tenía fuerzas para hacerlo. Empezó a gritar el nombre de su hermano, pidiéndole que lo ayudara. Se le pusieron vidriosos los ojos. Finalmente llamé a una enfermera.

Ella le aplicó una inyección de un medicamento calmante que surtió efecto una media hora, pero luego empezó a agitarse de nuevo. Me pidió que le acercara una cobija que el veía colgada en la pared. Quería que lo abanicara para ayudarlo a recibir más aire. Le administraron el mismo calmante varias veces más, pero ya no le hacía efecto. Se veía muy angustiado. Estaba sufriendo.

Mi padre estaba entrando en un estado hipóxico. Sus averiados pulmones ya no podían procesar oxígeno suficiente para enviar al cerebro, lo que le causaba alucinaciones y la aterradora sensación de quedarse sin aire.

Después de que nos dieron el diagnóstico, yo había investigado sobre su enfermedad y sabía que cuando se volviera hipóxico estaría entrando en la fase final de su vida. En la madrugada del 3 de septiembre supe que ese momento había llegado.

Solo había una forma de aliviar su sufrimiento y ayudarlo a sentirse más cómodo. Tendrían que administrarle un goteo de morfina. La enfermera me advirtió que, una vez que empezara el goteo, entraría en un estado comatoso del cual probablemente no volvería a despertar. Me preocupaba que aún fuera demasiado pronto. Lo había visto deteriorarse antes solo para mejorarse al día siguiente. Me angustiaba pensar que si ordenaba la morfina esa noche, mi madre y mis hermanas no tendrían oportunidad de decirle que lo querían ni de despedirse de él.

Desde la puerta de la habitación, lo miré. Crispado, se revolvía de un lado a otro en la cama llamando a sus hermanos Papo y Emilio: "¡Ayúdame! ¡Ayúdame!". Me volví a la enfermera y le dije: "hágalo".

Con el goteo de morfina, mi padre se calmó rápidamente. En un breve segundo de lucidez, me dijo: "yo sé que te estoy molestando mucho". Pocos minutos más tarde, se quedó dormido. Nunca más lo vería abrir los ojos.

A la mañana siguiente envié un mensaje de texto a mis hermanas y a Jeanette explicando lo ocurrido en la noche, vinieron al hospital inmediatamente. Aún abrigaba la esperanza de que esa mañana en algún momento él despertaría. Pero pasó el tiempo y fue evidente que ya no lo haría. Cancelé el debate de *Meet the Press*. Kendrick Meek llamó para expresar su preocupación. Fue breve pero muy gentil y se lo agradecí mucho. Pero la política también puede ser un asunto bien feo. Algunos partidarios de Meek y Crist expresaron su escepticismo acerca de la emergencia familiar que me había obligado a cancelar el debate. Dijeron que temía enfrentarme a Kendrick y había buscado una excusa para no hacerlo. No culpo a Kendrick ni a Crist por ese comportamiento. Todos tenemos seguidores que dicen cosas fuera de lugar y a veces crueles. Pero esa conducta mostró los extremos a los cuales pueden llegar algunas personas, especialmente desde la aparición del Internet y la era de los medios sociales, para menospreciar e incluso deshumanizar a sus oponentes políticos.

Fue un viernes muy largo en el que esperamos que mi padre muriera. Mi madre, mi hermano y hermanas, mis sobrinos, mi tía Georgina, Jeanette y yo nos quedamos en vela. Nunca lo dejamos solo. Buscábamos cualquier signo de un cambio en su estado. Sabíamos que era cuestión de tiempo, pero ¿cuánto? ¿Horas? ¿Días? Ninguno de nosotros podría decirlo.

Una continua procesión de visitantes vino a presentar sus últimos respetos. Todos sentían pena por mi padre y mi madre. Mi padre aún resistía; su respiración era lenta pero acompasada. La noche de ese viernes dormimos en su habitación, o tratamos de hacerlo.

Amaneció el sábado y mi padre respiraba, pero muy débilmente. Eso me devolvió al pasado, veintiséis años atrás, cuando siendo un niño también estuve en vela junto al lecho de muerte de mi abuelo. Ahora, temía alejarme siquiera un minuto por miedo a no estar presente cuando mi padre muriera. Temía ir a buscar algo de comer o irme a casa para tomar una ducha. Así que me quedé viendo cómo se agotaba su vida. Nada más importaba.

Pasamos las horas rememorando hechos de esa vida. Hubo risas y lágrimas. Todo el mundo tenía algo que decir acerca del hombre que tanto había significado para nosotros. En algún momento, mi madre se sentó junto a su cama, le acarició la mano y lloró, pidiéndole una y otra vez que despertara. Habían estado casados sesenta y un años. Era más de lo que su corazón podía resistir.

Dicen que las personas en su lecho de muerte a menudo se aferran a la vida para evitarles a sus seres queridos el dolor de su pérdida. Si eso es cierto, mi padre seguramente fue una de esas personas. Saber que nos dolía tanto lo habría afectado mucho, pero saber que mi madre estaba sufriendo habría sido más de lo que él habría podido soportar. La adoraba y siempre la protegió con todas sus fuerzas. Creímos que él resistiría hasta que ella lo dejara partir, así que le pedimos a mi madre que se despidiera y le permitiera dejar esta vida. Al principio ella se resistió. Pero ya por la tarde cedió. Le acarició la cabeza, le dijo cuánto lo amaba y le pidió que descansara. Creo que fue lo más duro que jamás le haya tocado hacer a mi madre. Ella había pasado toda una vida junto a mi padre y ahora, a los setenta y nueve, enfrentaba sola los años que le quedaban.

Al atardecer del sábado, mi papá inició la fase final de la vida a la muerte. En cuestión de horas, el patrón de su respiración empezó a cambiar igual que su apariencia física. Ya ni siquiera se parecía a mi padre. No sé si eso hizo todo más fácil o más difícil. El hombre que yacía en la cama no era el que yo recordaba. Le habían retirado su dentadura postiza. Su cara lucía demacrada y pálida. Su cuerpo se había consumido.

A las 9:30 de la noche notamos un cambio significativo y su respiración se hizo más lenta y laboriosa. Podíamos ver el latido de su corazón en el pulso de una vena al lado izquierdo del cuello; los latidos eran cada vez más lentos. Luego hubo una larga pausa y la vena no volvió a palpitar. Eran las 9:43 de la noche.

Mi padre comenzó su vida en una familia grande y alegre. Antes de que cumpliera diez años todo le fue arrebatado y quedó solo a muy corta edad. En una vida llena de altibajos, él construyó la familia cálida y amorosa que había perdido. Y se murió como la mayoría de nosotros espera morir, en una habitación rodeado por las personas que lo amaban.

Al día siguiente, di a conocer la noticia en la página de Facebook de la campaña, en la que rendía homenaje al hombre decente, desinteresado, al hombre común y corriente cuyo duro trabajo y sacrificios me habían dado la oportunidad de hacer cosas extraordinarias.

En los días que siguieron a la muerte de mi padre me sentía confundido y preocupado. Sabía que pronto tendría que reanudar mi campaña, pero me desgarraban las emociones. Me sentía culpable por haber ordenado el goteo de morfina, y la duda me atenazaba. ¿Habría permitido el goteo demasiado pronto? ¿Estaría vivo todavía si yo hubiera esperado junto a él que pasara su noche de angustia? Me dolía mucho que no hubiera vivido lo suficiente para hacer lo que tanto había ansiado, votar por su hijo una última vez. Mi padre no vería mi victoria ni compartiría el éxito que él, más que nadie, había hecho posible.

No quería hacer nada. Cuando murió mi abuelo abandoné Pop Warner y me recluí en mi casa durante meses enteros. Ahora me sentía igual. Solo que ya no era un adolescente; tenía una esposa e hijos y era un candidato al Senado de los Estados Unidos. Por mal que me sintiera, tendría que volver al trabajo, igual que mi padre había salido a trabajar cuatro días después de su noveno cumpleaños, cuando su madre murió.

El primer evento grande de mi campaña después de la muerte de mi padre, fue una cena del Partido Republicano en Orlando, el 10 de septiembre. No quería estar allí. Sólo quería pronunciar mi discurso y volver a casa. Evité pasearme entre la gente que llegaba al salón del banquete, y esperé en una cafetería con Jeanette hasta que fue el momento de subir al podio. Hablé quince minutos y terminé el discurso con una reflexión:

A veces no valoramos lo que tenemos en la vida. No lo apreciamos plenamente hasta que no lo perdemos. Lo hemos experimentado con las personas que hemos amado. Y quizás eso es lo que le está sucediendo a nuestro país. Hemos llegado al punto de haber olvidado cuán especial es realmente este lugar.

Mi padre había cuidado toda su vida de la gente que él había amado. Detestaba verme sufrir. Todavía recuerdo su expresión angustiada cuando un médico le dijo que su hijo de seis años necesitaba una cirugía. Había ayudado a criar a los hijos de Bárbara mientras el esposo de ella estaba en prisión. Vio la película de King Kong cientos de veces porque era la favorita de Landy. Todavía puedo verlo salir corriendo de casa presa del pánico cargando a Danny, que tenía tosferina, porque creyó que el niño ya no podía respirar.

Al final de su vida sus hijos y nietos habían cuidado de él. Mi sobrino lo había acunado en sus brazos y lo había cargado hasta la silla de ruedas. Bárbara le había untado ungüento en la piel para aliviarle una dolorosa infección que contrajo. Verónica había pasado una noche cuidándolo en el hospital. Yo había cometido la terrible equivocación de instarlo a que probara la quimioterapia y más tarde había tomado la decisión de darle morfina. Aunque en momentos así no lo parezca, es parte natural de la vida que los hijos se conviertan en responsables de sus padres, pero no es fácil acostumbrarse a un cambio tan doloroso. Y más difícil aun resulta acostumbrarse a la pérdida de alguien que nos ha amado sin límites y con cuyo apoyo siempre habíamos contado.

Era difícil creer que se había ido. Ese otoño, fueron muchas las veces que estuve a punto de llamarlo para avisarle que saldría en las noticias esa noche; y a veces eso todavía me pasa.

CAPÍTULO 36

En la delantera otra vez

UNA ACREDITADA ENCUESTA QUE SE DIO A CONOCER EL 9 de septiembre reveló la repentina oleada de apoyo. Otras encuestas confirmaron que ahora yo lideraba con cifras de dos dígitos la contienda de tres candidatos. Atribuimos las buenas nuevas a mi primer anuncio de televisión, que presentaba en forma destacada a mis padres. El anuncio ya casi había completado su tiempo, y había sido muy efectivo. Si hubiéramos esperado unos días más para sacarlo al aire, no habría salido. No lo habría permitido después de la muerte de mi padre, pues me habría sentido como si estuviera explotando su muerte para obtener una ganancia política. Pero el anuncio se había lanzado antes de que mi padre ingresara al hospital. Fue su último aporte a mi triunfo.

El primer debate con los tres candidatos se programó para el 17 de septiembre en Univision, y me sentía más nervioso de lo que había estado por cualquiera de los demás debates. Sería transmitido a una amplia audiencia hispanoparlante y su moderador formularía en español las preguntas, que serían traducidas a los candidatos. Nosotros responderíamos en inglés y nuestras respuestas se traducirían al español. El formato me situaba en un dilema interesante. Obviamente, yo no necesitaba traductor porque hablo español con fluidez. Pero tanto Meek como Crist objetaron a la solicitud de que se me permitiera responder en español. En el arte de la persuasión, no es solo lo que se diga, sino cómo se diga, y yo habría preferido que el público escuchara mi voz y no la de un intérprete. Mis oponentes sabían que eso me daría una ventaja y rehusaron a que lo hiciera. Me preocupaba la reacción de la audiencia, porque sabiendo que yo era cubano americano y que hablaba español, podrían pensar que estaba hablando en inglés por menosprecio.

El tema predominante del debate también sería un reto. Los ejecutivos de Univision no se cohibían de hacer público su apoyo a la reforma migratoria, y abogaban por ella en la web. De todos los candidatos, mi posición sobre inmigración era la más opuesta a la de Univision, y sospechaba que el debate se convertiría en una hora de discusión sobre el tema.

Se realizó en Doral, en un estudio afiliado a Univision. El lugar me era muy familiar pues había trabajado ahí como comentarista político cuando las elecciones de 2008. Conocía a la gente que allí trabajaba, y consideraba amigos a muchos de ellos. Cuando llegamos, nos condujeron a una pequeña sala verde justo al lado del estudio principal. Estaba nervioso pero me había preparado bien. Entramos al estudio para un chequeo rápido de micrófonos y regresamos a la salita verde hasta que fuera la hora de empezar el debate.

Pero hubo una demora. La campaña de Meek se había quejado por un pequeño abanico portátil ubicado detrás del podio de Crist, que usualmente tenía un abanico a sus pies cuando hablaba en público. Las pocas veces que lo vi hablar sin tener uno, sudaba profusamente. Meek alegaba que el abanico lo distraía. Además, insistía en que si Crist tenía abanico, todos los candidatos debían tener uno. La disputa no pasaba de ser un asunto de percepción, por supuesto, y me pareció hasta divertida; si Crist y Meek querían pelear por un abanico, por mí no había problema. Crist amenazó con abandonar el debate si no se le permitía conservar su abanico. La gente de Meek finalmente cedió y llegó el momento de ocupar nuestros lugares en el estudio.

Cuando me dirigía al podio podía sentir mi corazón latiendo con fuerza. Vi a Jeanette sentada en la primera fila de la audiencia. Me sonrió para recordarme que sonriera. Tenía a su madre a un lado y a mi madre al otro, y ambas me miraron con ese orgullo maternal que tantas veces antes había visto en ellas. Se escuchó la música de presentación y arrancó nuestro primer debate con tres candidatos.

El tema migratorio tuvo un papel preponderante en el debate. Se me preguntó por qué no apoyaba una amplia reforma y el DREAM Act. Empecé por recordarle a la audiencia que la inmigración no es un tema más de los que haya estudiado y debatido. Es una experiencia que he vivido. Mis padres y abuelos fueron inmigrantes; mi hermano es inmigrante; mis tías y tíos son inmigrantes. Viví en un vecindario de inmigrantes. Sé lo importante que es la inmigración legal y lo problemática que puede ser la inmigración ilegal. Simplemente creo que las reformas migratorias que el Congreso ha considerado van demasiado lejos y crearían incentivos para que más personas vinieran a los Estados Unidos ilegalmente.

En cuanto al DREAM Act, me mostré de acuerdo con que debemos hacer algo para ayudar a hijos de padres que han inmigrado ilegalmente, porque habiendo crecido aquí y siendo americanos, están en riesgo de ser deportados. Pero el DREAM Act está redactado de una manera demasiado abierta. Si queremos encarar el asunto sin exacerbar nuestro problema de inmigración ilegal, necesitaremos una legislación más específica.

También me preguntaron si apoyaba que el inglés fuera el idioma oficial de los Estados Unidos, uno de los temas más incomprendidos de nuestros tiempos. Casi todos los documentos importantes de los Estados Unidos están escritos en inglés. Nuestra constitución, nuestras leyes federales y estatales, los contratos privados y los exámenes que se practican en nuestras escuelas, todos están en inglés. El inglés ha sido el idioma predominante de los americanos desde que éramos trece colonias. Es nuestro idioma oficial de facto y no creo que haya nada de malo en reconocerlo así. Hay quienes han dicho que declarar el inglés como el idioma oficial haría que se prohibieran otros idiomas en este país. Pero el gobierno no puede ordenarnos qué idioma hablemos en casa y tampoco puede exigirle a un restaurante en qué idioma debe tener su menú.

Creo que todo el mundo debe aprender otros idiomas. El conocimiento de idiomas extranjeros brinda posibilidades económicas y es culturalmente gratificante. Pero el inglés es el idioma que nos unifica. Algunos críticos consideran xenofobia o racismo apoyar que sea nuestro idioma oficial. Pienso que eso es absurdo; el inglés es nuestro idioma oficial de facto, y aprender a hablarlo es más que una señal de respeto de los inmigrantes por su nuevo país. El conocimiento del inglés es necesario para el progreso económico y la integración social de cada ciudadano americano.

En casi todos los temas que discutimos Crist se las arregló para demostrar que tenía una posición contraria a la mía, en su intento de apelar a los votantes conservadores de la primaria desde una posición que jamás había asumido cuando competía como republicano. Casi para terminar el debate, decidí llamar la atención sobre su drástica reinvención como estadista por encima de los partidos. "Todo el mundo ve lo que usted está haciendo", le dije. "Todo el mundo lo entiende. Por veinte años, usted compitió como republicano por las mismas cosas por las que ahora me critica a mí". Pensé que ese sería un recordatorio efectivo de lo que toda la audiencia ya conocía. Desafortunadamente, el efecto se perdió en la traducción.

El debate transcurrió sin incidentes en su mayor parte. Nadie se anotó un *knock-out* ni gol. Aunque algunos periodistas consideraron que mi posición en cuanto al inglés como idioma oficial, y sobre el DREAM Act y la ley de inmigración de Arizona, me perjudicarían frente a los votantes hispanos; el consenso general, con el cual estuve de acuerdo, fue que no hubo un claro ganador. Y el horario de emisión de las filiales de Univision en la Florida, a las once de la noche de un viernes, tampoco contribuyó a que el debate tuviera mayor impacto.

Crist había sacudido la contienda en el verano, cuando se retiró de la primaria republicana e insufló nueva vida a su campaña durante el derrame de petróleo. Pero nosotros habíamos sido pacientes y teníamos fe en el plan de nuestra campaña. Confiábamos en que retomaríamos la iniciativa cuando empezaran a pasar nuestros anuncios por televisión. Pensamos que en el otoño los demócratas abrazarían al candidato demócrata, y sabíamos que para entonces la contienda nuevamente se habría convertido en un debate sobre el rumbo que llevaba el país, y no era fácil ver eso en el verano, cuando muchos creían que de nuevo la campaña se nos estaba escapando de las manos. Pero habíamos mantenido el curso.

Ahora, yo iba a la delantera otra vez. Las encuestas me daban siempre una ventaja de dos dígitos. Estábamos exactamente donde queríamos estar. Todavía había mucho por hacer, pero allá, en la distancia, por primera vez se veía la meta.

Cuando empezó su campaña como independiente, Crist había prometido el regreso del guerrero feliz y había jurado que no haría más publicidad negativa. Pero cuando el verano dio paso al otoño, y su ventaja en las encuestas desapareció, cambió de parecer una vez más.

A finales de septiembre, sacó un anuncio de televisión criticando mi historial de gastos cuando fui presidente de la Cámara y afirmando que él había vetado $500 millones que yo había tratado de "incluir a escondidas" en el presupuesto, entre ellos un millón y medio de dólares para un centro de remo y $800.000 para renovar las canchas donde yo jugaba *flag football*. Con esa anuncio, le salió el tiro por la culata. Era descaradamente engañoso, pues el gasto había sido propuesto y promovido por otros, y yo no había tenido nada que ver con su inclusión en el presupuesto. Pero el daño real lo sufrió la nueva imagen de Crist como estadista. En lugar de usar la voz de un locutor en el anuncio, Crist miraba directamente a la cámara y él mismo me atacaba. Nada podría dañar más su imagen de guerrero feliz que su propia imagen transmitiendo un ataque de ese tipo.

Un aliado de Crist, el senador del estado Mike Fasano, y el antiguo presidente del Senado, Ken Pruitt, abrieron un 527, que es un fondo político exento de impuestos, para promover la candidatura de Crist. Enviaron un correo directo titulado "El verdadero Rubio" a los votantes republicanos de todo el estado. La cara principal tenía una imagen de lo que parecía una protesta de estudiantes militantes y una fotografía del Che Guevara sobre mi hombro izquierdo. En la otra cara, identificaba varios proyectos de ley para dar a los hijos de inmigrantes indocumentados becas para sus estudios y seguro de salud dentro del estado. El volante estaba diseñado para crear dudas sobre mi posición frente a la inmigración ilegal y así conseguir que mermara el entusiasmo republicano por mí.

El uso de la imagen del Che Guevara fue particularmente irritante. Guevara fue un asesino a sangre fría y es vilipendiado por la comunidad cubana en el exilio. Su imagen en la cultura popular americana es una manía de los exiliados en todas partes. Pero solo era un volante enviado por correo. Y por más que nos irritó, una reacción exagerada de nuestra parte habría sido contraproducente. Si hubiéramos protestado a pleno pulmón, habríamos atraído la atención de miles de votantes que no lo habían recibido o lo habían arrojado a la basura sin mirarlo. La campaña de Charlie habría quedado muy complacida si los hubiéramos ayudado en su labor de orientar la contienda hacia la inmigración más que hacia el rumbo en que se encontraba el país.

Así que seguimos concentrándonos en nuestro mensaje y prestamos la menor atención posible a los ataques. No fue fácil. Pero el haber perseverado con ese mensaje era la razón principal de que hubiéramos retomado la ventaja. Todo parecía ir saliendo de acuerdo al plan. Una nueva encuesta de

Mason Dixon mostró que Kendrick le estaba ganando terreno a Charlie. La contienda se estaba convirtiendo en una pelea por el segundo lugar.

El ultimo domingo de septiembre yo aparecí en *Face the Nation*, un programa de la cadena CBS. Como esperaba, el presentador del programa, Bob Schieffer, me pidió referirme a los ataques que la campaña de Crist me había lanzado durante todo el año. Sus aliados en Washington habían pasado meses propagando rumores infundados acerca de mí e instando a los senadores a no respaldarme porque "todavía faltaba algo más". Luego, advirtieron explícitamente que me estaban investigando y que sería acusado antes de las elecciones. Cuando me reuní por primera vez con el líder republicano del Senado, Mitch McConnell, supe que estaba pensando en eso. Y era claro que Bob Schieffer también.

Bob me preguntó sobre los cargos a American Express, y una vez más expliqué que el partido jamás los había pagado. Los había pagado yo mismo, lo que en ese momento ya era un hecho bien documentado. En la oficina de asuntos políticos conjunta al *St. Petersburg Times* y el *Miami Herald*, que creían ser los expertos en el asunto, opinaron que mi respuesta no era del todo cierta. Pero sí lo era. Solo estaba afirmando un hecho. El reclamo de que yo había cargado gastos personales a una tarjeta American Express obtenida a través de mi asociación con el GOP de la Florida era cierto. Pero también era cierto que el partido no había pagado por esos gastos. Los había pagado yo.

Bob también me preguntó acerca de mis finanzas personales. La prensa ha tenido entonces y ahora, gracias a mi oponente, la falsa idea de que yo hacía campaña como un fiscal conservador en contra de las deudas mientras acumulaba una irresponsable cantidad de deudas personales. Sí, tengo deudas. Pero el monto de mis deudas no es alto ni fue concebido para mantener un estilo de vida extravagante. Consiste casi por completo de dos cosas: las hipotecas de mis dos casas y mis préstamos estudiantiles. No estoy atrasado en ninguna de mis deudas. Y no soy la única persona que a la edad mía aún tiene pagos por hacer para cubrir préstamos estudiantiles. Desafortunadamente, con los costos de los estudios tan altos como están hoy día, una deuda grande a causa de préstamos estudiantiles es una dura realidad para las personas que no son acaudaladas. El presidente Obama aún se encontraba pagando sus préstamos estudiantiles cuando fue elegido para el Senado.

Una de las lecciones que he aprendido haciendo campaña es a no obsesionarme tanto como los reporteros por los ataques, los rumores malintencionados y las controversias exageradas que los oponentes políticos parecen fabricar al por mayor. A los periodistas les interesan todas esas historias porque sus editores creen que suben los índices de audiencia y atraen lectores. Los intereses de los votantes son diferentes. Esto no quiere decir que a los votantes no les preocupen las cuestiones de integridad personal o que tengan en más alta estima a los políticos que a la prensa. Pero ellos no le dan crédito a los ataques contra la reputación de un candidato, por mucha atención que les presten los periodistas, si no hay pruebas que respalden esas acusaciones o aseveraciones que el propio candidato no pueda refutar convincentemente. El propósito básico de los ataques no es simplemente manchar la reputación de un oponente sino golpearlo y dejarlo fuera del juego, particularmente si su mensaje tiene acogida. Y en la Florida, donde la mitad de los votantes se oponía a la agenda del presidente Obama, nuestro mensaje ciertamente la tenía. Nosotros cortejábamos a los votantes, no a los reporteros. Estaba seguro de que mientras perseverara con mi mensaje, ganaría.

Teníamos más dinero que nuestros oponentes para gastar en anuncios de televisión. Varios grupos de un tercer partido estaban pasando anuncios que criticaban a Charlie. Y la nuestra era la única campaña que por lo menos tenía la apariencia de una operación dirigida directamente a los votantes. Las señales de nuestro éxito se veían por doquier. La cantidad de gente que me seguía era cada vez mayor y el entusiasmo de mis partidarios también. Habíamos empezado nuestra propia encuesta interna de seguimiento, la cual arrojaba un promedio de tres días seguidos con una ventaja sólida y, además, con posibilidades de mejorar.

Cuando empezamos el último mes de la campaña, se veía venir la victoria. Si mantenía mi mensaje y nos concentrábamos en ejecutar nuestro plan, sería elegido al Senado de los Estados Unidos. Solo tres cosas podrían descarrilarnos: un verdadero escándalo, una metida de pata garrafal que alterara la contienda o una sorpresa de último minuto en octubre. Esquivamos las dos primeras, y escapamos a la última por un escaso margen.

CAPÍTULO 37

El final del viaje

L A GRAN SORPRESA DE PRINCIPIOS DE OCTUBRE NO FUE
que lleváramos la delantera, sino que Kendrick Meek lograra sobrepasar a Charlie Crist y desplazarlo del segundo puesto. Su victoria en las elecciones primarias y unos cuantos anuncios de televisión efectivos le habían dado un impulso que, ahora, además de ser evidente en las encuestas públicas, nuestra propia encuesta de seguimiento también confirmaba. Fueron noticias muy alentadoras para él y aun mejores para nosotros.

La única manera de que Charlie pudiera ganar las elecciones era que el apoyo a Kendrick se desmoronara o que de algún modo fuera persuadido de abandonar la contienda. En las encuestas no había evidencia de que se estuviera hundiendo. Por el contrario. Pero sabíamos que necesitaría recaudar más dinero para seguir al aire; y para poder recaudarlo, su desempeño en los debates tendría que ser de alto rendimiento. Habíamos concertado seis debates televisados durante el otoño, porque lo mantendrían a la luz pública y recordarían a los votantes demócratas que en la contienda participaba un verdadero demócrata.

El siguiente debate estaba programado para el 6 de octubre. Llevando la ventaja, esperaba recibir ataques tanto de Crist como de Kendrick. La campaña de Crist disparó la primera descarga el día anterior al debate, cuando lanzaron un anuncio de televisión que atacaba mi posición respecto al Social Security. Los observadores políticos opinaban que yo mismo me había puesto al descubierto cuando planteé honestamente mi punto de vista sobre el tema en el debate de Fox News; y sabía que posiblemente tenían razón. Al Social Security y el Medicare no les llaman el tercer riel de la política porque a los votantes no les interesen esos programas. Hasta los votantes conservadores experimentan cierta aprensión cuando un candidato habla de cambios en el Social Security o en Medicare.

Sabíamos que el ataque se avecinaba y semanas antes habíamos grabado un anuncio para refutarlo. Mi instinto me pedía sacar nuestra respuesta de inmediato en los mismos mercados que estaba saliendo el anuncio de Crist. Pero para hacerlo tendríamos que sacar del aire un anuncio muy efectivo que aún no había cumplido su ciclo. "*Burn in*" o "fijar", en terminología de asesores, es el número de veces que los espectadores deben ver un anuncio para poder recordarlo. La tasa mínima de *burn in* es de mil puntos de índice de audiencia total, lo que significa que los espectadores verán el anuncio un promedio de diez veces. Si reemplazábamos ese anuncio con la respuesta del tema del Social Security, habríamos perdido el dinero de ese anuncio pues los espectadores no la habrían visto suficientes veces como para recordarlo. Afortunadamente, no teníamos que basarnos en mis instintos para tomar la decisión. Siempre monitoreábamos muy de cerca nuestras encuestas de seguimiento para saber si Crist nos estaba perjudicando, y no notamos cambio alguno en nuestras cifras durante las tres primeras noches; de hecho, después de seis noches habíamos mejorado ligeramente entre las personas de la tercera edad. Entonces dejamos que nuestro anuncio de ese momento siguiera su curso y, para mayor seguridad, una vez cumplido su tiempo lanzamos al aire el anuncio del Seguro Social durante unos cuantos días.

Hicimos público el total de nuestra recaudación de fondos del trimestre antes del debate. Habíamos recaudado $5 millones en el tercer trimestre; una cifra como para dejar boquiabierto a todo el mundo. Si un año atrás alguien hubiese sugerido que recaudaríamos esa cantidad durante el año 2010, yo habría pensado que estaba loco. Pero nuestros pequeños donantes continuaban contribuyendo una y otra vez. Los comités de acción política de Washington que previamente le habían donado a Crist, ahora nos estaban donando a nosotros. Y nuestros eventos de recaudación de fondos en la Florida ahora estaban a la par de los eventos más grandes de candidatos en todo el país.

El debate se realizó en la filial de ABC en Orlando, y George Stephanopoulos fue el moderador. Tuvo un inicio animado, con Crist empeñado en asestar golpes con frases muy bien ensayadas. Dijo que yo no estaba tomando mucho Kool Aid, que estaba "tomando mucho té", en una clara alusión a mis vínculos con el movimiento Tea Party. Pero la sorpresa de la noche para la mayoría de los observadores fue Kendrick Meek, que, a pesar de ir a la zaga en las encuestas y estar corto de dinero, hizo gala de gran vigor y concentración durante todo el debate.

Me enfrentó valientemente. Más que todo, criticó mi oposición al proyecto de ley de asistencia médica del presidente. Yo contraataqué calificándolo de un fracaso monumental. Cuando terminamos nuestro intercambio, Crist nos señaló como el ejemplo perfecto del tipo de forcejeo partidista que él deseaba cambiar.

De algún modo Crist se las había arreglado para quedar sentado al centro, a mi izquierda, y a la derecha de Meek. Era toda una metáfora visual de la posición que él deseaba ocupar en la contienda. Y yo esperaba que dijera algo así como, "Marco está a mi derecha y Kendrick a mi izquierda, y yo estoy justo en el medio, donde la mayoría de los floridanos están". Pero para sorpresa mía, esa fue una oportunidad que nunca aprovechó.

Kendrick le lanzó unos buenos dardos a Charlie, pero en su mayor parte, el debate se redujo a una confrontación entre un vigorizado Kendrick y yo, lo que nos gustó a ambos. Pienso que yo lo hice bien, pero lo mejor de la noche fue que Kendrick lo hiciera muy bien. Cuanto mejor lo hacía él, más contentos estábamos nosotros. Yo lo ataqué por ser un sistemático demócrata liberal de izquierda. Para algunos observadores aquello sonó como el estereotipo de un ataque partidista. Pero ese ataque tenía un propósito: agrupar a los demócratas en defensa de Kendrick. No hay nada que motive más a las bases de cualquier partido que ver a uno de los suyos siendo atacado por el bando contrario. Cuanto más lo atacara yo, más demócratas votantes lo considerarían su hombre.

Después del debate empezamos una gira de tres días en autobús, y Jeanette y los niños me acompañaron. También vino mi madre, que había tenido un mes muy duro tratando de acostumbrarse a la vida sin mi padre, y pensamos que el viaje le haría bien. A ella le gustaban las multitudes y la energía de la campaña. Y yo disfrutaba tenerla conmigo.

Jeanette, los niños y mi madre abordaron el autobús inmediatamente después del debate mientras yo daba algunas entrevistas. Cuando me uní a ellos, encontré a mi madre llorando calladamente. Uno de los niños había tomado mi iPad, que yo había dejado en el autobús. Mi protector de pantalla era una fotografía de mi padre, mamá la había visto y se le habían salido las lágrimas. Le dije que esa foto servía para recordarnos que él todavía estaba con nosotros, acompañándonos en la gira, justo donde habría querido estar si aún viviera.

Los días que siguieron se encuentran entre los recuerdos más agradables de la campaña. Las multitudes fueron grandes y los eventos bien organizados. Pude presentarles mi esposa y mis hijos a miles de personas que me habían dado su apoyo durante tantos meses, y mi familia pudo participar de la emoción de la campaña. Mi madre lloró en cada evento. En uno de ellos tuvimos lo que se conoce como *heckler*, un provocador que interrumpe al orador, en esta ocasión fue un libertario que se sentía molesto conmigo por algo. Estaba lejos de la tarima, pero tenía un megáfono con el que me impedía hacerme escuchar bien. Mi madre lloró porque el *heckler* perturbó el desarrollo del evento.

En un mitin cerca a The Villages, hacia el norte y centro de la Florida, nos recibió una gran multitud. Mi madre lloró porque no podía creer que tanta gente se hubiera movilizado para venir a ver a su hijo. Y en cada evento, yo hablaba de cómo mis padres me habían inspirado y moldeado mi carácter y mis creencias. Mi madre lloraba cada vez que los mencionaba a ellos. No podía entender cómo era que su vida tranquila, anónima e itinerante, podría inspirar a alguien. Ella solo había querido que tuviéramos mejores oportunidades que las que ella misma tuvo. Por eso fue que mis padres vinieron a los Estados Unidos; por eso fue que se mudaron a Las Vegas; por eso fue que trabajaron hasta después de haber cumplido sus setenta años.

Ahora, ella estaba viendo con sus propios ojos la importancia y la escala de esta campaña. Esta no era una contienda por la comisión municipal de West Miami. Era una contienda de alto nivel en uno de los estados más grandes de la nación más importante del mundo. Este era su hijo, a punto de lograr algo que ellos dos ni siquiera habían soñado que yo pudiera hacer. Más tarde, me dijo lo dichoso que se habría sentido mi padre de haberlo presenciado, y cuán orgulloso había estado de mí antes de morir. Si no hubiera estado tan cansado, mi madre me habría hecho llorar.

Ya la contienda había entrado en su última fase. La gente estaba enviando sus votos por correspondencia y la votación temprana comenzaría en menos de dos semanas. Cada día que pasaba se daban a conocer nuevas encuestas que confirmaban mi ventaja. Y cada una de ellas era un recordatorio para mis oponentes de que el tiempo se estaba acabando. La historia política de los Estados Unidos está llena de emocionantes relatos de victorias de última hora o de último momento. Pero hoy en día, cuando casi la mitad de los electores vota antes del día de la elección, las probabilidades de que algo así suceda, por lo menos en la Florida, son menores.

Yo era consciente de todo eso. Nuestras propias encuestas nos daban una ventaja mayor que la que mostraban las encuestas públicas. Heath Thompson, mi asesor, conocido no precisamente por su optimismo, me advertía a diario que las encuestas tendían a ser más reñidas en los últimos días; y cada día yo me preparaba para eso. Pero a mediados de octubre aún no había ocurrido. Lo que para mí había sido claro desde finales de septiembre ahora lo era para la campaña de Crist. La contienda se volvería más competitiva solo si yo cometía un error garrafal o si la campaña de Kendrick Meek fracasaba.

Todavía quedaban cuatro debates programados y en cada uno de ellos uno corría el riesgo de lesionarse. Empecé a cuestionar a mis asesores acerca de la conveniencia de concertar tantos debates si íbamos tan adelante en las encuestas, y ellos me recordaron que los debates ayudaban a mantener a Kendrick a flote. Comprendía eso, pero de todos modos quería salirme de por lo menos uno de los debates. Lo único que estábamos haciendo, les alegaba, era darle a mis oponentes un foro abierto para que me atacaran. Por último, Jeanette se aburrió de que me quejara tanto y me dijo que me aguantara y siguiera con el plan.

Un error espontáneo de mi parte no podría ser controlado por la campaña de Crist. Pero ellos sí podían tratar de sacar a Meek de la contienda. Para mediados de octubre, la prensa empezó a rumorear que Crist y Meek estaban negociando. Nada en el historial o la personalidad de Kendrick me llevaba a creer que estuviera contemplando seriamente la posibilidad de retirarse de la campaña. Lo que había visto en diez años de lidiar con él, me decía que retirarse no estaba en su ADN. Pero las habladurías aumentaban y habían cobrado más fuerza, y nosotros empezamos a preocuparnos de que, después de todo, Crist se las arreglara para convertir la contienda en una de solo dos candidatos.

La campaña de Crist empezó a difundir agresivamente que yo era un radical alejado de la línea central y que cada voto por Meek sería un voto a mi favor. Consiguieron unos activistas demócratas e incluso unos cuantos voluntarios de Meek para que plantearan lo mismo al *Times* y al *Herald*. Crist se reunió con un influyente club demócrata de Palm Beach, que le solicitó formalmente a Meek dejar la contienda. Ellos habían planeado tenderle una emboscada a Kendrick para instarlo a retirarse en una reunión que programaron con él, pero Kendrick se dio cuenta de que algo tramaban y la canceló. El 13 de octubre, el departamento político del *Times* y el *Herald* reportó una creciente especulación al respecto, detallando minuciosamente los efectos desestabilizadores que el retiro de Meek ejercería sobre la contienda.

Estoy convencido de que la tentación de volverse demasiado cauto cuando se lleva la delantera, es algo inherente al cerebro humano. Lo había visto muchas veces en los partidos de fútbol americano. Pero, como dice el viejo adagio, "lo único que un defensa previene es la victoria". Por mucho que yo quisiera cancelar los debates, no tenía intenciones de montar ninguna defensa preventiva: estaba decidido a luchar con garra.

Crist llevó toda su artillería a nuestro debate del 15 de octubre. Planteó muchas de las mismas acusaciones que llevaba meses haciendo, y siguió presentándose como un centrista razonable que competía contra un demócrata liberal y un "extremista" de derecha. Yo estaba listo para eso y contraataqué con lo que había preparado días antes.

> Francamente, gobernador, esa idea de que se cambió a independiente porque usted es del centro y busca mejorar este país es un cuento de hadas que solamente usted se cree. Está compitiendo como independiente no porque haya tomado una posición sobre los problemas; está compitiendo como independiente porque creyó en una encuesta.

En un ataque imprevisto, Crist citó a un periódico local hispano de tendencias izquierdistas para afirmar que yo le había dado la espalda a mi "familia hispana". Aproveché ese ataque para volver a contar la historia de mi propia familia.

Todos estamos ya acostumbrados a una política escabrosa, pero resulta... ofensivo e indignante que usted diga que le he dado la espalda a mi familia hispana. Quiero contarle de mi propia familia. Mi familia trabajó muy duro para que yo tuviera las oportunidades que ellos no tuvieron. Mi padre trabajó treinta, cuarenta, sesenta y hasta setenta horas a la semana como barman. Mi madre fue cajera, empleada de una tienda.

También trajo a cuento lo del Social Security, pero igual me las arreglé para revertir ese ataque. Lo califiqué de vergonzoso. "Usted sabe que mi madre se beneficia del Social Security, usted la conoce. Y sabe por qué digo que eso es vergonzoso, gobernador. Usted ni siquiera puede mirarme a los ojos mientras le digo todo esto". En otro año y con otro contrincante, el ataque habría podido herirme. Pero en el 2010, cuando los votantes estaban preocupados por la agenda del presidente Obama, Crist, que había cambiado su posición acerca de tantos temas, ya carecía de toda credibilidad como para atacar la mía.

Me sentí muy bien con mi presentación, aunque me preocupaba un poco haberme acalorado demasiado en mis intercambios con Charlie. Sin embargo, la respuesta más drástica del debate no había sido la mía, sino la de Kendrick: "No abandonaré esta contienda por ningún motivo", insistió cuando le preguntaron directamente por sus intenciones. "He sido nominado por los demócratas del Estado de la Florida. Estoy en esta contienda para competir por ser su próximo Senador de los Estados Unidos. Y no, no estoy compitiendo por el segundo lugar". Era exactamente lo que yo esperaba que dijera.

Nuestro siguiente debate estaba programado para unos días después. El día anterior al del debate, el presidente Clinton apareció en un mitin apoyando a Kendrick, donde encomió sus virtudes y sus probabilidades de ganar las elecciones. Tras bastidores, sin embargo, tal vez su mensaje había sido muy diferente. Diez días más tarde, apareció en *Político* una detallada reseña de los esfuerzos de Clinton por persuadir a Kendrick de que dejara la contienda y respaldara a Charlie. Valiéndose de su principal asesor floridano, Doug Band, como intermediario, Clinton afirmó que Kendrick podría ser un héroe para el Partido Demócrata, que le agradecería haber evitado mi elección al Senado al dejarle libre el campo a Crist. Si la reseña era cierta, habíamos estado peligrosamente cerca de una auténtica sorpresa. En un artículo en el *Wall Street Journal*, Stephen Moore también reportó que Meek estaba a punto de retirarse y todas esas especulaciones empezaron a alarmarnos.

Kendrick admitió más adelante que Clinton había discutido el tema con él, pero negó que hubiera accedido a retirarse. Sin embargo, las fuentes de *Político* insistieron en que sí lo había hecho. Dijeron que hasta se había fijado una fecha para hacer el anuncio de su retiro, el 26 de octubre, a la que Kendrick habría accedido en dos oportunidades. El trato se había deshecho solo después de que la esposa de Kendrick insistiera en que él todavía tenía oportunidad de ganar.

No sé qué tan cerca de retirarse pudo haber estado Kendrick. De haberlo hecho, nadie lo habría culpado. Yo mismo había sido una vez el candidato sin probabilidad alguna de ganar, considerado como un impedimento para los planes que mi partido tenía de conservar el puesto de Mel Martínez en el Senado. Recordé lo desanimado que estuve en el verano de 2009; lo difícil que había sido levantarme en las mañanas y hacer campaña por una nominación que no tenía posibilidades de ganar; lo cerca que estuve de retirarme. Kendrick estaba trabajando mucho, quizás mucho más de lo que yo había trabajado, y tenía poco que mostrar. Se había quedado sin dinero y no tenía anuncios de televisión en el aire o encuestas que lo alentaran. Carecía de un camino realista para llegar al triunfo.

Kendrick Meek despertó en mí un enorme respeto en las últimas semanas de la campaña. Recordé que a menudo había sido el mejor candidato en nuestros debates. A pesar de las escasas probabilidades que tenía, nunca perdió el ánimo y luchó con uñas y dientes. Nunca estaba de acuerdo con él en muchos temas, pero de algo estoy seguro: Kendrick Meek demostró ser un hombre de carácter y digno.

Creo que yo habría ganado de todas maneras aunque Kendrick se hubiera retirado de la contienda. En caso de que lo hiciera, teníamos unos anuncios listos para sacar al aire en los que habríamos esgrimido el convincente argumento de que el respaldo de Kendrick a Crist era un ejemplo de los tratos encubiertos que estaban arruinando la política americana. Pienso que su retiro habría racionalizado aun más mi mensaje y habría generado ganancias en nuestra recaudación de dinero. Para entonces, muchos miles de votos habrían sido depositados y creo que habríamos resistido hasta ganar. Pero todo eso habría convertido la contienda en otra mucho más reñida y habría sido un drástico giro final en una batalla que había dado más sorpresas de la cuenta.

En medio de todas estas especulaciones, Kendrick ofreció otra fogosa presentación en el debate del 16 de octubre. Crist me lanzó los mismos ataques de siempre, y agregó uno nuevo, afirmando que yo había cambiado mi posición acerca de la legislación sobre seguros de lesión corporal después de que la madre de mi vecino, un quiropráctico, compró nuestra antigua casa. El ataque fracasó, primero, porque era una exageración obvia; y segundo, porque la prensa ya había investigado esa acusación y no había encontrado evidencia que la respaldara. Por último, hacia el final de la campaña, después de todos sus cambios de orientación y reinvenciones políticas, Crist ya carecía de credibilidad suficiente entre los votantes para que prosperara cualquier ataque. Siguió llamándome extremista, pero esa acusación cayó en oídos sordos. Los votantes ya me conocían. La mejor decisión que tomé fue presentar a los electores mi historia personal antes de que Crist pudiera transformarme en alguien que yo no era. Ellos habían escuchado la historia de mi familia muchas veces y de mi propia voz, cuando mirando a la cámara les había contado quién me había hecho el hombre que soy.

Iba a la delantera, cómodamente. Contábamos con más dinero y con una mejor organización. A esas alturas, ya era muy poco probable que nada de lo que Charlie o yo mismo dijéramos cambiara el resultado. No necesitaba asestar un *knock-out* en nuestro próximo debate. Pero de todas maneras lo hice.

Nuestro quinto debate empezó en la mañana del 24 de octubre y fue una especie de juego en casa para Crist. El debate era patrocinado conjuntamente por CNN y el *St. Petersburg Times*, y se realizó en el campus de la Universidad del Sur de la Florida (University of South Florida) en Tampa, territorio de Charlie Crist. Lo moderadora sería Candy Crowley, de CNN, y como Adam Smith del *Times* también estaba en el panel, esperábamos que una vez más se me preguntara por la tarjeta American Express y mi historial de gastos.

Teníamos una buena cantidad de partidarios en la audiencia, pero Crist tenía muchos más y lo animaban con entusiasmo. El debate tenía todas las trazas de ser una batalla decisiva, y el lenguaje corporal de Crist sugería que algo se traía entre manos. Yo me sentía inquieto.

Crist estuvo muy agresivo a lo largo del debate; tal vez demasiado. Me interrumpió repetidas veces. Usó todo su tiempo y parte del mío para formular acusaciones burdas contra mi carácter. El debate llegaba a sus minutos finales, y yo estaba tratando de responder a una pregunta de Candy cuando Crist me interrumpió una vez más y trató de incluir todos sus ataques en un solo intercambio. La mejor reproducción del intercambio está en la transcripción del debate:

Crowley: Sr. Rubio, ¿ve usted al Sr. Crist como una persona capaz de cambiar el juego cuando tiene que hacerlo y se considera usted un ideólogo, o cómo usted...?

Rubio: Bueno, son dos preguntas distintas... Él cambia de posición sobre los temas porque quiere ganar la elección. Quiero decir que esto ha sido documentado por el *St. Petersburg Times*, el diario para el que trabaja Adam...

Crist: Es muy falso e injusto de su parte interpretar lo que está en mi corazón.

Rubio: Puedo terminar la... Existe un artículo. No lo escribí yo. El artículo salió en el *St. Petersburg Times*, y decía, básicamente, que el día en que cambió de partido, él estaba sentado a la mesa frente a un reportero...

Crist: Bueno, hablemos de otro artículo que salió en el *St. Petersburg Times*...

Rubio: y tomó el teléfono...

Crist: acerca del trabajo que usted consiguió...

(Voces cruzadas)

Rubio: y llamó al encuestador, y el encuestador le dijo que usted tenía una mejor oportunidad para postularse como independiente.

Crist: Usted negoció dinero de impuestos para obtener dos empleos en una universidad y un hospital...

Rubio: Puedo yo... Puedo yo...

Crist: al canalizar millones de dólares para...

Rubio: Eso es categóricamente falso...

(Voces cruzadas)

Crist: Si la gente en casa gana $165.000; yo no, y soy el gobernador de la Florida. Pero él intercambió dinero para lograrlo. Eso también salió en el *St. Petersburg Times.*

(Voces cruzadas)

Rubio: Esa es una acusación falsa. Y no solo es que sea falsa, es que esa acusación ha sido una tendencia en esta campaña. Cada vez que tenemos la oportunidad de discutir los problemas reales, el gobernador pretende convertirlos en cualquier otra cosa porque está equivocado al respecto.

(Voces cruzadas)

Crist: ¿Por qué no hace públicos los estados de cuenta de su tarjeta de crédito del RPOF (*Republican Party of Florida*) y deja esto en claro?

Rubio: Respecto al punto del ideólogo, desde hoy, he sido...

Crist: ¿Y por qué existe una investigación federal de su reporte de ingresos?

Rubio: Esto es solo una letanía de falsedades una tras otra.

Crowley: Bueno, por qué usted —quizás él le permita— por qué usted, puede usted responder esta pregunta y luego nosotros...

Crist: en todo el estado de la Florida durante el año pasado.

Mencionada la tarjeta American Express, saltó Adam Smith:

Smith: ¿Por qué no dar a conocer todos los registros del IRS, todos los extractos correspondientes a lo que usted cargó en la tarjeta?

Rubio: Adam, esas preguntas ya quedaron respondidas desde el mes de febrero. Mis declaraciones de impuestos son públicas. He hecho más que revelarlas. Aquí lo esencial es que quieren concentrarse en estos temas porque no reconocen los que son realmente importantes. Este país tiene una deuda de $13,5 billones.

Crist: No quiere darlos a conocer porque no cree en la transparencia. Yo creé la Office of Open Government en el despacho del gobernador por primera vez en la historia de nuestro estado.

Eso me llenó la taza, ya había tenido suficiente y se me salió una frase que no había ni ensayado ni preparado:

Rubio: Nunca había tenido un *heckler* junto a mí en un debate. Siempre habían estado en la audiencia.

Al oír la lo del *heckler*, el panel, la audiencia, e incluso Kendrick, soltaron una carcajada. Crist daba la impresión de que todas sus frustraciones con la campaña hubieran estallado.

En medio de la risa generalizada, Crist trató de recuperarse, diciendo algo que ya me había dicho en la primavera, cuando me quejé de sus ataques.

Crist: Así es que es la cosa. Bienvenido a la NFL.

Finalmente se fueron apagando las risas y Adam intervino:

Smith: Siga. Déjelo terminar.

Me reanimé y volví de nuevo a lo que realmente se disputaba en la contienda:

Rubio: Mis disculpas. Quiero decir, ya he tenido este *heckler* en acción por dos minutos. Esto es lo que me gustaría decirles sobre la ideología y todo lo demás; ahora ese es un punto de conversación nacional que los demócratas han adoptado en todo el país.

Pero la realidad es esta: ahora he recibido el respaldo de los consejos editoriales de seis diferentes diarios importantes de la Florida, que no son exactamente lugares en los cuales los conservadores acostumbran pasar tiempo.

La razón por la cual me están apoyando es porque soy el único candidato en esta contienda que está proponiendo respuestas serias a los graves problemas que afrontan los Estados Unidos; y, a fin de cuentas, de eso es que se trata esta contienda.

No se trata de usted, gobernador. No se trata de su habilidad para pronunciar las frases que se ha pasado semanas ensayando. No se trata de usted, congresista. Y tampoco se trata de mí.

Crist: Se trata...

Rubio: Esta elección se trata de la gente que está viendo a este país avanzar en un rumbo equivocado, la gente que entiende que, si seguimos haciendo lo mismo que ahora, seremos los primeros estadouniderses en la historia que no tengamos ningún legado para nuestros hijos. De eso es que se trata esta elección. Yo esperaba que este debate se tratara de eso. Y espero que de eso se traten los próximos ocho días.

El debate finalizó pocos minutos después, y Crist abandonó el lugar rápidamente. La contienda había terminado y en ese salón todo el mundo lo sabía. Mientras lo miraba salir, por primera vez en mucho tiempo, me compadecí de él. Crist amaba la política. Yo sabía la decepción tan grande que sería para él encontrarse fuera de un cargo público, sin quererlo, después de haber sido objeto de tanta aclamación hacía apenas un año. Sabía que sus padres estaban en la audiencia. Seguramente ellos estaban tan orgullosos de él como los míos lo estaban de mí y me dolió pensar en su aflicción por la derrota de su hijo.

El último debate tuvo lugar pocos días después y fue moderado por David Gregory de NBC. Comparado con el debate anterior, transcurrió prácticamente sin incidentes. Kendrick lucía cansado, con toda razón. Yo estaba exhausto, pero tenía el aliciente de saber que iba a ganar. No me explico cómo él seguía adelante en su arduo camino, pero lo hizo. Lo hizo hasta el fin y lo respeto por eso. Charlie lucía alicaído, como si finalmente se hubiera resignado a perder. Me atacó varias veces, pero en forma menos agresiva. Se me ocurre que no quería que los votantes guardaran de él la imagen de un político negativo y furioso. Charlie siempre había sido encantador en su manera de ser, un político agradable y sagaz, que amaba el oficio con el que se ganaba la vida. Eso también lo respeto. Y creo que él quería que los electores lo recordaran así.

Habíamos terminado el último de seis debates. Cinco de ellos bastante movidos. Había hecho campaña durante un año y medio, en una contienda con más enredos de los que jamás habría creído posible. Había experimentado todas las emociones; me había sentido desalentado y furioso, emocionado y orgulloso; me había sentido desafiante y avergonzado; entristecido y feliz. Y ahora, me sentía cansado y estaba listo para que se acabara.

El día siguiente al último debate abordamos nuestro autobús de campaña para hacer el trayecto final de nuestra gira por todo el estado. Las multitudes ahora eran más grandes aun, igual que su entusiasmo. Cualquier cosa podría pasar, me recordé a mí mismo, pero era difícil encontrar algo que lo desanimara a uno. Las cifras de la votación temprana y del voto por correspondencia mostraban signos claros de una oleada republicana. Nuestras anuncios televisivos estaban siendo muy bien recibidos. Nuestras encuestas internas me daban una ventaja sólida y estable. Y en cada parada que hacíamos, la gente traía a cuento la frase del *heckler*. Ni siquiera Heath Thompson, nuestro eterno pesimista, había podido encontrar nada que despertara su negativismo.

Todavía no había ganado, pero en las noches, después de los eventos del día, me permitía reflexionar un poco sobre mi viaje. Reflexionaba no solo sobre la campaña que se acercaba a su fin, sino sobre toda mi vida y sobre la familia que había hecho este viaje posible. Se nos aconseja ser humildes en los momentos de triunfo. Toda gloria mundana es efímera, enseña la antigua máxima romana. Solo tenía que recordar la historia de mi familia para sentirme humilde.

Cincuenta años atrás, mis padres habían llegado a los Estados Unidos sin nada. Eran más jóvenes que yo en este momento y no tenían ninguna de mis ventajas. No hablaban el idioma. No tenían una educación formal. No tenían conexiones que los ayudaran a establecerse en su país.

La vida de mi abuelo había sido aun más difícil. Llegó al límite de su capacidad física para poder alimentar a su esposa e hijas, y tuvo que dejar el país que tanto amaba y cuya historia vivía como algo muy propio.

Recordaba mis comienzos, lo duro que fue sentirme angustiado por mis finanzas y porque mi familia debía vivir mes a mes. Durante mucho tiempo, mis padres vivieron semana a semana. Siempre preocupados de que no pudieran darles a sus hijos la oportunidad de tener una vida mejor. Mi abuelo había vivido día a día sin saber si podría pagar la próxima comida de su familia. Todos ellos habían tenido sueños alguna vez. Todos los jóvenes tienen sueños. Pero sus vidas no fueron lo que habían soñado. Ellos trabajaron para sobrevivir apenas y mantener a sus hijos seguros y bien provistos.

¿Cuáles habían sido mis adversidades? Malas encuestas; recaudaciones escasas; preguntas embarazosas sobre mis finanzas, mi tarjeta American Express, la venta de mi casa. Mi padre había experimentado la humillación de ver fracasar sus negocios. Había conocido el temor que se siente al perder de improviso un empleo. Había protestado en una huelga, viendo desaparecer sus pocos ahorros hasta tener que volver al trabajo con tal de alimentar a sus hijos, y solo para escucharme insultarlo por haberse dado por vencido. Mi abuelo había sufrido pérdidas que yo jamás experimentaría y había experimentado la angustia de ver que le negaran un trabajo por ser discapacitado.

Si yo fracasaba, habría perdido una elección, pero todavía podía ganarme bien la vida; aún tendría un futuro. Si mi padre y mi madre fracasaban, no había cómo pagar el alquiler. Si mi abuelo fracasaba, sus hijas no comerían. Pero el alquiler siempre se pudo pagar. Y mi madre y sus hermanas jamás se fueron a la cama con hambre, aun cuando sus padres sí lo hicieron muchas veces.

Dos generaciones de mi familia habían luchado, sufrido y sobrevivido. Juraron que sus hijos y nietos jamás tendrían que tomar las decisiones que ellos se habían visto forzados a tomar aceptando una realidad que les negaba sus sueños. Mis padres no habían tenido ninguna aspiración específica para mí. Querían que fuera feliz y que hiciera cualquier cosa en la cual me empeñara. Y ahora yo lo había hecho. Había tomado la oportunidad que ellos me habían dado y estaba a punto de ganar un importante cargo público. Sería aclamado públicamente por mi triunfo, pero yo sabía quiénes merecían en realidad ese crédito. Soy el hijo de inmigrantes, exiliados de un país en problemas. Ellos me dieron todo lo que estuvo a su alcance. Soy la prueba de que sus vidas sí importaron; de que su existencia tuvo un propósito.

En las últimas noches de una larga campaña, recordé dónde había empezado mi viaje. Empezó hace mucho tiempo, en las privaciones y luchas de gente común y corriente llena de una extraordinaria fortaleza, coraje y amor, en una isla que nunca he visitado.

¿Por qué mis sueños se habían hecho realidad? Porque Dios me bendijo con una familia y unos padres fuertes y estables que alimentaron mis sueños más que los suyos propios, y con una esposa amorosa y sensata que me apoya. Y me bendijo también con los Estados Unidos, el único país del mundo donde sueños como el mío pueden hacerse realidad.

CAPÍTULO 38

El Senador Junior de la Florida

L AS SEMANAS SIGUIENTES A LAS ELECCIONES FUERON DE gran actividad. Tuve que cerrar mi bufete, montar mis oficinas del Senado y organizar mis asuntos privados. Necesitaba salir de la escena nacional por un tiempo; así que dimos una conferencia de prensa el día después de las elecciones, y luego nos retiramos del aire. Todavía di algunas entrevistas ocasionales a la prensa de la Florida, pero decidimos declinar todas las solicitudes de medios de comunicación nacionales durante unos meses.

Cada organización a la cual he pertenecido desarrolla una cultura que refleja la personalidad y las prioridades de quien quiera que la presida. Si hubiera empezado mi carrera en el Senado concentrando mi atención en las oportunidades de prensa, mi personal concluiría que la mayor prioridad de nuestra oficina era mantenerme en el plano nacional. No quería crear una mala impresión en mis nuevos colaboradores.

Durante el tiempo que serví como presidente de la Cámara había aprendido que a menudo las decisiones que se toman en los primeros días después de que se obtiene un cargo, lo persiguen a uno durante todo el tiempo que uno permanezca en ese cargo. Con gran cuidado me aseguré de tomar las decisiones correctas. Nuestra primera prioridad era poner de relieve los servicios a los electores, nuestras operaciones telefónicas y de correo, los procedimientos para el trabajo de asistencia social individualizada, e identificar el personal que conservaríamos y el nuevo personal que contrataríamos para nuestras oficinas de la Florida. Quería que nuestro servicio a los electores funcionara debidamente desde mi primer día en el cargo.

Me propuse conformar un fuerte y experimentado equipo político en mi oficina de Washington que me ayudaría a identificar los problemas que surgieran y tomar parte en los debates nacionales de forma constructiva. También quería dejar espacio libre para colaboradores más jóvenes, menos experimentados pero muy entusiastas, que formaran parte de un sólido equipo, para que esos jóvenes adquirieran experiencia y capacitación. Así, a medida que en los próximos años colaboradores más antiguos avanzaran en su propio camino, yo haría las promociones necesarias desde el interior de mi propia organización.

Ese año, las celebraciones del Día de Acción de Gracias y las de Navidad fueron agridulces. Durante casi dos años, nuestras vidas habían girado alrededor de mi campaña. Ahora tenía una oportunidad de relajarme y celebrar distanciado de la campaña. Participé en dos torneos de *flag football*. Nuestro equipo terminó de primero y de segundo respectivamente. Disfruté de la compañía de familiares y amigos, y pasé más tiempo con mis hijos del que había podido dedicarles en muchos meses. Dejé de ser el padre distante y preocupado al que se habían acostumbrado; en esas vacaciones eso fue una bendición que agradecí especialmente.

Pero también fueron las primeras festividades sin mi padre. Cada Día de Acción de Gracias, mi padre decía lo mismo, "a mí el pavo no me llama la atención", queriendo decir que "realmente no me gusta mucho que digamos". Su observación se había convertido en un continuo chiste en la familia y a menudo yo lo repetía por burlarme un poco de él. Este Día de Acción de Gracias nadie bromeó con eso. En Navidad también rememoramos otras navidades felices cuando él aún estaba con nosotros. Recordé una Navidad, recién casados Jeanette y yo. Habíamos gastado buena parte de nuestros ahorros en la boda y la luna de miel. Era nuestra primera Navidad juntos y no teníamos con qué comprar un árbol y mucho menos adornos. Pero mi padre salvó esa festividad cuando, para deleite nuestro, una tarde se presentó en su pequeño Toyota Corolla con un árbol de Navidad atado al techo.

Antes de darme cuenta, llegó el momento de marcharnos a Washington para mi investidura bajo juramento. En la última semana de diciembre viajamos acompañados por la familia de Jeanette y la mía, y visitamos con ellos lugares emblemáticos de la capital de la nación. Guardo el recuerdo de una de esas visitas en particular.

El segundo día del nuevo año visitamos Mount Vernon. Para todos nosotros era la primera visita al hogar de George Washington. En algún momento de la visita, me quedé rezagado. Durante un minuto miré a nuestro grupo de lejos, todos riendo y hablando en español y en inglés. Lo primero que se me ocurrió pensar fue lo diferente que es mi familia, lo diferente que soy yo, de las personas que habitaron en algún momento de la historia ese lugar, y de los americanos que fundaron nuestra nación. Nosotros llegamos a este país o nuestros padres nos trajeron para acá desde Cuba y Colombia; pero luego caí en cuenta de que la historia de aquellos americanos y la nuestra son parecidas.

Nuestro idioma y costumbres obviamente son diferentes al idioma y costumbres de los padres fundadores de los Estados Unidos. Pero también somos hijos de soñadores, iguales a los americanos que soñaron con una nación en la que a todo el mundo se le considerara igual, y la hicieron realidad. Hicieron una nación en la cual se puede llegar a ser lo que uno quiera, dependiendo del trabajo y el talento que se tenga, independientemente de las circunstancias de nacimiento o estatus social y económico. Miré el pequeño grupo de mi familia y amigos, y observé que entre ellos no había ni un millonario ni un estudiante graduado de una universidad muy reconocida; y tampoco nadie que pudiera trazar su linaje hasta el Mayflower. En la mayoría de las sociedades, una familia como la mía no habría tenido las oportunidades que nosotros tuvimos. Podríamos haber sido empleados de la asamblea legislativa nacional, pero no habríamos visto a uno de los nuestros tomar asiento en ella. Sin embargo, aquí estábamos. Un grupo de latinoamericanos inmigrantes de clase trabajadora y sus hijos, que gozaba de un nivel de vida jamás conocido por nuestros padres y abuelos, con oportunidades que ellos tal vez soñaron pero nunca tuvieron. Éramos diferentes a los descendientes de la generación de George Washington. Pero encarnábamos todo lo que la generación fundadora de los Estados Unidos había deseado que el país fuera.

Pocos días después experimenté el mismo sentimiento en el capitolio. A la hora indicada, me dirigí por el pasillo central del Senado hasta donde el vicepresidente de los Estados Unidos me esperaba para tomar mi juramento. Miré a la galería buscando a Jeanette y los niños, pero no pude verlos. Así que por un momento dirigí la mirada al ornamentado cielo-rraso del Senado. Me pregunté cómo se habría sentido mi padre si ese día hubiera estado presente. ¿Habría recordado las trasnochadas detrás de un bar mientras, a sus setenta años, les contaba a todos los que quisieran oírlo que su hijo iba a ser abogado? ¿Habría pensado para sus adentros cuán lejos había llegado desde su desposeída y solitaria niñez? Espero que sí. Y espero también que hubiera reconocido que a él le debía el honor que en ese momento se me confería.

También me pregunté cómo se habría sentido mi abuelo. ¿Habría sentido que él también había hecho lo posible al plantar las semillas de mis sueños durante tantas tardes en nuestra terraza de Las Vegas? ¿Habría visto que cumplí la promesa que le hice en su lecho de muerte?

Bajé la mirada otra vez y me preparé para prestar juramento. No sabía si mi padre y mi abuelo me estaban mirando. ¿Será que Dios permite a nuestros seres queridos que están en la otra vida compartir nuestros triun-fos? ¿Se podrán ver desde el cielo la buenaventura y las vicisitudes de la familia que se ha dejado atrás? Tendré que esperar para saberlo. Mientras tanto, debo actuar como si siempre me estuvieran mirando y siempre les rindo y les rendiré cuenta a ellos.

El resto del día se fue en celebraciones y diversión. Representamos la toma de mi juramento con mi esposa y mis hijos en el salón del antiguo Senado para poder tener una fotografía de recuerdo. Tuvimos una recep-ción en el Hart Senate Office Building para amigos y seguidores que habían venido desde la Florida. Al otro día, todos iniciaron su regreso a casa, y ya en la noche solo quedamos Jeanette, los niños y yo. Lo que nos recordó que nuestra familia estaba iniciando una nueva vida, con nuevos retos y oportunidades.

CAPÍTULO 39

La vida en el Senado

L AS DOS PREGUNTAS QUE MÁS A MENUDO ME HACE LA
gente acerca de mi trabajo son "¿es lo que usted esperaba?" y "¿qué es lo
que más lo ha sorprendido?". Mi respuesta es la misma para ambas. La vida
como senador de los Estados Unidos se parece bastante a lo que yo esperaba
que fuera, y eso es lo que más me ha sorprendido.

Mis antecedentes como líder de una asamblea legislativa me prepararon bastante bien para mi experiencia en el Senado, aunque el lugar
ciertamente tiene unas cuantas características exclusivas. El Senado de los
Estados Unidos es uno de los pocos cuerpos legislativos, si no el único, en
el que una mayoría simple no consigue nada. Sin el consenso de cada uno
de los senadores, lo que se conoce como *"unanimous consent"* o "consenti-
miento unánime, incluso las tareas básicas, de rutina, pueden ser difíciles
de llevar a término. El *"morning business"* o "negocio de la mañana", por
ejemplo, es un período de tiempo al inicio de cada día, reservado para que
los senadores hablen de cualquier tema escogido por ellos. En la práctica,
sin embargo, los días de mucha y variada actividad, los senadores vienen
a la sala para tocar varios temas a lo largo del día. Para poder hacerlo, sin
embargo, deben obtener un "UC" o *unanimous consent* para hablar *as if in
morning business"* que significa "como en el negocio de la mañana". Usualmente, se trata solo de una solicitud rutinaria; el UC rara vez es denegado

si el Senado no está debatiendo algún proyecto de ley específico. Pero puede ser denegado con solo un senador que se oponga, por la razón que sea.

En un cuerpo legislativo de solo cien miembros, todo el mundo se conoce. Es más común que se enardezcan los ánimos en la Cámara de Representantes, que cuenta con cuatrocientos treinta y cinco diputados, muchos de los cuales jamás se han conocido y solo se encuentran con algunos de sus colegas en debates sobre legislaciones. Muchos de sus miembros no se conocen entre ellos y resulta más fácil tenerle aversión a un extraño. En el Senado, en cambio, no hay extraños; todos los caminos eventualmente se cruzan.

Cuando en el Senado se debate con los colegas, uno ya los ha visto, los conoce y, a menudo, hasta ha trabajado con ellos en alguna legislación. Además, siempre necesitará de su cooperación en el futuro, aunque solo sea para obtener un UC para alguna solicitud poco importante. Cuando los reflectores se apagan y las cámaras no están filmando, a pesar de sus diferencias políticas, los senadores interactúan y socializan unos con otros como lo hace la gente en cualquier parte. Hablan de sus familias, de deportes y de cosas comunes y corrientes de la vida diaria. Y, por supuesto, también se habla de trabajo. Los senadores siempre buscan unirse con uno o más miembros del partido contrario para presentar alguna legislación, puesto que las reglas del Senado impiden que la mayoría de las leyes sean aprobadas si no existe algún tipo de apoyo bipartidista.

Pero también hay otras motivaciones para la cooperación bipartidista. Primero, los propios electores de uno la aprecian. La mayoría de los americanos quiere ver a republicanos y demócratas trabajando juntos por el bien del país. También resulta refrescante poder liberarse de las usuales restricciones del partidismo y trabajar con colegas del otro bando. Incluso en los temas en los que no hay un acuerdo bipartidista, la mayoría de los senadores respetan los puntos de vista de la oposición, especialmente si esos puntos de vista descansan sobre principios y no sobre política.

Entablar con los colegas relaciones de mutuo respeto y cooperación para afrontar los retos del país es respetable y muy digno. Pero no debe hacerse a expensas de las convicciones que nos permitieron llegar al cargo. Hacer a un lado nuestras diferencias no significa que dejemos de lado nuestros principios. Mi campaña se desarrolló alrededor de un tema central: el país afrontaba retos enormes; las elecciones debían tratar sobre el rumbo

que había tomado el país; y, de ser elegido, jamás evadiría mi responsabilidad de defender los principios de un pueblo libre y de la gran nación que
ese pueblo construyó.

En mi primer año, se me pidió votar contra una regla que prohíbe
los *earmarks* —fondos asignados a proyectos no meritorios o de muy baja
prioridad para todos salvo unos pocos— que en el pasado han estado vin-
culados a la corrupción pública. Se me pidió votar por subir el límite de la
deuda y por presupuestos a muy corto plazo, lo que en lugar de solucionar
nuestros problemas, los evade. Rehusé hacerlo. Le prometí a la gente de la
Florida que trabajaría para encontrar soluciones correctas y de largo plazo
a los más grandes problemas de la nación, no que trabajaría para evadirlos
recurriendo a medidas provisionales y tratos encubiertos. Y me propongo
honrar mi promesa.

A pesar de los retos que enfrentan los Estados Unidos, no hay ninguna
nación con un futuro más brillante. La fuente fundamental de nuestra nación sigue siendo la misma, sus ciudadanos. Y aunque el gobierno y sus
líderes parezcan languidecer, el pueblo norteamericano no ha cambiado
ni un poquito. Seguimos siendo creativos, innovadores y tan ambiciosos
como siempre. Mientras lees estas palabras, el próximo invento de los Estados Unidos está tomando forma en algún lugar del país. Al final, los
Estados Unidos continuarán siendo un país maravilloso porque su gente
es maravillosa.

Si tengo una queja de mi primer año en el Senado es la falta de urgencia
en Washington para resolver los problemas que enfrentamos. Muchos en
el gobierno suponen que las deudas que afrontamos, nuestro sistema de
impuestos en decadencia y nuestras dificultades para hacer regulaciones
pueden esperar hasta las próximas elecciones. Pienso que mientras más
esperemos para resolver estos problemas, más difícil será la situación. Con
cada año que pasa, las soluciones se vuelven más dolorosas y más difíciles
de implementar. Tenía la esperanza de que mi primer año en el Senado for-
mara parte de un período histórico, en un momento en que nuestra nación
necesita líderes que tomen decisiones arriesgadas debido a las circunstancias presentes que vive el país, con el fin de asegurar nuestro futuro. En
cambio, algunas veces tengo la sensación de haberme unido a una compañía de teatro donde cada voto y cada declaración tiene un fin político.
Sin embargo, sigo creyendo con todo mi corazón que los Estados Unidos

enfrentarán los retos que enfrenta en este nuevo siglo. Siempre lo hemos logrado y lo lograremos de nuevo. Pero mientras más pronto lo hagamos, mejor.

En el plano personal, lo que te puede perjudicar en el Senado son las mismas cosas que te pueden perjudicar en cualquier puesto de trabajo: si pontificas sobre todos los temas que se debaten; si mientes o encubres tus intenciones; si no cumples tus promesas; si tratas de quedar bien haciendo que otro colega quede mal. Ese tipo de comportamiento te perjudicará aquí o en cualquier otro lugar.

Nada de lo anterior significa que el Senado sea un arquetipo de la comunidad bipartidista, aquí se ven jugadas partidistas todo el tiempo. Cuando un senador está *"in cycle"* o, en otras palabras, se ha postulado para reelección al finalizar las sesiones en el Congreso, el otro bando tratará de dificultar la campaña al máximo. Por ejemplo, mientras escribo esto en el año 2012, los senadores republicanos Scott Brown y Dean Heller ya se postularon para su reelección, y los líderes demócratas viven tratando de obligarlos a que realicen votos políticamente difíciles o negándoles oportunidades de mostrar su liderazgo en un tema que pueda contribuir a que sean reelegidos.

Sin embargo, la mayoría de las impresiones que tengo de mis colegas de ambos bandos son positivas. Encuentro que senadores con los que estoy en gran desacuerdo sobre algunos temas, son personas trabajadoras y decentes que han hecho su tarea y están bien informados, aunque sus conclusiones políticas a veces me dejen perplejo. Debatir con ellos es un privilegio, y también lo es trabajar a su lado en los temas en los que estamos de acuerdo.

En mi corto tiempo en el Senado, he conocido senadores que me han ofrecido amistad y consejo. Jim DeMint sigue siendo una fuente de sensatez e inspiración; Joe Lieberman me alentó a involucrarme en temas de política exterior y he viajado con él y con John McCain y Lindsey Graham, y me he beneficiado de todos sus años de experiencia en seguridad nacional. Esté de acuerdo o no con ellos, los tres son estadistas que anteponen la seguridad de nuestro país a cualquier otra cosa.

He disfrutado de la amistad de Frank Lautenberg, un demócrata de Nueva Jersey. Tenemos un amigo mutuo en la Florida, pero además, Frank se ha interesado en saber no solo cómo me he ido adaptando yo a la vida en el Senado sino cómo se las arregla mi familia con mis nuevas responsabilidades. No se escucha a menudo que los políticos se comporten en privado tan amablemente como la mayoría de la gente, pero la verdad es que sí lo hacen, y debo agradecer las bondades de Frank y de otros que han sido muy amables conmigo.

Chris Coons, un demócrata novato de Delaware, y yo hemos pasado horas luchando juntos por una legislación que redactamos, que incorpora ideas de ambos partidos para estimular el crecimiento del empleo en el sector privado. Aunque nuestros puntos de vista políticos son muy diferentes, ambos creemos que no solo es posible lograr un acuerdo sino que es necesario que trabajemos juntos para servir al público sin traicionar nuestros principios, y que no permitamos que el partidismo nos impida hacerlo.

También he conocido gente ajena al Senado que me ha impresionado mucho, y con quienes tal vez no habría tenido oportunidad de compartir si no fuera Senador. Conocí al Dalai Lama, hombre de una piedad inspiradora. Cené con Henry Kissinger y lo escuché como un estudiante analizar el mundo y sus problemas a lo largo de una erudita y entretenida conversación. También conocí a Bono en su calidad de defensor de los enfermos de SIDA. No me intimidan las estrellas. Pero debo reconocer que sí toma un tiempo sentirse cómodo compartiendo con personas que cuentan con un reconocimiento internacional.

También toma tiempo acostumbrarse al escrutinio de la prensa en Washington. Pensaba que en Tallahassee ya era bastante intenso, pero en Washington es de un nivel muy diferente. Los reporteros pululan cerca de los trenes que llevan a los senadores de sus oficinas al Capitolio y cerca de los ascensores que van al salón del Senado. En cualquier momento dado pueden hacer una pregunta sobre algo que uno no ha estudiado mucho o sobre lo cual no tiene preparada una respuesta. A veces parece un programa de juegos, en los que solo se tienen segundos para dar la respuesta correcta antes de que suene el timbre y usted pierda. Los senadores veteranos los ignoran sin problemas. He visto a algunos seguir de largo cuando un reportero les ha preguntado algo, como si éste no estuviera ahí. No he desarrollado esa habilidad todavía. Lo mejor que he podido hacer cuando no he tenido lista una respuesta es referirlos a mi oficina de prensa para concertar una entrevista.

He tenido experiencias con oponentes que en tiempos de contienda electoral se valen de los medios de comunicación para presentar bajo una luz negativa algo que ellos consideran pueda sacar a la luz la vulnerabilidad de una persona. Pero en Washington, ese tipo de acciones no está limitada a los años de elecciones. Son una dura realidad de la vida a la cual uno debe ajustarse de inmediato. Tan pronto llegué al Senado, algunos de los denominados "*birthers*" pusieron en duda mi nacionalidad. Porque ninguno de mis padres era ciudadano americano naturalizado cuando nací, ellos alegaban que yo no era un ciudadano nativo. Un activista llegó al extremo de buscar los registros de inmigración de mis padres y descubrió que ellos llegaron por primera vez a los Estados Unidos en 1956, antes de que Castro hubiera tomado el poder en Cuba. Ahí empezó el problema.

El día en que el *St. Petersburg Times* publicó el artículo, un reportero del *Washington Post* llamó a mi oficina. Se estaba preparando para publicar otro artículo que insinuaba que yo había adornado la historia de mi familia para beneficiarme políticamente. Apenas unas semanas antes, yo había descubierto que mis padres inmigraron en 1956, y en una entrevista con el *Miami Herald* había afirmado que ellos habían inmigrado antes de la revolución de 1959. Me proponía relatar detalles de su viaje en este libro. Pero de todas maneras me considero un hijo de exiliados cubanos. Mis padres sí llegaron a los Estados Unidos antes de que Castro tomara el poder, pero creyeron que podrían regresar a Cuba si las cosas allá mejoraban más adelante. Cuando la revolución se impuso y antes de que Castro se declarara comunista y se alineara abiertamente con la Unión Soviética, desalentados por sus circunstancias en los Estados Unidos, mis padres habían hecho planes de volver. Pero los miembros de su familia que vivían en Cuba les advirtieron de que Castro se estaba convirtiendo en un tirano y los instaron a regresar a los Estados Unidos permanentemente. Mi abuelo había vuelto a Cuba para quedarse allí el resto de su vida, pero la familia lo persuadió de que abandonara nuevamente la isla. Yo fui criado por unos padres que sufrieron el profundo dolor de haber perdido a su país, al cual no podían volver mientras Castro estuviera en el poder. Eso los hizo exiliados en su corazón y en el mío. Y esa es también la forma en que la comunidad cubana en el exilio, con raras excepciones, los considera también. Muchos cubanoamericanos me han dicho que nuestra historia los impulsó a investigar la de sus propias familias. A mí, por lo menos, me indujo a buscar todo lo que pudiera encontrar acerca de la experiencia vivida por mis padres. Conseguí el archivo de inmigración de mis padres completo, que incluye la investigación de antecedentes a la que se les sometió en Cuba, sus certificados de nacimiento, de matrimonio y otros documentos. A través de las páginas ya amarillentas de su carpeta y de sus viejos pasaportes, pude revivir la historia que ellos vivieron cuando eran más jóvenes, la historia de sus esperanzas y temores, la historia de sus sueños que ahora son los sueños de sus hijos.

Pensé que la historia del *Washington Post* se había excedido. Hacía aparecer que mis discursos y anuncios televisivos de la campaña habían estado llenos de recuentos de la forma en que mis padres habían escapado de Cuba temiendo por sus vidas mientras eran perseguidos por los esbirros de Castro. En realidad, lo único que yo había dicho es que mis padres eran exiliados cubanos que habían salido de su país, habían construido una vida mejor para sus hijos en los Estados Unidos. Habría afirmado lo mismo durante la campaña si en ese entonces yo hubiera sabido la fecha exacta de su inmigración: habría reconocido que llegaron en 1956, que habían querido regresar y no pudieron, y, a fin de cuentas, la suya es la historia de muchos exiliados. Ellos perdieron su país.

De todo el escrutinio que he experimentado por parte de los medios de comunicación durante mi primer año en el Senado, la experiencia más desalentadora no involucraba nada que yo hubiera hecho o dicho. No fue ni tan siquiera un incidente durante mi carrera política, aunque no se hubiese reportado de no haber sido yo un político.

En julio de 2011, Univision reportó una historia sobre el arresto de mi cuñado Orlando por tráfico de drogas hace veinticinco años. Yo estaba en la secundaria cuando él fue arrestado. Otros medios que estaban al tanto de la situación no reportaron la noticia porque nada tenía que ver con mi carrera política. Nunca nadie del Partido Demócrata sacó eso a colación. La historia no habría tenido ningún impacto político. Pero yo sabía cuánto le dolería a mi familia ver sus vidas privadas en boca de todos, y me dolió mucho esa situación. Mi hermana y su esposo no son figuras públicas. El hecho de que sean mis familiares no cambia eso. Son personas privadas que no tienen ningún papel en mi vida política. La decisión de Univision de sacar a la luz esa historia afectó mucho a mi hermana. Y fue muy doloroso para mi madre tener que vivir esa situación una vez más.

El escrutinio del que fui objeto durante la campaña y mi primer año en el Senado me han influenciado de una manera positiva. Le presto más atención a los detalles. Ya sea una pregunta que me hagan o algún formulario que deba llenar. Lo hago todo ahora consciente de que soy una figura pública y de que cualquier cosa puede ser sacada de contexto en un futuro. Durante una gran parte de mi carrera política me comporté como lo que era, un joven inexperto, y algunas veces no hice las cosas como debía. Los últimos tres años han cambiado eso. Pero algo que me gustaría dejar plasmado es: al tratar de generar atención negativa se puede empañar el propósito del servicio público.

En el Evangelio de Mateo, Jesús cuenta la parábola de los talentos. Habla de un hombre que se va al extranjero y le confía su propiedad a tres siervos de acuerdo a sus habilidades. Un siervo recibe cinco talentos. Otro, dos talentos. Y un tercero, un talento. Cuando el hombre vuelve del extranjero y les pide cuentas a sus siervos de qué hicieron con el dinero, los primeros dos siervos le dicen que invirtieron el dinero y doblaron su valor. El hombre se alegra y los recompensa. Pero el tercer siervo tuvo miedo de perder el dinero y lo guardó en un hoyo en el suelo. Por eso, el hombre lo castiga.

Tengo que tener cuidado de no ser como el tercer siervo. Tan preocupado de lo que puedan decir de mí, que pierda de vista la oportunidad de hacer algo valioso. Tan preocupado de desaprovechar esta oportunidad, que termine enterrándola en el suelo.

CAPÍTULO 40

El final del principio

SI HAY ALGO QUE SERVIR EN EL SENADO NOS RECUERDA permanentemente es que la gente viene y va. Nuestros puestos tienen grabados los nombres de aquellos que nos precedieron. A ambos lados de los pasillos están alineadas las estatuas de grandes líderes que hace mucho tiempo sirvieron en este mismo lugar. Nuestros edificios llevan los nombres de hombres que dejaron una huella aquí mucho antes de que nosotros llegáramos. Pero ahora todos se han ido. Y con nosotros pasará lo mismo.

Desde que tengo memoria, he pensado en mi futuro. Escribir un libro sobre mi vida me obligó a reflexionar sobre mi pasado como nunca antes. Y he caído en la cuenta de que el tiempo es lo único que no podré recuperar jamás. Jamás volveré a ser niño; jamás volveré a jugar fútbol americano en la secundaria o en la universidad; jamás veré otro juego de los Dolphins con mi padre; jamás volveré a conocer a mi esposa o ver a mis hijos por primera vez. Esas cosas sucedieron mientras yo estaba de prisa y jamás volverán a suceder.

Hoy están ocurriendo cosas en mi vida que no volverán otra vez. Y ahora, lentamente, está empezando a preocuparme la posibilidad de que mi tiempo se acabe y no aprenda a dar gracias por mis bendiciones en el momento en que se presentan. En general, me he adaptado a la política del Senado. Pero el efecto del trabajo en mi vida personal ha sido más difícil de llevar. Después de analizarlo detenidamente, Jeanette y yo decidimos que la familia permaneciera en Miami y yo viajara a Washington cada semana. Nuestro clan familiar está en Miami y todos sus miembros constituyen una red de apoyo para mi esposa mientras ella se ocupa, como siempre lo ha hecho, de la mayor parte de nuestras responsabilidades con los niños. A medida que ellos han ido creciendo, han aumentado sus actividades fuera de la escuela. Cuando para poder cumplir con todos los horarios de la familia Jeanette necesita ayuda, en Miami tenemos muchos parientes dispuestos a prestársela.

Jeanette ahora también tiene responsabilidades en la comunidad. Desde marzo de 2011 ha trabajado como asesora de una fundación filantrópica fundada por Norman Braman, el antiguo dueño de los Philadephia Eagles, y para las actividades caritativas de la concesionaria Norman's South Florida. Conocí a Norman mientras servía en la asamblea legislativa. En varias ocasiones nos reunimos por varias causas que necesitaban apoyo: el Miami-Dade Jewish Federation, the Braman Breast Cancer Center de la Universidad de Miami y otras más. Nos hemos hecho muy buenos amigos con el transcurso de los años.

Jeanette y yo viajamos a Israel con Norman y su esposa Irma poco después de mi elección, y visitamos dos proyectos caritativos que la familia Braman respalda allí. Durante el viaje, Jeanette habló mucho con Norman e Irma sobre las causas en las que ella estaba involucrada, y esto animó a Norman a pedirle que lo ayudara a organizar una organización caritativa de su familia.

Me preocupó un poco esa petición. Pensé que Jeanette no contaría con el tiempo necesario para hacer el trabajo requerido. Además, me sentía inquieto porque mi esposa estaría trabajando con un amigo y en el camino se podía arruinar nuestra amistad. Además, Norman no es solo un buen amigo sino que también es un donante que ha dado mucho dinero para mis campañas. Pensé que mis oponentes políticos verían algo malo en esa nueva relación de trabajo.

Por otra parte, no tenía ninguna duda de que mi esposa haría un excelente trabajo. A Jeanette le apasionan las causas caritativas. Y el matrimonio Braman confiaba en ella, quizás el requisito más importante para realizar el trabajo. Y como mi salario es menor como senador que como abogado, el salario adicional de Jeanette nos ha venido muy bien.

Al final decidimos que debía aceptar la propuesta. Y ha hecho un excelente trabajo. Ayudó a organizar la fundación y a establecer un sistema para procesar peticiones. Se reúne con las organizaciones que necesitan apoyo financiero y hace visitas de seguimiento. Ella redacta un informe sobre las peticiones y supervisa todo el proceso. Después se reúne con la familia Braman para ayudarlos a decidir qué causas deberían respaldar. Cuando se han tomado las decisiones, ella escribe las cartas que informarán a las distintas organizaciones si su petición ha sido aceptada o no. Su nuevo trabajo ha tenido también otros beneficios. Después de años de tener que planificar su vida basándose en mis necesidades, ahora se siente realizada con su propia agenda profesional. Además, no asiste a eventos como la esposa del senador Rubio sino como la representante de la fundación de la familia Braman. Ahora tengo que coordinar mi agenda con la de ella. Trabaja muchísimo y le encanta su nuevo trabajo. Y también le gusta el hecho de que está ayudando a la familia Braman a marcar una diferencia en las vidas de muchas personas. Me siento muy orgulloso de ella.

El arreglo de que mi familia viviera en Miami tiene desventajas. Ahora me pierdo de muchos más eventos de la escuela de mis hijos y de otras ocasiones especiales. Casi todo el año estoy fuera tres o cuatro días de cada semana, lo que intensifica el trabajo de Jeanette. Me siento culpable y eso hace que echarlos de menos a ella y los niños sea aun más difícil de sobrellevar.

Mi semana de trabajo típica empieza el lunes en la mañana cuando dejo a los niños en la escuela. Todavía dicto una clase en la Universidad Internacional de la Florida los lunes, después de la cual me voy directamente al aeropuerto y, al comenzar la tarde, abordo un vuelo a Washington. Llego directo a mi oficina a una reunión sobre política exterior con mis empleados, que siempre tenemos antes de la acostumbrada votación de los lunes por la tarde en el salón del Senado. Después de la votación me voy a casa, leo un poco, y llamo a Jeanette y los niños para darles las buenas noches antes de irme a la cama.

Los tres días siguientes de la semana son muy parecidos. Hago ejercicios en el gimnasio del Senado a las seis de la mañana. Llamo a Jeanette cuando voy camino a la iglesia. Asisto a la misa. Por lo general estoy en mi escritorio a las 8:30. Las mañanas transcurren entre llamadas, reuniones, audiencias de comités y votaciones. Usualmente almuerzo con otros senadores, y luego siguen más reuniones, llamadas y votaciones.

Casi todas las semanas puedo volar a casa el jueves al finalizar la tarde o al anochecer. Dicto una clase los viernes en la mañana y generalmente trabajo en mi oficina de Miami el resto del día. Después de dos años de hacer campaña, trato de pasar los sábados con mi familia, aunque no siempre puedo arreglármelas para hacerlo. Y con muy raras excepciones, siempre tomo libre el domingo.

Por primera vez en mi carrera, mi cargo público es mi trabajo de tiempo completo. En cierta forma eso es mejor. Puedo dedicarle toda mi energía profesional a un solo trabajo. Pero es más difícil en cuanto a mis responsabilidades como esposo y padre. Las exigentes acrobacias requeridas para lograr un equilibrio adecuado entre trabajo y hogar se han vuelto comunes en la vida americana contemporánea. Afortunadamente, tenemos la bendición de contar con los recursos económicos y sociales para ayudarnos a encontrar ese equilibrio; pero de todos modos, sigue siendo el mayor reto que enfrento en el Senado.

Saber cuáles son mis prioridades es una señal de madurez y carácter; y en nuestra sociedad la aceptación de que la familia debe ser la primera prioridad es algo muy generalizado. Sea cual fuere la carrera que uno haya escogido, nada debe anteponerse a sus responsabilidades para con sus seres queridos. Pero a menudo es más fácil decirlo que hacerlo. Durante más de catorce años en la vida pública he luchado de palabra y de obra porque mi familia siempre sea mi primera prioridad.

Dediqué tantas horas a la campaña Dole, que casi me cuesta mi relación con Jeanette. Mi dedicación me ganó el aprecio de la gente de la política, pero por poco pierdo a mi novia y futura esposa. Como comisionado de West Miami, a menudo después de las reuniones de la comisión, iba a cenar tarde en la noche con el *City Clerk* y el *City Manager*, Registrador y Administrador Municipales, mientras mi esposa recién casada esperaba sola en casa.

En Tallahassee, especialmente en mi primer año en la asamblea legislativa, usualmente alternaba con mis colegas después del trabajo, no precisamente por pasar un buen rato, sino porque quería relacionarme con prominentes políticos y líderes de opinión. Jeanette, que estaba embarazada, se quedaba sola en la casa. Cuando decidí postularme para presidente de la Cámara, viajé por todo el estado constantemente, y después de haberme posesionado seguí viajando. Con niños pequeños en casa, Jeanette me veía menos aun.

Todo era trabajo importante. Todo era parte necesaria de la vida que yo había escogido. Pero sus costos son exorbitantes. Cada vez más, nuestra vida entera, reuniones familiares, vacaciones, incluso visitas al médico, debía ser programada de acuerdo a mis viajes. Y la mayoría de las noches, Jeanette ha tenido que bañar, dar la cena y llevar a la cama a nuestros cuatro pequeños, mientras por teléfono, su esposo se disculpa y les da las buenas noches.

Ahora estoy fuera de casa casi todas las semanas de lunes a jueves. Durante los recesos del Senado, debo recorrer uno de los más grandes y más diversos estados del país porque mis electores merecen saber de su senador con alguna periodicidad. Y está, por supuesto, la eterna presión del político que debe pasar mucho tiempo recaudando dinero para la siguiente campaña. Aun estando en casa, el trabajo me absorbe. Leo y envío e-mails; hablo por teléfono con colegas y colaboradores; pienso en alguna legislación o debate, o reviso documentos que requieren mi aprobación. Como muchos de nosotros en esta época, no presto toda la atención que debería a la gente que más me necesita.

Amo a mi esposa y a mis hijos. Son las personas más importantes en mi vida. Si alguna vez me viera obligado a escoger entre la política y ellos, los escogería a ellos, por supuesto. Pero la verdad es que trataré de encontrar la manera de cumplir con mis responsabilidades tanto públicas como personales. Mi mayor temor es que al tratar de ser funcionario público y padre de familia al mismo tiempo, algunas veces no hago tan bien ninguno de los dos trabajos. Se requiere una concentración singular para ser bueno en todo. ¿Cómo concentrarse perfectamente en dos trabajos distintos? ¿Cómo ser un excelente esposo y padre si estoy tratando de ser un senador excelente?

Me pregunto a menudo si entré a la política demasiado pronto en mi vida, si habría sido mejor esperar a que mis hijos crecieran. Obviamente, para ellos habría sido mejor tener un papá que viniera a cenar todas las noches, que entrenara sus equipos y que olvidara su trabajo en la oficina mientras está en casa. Me preocupa pensar, también, si para la gente de la Florida sería mejor tener un senador que no rehúse invitaciones para hablarles o ir a reuniones porque deba asistir al recital de un coro o a un juego de fútbol americano.

He buscado el consejo entre mis colegas con más antigüedad, quienes ya anduvieron el camino que ahora estoy andando. Algunos de ellos no lograron un equilibrio ni medianamente bueno, y privadamente lo admiten. Sus hijos crecieron sin ellos. A la mayoría de los chicos les fue bien, pero ellos saben que se perdieron los más preciados momentos en la vida de un padre, y deben vivir con el persistente remordimiento de que jamás podrán recuperarlos. Cuando los hijos crecen, es para siempre.

A otros les fue mejor. Declinaron oportunidades de viajar; de reunirse con los dirigentes o de postularse para ser presidente. Atesoran recuerdos que sus colegas no tienen; estuvieron presentes en las vidas de sus hijos a pesar de las exigencias de la vida pública. Pero ellos admiten también que se perdieron de otros momentos, y ahora viven con la acuciante curiosidad de saber qué habría ocurrido si hubieran seguido una aspiración cuando tuvieron la oportunidad para hacerlo.

No hay una respuesta fácil para ellos, como tampoco la habrá para mí.

Estoy a solo una generación de la desposeída niñez de mi padre, y a dos generaciones de las tragedias que tuvieron lugar en la vida de mi abuelo.

Pero la historia no acaba conmigo. Mi primera hija nació dieciséis años después de que mi abuelo exhaló su último suspiro, y tenía solo diez cuando mi padre murió. ¿Cuál es el propósito de sobrepasar dos generaciones de sueños no realizados si esos sueños terminan en mí? ¿No merecen mis hijos tener lo que yo tuve: un padre afectuoso y dedicado cuya única ambición sea hacer que la vida de sus hijos sea mejor que la suya propia? Si estoy concentrado solamente en mis sueños, ¿quién los ayudará a perseguir los suyo?

Entonces, ¿cuál es la respuesta? ¿Solamente personas sin hijos deben ocupar altos cargos públicos? ¿O solamente deben hacerlo personas dispuestas a sacrificar la felicidad de sus familias? No puede ser así.

En realidad todavía no conozco la respuesta. Sin embargo, lentamente empiezo a vislumbrarla. Estoy empezando a entender que la huella que deje mi vida la determinará la influencia que tuve sobre mis hijos así como la vida de mi abuelo y la de mi padre se miden por la influencia que ellos tuvieron en mí. Sé que todas las experiencias en la vida son fugaces, y que en sus últimos días los más afortunados de nosotros morirán como mi padre murió, rodeados por gente que los amó y cuyas vidas fueron mejores gracias a su presencia. No es mucha la gente que muere lamentando no haber dedicado más tiempo al trabajo. Lo que lamentamos son los juegos de T-ball perdidos, el primer día de escuela que no vimos; los hechos comunes y corrientes que al entrelazarse crean un vínculo perdurable entre padre e hijo. Sé que el trabajo que hago es honroso y vale la pena; especialmente si desde mi cargo honro a Dios. Pero también conozco su costo.

En mis primeros meses en Washington, el senador Patrick Leahy, de Vermont, me buscó en el salón del Senado una vez. Quería saber cómo me estaba adaptando a la vida en el Senado. Fue un gesto amable y sincero de su parte, y se lo agradecí profundamente. Le dije que me fascinaba, pero que mi esposa y mis hijos me hacían una falta terrible. Extrañaba el caos de alistar a los niños para ir la escuela en las mañanas; extrañaba la lucha por calmarlos en las noches y meterlos en la cama; y extrañaba ver una película a solas con Jeanette, cuando ya se habían dormido.

Su expresión de alguien que está escuchando trivialidades cambió a la de un hombre conocedor de algo importante que deseaba compartir. Me ofreció un sencillo pero directo e impactante consejo.

A través de los años, me dijo, él se había perdido de muchos eventos familiares por depositar un voto crucial o trabajar en una legislación importante aquí en Washington. Pero todo el mundo tiene un trabajo que hacer, y reconoció que este es el suyo. Casi todos los padres se pierden algo de la vida de sus hijos porque tienen trabajo que hacer. Sus hijos comprenderán.

Pero en una oportunidad, cuando sus hijos aún eran niños, el presidente lo llamó personalmente para invitarlo con ocasión de algo importante. Cuando revisó su calendario, vio que se cruzaba con la fecha de algún evento de sus hijos, y llamó al presidente y respetuosamente declinó su invitación. Años más tarde, ya no podía recordar a qué evento lo había invitado el presidente, pero sus hijos jamás habían olvidado que él había rechazado al presidente de los Estados Unidos para estar con ellos.

Todos tenemos un trabajo que hacer y debemos hacerlo bien. En mi profesión, hay todo tipo de oportunidades para hacer cosas amenas y emocionantes. Gente importante que conocer, eventos excitantes a los que asistir y lugares interesantes que visitar. Pero si tengo que anteponerlas a mis hijos, entonces no vale la pena hacerlas.

Recién comenzado el 2012, Jeanette y yo tuvimos oportunidad de unirnos a una delegación oficial que iría a África. Habría sido una valiosa e interesante experiencia ver en acción los programas de asistencia de nuestro país en el extranjero. En los últimos años, la generosidad de la gente americana ha salvado las vidas de cuatro millones de personas en África que sufren de SIDA. Yo apoyo ese programa, que este año debe ser autorizado de nuevo. El viaje me habría ayudado para estructurar el argumento de que mantenerlo va en beneficio de nuestro país.

Pero cuando se acercaba el viaje, vi que Anthony tenía un juego de *flag football* y Amanda una competencia de porristas programadas en los mismos días del viaje. A Daniella le angustiaba pensar que sus padres estuvieran fuera ocho días. Todos tenían tareas que hacer por la noche. Amanda tenía un proyecto grande de ciencias y Dominick estaba pasando trabajos para pronunciar las letras en sus lecturas de pre kínder.

Nuestros hijos nos necesitaban en casa. Mi trabajo me quería en África. Posiblemente, en mucho tiempo, no tendría otra oportunidad de ver cómo la asistencia americana estaba ayudando a hacer del mundo un lugar más saludable y mejor. Seguimos adelante con lo del viaje. Nos aplicaron las vacunas necesarias y empezamos a tomar las pastillas contra la malaria. Acordamos con mi hermana que ella llevaría los niños a la escuela y los recogería en la tarde. Mi suegra se quedaría con ellos en las noches. Mi sobrino, Landy, había prometido llevar a Anthony a sus prácticas y su juego de *flag football*. Despertamos esa mañana del viaje con todo listo, equipaje y pasajes para abordar. Solo faltaba dejar a los niños en la escuela, despedirnos y conducir hasta el aeropuerto.

Camino al aeropuerto, sentí como si me halaran en direcciones opuestas. Con tantas cosas ocurriendo en la vida de nuestros hijos, no me parecía correcto estar fuera de casa más de una semana. Pero también pensaba que tampoco debía dejar pasar esta oportunidad; sería difícil abstenerse del viaje a última hora. Entonces recordé el consejo del senador Leahy y me di cuenta de que esta era una experiencia útil que me gustaría tener pero que no necesitaba anteponer a las necesidades de mis hijos. Pensé que Dios me estaba probando otra vez, y dándome otra oportunidad de demostrar lo que tanto proclamaba, pero no siempre había cumplido: que ser esposo y padre era más importante que ser senador.

Son muchas las veces que he tratado de hacer ambas cosas. He tratado de darlo todo como esposo y padre y también como político; y no he hecho ninguno de los dos trabajos tan bien como debía. En la vida, tenemos muchas ocasiones de elegir con prudencia, de hacer lo correcto. No solo nuestras vidas, también las de nuestros hijos la historia de nuestras decisiones. Mi historia empezó cuando mi abuelo decidió irse de Cabaiguán a La Habana, donde sus hijas podrían aspirar a una vida mejor. Las oportunidades llegaron a mí gracias a la decisión que tomaron mis padres de venir a los Estados Unidos; de mudarse a Las Vegas; de llevarnos de nuevo a Miami; y de trabajar hasta sus setenta años. Ellos son el principio de mi historia y yo soy el epílogo de la de ellos, así como mis hijos serán el epílogo de la mía.

Habrá otros viajes. Pero mis hijos no volverán a tener esta edad otra vez.

Ese día recogí a mis hijos en la escuela y pude contemplar el júbilo en sus sorprendidas caritas cuando descubrieron que su padre, a quien creían ya en algún lugar de África, los estaba esperando. En unos años, probablemente mi único recuerdo del viaje a África que no realicé sea haberlo mencionado en este libro, pero mis hijos siempre recordarán el día en que su padre los prefirió a ellos por encima de África y los esperó en la puerta de la escuela para abrazarlos y llevarlos a casa.

Agradecimientos

Una de las primeras cosas que aprendí cuando me dediqué a escribir mi autobiografía fue a no confiar solo en mi propia memoria. Por fortuna, conté con gran ayuda para reconstruir el pasado de mi familia, sobre todo por parte de mi hermana Verónica quien me ayudó a recordar nuestra historia y luego a escribirla, por todo lo cual le estoy muy agradecido. Mi hermano Mario y mi hermana Bárbara también fueron grandes colaboradores en lo concerniente a los primeros años de la familia en los Estados Unidos, antes de que yo naciera. Por otra parte, mis tías Georgina y Magda, al igual que mi madre, Oriales Rubio, por supuesto, aportaron invaluables recuerdos.

He tenido la fortuna de contar con la representación y asesoría de Bob Barnett, mi perspicaz y experto abogado, así como la suerte de estar en manos de una excelente editorial como lo es Sentinel. Quiero agradecer muy especialmente a mi editor, Adrian Zackheim, por todo el ánimo y consejos recibidos; a Will Weisser, su editor adjunto; y también al incansable Niki Papadopoulos, quien editó el libro con gran destreza e inteligencia. También quiero expresar mi agradecimiento a Mark Salter que sacó adelante la organización y revisión del manuscrito en un plazo muy corto.

También debo agradecer a Allison McLean y Christy D'Agostini por la publicidad del libro; a Natalie Horbachevsky por ocuparse del material fotográfico y de la cubierta del libro, así como por la coordinación de la edición en español; y también a todos los integrantes del equipo de producción de Sentinel, cuya diligencia hizo posible la salida de este libro al mercado en un tiempo récord.

Al escribir sobre mi campaña para el Senado, recordé una vez más mi deuda para con las personas que trabajaron tan duro por mi elección. Buenas campañas producen buenos candidatos, y son producto del trabajo de muchas personas de gran talento y dedicación. Tuve la gran fortuna de contar con la colaboración de algunos de los mejores profesionales del ramo, y quiero agradecer a todos y cada uno de ustedes, sin guardar un orden específico al hacerlo: a David Rivera, Alina García, Ralph Arza, Steve y Viviana Bovo, Esther Nuhfer y Gastón Cantens. A mi presidente de campaña, Al Hoffman. A mi director financiero, Jay Demetree. A mi gerente de campaña, José Mallea. A Heath Thompson, Todd Harris, Malorie Thompson, Julio Rebull Jr., Albert Martínez, Alex Burgos, Pat Shortridge, Anthony Bustamante, Brandon Patty, Whit Ayres, Zach Burr, Carmen Miller Spence, Ann Herberger, Michael Beach, Dawn Dettling, Patrick Mooney, Eileen Pineiro, JR Sánchez, Luke Marchant, Joe Pounder, Jeff Bechdel, Orlando "Landy" Cicilia, Emily Bouck, Jessica Fernández, Genessa Casanova, Carlos Fleites, Ashley Beach, Clay Williams, Chris Siercks, Tara Emory, Todd Lewis, Ali Pardo, Lauren Pardo, Tiffany Watkins, John Heffernan, Gina Alonso, Nury Soler, Mike Miller, Alyn Cruz-Higgins, Waldemar Serrano, Luis Hernández, Javier Correoso, Sharon Day, Robert Fernández, Deborah Demoss Fonseca, Mario Loyola, Chauncey Goss, Dean Clancy, Andy Laperriere, Sally Canfield, Cesar Conda, Chris Faulkner, Tony Feather, Wendy Grant, Michael Larcher, Nancy McGowan, Tony DiMatteo, Jorge Arrizurieta, Bill Bunting, Jeb Bush, Jr., Chip Case, Larry Cretul, David Custin, Teresa Dailey, Mac McGehee, Bill Diamond, Vivian Díaz, Bob Diener, Sid Dinerstein, Brett Doster, Bertica Cabrera Morris, Gobernador Luis Fortuno, Gobernador Jeb Bush, Senador Jim DeMint, Gobernador Mike Huckabee, Rudy Giuliani, Erick Erickson, Miguel Fana, Manny Fernández, Stanley y Gay Gaines, Mark Gerson, Domingo Sánchez, Raúl y Betty Fernández, Marta Flores, Rebeca Sosa, Gerardo Ramos, Dennis Baxley, Nelson Díaz, Larry Godwin, Gary Lee, Tom Lee, Paul Singer, Harlan Crow, David Johnson, Dexter Lehtinen, la familia León, Lisa Lorenzo, Javier Manjarrés, Steve Marin, David McKalip, Tom y Gina Mestre, Darío Moreno, Ana Navarro, Bexie Nobles, Modesto Pérez, Ralph Pérez, Sergio y Tatiana Pino, Sam Rashid, Chet Renfro, Blaise Ingoglia, Dan Senor, Christian Camera, Amber Stoner, Stanley Tate, Joaquín Urquiola, Steve Was-serstein y Ovi Vento.

Gracias mil a nuestros líderes de equipo, a nuestros pequeños donantes que nos mantuvieron a flote, a nuestros partidarios que asistieron a los mítines del Tea Party, a las personas cuyas plegarias nos mantuvieron en marcha, y también a los voluntarios que tal vez nunca me conocieron pero aun así trabajaron incansablemente por mi elección. También quiero agradecer, por supuesto, a toda la gente de la Florida por haberme honrado con el privilegio de representarla en el Senado de los Estados Unidos.

Agradezco también a la familia Fanjul por haber creído en mí desde un principio, cuando pocas personas creyeron.

Gracias también a mis queridos amigos de la familia Braman, y en particular a Norman Braman, cuyos consejos, interés en mi crecimiento como padre y esposo y orgullo por mis logros me recuerdan los mismos que durante tantos años mi abuelo y mi padre aportaron a mi vida.

Mis agradecimientos a mi suegra, María Giraldo, por ayudarnos a mantener la familia en marcha, a todo mi clan familiar de parientes políticos, sobrinas y sobrinos —los Fonseca, Guidi, Nerey, Fleites y Tedon— que como voluntarios dedicaron tanto tiempo a mi campaña.

Agradezco a la comunidad cubana en el exilio por recordarme diariamente el valor de la libertad y la independencia. Como siempre, agradezco con toda el alma los consejos, la comprensión y el amor de Jeanette, mi esposa, y de nuestros preciosos hijos, Amanda, Daniella, Anthony y Dominick, quienes se han adaptado a una exigencia más sobre mi tiempo que vino a distraerme de mi ocupación predilecta, la de estar siempre allí con ellos.

Y lo más importante, por último le doy las gracias a mi Señor, Jesucristo, cuya voluntad de sufrir y morir por mis pecados me permitirá gozar de la vida eterna.